现代物流管理系列教材

国际货运代理

刘小卉 编著

上海财经大学出版社

图书在版编目(CIP)数据

国际货运代理/刘小卉编著. —上海：上海财经大学出版社，2018.9
现代物流管理系列教材
ISBN 978-7-5642-3045-6/F·3045

Ⅰ.①国… Ⅱ.①刘… Ⅲ.①国际货运—货运代理 Ⅳ.①F511.41

中国版本图书馆 CIP 数据核字(2018)第 124121 号

责任编辑：朱静怡
封面设计：张克瑶

国际货运代理

著 作 者：	刘小卉　编著
出版发行：	上海财经大学出版社有限公司
地　　址：	上海市中山北一路 369 号(邮编 200083)
网　　址：	http://www.sufep.com
经　　销：	全国新华书店
印刷装订：	上海宝山译文印刷厂
开　　本：	787mm×1092mm　1/16
印　　张：	22.5
字　　数：	440 千字
版　　次：	2018 年 9 月第 1 版
印　　次：	2018 年 9 月第 1 次印刷
定　　价：	48.00 元

前　言

随着世界各国经济贸易往来的日益频繁、跨国经济活动的增加、世界经济一体化进程的加快,越来越多的企业将自己非核心业务活动转向由第三方管理,这已经成为一种发展趋势。国际货运行业也不能避免这种趋势,越来越多的货主(托运人)选择委托货运代理人去处理他们的运输需求,而不是选择直接与承运人联系。国际货运代理行业在世界范围内迅速发展,国际货运代理队伍不断壮大,并已成为促进国际经济贸易发展、繁荣运输经济、满足货物运输关系人服务需求的一支重要力量。经过几十年的发展至今,世界上80%左右的空运货物、70%以上的集装箱运输货物、75%的杂货运输业务,都控制在国际货运代理人手中。

我国国际货运代理行业起步较晚,历史较短,但是由于货运代理业务具有投资少、风险小、利润相对较高、活动隐蔽性强等特点,国际货运代理企业发展迅速,目前我国从事国际货运代理业务的从业人员已超过100万人,已有国际货运代理企业6 000多家。这些企业遍布全国各省、自治区、直辖市,分布在30多个部门和领域,国有、集体、外商投资、股份制等多种经济成分并存。我国的国际货运代理业,已成为一个初具规模的新兴行业,在服务对外贸易、促进国际运输事业发展、吸引外资、吸纳就业方面发挥着重要作用,成为我国国民经济的重要组成部分。

本书正是在这样的背景下应运而生。本书作者既有多年的国际货运代理企业工作经验,又有丰富的国际货运代理课程教学经验,在编写教材时,尽量将理论写得简明扼要,突出国际货运代理实务。本书结构完整,分为国际货运代理导论、国际货运代理法律制度、国际货运代理实务三篇,可作为我国高职和应用型本科物流专业及相关专业的教材使用,可作为货代企业、物流行业及其他相关行业从业人员的专业进修或自修用书,还可作为全国国际货代行业从业人员资格考试参考用书。

作者在保持第二版的整体结构不变的基础上,对第二章、第八章、第十二章的部分内容做了修改,对第一章、第四章、第五章、第七章、第八章、第九章、第十章、第十一章、第十二章的案例做了更新。

本书由上海第二工业大学刘小卉编著,负责全书框架结构的设计、撰写及定稿。本书得到了上海第二工业大学管理科学与工程学科建设项目(编号 XXKPY1606)的部分资助。在编写过程中,作者参阅了大量同行专家的有关著作、教材案例,在此表示感谢。书中若有不当之处,诚心诚意希望读者提出宝贵意见,以便修正(联系方式:上海市浦东新区金海路 2360 号经管学院,邮编:201209,E-mail:wuliu88@126.com)。

作　者
2018 年 7 月

目 录

第一篇　国际货运代理导论

第一章　国际货运代理概论/3
　第一节　代理的含义、类型和特征/3
　第二节　运输代理与货运代理/11
　第三节　国际货运代理概述/17
　【案例分析】　FOB合同中实际托运人的认定/22
　练习题/23

第二章　国际货运代理企业/26
　第一节　国际货运代理企业的设立和备案/26
　第二节　国际货运代理企业的经营模式/37
　第三节　国际货运代理企业的核心竞争力/42
　【案例分析】　中国外运长航集团有限公司核心竞争力构建/45
　练习题/50

第三章　国际货运代理营销/53
　第一节　国际货运代理的营销分析/53
　第二节　国际货运代理的服务需求分析/58
　第三节　国际货运代理的营销策略/63
　【案例分析】　利用信息化手段促进铁路货运营销改革/71
　练习题/74

第二篇　国际货运代理法律制度

第四章　国际货运代理法律法规/79
第一节　国际公约和 FIATA 示范法/79
第二节　我国国际货运代理的法律制度/83
第三节　委托合同的基本理论/92
【案例分析】　实际托运人是否负有对货运代理人的费用支付义务/101
练习题/103

第五章　国际货运代理法律地位/106
第一节　国际货运代理法律关系/106
第二节　不同法系国家国际货运代理的法律地位/115
第三节　我国法律体系下国际货运代理的法律地位/121
【案例分析】　是否实际控制货物流向与交付应作为综合识别无船承运人的标准之一/129
练习题/130

第六章　国际货运代理责任及责任保险/133
第一节　国际货运代理责任/133
第二节　国际货运代理责任保险/139
【案例分析】　概括性委托合同中货运代理人的责任认定/145
练习题/146

第三篇　国际货运代理实务

第七章　国际海运代理实务/151
第一节　国际海运出口代理流程/151
第二节　国际海运出口货运单证/163
第三节　国际海运进口代理实务/182
【案例分析】　拼箱行为人主体身份的认定标准/190
练习题/192

第八章 国际陆运代理实务/195

第一节 国际铁路运输代理实务/195

第二节 国际公路运输代理实务/216

【案例分析】 中吉乌国际公路货运正式运行——中亚再拓"一带一路"通道/224

练习题/226

第九章 国际空运代理实务/230

第一节 国际航空运输实务/230

第二节 国际空运代理实务/235

第三节 航空货运单/248

【案例分析】 航空货运代理合同与航空货物运输合同的区分/253

练习题/254

第十章 国际多式联运实务/257

第一节 国际多式联运的条件/257

第二节 多式联运经营人与国际货运代理人/263

第三节 国际多式联运的流程及主要单证/267

【案例分析】 代理人抑或承运人：海事审判中货代公司的身份辨识/279

练习题/280

第十一章 国际货运代理财务与费收/282

第一节 海运货运费收科目/282

第二节 代算代收代付/285

第三节 班轮运费代收/290

第四节 集装箱运输费用计收/295

第五节 航空运价与运费/303

【案例分析】 货运代理人求偿垫付费用的纠纷/318

练习题/319

第十二章 国际货运代理货损事故处理/322

第一节 国际海运代理货损事故处理/322

第二节 国际陆运代理货损事故处理/330

第三节 国际空运代理货损事故处理/333

第四节　国际货运代理保险理赔/335

【案例分析】　货运代理企业是否有权对间接占有的债务人的动产行使留置权/337

练习题/339

部分参考答案/342

参考文献/346

《国际货运代理》教材结构图

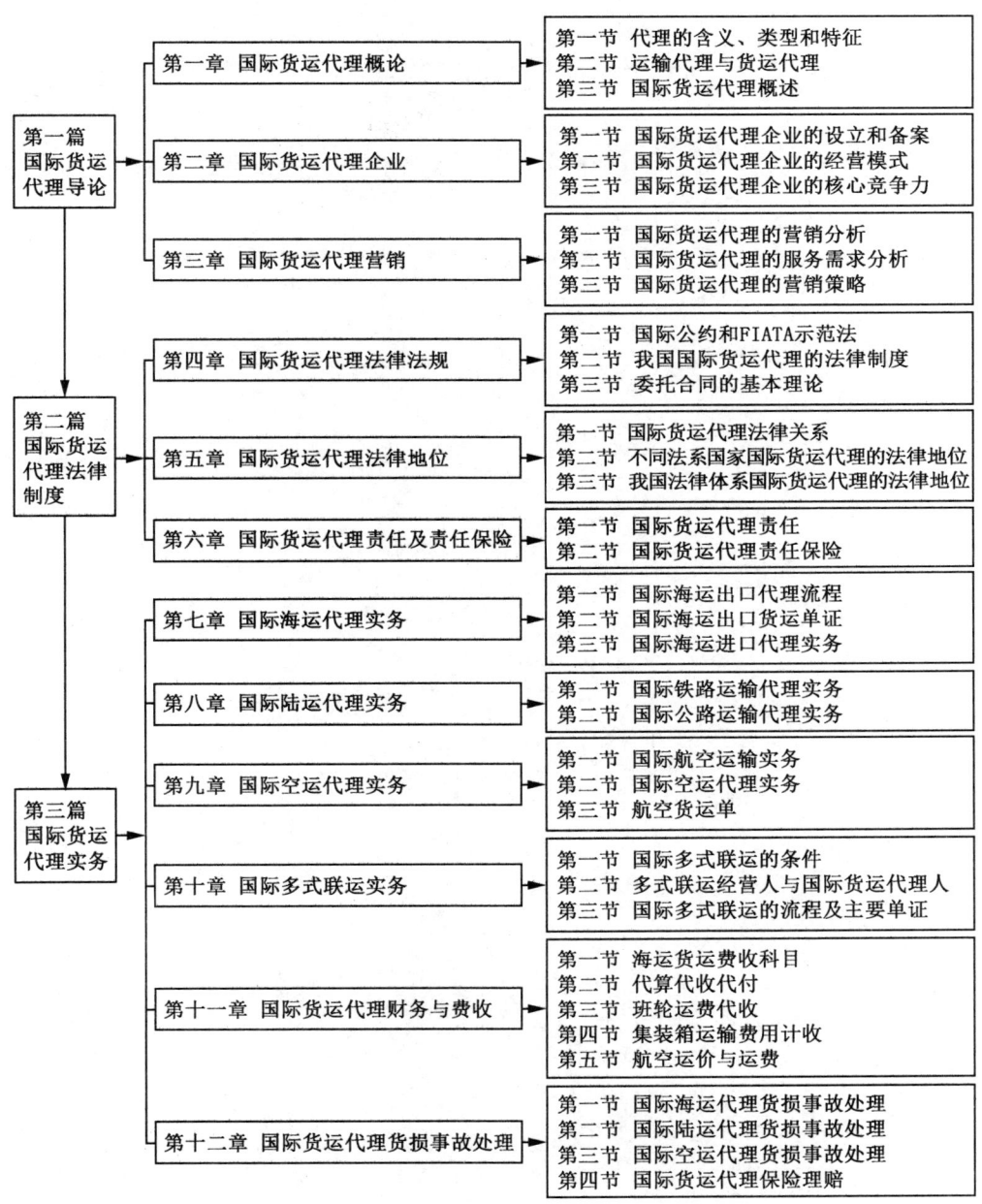

第一篇

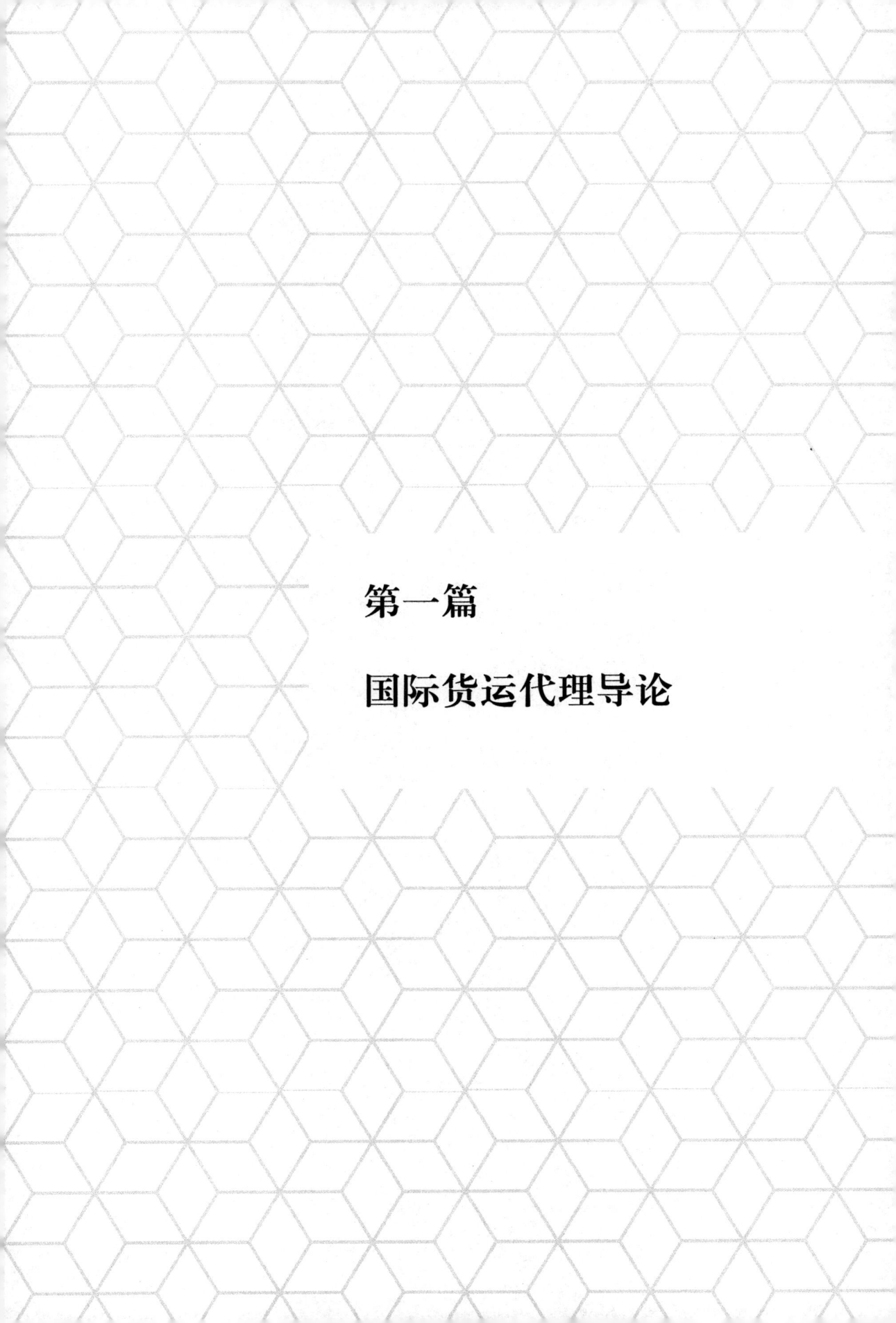

国际货运代理导论

第一章 国际货运代理概论

学习目的

掌握代理的含义,理解代理的法律特征
理解运输代理的含义,了解四种运输代理
了解货运代理的起源与发展以及我国货运代理开展的历程
掌握货运代理的定义,熟悉货运代理提供的服务种类
掌握国际货运代理的概念、性质和职能

基本概念

代理　运输代理　货运代理　国际货运代理

第一节 代理的含义、类型和特征

代理制度是随着商品经济的发展而逐步产生、发展起来的。代理的历史可以溯源到罗马法上的代理概念,罗马法的代理制度仅限于民事代理,即占有的取得与保存可由他人代理。中世纪时期,欧洲出现复兴现象,手工业和商品交换日益繁荣,海上贸易在此基础上发展起来,随着地中海沿岸城市商业的繁荣,代理得到广泛发展,产生了关于代理的习惯法。但是,作为现代意义上普遍建立于工商业之间的大规模的、长期而稳定的代理关系,则是于18世纪末英国工业革命时期形成的。到了19世纪下半叶,由于运作机制及售后服务等原因,代理业务也曾出现过低潮。到了20世纪,代理商根据商品技术含量不断增高、服务多样化等需求,完善了代理体系。

一、代理的基本含义

民法关于代理含义的分歧最明显的体现在:第一,是从"行为"的角度还是从"关系"的角度去定义代理;第二,代理之构成是否"以被代理人的名义"为要件。

(一)从"行为"的角度和从"关系"的角度定义"代理"

1. 从"行为"的角度定义"代理"

从"行为"的角度定义"代理"的方式直接演绎于《德国民法典》第164条第一项关于代理之规定:"代理人在代理权限内,以被代理人名义所谓之意思表示,直接对被代理人发生效力。"随后,大陆法系国家的代理制度均深受这一定义的影响。我国学者对代理从"行为"角度进行了多种定义,但均未突破大陆法的这一经典框架。例如,胡长清在《中国民法总论》中提出:"代理者,代理人与代理权限内,以本人名义,向第三人为意思表示,或有第三人受意思表示时,而直接对于本人发生效力之行为也。"我国《民法通则》第63条规定:"代理人在代理权限内,以被代理人的名义实施民事法律行为。被代理人对代理人的代理行为,承担民事责任。"

2. 从"关系"的角度定义"代理"

从关系的角度定义代理是英美法上的特征,《美国代理法重述》从立法意义上对此做了规定:"代理是双方明示合意,由一方当事人(代理人)遵照另一方当事人(本人)之指示,为其(本人)利益为一定行为的受托信义关系。"英美法的这一定义角度,在我国民法学界也形成了一定的影响:"代理是发生在被代理人、代理人及第三人之间的民事法律关系,代理人以代理权与第三人进行民事活动,其权利义务直接由被代理人承担,但行纪关系不包括在代理概念之中。"也有学者认为单纯地把代理看作一种法律关系也是不确切的,因为很难理解代理人与第三人之间的关系是民事法律关系(在代理正常有效的情况下,代理人与第三人之间不发生权利义务关系)。代理只能表述为:"代理是被代理人、代理人及第三人在特定的法律活动中所形成的一种特殊的相互关系,即由于代理人在代理权限内,以被代理人名义与第三人为法律行为,其法律效果直接归属于被代理人的活动所产生的相互关系的总和。"

可见,对于代理的概念的表述,是"行为"或是"关系",也最为直接地反映了两大法系对代理本质的认识。

(二)代理之构成是否"以被代理人的名义"为要件

英美法之于代理,更强调因代理行为在本人、代理人和第三人之间所产生的权利义务关系,至于代理行为的来由以及如何表现对代理的形成并不重要。然而,与英美法系刚好相反,大陆法系就概念定义采取的是"要件导向"的思维模式,这一特点同样反映在代理的概念立法之中,代理概念注重构成要件的规定,代理行为如何发生是构成代理与否的关键所在。实际上,如果过分拘泥于既有的基于两大法系理论基础的代理概念本身,往往会舍弃了定义的出发点,而且代理概念在两大法系本身也是一个发展的过程,代理的本质强调的是行为后果由行为主体(代理人)以外的人(被代理人)承担,代理概念的关键所在是要反映代理行为的构成及行为后果的归属。因此,本书对代理的定义是:代理是指一方授予他方代理权,他方依代理权与第三方进行法律行为,其行为后果由一方承担。这一概念既坚持了大陆法系的"行为"角度,明确了代理行为发生的根据以及行为后果之归属,强调判断代理的关键是代理权之存在,同时放弃了以《德国民法典》为蓝本的必须"以本人名义"为代理构成的要件。

二、代理的类型及划分

代理的类型由于背景的不同,在两大法系呈现出不同的特点。

(一)大陆法系的代理类型

大陆法系不以大而统的代理概念为前提,它的划分是多角度的,主要有以下几种:

(1)根据代理人是否基于代理权而为法律行为,可分为有权代理和无权代理;

(2)根据代理人主动为意思表示或受意思表示,可分为积极代理和消极代理;

(3)根据代理权的发生是否基于本人的意思表示,可分为法定代理和一定代理;

(4)根据代理权的范围有无特定的限制,可分为一般代理和特别代理;

(5)根据代理人是否以本人名义与第三人为法律行为,可分为直接代理和间接代理。

按代理要求代理人以被代理人的名义与第三人进行的法律行为,其法律效果直接归属于被代理人,代理人不对第三人承担个人责任。代理行为的效果包括代理人在代理中的合法行为所产生的权利义务和违法行为应承担民事责任。间接代理强调代理人以自己名义与第三人进行法律行为,其法律效果间接的归属被代理人。间接代理区别于直接代理的主要特征是被代理人和第三人之间不存在直接的合同关系,他们之间不能互相主张权利。其中被代理人需要代理人和第三人的合同以及代理人转让有关权利义务给被代理人的合同才能享有合同的权利义务。在发生纠纷时,先由代理人承担对第三人的责任,再依内部合同转移给被代理人。

大陆法系中的间接代理具有以下特征:

(1)代理人以自己的名义为法律行为。这是间接代理与直接代理最重要的区别,间接代理人虽然接受委托,但不必将其真实身份告知第三人,第三人也不需要知道这种关系。对第三人来说,他直接与代理人打交道,而与代理人的委托人没有任何关系。间接代理的这个特征,使得第三人在与代理人订立合同时,视代理人为合同当事人,代理人也将自己置于合同当事人的地位,而不是代理人。在这里,代理关系是隐藏在代理人与被代理人之间的一种内部关系。

(2)代理行为的后果不是直接归于被代理人,而是间接归于被代理人。所谓间接,是指先由代理人自己对第三人承担一切后果,再由代理人将这些后果转移于被代理人。这里有两层含义:首先,代理行为的后果最终由被代理人承担,这一点表明了间接代理是属于代理关系这一本质特征,否则就不成为代理;其次,后果的归属不像直接代理那样直接归于被代理人,而是经由代理人转给被代理人。

(3)第三人与被代理人之间不存在合同关系,被代理人不能直接对第三人主张权利,同样,第三人也不能直接对被代理人主张权利。所以间接代理是指行为人基于与本人之特别法律关系,为本人之计算,以自己名义与第三人为法律行为,负有将其法律效果转移与本人之债务。对于间接代理来说,法律效果一般经由代理人而间接及于本人。

间接代理在大陆法系只有理论意义,其含义近似于行纪,而归入广义的委托行为范畴,同时产生了一系列的制度,如无权代理问题、表见代理问题等。当然,德国和法国的代理制度也有不同,德国严格地区分代理和委托,而法国则代理与委托不分,有代理必有委托。但国内有学者认为,行纪区别于买卖、租赁等一般契约关系,在性质上属于委托,因此是代理的衍生形式,甚至就是广义上的代理范畴。

在直接代理的情况下,代理人对第三人不承担个人责任,此项责任由被代理人承担。但在间接代理的情况下,由于代理人是以自己的名义同第三人签订合同的;尽管该合同的签订完全是为了被代理人的利益,代理人对此也应承担责任,而被代理人并不承担责任,除非代理人将合同项下的权利和义务转让给被代理人。在国际商事实践中,直接代理人往往是小本经营的商人,他们从不以自己的名义对外签约,他们服务于一个或一个以上的被代理人,代理往往是他们唯一的职业。直接代理人通过他们的劳动,为被代理人逐步积累起具有相当价值的财富——商业信誉。许多国家的经验表明,个人一旦有了商业信誉,往往就会终止代理活动,从而借助于代理人已经建立起来的信誉自己经营,以节省向代理人支付的佣金这项开支。而间接代理人一般资金雄厚,他们不同于直接代理人把自己的命运束缚在一个或几个委托人的身上,而是以自己的名义从事大规模的商业活动与第三人订立合同,并且除承揽代理业务外还经营其他业务。间接代理人与被代理人订立代理合同时,可以就合同的各项条件,包括合同期限、合同终止时是否提前通知及通知期限等,做出约定。

(二)英美法代理的类型

英美法受案例法的影响,没有形成类似大陆法那样具有严密逻辑关系的划分体系,所以我国学者对其划分有着不同看法,而这也恰恰是导致我国在借鉴英美法系的代理制度构建间接代理时出现诸多争论的原因之一。

1. 英美法上也有代理权限的代理和无代理权限的代理的划分

所谓有代理权限的代理，是指代理人通过被代理人事先授权或者事后追认的方式而获得代理权限的代理关系，又分为协议代理和追认代理。所谓没有代理权限的代理，是指代理人虽然没有通过被代理人的事先授权，或事后追认而获得代理权限，但是根据法律规定有拘束被代理人的代理权利的代理关系，又分为不容否认的代理和法律自动构成的代理。

2. 与大陆法上的直接代理和间接代理相对应的是英美法上的显名代理、隐名代理和被代理人身份不公开的代理

(1) 显名代理，又称公开本人姓名的代理(Named Agency)，强调代理人在代理中既明示自己为代理人的身份，又以被代理人的名义与第三人进行民事法律行为。在这种情况下，被代理人、代理人和第三人知晓的信息是最对称的，三方的基本情况都公示于众，第三人可以事先了解被代理人的信用状况以及代理人的权限。显名代理中代理人与第三人签订的合同就是被代理人和第三人之间的合同，由被代理人对该合同负责，直接承担合同的权利和义务。可以看出，英美法系的显名代理与大陆法系的直接代理相似。

(2) 隐名代理，又称不公开本人姓名的代理(Unnamed Agency)，要求代理人虽不透露被代理人的名义和身份，但表明自己是代理人，为他人的利益而为代理行为。如在订立合同时加上"代表本人""作为代理人"等字样。权威的法律词典对隐名代理这样定义："隐名本人指的是代理人隐匿了自己只是在授权范围内代表另一个人缔结合同的事实，由此，在事实披露后，代理人或者本人都可以诉合同的另一方当事人，也都可以被另一方所诉"。隐名代理的存在有以下两个原因：一是应现实需要，因为有时被代理人为了保持其交易地位或者因其他原因要求代理人不披露本人的具体身份；二是代理人过失地没有充分提供本人相关信息。

(3) 被代理人身份不公开的代理(Undisclosed Agency)，强调代理人与第三人进行代理活动时，不明示自己为代理人，而以自己的名义与第三人进行代理活动，第三人并不知道存在被代理人。这种以代理人自己的名义订立合同，由代理人对与第三人签订的合同负责，与间接代理制度的表面特征相符，但是英美法追求交易效率，以被代理人的利益为本位，强调代理人的行为视为被代理人的行为，允许被代理人直接介入代理人与第三人之间的合同；同样，在第三人发现被代理人的存在后，也享有选择向被代理人或代理人行使请求权的权利。

根据《美国代理法重述》(第2版)第85节，如果代理人签订的合同未获得被代理人授权，隐名被代理人有权行使追认权，而身份不公开被代理人却无此权利。这是身份不公开本人与隐名本人的区别之一。

第二种划分的依据是按代理关系的公开程度,包括代理事实和本人的身份的不同,理论界并无异议,但在具体的称谓以及对于三者之间的关系和对应的英文翻译上都有着不同的看法,造成了一定混乱。比较有代表性的如:①显名代理或称本人身份公开的代理(Named Agency or Disclosed Principal);隐名代理(Unnamed Agency but Disclosed Principal),代理人公开本人的存在,但并不以本人的名义与第三人为法律行为,仅以"代表我的本人"的姿态出现;本人身份不公开的代理(Undisclosed Principal),即代理人没有公开本人的存在并以自己的名义与第三人为法律行为。②英美法系代理立法将代理关系分为全部显名代理(Full Disclosed Agency)、部分显名代理(Partially Disclosed Agency)和隐名代理(Undisclosed Agency)。在全部显名代理关系中代理人以被代理人及本人的名义从事代理行为,实施本人所委托的法律行为,对外签订合同,但基于该法律行为所产生的法律责任归由本人承担。在部分显名代理关系中,代理人不公开本人的身份,仅向第三人表明其代理人身份,与第三人签订合同,由此产生的合同责任归由本人直接承担的代理关系。在隐名代理中,代理人既不公开本人身份也不公开自己的代理人身份,而与当事人签订合同,也即代理人完全以自己的名义与第三人签订合同,由此产生的合同责任由代理人自己承担。上面两种划分并无实质差异,只是在名称的称谓上有较大的不同。英美法系的这种划分如图1—1所示。

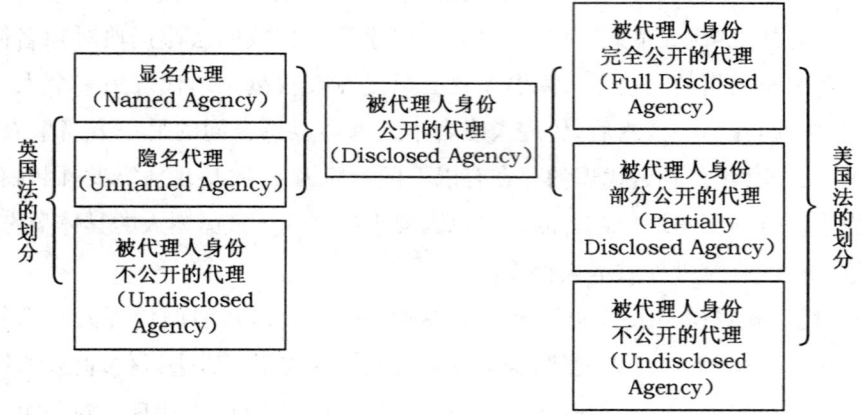

图1—1 英美法系中代理的分类

三、代理的法律特征

(一)从主体、行为、关系三方面分析代理的法律特征

代理的法律特征可以从主体、行为、关系三方面进行考察。首先,代理的主体特征主要表现为代理必须依赖本人、代理人、第三人三方民事主体的存在。其次,在行为特征上,代理包含了本人之授权行为和代理人之代理行为。最后,在关系特征上,代理包含了本人与代理人之间的基于授权委托行为而产生的委托关系、代理人与第三人之间因代理行为而发生的代理行为关系、本人与第三人之间因前两个关系而建立起来的效果归属关系。

(二) 大陆法系代理法和英美法系代理法的立法特征

1. 大陆法系代理法的立法特征——区别论

大陆法系代理法的立法理论基础是区别论(The Theory of Separation)。所谓区别论,是指把委任合同(Mandate)与代理权限(Authority Mandate)严格区别开来。其中委任合同即作为内部关系的被代理人与代理人之间的合同,代理权限即作为外部关系的代理人与第三人缔约的权力。区别论的核心是,尽管被代理人在委任合同中对代理人的权限予以限制,但是该限制原则上并不产生对第三人的拘束力。

大陆法系中的区别论是以概念法学家拉邦德为代表的法学家抽象创造出来的。而抽象化的逻辑推理和结论必须与法律和商事实践相结合才具有可操作性,因为各类代理权限是抽象的,有些代理权限比其他代理权限更为抽象。例如,委任合同在某些代理形式中对代理权限施加限制的重要性要超过在其他一些代理形式中限制的重要性。为解决这一问题,采纳区别论的大陆法系民法典都要详细列举商业实践中发展起来的各种不同的代理形式,并尽可能准确地界定每类代理形式中代理权限的范围。每类代理形式的特点取决于被代理人与代理人之间的内部关系。因此,以德国民法典为代表的大陆法系民法典倾向于为各种不同形式的代理关系确定不同的法律规则。例如,施米托夫列举了德国法上的13种代理人,包括非商业代理人、法定商业代理人、一般商业代理人、特别商业代理人、商业代理人、店员、佣金代理人、商业经纪人、小经纪人、保险代理人、运输代理人、内陆承运人和海上货物承运人。

2. 英美法系代理法的立法特征——等同论

与大陆法系不同,英美法系不区分代理与委任合同,其立法基础是被代理人与代理人的等同论(The Theory of Identity)。所谓等同论,是指代理人的行为等同于被代理人的行为,即通过他人实施的行为视同自己亲自实施的行为。英美法系的观点与大陆法系的区别论大相径庭。英美法系所关心的并不是代理人究竟以代表的身份还是以本人的名义与第三人签约的形式。它的分类所涉及的是商事交易的实质内容,即由谁来承担代理人与第三人所签订合同的责任。

3. 大陆法和英美法两大法系代理制度的比较

(1) 理论基础的不同

大陆法系区别论强调代理三方(被代理人、代理人、第三人)关系中的两个不同侧面的区别,即被代理人与代理人之间的内部关系;被代理人和代理人与第三人之间的外部关系。代理权限的授予可以被视为一种由被代理人向第三人所做的单方法律行为;而对内部关系的限制并不必然的限制外部关系。与英美法系相比,大陆法系更加强调代理关系对外的一面,因此,第三人有权信赖代理的表象,尽管第三人知道,或者有理由知道代理人事实上没有得到授权,或者被代理人限制了代理人的代理权限,被代理人也不得通过对代理人授权的限制来减轻自己的责任。可见,除非援引其他校正性理论,大陆法系的这种外在化思路容易导致过分地保护第三人。

与区别论不同,由于英美法系不强调区分被代理人与代理人之间的内部关系和代理人与第三人之间的外部关系,等同论将代理人行为等同于被代理人行为。代理人行为产生的结果与被代理人亲自所为相同。因此,代理人和被代理人之间谁与第三人交易并不重要。等同论与区别论同样有着抽象理论的局限性,那就是无法完全覆盖实践中存在的各种纷繁复杂的代理形式,但同时,等同论与区别论相比较具有较强的灵活性,所以与代理实践的冲突程度较小。

(2)代理关系的划分标准不同。

大陆法系代理法在确定谁与第三人订立合同时,一般采取"名义原则",即代理人究竟是以被代理人的名义,还是以自己的名义与第三人订立合同。在名义原则的基础上,多数大陆法系代理法把代理关系一分为二:直接代理和间接代理。详言之,从第三人角度看,如果代理人为了被代理人的利益,并以被代理人的名义与第三人订立合同,其法律效果直接归属被代理人,此即直接代理;如果代理人为了被代理人的利益,但以自己的名义与第三人订立合同,并经由代理人间接地归属于被代理人,此即间接代理。其中,直接代理中的被代理人可以是显名的,也可以是隐名的。但是,当代理人为隐名的被代理人订立合同时,代理人至少必须说明自己作为代理人订立合同的意图,或者必须能够从当时的有关情形中推断出代理人是作为被代理人的代理人而与第三人订立合同。

英美法系以等同论作为划分代理的标准。英美法上代理的概念非常广泛,包含由于本人事实授权和明确授权而"影响到"本人的所有情形。英美代理法中的代理概念没有采纳大陆法系中的名义原则,相反,以代理人的责任承担方式或者被代理人身份的公开状况为准,英美法中的代理分为三种类型:显名代理、隐名代理和不公开被代理人身份的代理。因此,英美代理法中不存在间接代理和直接代理的划分。其中,英美代理法中的显名代理与隐名代理和大陆法系的直接代理相当,而英美代理法中的被代理人身份不公开的代理与大陆法系代理法中的间接代理相当。当然,后一组概念既存在联系,也有区别。

(3)代理法的渊源不同。

从历史上看,英美代理法是由法院的具体判例逐渐创立的,当代英美代理法的法律渊源也主要表现在判例法。而大陆法系代理法则是由高度体系化、抽象化的《民法典》或者其他成文法建立的。当然这并不意味着英美法系代理法中没有成文立法，也不意味着大陆法系代理法中没有判例法。例如，英国1889年的《代理商法》、1971年的《授权委托书法》、1985年的《永久险授权委托书法》和美国不少州有关代理的成文立法都深刻地影响着英美代理法的发展历程。大陆法系也在英美法系的影响下，开始注重发挥判例在补充和完善成文代理立法方面的作用。例如，德国法院就曾根据《德国民法典》第170～172条规定的被德国民法学者认为是"表见代理"的三种情况，建立了容忍委托代理权理论与表象委托代理权理论。

(4) 大陆法上的间接代理与英美法上的不公开被代理人身份代理的异同。

英美法系不存在大陆法系中直接代理与间接代理的划分，大陆法系则缺乏英美法系中的隐名代理和不公开被代理人身份代理的制度。这是两大法系在代理制度上的重大区别。英美法系中身份和姓名都不公开的被代理人，能够依法直接介入代理人与第三人签订的合同当中，这在大陆法系的代理制度中是不可思议的。诚然，英美代理法虽然承认代理人有权在被代理人与第三人之间以自己的名义创设直接合同关系，但区分代理人是否以自己名义实施法律行为对于理顺不同情形下被代理人、代理人与第三人之间的利益关系还是十分重要的。例如，在不公开被代理人身份的代理中，代理人自己要对其所签合同负责；而在显名代理中，代理人一般要退出其所签合同，因而代理人与第三人之间不存在所谓"合同上的相互关系"。这也是英美代理法把代理分为显名代理、隐名代理和不公开被代理人身份的代理的原因所在。

英美法上不公开被代理人身份的代理与大陆法上的间接代理有相似之处，但两者的区别也是不容忽视的。按照大陆法，间接代理关系中的委托人不能直接介入代理人与第三人订立的合同。只有当代理人将其与第三人所订合同移转给委托人，委托人才能对第三人主张权利。即要绕过两个合同关系才能使间接代理关系中的委托人同第三人发生直接的法律关系。而按照英美法，未公开身份的被代理人无须经过代理人的权利转移，就可以直接行使合同介入权对第三人主张权利。而第三人一经发现被代理人的存在，也可以直接对被代理人行使请求权或诉权。即代理人只需同第三人所订的一个合同，就能使身份不公开的被代理人直接与第三人发生法律关系，而不需要借助另外一个合同或者合同的转移。

第二节 运输代理与货运代理

一、运输代理

所谓运输代理，就是指接受委托人的委托，代办各种运输业务并按提供的劳务收取佣金或手续费、代理费的一种代理形式。从事运输代理事务的自然人或法人称为运输代理人。运输代理人一般都经营运输事务多年，精通运输手续与有关规章制度，并且与交通运输部门以及贸易、银行、保险、海关等部门都有着密切的联系，从而能以更低的成本、更高的效率、更短的时间完成运输事务。

运输代理包括租船代理、船务代理、货运代理和运输咨询代理四大类。

(一) 租船代理

租船代理习惯上又称为租船经纪人(Ship Broker)，是以船舶为商业对象而进行船舶租赁业务的人。其主要业务是为租船人寻找合适的运输船舶或为船东寻找货运对象，也就是常说的"为船找货，为货找船"。但只作为中间人，而不代表某一方的只能算作经纪人。因此，租船代理人必须代表某一方。根据其代表的委托人身份的不同可分为船东代理人和租船代理人。租船代理人主要办理以下业务：

(1) 按照委托人(船东或租船人)的指示要求，为委托人提供最合适的对象和最有利的条件，并促成租赁交易。这是租船代理人最主要的业务。

(2) 为委托人提供航运市场行情、国际航运动态以及有关资料等。

(3) 根据双方谈判的最后结果，帮助委托人起草与代理签署运输合同。

(4) 货主与船东发生纠纷时，代表委托人参与解决纠纷。

(二) 船务代理

船务代理是船务代理机构为船舶承运机构或货物收发机构代为办理的有关船、货业务，如船舶进出港口、船舶海损处理、货物托运、中转、理赔等业务的统称。船务代理机构是接受委托、代理业务的专门组织，是船、货、港的联络中心。船务代理业务范围较为广泛，主要包括以下几方面的内容：

1. 船舶进出港业务

(1) 办理船舶进出港目的申报手续，联系安排船舶引航、拖轮、靠泊、报关等事宜；

(2) 洽办船舶检验、修理、洗舱、熏舱以及海事处理等；

(3) 办理集装箱进出港目的申报手续，联系集装箱的装卸、装箱、拆箱、检验、熏舱、修理、洗扫，以及洽办集装箱的联运中转业务。

2. 货运业务

(1) 安排组织货物装卸、检验、交接、储存、转运、衡量、熏舱、理赔等事务；

(2) 接受委托代签提单及运输契约，签发货物及集装箱交接单证，并代印各种统一货运单证；

(3) 办理揽货、订舱和代收运费等；

(4) 洽办海事处理，联系海上救援；

(5) 经办租船和船舶买卖及其交接工作，代签租船合同和买卖船合同。

3. 供应工作

(1) 代办船用燃料、淡水、物料及食品供应等；

(2) 代办绳索垫料等。

4. 其他服务

(1) 联系申请海员证，安排船员就医、住宿、交通、参观游览等；

(2) 办理船员的上岸或出境手续。

除上述事务以外，船务代理还可依照委托方的要求设置其他服务项目。

(三) 货运代理

一般认为，货运代理人是指接受货主的委托，代表货主办理有关货物交接、包装、报关、检验、仓储、调拨、转运、订舱等有关运输业务的法人或个人。在办理货运代理业务中，他以货主的代理人身份对货主负责，并按代理业务项目和提供的劳务向货主收取代理费。

货运代理在办理不同的业务过程中充当着不同的角色，包括订舱揽货代理、货物报关代理、货物装卸代理、集装箱代理、转运代理、理货代理、储存代理等多种形式。

按照货运方式的不同，货运代理又可分为海运代理、空运代理、陆运代理等。

货运代理是本书阐述的主要对象，有关货运代理的各方面问题将在以后各章中阐述。

(四) 运输咨询代理

运输咨询代理主要是指代理人应委托人的要求，提供有关运输方面的情报、资料、数据等信息，并向委托人收取一定报酬的代理事务。运输咨询代理人在帮助委托人选择合理运输方式与路径、核算运输成本、研究解释法律规范以及调查有关运输企业声誉方面起着重要作用。

从事运输咨询代理行业需要有灵敏的信息、现代化的信息网络与高质量的专业研究人员。随着大批新的运输咨询代理企业不断出现，这一行业的竞争日趋激烈，只有在企业规模、提供的信息量和范围、信息的时效性和准确性等方面占有一定的优势，才能拥有良好的声誉，从而赢得较为稳定的业务客户。

二、货运代理

(一) 货运代理的起源与发展

根据国际货运代理协会联合会(FIATA)的介绍，早在公元 10 世纪就已产生了专门从事货运代理业务的代理人。但现代意义上的货运代理的大规模兴起，则是资本主义社会化大生产的结果。

以代理制在美国的发展为例。18 世纪 90 年代以后，美国早期南方商业化农业的发展,加速了东部商业走向专业化。前所未有的大量棉花贸易,造成这些交易由专业公司来经营的局面。它们不采取买进的方式,而是向客户支取固定的佣金,代其采购原料与销售大批的棉布与布匹。这些代理商不仅要为种植场主的作物进行推销、联系订单的工作,还得为他们采购各种供应品,并向他们提供贷款。

此外,美国早期的代理商还安排谷物或棉花的运输、支付保险费、仓储费和运费,如有必要,也支付税金、码头费等费用。这就是运输代理的雏形。

19 世纪,由于代理制度本身的不完善以及其他一些原因,代理制度一度沦于衰败。进入 20 世纪,进行了代理制度与运作方式的变革,从而适应了社会的需求。这些变革包括:

(1) 商务代理体系的完善。商务代理不再局限于销售代理与采购代理,20 世纪初出现了标准化的、较为先进的广告代理、运输代理、仓储代理、保险代理等各种代理形式。

(2) 商务代理的运作方式有了巨大改进,以适应现代化营销的需求。这包括代理合同的标准化,代理业人、财、物管理的标准化等。

(3) 代理法律的制定与完善。各国都制定与修改了代理法律的有关条款,一方面适应现代经济的需求;另一方面力图与国际代理法律接轨。国际组织也制定了大批代理法律,规范了代理业务,这些法律极大地便利了国际代理业务的开展。

此后,随着运输事务的逐步复杂化,运输代理的业务又逐步细化,进而出现了货运代理、船务代理、租船代理、运输咨询代理等具体形式。可见,运输代理(货运代理)的兴起与发展是和其他形式代理的发展紧密联系在一起的。商务代理制度本身的发展也经历了一个分工不断深化、专业化的过程。

(二) 我国开展货运代理的历程

新中国成立前,我国的沿海港口就有一些从事报关和代办运输业务的企业,其业务属于货运代理的性质。

新中国成立后不久,为了便于管理我国的外贸运输业务,国家于 1950 年成立了中国对外贸易运输公司(外运公司)。为了满足中国对外贸易运输日益增长的需要,同时也为了向靠泊中国的外轮提供代理服务,又于 1953 年成立了中国外轮代理公司。1961 年,组建了中国远洋运输公司(中远公司)作为国家的远洋商船队。中远公司成立后,为便于同时开展远洋运输和船舶代理业务,外轮代理公司并入中远公司成为其子公司。随着业务的发展,这三家公司开始进入彼此的经营领域。1993 年,中远公司和外运公司分别进行了机构重组,形成了我国对外贸易运输的两大经营集团——中远集团和外运集团。它们是我国主要的国际货物运输代理。

我国国内货运代理的主要形式是联运企业,其大规模发展是在最近的 20 多年中。

1979年3月，国家经济委员会、铁道部、交通部、中国人民银行联合召开了全国联运工作北京现场会议，会议提出要按经济规律办联运、加强联运经济理论问题的研究和法规建设，这表明政府真正开始将联运作为经济现象来看待。会议还要求抓"结合部"工作促进大宗货物的联运、开展集装箱联运、试办企业性的联运服务公司、培训联运干部和加强联运领导等，这标志着货运代理业真正作为重要因素构成了国内运输市场的一部分，国内货运代理业也作为一个产业进入了正常发展的阶段。经过多年的发展，产业规模逐步扩大，企业实力增强，具备了自我生存的能力。

（三）货运代理的定义

"货运代理"一词，国际上虽没有公认的、统一的定义，但一些权威机构和工具书以及一些"标准交易条款"都提供了一定的解释。联合国亚太经济和社会理事会对此的解释是：货运代理代表其客户取得运输，而本人并不起承运人的作用。国际货运代理协会联合会对"货运代理"所下的定义是：货运代理是根据客户的指示，为客户的利益而揽取货物运输的人，其本人并不是承运人。货运代理也可以依照这些条件，从事与运送合同有关的活动，如储货（也含寄存）、报关、验收、收款等。

《美国布莱克法律词典》称"货运代理"是：其业务为接收货物，以仓储、包装、整车货装运、交货等方式，把不够整车的船货（小船货）集中成整车船货。由此从低运费中取利的货运代理人——公司或个人，其业务是为他人接收海运商品。

对于"The Freight Forwarder"一词，目前国内的译法有"货运代理""货物运输行""货运代理人""货运传送人"等。译法虽不同，但实际上是同一个概念。从传统上讲，货运代理通常是仅充当直接代理的角色。他们替发货人或货主安排货物的运输，付运费、保险费、包装费、海关税等，然后收取费用（通常是整个费用的一个百分比），所有的成本开支出由客户承担。但近几年来，货运代理有时已经充当了合同的当事人，并以货运代理人的名义来安排属于发货人或委托人的货物运输。这已属于间接代理的范畴。尤其当货运代理执行多式联运合同时，作为货运代理的"标准交易条件"就不再适应了，它的契约义务受它所签发的多式联运提单条款的制约，此时货运代理已成为无船承运人，也将像承运人一样作为多式联运经营人，承担所负责运输货物的全部责任。

（四）货运代理提供的服务

货运代理人在其业务中主要向有关方面提供以下服务。

1. 为发货人服务

货运代理代替发货人办理在各种不同阶段的货物运输中的任何一项手续：

(1)以最节省费用和时间的运输方式，安排合适的货物包装，选择货物的运输路线；

(2)向客户建议仓储与分拨的方式与地点；

(3) 选择可靠、效率高的承运人,并负责缔结运输合同;

(4) 安排货物的计重和计量(尺码);

(5) 办理货物的保险;

(6) 货物的拼装;

(7) 装运前或在目的地分拨货物之前,把货物存仓;

(8) 海运业务中,安排货物到港目的运输,办理海关和有关单证的手续,并把货物交给承运人;

(9) 代表托运人/进口商支付运费、关税及其他税收等费用;

(10) 办理有关货物运输的任何外汇交易;

(11) 从承运人那里取得各种签署好的提单,并把它们交给发货人;

(12) 通过与承运人和货运代理在国外的代理联系,监督货物运输的过程,并使托运人掌握货物的去向。

2. 为海关服务

当货运代理作为海关代理、办理有关进出口商品等海关手续时,不仅代表客户,而且也代表海关当局。在许多国家,代理人也得到了当局的许可,办理海关手续,并对海关负责,在法定的单证中申报货物确切的金额、数量和品名,以保证政府在这些方面的收入不受损失。

3. 为陆上承运人服务

货运代理向承运人及时地订好足够的铁路车位或汽车运力,议定对承运人和发货人都是公平合理的费率,安排在适当的时间里交货,以及以发货人的名义解决和承运人的运费账目等问题。

4. 为航空公司服务

货运代理在空运业上,充当航空公司的代理。在国际航空运输协会制定的规则中,规定了国际航空协会的代理定义。航空代理利用航空公司的服务手段为货主服务,并由航空公司付给佣金。同时,作为货运代理,它也通过提供适用于空运货物的服务方式,为发货人或收货人的利益服务。

5. 为班轮公司服务

货运代理与班轮公司的关系随业务的不同而不同。在一些服务于欧洲国家的商业航线上,班轮公司已承认货运代理的有益作用,并付给货运代理一定的佣金。近几年来,由货运代理提供的拼箱服务,即拼箱货的集运服务已经使它们与班轮公司及其他承运人(如铁路)建立了更加密切的联系。

6. 拼箱服务

随着国际贸易中集装箱运输量的增长,货运代理引进了"集运"和"拼箱"服务。

"集运"或"拼箱"的基本含义是把一个出运地若干发货人发往另一个目的地若干收货人的小件货物集中起来,作为一个整体集运的货物发运给目的地本货运代理人的代理,并通过它把单票货物交给各个收货人。货运代理将签发的提单,即"分提单"或其他类似的收据交给每一票货的发货人;货运代理的代理在目的地凭出示的提单交货给收货人。集拼货的发货人或收货人不直接与承运人联系。对承运人来说,货运代理是发货人,而在目的地的货运代理的代理是收货人。因此,承担集运货物的承运代理签发的是"全程提单"或货运单。如果发货人、收货人有特殊要求的话,货运代理也可在出运地和目的地从事提货和交付的延伸服务,即门到门的服务。

7. 提供多式联运服务

对多式联运的介入,使货运代理的性质和作用发生了深刻的变化。这时,货运代理可以充当主要承运人,承担组织在一个单一合同下,通过多种运输方式进行的门到门的货物运输。它可以以当事人的身份与其他承运人或其他运输服务的提供者分别谈判并签约。但是,这些分拨合同不会影响多式联运合同的执行,也就是说,不会影响对发货人的义务和在多式联运过程中对货损及灭失所承担的责任。货运代理作为多式联运经营人时,通常提供包括所有运输和分拨过程的全面的一揽子服务,并对客户承担更高水平的责任。

总之,货运代理为货物运输的各个参与方都提供广泛服务。

第三节 国际货运代理概述

一、国际货运代理的概念

国际货运代理是指国际货运代理公司接受进出口货物收货人、发货人或其代理人的委托,在授权范围内代表委托人办理有关货物报关、报检、交接、分拨、仓储、包装、转运、保险、订舱等业务,提供国际货物流通领域的物流增值服务。国际货运代理被誉为"国际运输的组织者和设计师",是国际贸易中不可或缺的重要环节。货运代理企业与货主的关系是委托和受托(代理)关系,在办理代理业务过程中,受托人是以货主代理人的身份对货主负责,并按委托人的要求和代理业务项目提供劳务,同时向委托人收取代理费。通常国际货运代理可分为两种:公共货运代理和无船承运人。前者没有自己的提单,只能接受货主的委托,代为处理仓储、运输、检验检疫、报关、代缴运杂费、寄单等业务;后者除了接受上述业务外,还能以承运人的名义接受货主订舱,收取运费并签发自己提单。目前,我国各地的中资货代公司大多属于前者,中外合资或外商独资几乎全部属于后者。

二、国际货运代理的性质

"国际货运代理"一词具有两种含义：一是指货运代理人；二是指货运代理行业。与此相应，对于国际货运代理的性质，也可以国际货物运输代理人和国际货物运输代理行业两个角度来理解。

国际货物运输代理人本质上属于货物运输关系人的代理人，是联系发货人、收货人和承运人的货物运输中介人。有时代表发货人选择运输路线、运输方式、承运人，向承运人订舱、缮制贸易运输单据，安排货物的短途运输、仓储、称重、检尺，办理货物的保险、报检和通关手续，向承运人、仓储保管人及有关当局支付有关费用。有时代表收货人接收检查运输单据，办理货物的报检、报验和通关手续，提取货物，安排仓储和短途运输，支付运费及其他相关费用，协助收货人向责任方索赔。有时还代表承运人揽货、配载、装箱、拼箱、拆箱、签发运输单据。虽然国际货物运输代理人有时也以独立经营人身份出具运单、提单，但这只不过是为了适应市场竞争需要、满足某些客户的特殊需求而拓展了服务范围的结果，并不影响其作为运输代理人的本质特征。

国际物流运输代理行业是随着国际经济贸易的发展、国际运输方式的变革、信息科学技术的进步发展起来的一个相对年轻的行业，在社会产业结构中属于第三产业，性质上属于服务行业。

三、国际货运代理的职能

国际货运代理企业通晓国际贸易环节，精通各种运输业务，熟悉有关法律、法规，业务关系广泛，信息来源准确、及时，与各种承运人、仓储经营人、保险人、港口、机场、车站、堆场、银行等相关企业，与海关、检验检疫局、进出口管制等有关政府部门存在着密切的业务关系，不论对于进出口货物的收、发货人，还是对于承运人和港口、机场、车站、仓库经营人，都有重要的桥梁和纽带作用。不仅可以促进国际贸易和国际运输事业发展，而且可以为国家创造外汇来源，对于本国国民经济发展和世界经济的全球化都有重要的推动作用。仅对委托人而言，至少可以发挥如下作用。

（一）组织协调的职能

国际货运代理人历来被称为"运输的设计师""门到门"运输的组织者和协调者。凭借其拥有的运输知识及其相关知识，组织运输活动，设计运输路线、选择运输方式和承运人（或货主），协调货主、承运人及仓储保管人、保险人、银行、港口、机场、车站、堆场经营人和海关、商检、卫检、动植检、进出口管制等有关当局的关系，可以节省委托人时间，减少许多不必要的麻烦，使其专心致力于主营核心业务。

（二）专业服务职能

国际货运代理人的本职工作是利用自身专业知识和经验，为委托人提供货物的承揽、交运、拼装、集运、接卸、交付服务，接受委托人的委托，办理货物的保险、海关三检（商检、卫检和动植检），进出口管制等手续，甚至有时要代理委托人支付、收取运费，垫付税金和政府规费。国际货运代理人通过向委托人提供各种专业服务，可以使委托人不必在自己不够熟悉的业务领域花费更多的心思和精力，使不便或难以依靠自己力量办理的事宜得到恰当、有效的处理，有助于提高委托人的工作效率。

（三）沟通控制职能

国际货运代理人拥有广泛的业务关系、发达的服务网络、先进的信息技术手段，可以随时保持货物运输关系之间货物运输关系人与其他有关企业、部门的有效沟通，对货物进行运输的全过程进行准确跟踪和控制，保证货物安全、及时运抵目的地，顺利办理相关手续，准确送达收货人，并应委托人的要求提供全过程的信息服务及其他相关服务。

（四）咨询顾问职能

国际货运代理人通晓国际贸易环节，精通各种运输业务，熟悉有关法律、法规，了解世界各地有关情况，信息来源准确、及时，可以就货物相关问题向委托人提出明确、具体的咨询意见，协助委托人设计、选择适当处理方案，避免、减少不必要的风险、周折和浪费。

（五）降低成本职能

国际货运代理人掌握货物的运输、仓储、装卸、保险市场行情，与货物的运输关系人，仓储保管人、港口、机场、车站、堆场经营人和保险人有着长期密切的友好合作关系。拥有丰富的专业知识和业务经验、有利的谈判地位、娴熟的谈判技巧，通过国际货运代理人的努力，可以选择货物的最佳运输路线、运输方式，最佳仓储保管人、装卸作业人和保险人，争取公平、合理的费率，甚至可以通过集运效应使得有相关各方受益。从而降低货物运输关系人的业务成本，提高其主营业务效益。

（六）资金融通职能

国际货运代理人与货物的运输关系人、仓储保管人、装卸作业及银行、海关当局等相互了解，关系密切，长期合作，彼此信任，国际货运代理人可以代替收、发货人支付有关费用、税金，提前与承运人、仓储保管人、装卸作业人计算有关费用，凭借自己的实力和信誉向承运人、仓储保管人、装卸作业人向银行、海关当局提供费用、税金担保或风险担保，可以帮助委托人融通资金，减少资金占压，提高资金利用效率。

四、国际货运代理的分类

（一）以委托人的性质为标准

1. 货主的代理

货主的代理是指接受进出口货物收、发货人的委托，为了托运人的利益办理国际货物运输及相关业务，并收取相应的报酬的国际货运代理人。按委托人的不同可以进一步划分为托运人的代理和收货人的代理。按货物的流向可以进一步划分为进口代理、出口代理、转口代理。

2. 承运人的代理

承运人的代理是指接受从事国际运输业务的承运人的委托，为了承运人的利益办理国际货物运输及相关业务，并收取相应的报酬的国际货运代理人。按承运人采取的运输方式不同可以进一步划分为水运承运人的代理、空运承运人的代理、陆运承运人的代理、联运承运人的代理。按承运人委托事项的内容还可以进一步划分为航线代理、转运代理和揽货代理。

（二）以委托人委托的代理人数量为标准

1. 独家代理

独家代理是指委托人授予一个代理人在特定的区域或者特定的运输方式或服务类型下，独家代理其从事国际货物运输业务和/或相关业务的国际货运代理。

2. 普通代理

普通代理是指委托人在特定的区域或者特定的运输方式或服务类型下，同时委托多个代理人代理其从事国际货物运输业务和/或相关业务的国际货运代理。

（三）以委托人授予代理人权限范围为标准

1. 全权代理

全权代理是指委托人概括委托代理人办理某项国际货物运输业务和/或相关的业务，并授予其根据委托人自己意志灵活处理相关事宜权利的国际货运代理。

2. 一般代理

一般代理是指委托人委托代理人办理某项国际货物运输业务和/或相关的业务，要求其根据委托人的意志处理相关事宜的国际货运代理。

（四）以委托人委托办理的事项为标准

1. 综合代理

综合代理是指委托人委托代理人办理某一票或某一批货物的全部国际运输事宜，提供配套的相关服务的国际货运代理。

2. 专项代理

专项代理是指委托人委托代理人办理某一票或某一批货物的某一项或某几项国际运输事宜，提供规定项目的相关服务的国际货运代理。按委托事项的不同可以进一步划分为订舱代理、仓储代理、装卸代理、提货代理、报关代理等。

（五）以代理人的层次为标准

1. 总代理

总代理是指委托人委托代理人作为在某个特定地区的全权代表,委托其处理委托人在该地区的所有货物运输事宜及相关事宜的国际货运代理。

2. 分代理

分代理是指总代理人指定的在总代理区域内的具体区域代理委托人办理货物运输事宜及其他相关事宜的国际货运代理。

(六) 以运输方式为标准

以运输方式为标准,国际货运代理包括:水运代理(海运代理和河运代理);空运代理;陆运代理(道路运输代理、铁路运输代理、管道运输代理);联运代理(海空联运代理、海铁联运代理、空铁联运代理)。

(七) 以代理业务的内容为标准

1. 国际货物运输综合代理

国际货物运输综合代理是指接受进出口货物收、发货人的委托,以委托人的名义或以自己的名义,为委托人办理国际货物运输及相关业务,并收取服务报酬的代理。

2. 国际船舶代理

国际船舶代理是指接受船舶所有人、经营人或承租人的委托,在授权范围内代表委托人办理与在港国际运输船舶及船舶运输有关的业务,提供有关服务,并收取服务报酬的代理。

3. 国际民用航空运输销售代理

国际民用航空运输销售代理是指接受民用航空运输企业的委托,在约定的授权范围内,以委托人的名义代为处理国际航空货物运输销售及相关业务,并收取相应手续费的代理。

4. 报关代理

报关代理是指接受进出口货物收、发货人或国际货物运输企业的委托,代为办理进出口货物报关、纳税、结关事宜,并收取服务报酬的代理。

5. 报检代理

报检代理是指接受出口商品生产企业、进出口商品发货人、收货人及其代理人或其他对外贸易关系人的委托,代为办理进出口商品的卫生检疫、动植物检疫事宜,并收取服务报酬的代理。

6. 报验代理

报验代理是指接受出口商品生产企业、进出口商品发货人、收货人及其代理人或其他对外贸易关系人的委托,代为办理进出口商品质量、数量、包装、价值、运输器具、运输工具等的检验、鉴定事宜,并收取服务报酬的代理。

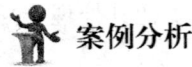 **案例分析**

FOB 合同中实际托运人的认定

原告：某家具公司
被告：A 航运公司
被告：B 货运公司
被告：B 货运公司上海分公司（B 上海分公司）

2010年2月，原告与注册在香港的 E 家居公司签订采购合同，约定由原告供应 24 000 件储物方凳，出货方式为"FOB SHANGHAI"，指定货代为"客人提供"，目的地为"LA（美国洛杉矶）"，付款方式为"提供单据复印件 T/T 15 天"。E 将涉案货物转手出售给美国的 IDEA 公司。A 接受了名义为 IDEA 公司的订舱委托。E 直接就订舱、提单缮制等涉案货物出运事宜与 B 上海分公司进行业务联系。原告确认"与承运人之间关于海上货物运输的事宜都是 E 在联系"，原告仅负责实际交付货物。E 指示 B 上海分公司向原告开具装港费用发票并确定原告为提单接收人。原告委托 F 货代开展涉案货物出口的内陆集装箱拖车及报关业务。2010年4月21日涉案 6 480 件货物装箱。4月28日涉案提单签发。原告指示 F 货代根据 B 上海分公司开具的发票支付了订舱费等装港费用。在上述费用到账后，原告通过 F 货代从 B 上海分公司处取得了涉案全套正本提单。涉案提单系 A 抬头的记名提单，载明托运人为 E，收货人为 IDEA 公司，由 A 授权 B 上海分公司使用其签单章对外签发。原告确认其同意在涉案提单中将 E 记载为托运人。三被告确认涉案货物已交付记名收货人 IDEA 公司。

另查明，涉案货物价值为 38 880 美元。IDEA 公司已至少向 E 支付了 570 239.50 美元，并指定用于清偿包括涉案货款在内的货款。原告确认收到 E 支付的部分定金，尚有 82.46% 的涉案货款没有收到。

原告诉称：三被告的无单放货行为致原告遭受货物价款损失 38 880 美元和相应利息损失。三被告签单行为不规范，导致原告无法判断承运人身份，三被告应当共同作为承运人，为此诉请三被告连带赔偿原告货物及利息损失。

三被告共同辩称：B 上海分公司作为 A 的签单代理人，不应就本案纠纷承担任何责任；原告并非实际交付货物的托运人，向 A 实际交付货物并依法有权控制货物的应是 E；即使原告可被认定为中国海商法下的"实际托运人"，因涉案提单是记名提单，原告作为持有记名提单的实际托运人没有诉权；原告虽持有正本记名提单，但不具有提货权，亦无法控制货物，原告损失与无单放货行为无因果关系。综上，请求驳回原告的诉讼请求。

思考：

司法实践中如何认定"实际托运人"身份成为一个前置的难题。在提单载明的托运人并非交货人,而交货人在接受该提单时又未提出异议的情况下,问题尤为突出。请思考本案例中,法院对原告诉请三被告连带赔偿原告货物及利息损失的诉讼请求是否应该予以支持。

练习题

(一)名词解释

代理　运输代理　国际货运代理

(二)填空

1. 租船代理习惯上又称为_____,它是以船舶为商业对象而进行船舶租赁业务的人。
2. 与大陆法上的直接代理和间接代理相对应的是英美法上的_____、_____和_____。

(三)单项选择

1. 从"行为"的角度定义"代理"的方式直接演绎于《德国民法典》第 164 条第一项关于代理之规定:(　　)。
   A. "代理人在代理权限内,以被代理人名义所谓之意思表示,直接对被代理人发生效力"
   B. "代理者,代理人于代理权限内,以本人名义,向第三人为意思表示,或有第三人受意思表示时,而直接对于本人发生效力之行为也"
   C. "代理人在代理权限内,以被代理人的名义实施民事法律行为。被代理人对代理人的代理行为,承担民事责任"
   D. "代理是双方明示合意,由一方当事人(代理人)遵照另一方当事人(本人)之指示,为其(本人)利益为一定行为的受托信义关系"

2. (　　)强调代理人在代理中既明示自己为代理人的身份,又以被代理人的名义与第三人进行民事法律行为。
   A. 间接代理　　　　　　　　B. 隐名代理
   C. 显名代理　　　　　　　　D. 被代理人身份不公开的代理

3. (　　)要求代理人虽不透露被代理人的名义和身份,但表明自己是代理人,为他人的利益而为代理行为。
   A. 直接代理　　　　　　　　B. 隐名代理
   C. 显名代理　　　　　　　　D. 被代理人身份不公开的代理

4. 大陆法系代理法的立法理论基础是(　　)。
   A. 抽象论　　B. 差异论　　C. 等同论　　D. 区别论

5. (　　)是船务代理机构为船舶承运机构或货物收发机构代为办理的有关船、货业务,如船舶进出港口,船舶海损处理,货物托运、中转、理赔等业务的统称。
   A. 租船代理　　B. 货运代理　　C. 船务代理　　D. 运输咨询代理

6. 一般认为,(　　)是指接受货主的委托,代表货主办理有关货物交接、包装、报关、检验、仓储、调拨、转运、订舱等有关运输业务的法人或个人。

A. 租船代理　　　　B. 货运代理　　　　C. 船务代理　　　　D. 运输咨询代理

7.（　　）主要是指代理人应委托人的要求，提供有关运输方面的情报、资料、数据等信息，而向委托人收取一定报酬的代理事务。

A. 租船代理　　　　B. 货运代理　　　　C. 船务代理　　　　D. 运输咨询代理

8. 根据国际货运代理协会联合会（FIATA）的介绍，早在（　　）就已产生了专门从事货运代理业务的代理人。但现代意义上的货运代理的大规模兴起，则是资本主义社会化大生产的结果。

A. 公元 10 世纪　　B. 18 世纪 90 年代　　C. 19 世纪初　　D. 19 世纪末 20 世纪初

9. 大陆法系区别论强调（　　）。

A. 代理三方（被代理人、代理人、第三人）关系中的两个不同侧面的区别

B. 代理人行为产生的结果与被代理人亲自所为相同

C. 由法院的具体判例逐渐创立的，其法律渊源也主要表现在判例法

D. 身份和姓名不公开的被代理人，能依法直接介入代理人与第三人签订的合同当中

10. 英美法上不公开被代理人身份的代理与大陆法上的间接代理有相似之处，但两者的区别也是不容忽视的，表现在（　　）。

A. 按照英美法，间接代理关系中的委托人不能直接介入代理人与第三人订立的合同

B. 按照英美法，只有当代理人将其与第三人所订合同移转给委托人，委托人才能对第三人主张权利

C. 按照大陆法，未公开身份的被代理人无须经过代理人的权利转移，就可以直接行使合同介入权对第三人主张权利

D. 按照大陆法，要绕过两个合同关系才能使间接代理关系中的委托人同第三人发生直接的法律关系

（四）多项选择

1. 以下属于大陆法系代理法的立法特征的是（　　）。

A. 把委任合同与代理权限严格区别开来

B. 通过他人实施的行为视同自己亲自实施的行为

C. 以概念法学家拉邦德为代表的法学家抽象创造出来的

D. 其分类所涉及的是商事交易的实质内容，即由谁来承担代理人与第三人所签订合同的责任

E. 详细列举商业实践中发展起来的各种不同的代理形式，并尽可能准确地界定每类代理形式中代理权限的范围

2. 关于大陆法和英美法两大法系代理制度的比较，以下说法正确的是：（　　）。

A. 大陆法系区别论强调代理三方（被代理人、代理人、第三人）关系中的两个不同侧面的区别，而英美法系将代理人行为等同于被代理人行为

B. 大陆法系代理法在确定谁与第三人订立合同时，一般采取"名义原则"，而英美法系以等同论作为划分代理的标准

C. 大陆法系代理法中的代理概念以代理人的责任承担方式或者被代理人身份的公开状况为准，将代理分为三种类型：显名代理、隐名代理和不公开被代理人身份的代理

D. 从历史上看，英美代理法是由法院的具体判例逐渐创立的，当代英美代理法的法律渊源也主要表现在判例法

E. 大陆法系代理法是由高度体系化、抽象化的《民法典》或者其他成文法建立的

3. 租船代理人办理的业务主要包括：（　　）。
A. 按照委托人（船东或租船人）的指示要求，为委托人提供最合适的对象和最有利的条件，并促成租赁交易，这是租船代理人最主要的业务
B. 为委托人提供航运市场行情、国际航运动态以及有关资料等
C. 根据双方谈判的最后结果，帮助委托人起草与代理签署运输合同
D. 货主与船东发生纠纷时，代表委托人参与解决纠纷
E. 船舶进出港业务方面

4. 大陆法系的划分是多角度的，主要有以下几种：（　　）。
A. 根据代理人是否基于代理权而为法律行为，可分为有权代理和无权代理
B. 根据代理人主动为意思表示或受意思表示，将代理分为积极代理和消极代理
C. 根据代理权的发生是否基于本人的意思表示，将代理分为法定代理和一定代理
D. 根据代理权的范围有无特定的限制，分为一般代理和特别代理
E. 根据代理人是否以本人名义与第三人为法律行为，将代理分为直接代理和间接代理

5. 大陆法系中的间接代理具有以下特征：（　　）。
A. 代理人以自己的名义为法律行为
B. 代理行为的后果不是直接归于被代理人，而是间接归于被代理人
C. 第三人与被代理人之间存在合同关系
D. 被代理人可以直接对第三人主张权利
E. 间接代理在大陆法系只有理论意义，其含义近似于行纪

（五）简答
1. 简述大陆法系的代理类型。
2. 简述英美法系代理的类型。
3. 简述运输代理的分类。
4. 简述货运代理提供的服务。
5. 简述国际货运代理的性质。
6. 简述国际货运代理的职能。

第二章 国际货运代理企业

学习目的

掌握我国国际货运代理企业的备案制度

掌握外商投资国际货运代理企业的管理办法

掌握我国香港和澳门地区投资者投资国际货运代理业的管理办法

了解我国国际货运代理企业传统的经营模式和其经营模式的转型

掌握国际货运代理企业核心竞争力的内涵及其构建

基本概念

国际货运代理企业的经营模式　国际货运代理企业核心竞争力

第一节　国际货运代理企业的设立和备案

一、国际货运代理企业概述

商务部根据原外经贸部1995年6月29日发布的《中华人民共和国国际货物运输代理业管理规定》(以下简称《规定》)制定《中华人民共和国国际货物运输代理业管理规定实施细则》(以下简称《实施细则》),并于2004年1月1日发布并实施。

《实施细则》第2条对国际货物运输代理企业(以下简称国际货运代理企业)做出界定,即:"可以作为进出口货物收货人、发货人的代理人,也可以作为独立经营人,从事国际货运代理业务。国际货运代理企业作为代理人从事国际货运代理业务,是指国际货运代理企业接受进出口货物收货人、发货人或其代理人的委托,以委托人名义或者以自己的名义办理有关业务,收取代理费或佣金的行为。国际货运代理企业作为独立经营人从事国际货运代理业务,是指国际货运代理企业接受进出口货物收货人、发货人或其代理人的委托,签发运输单证、履行运输合同并收取运费以及服务费的行为。"

《实施细则》还规定,国际货运代理企业必须依法取得中华人民共和国企业法人资格,其名称、标志应当符合国家有关法律、法规和规章,与业务性质、范围相符合,并能体现行业特点。其中,名称应当含有"货运代理""运输服务""集运"或"物流"等相关字样。

二、我国国际货运代理企业的设立条件

(一)申请人资格

2004年5月19日国务院发布《关于第三批取消和调整行政审批项目的决定》,取消国际货运代理企业经营资格审批以后,我国境内的投资者申请设立国际货运代理企业,从事国际货运代理业务,不再受《规定》规定的资格条件限制。但是,向工商行政管理机关申请登记注册国际货运代理企业,请求工商行政管理机关核准国际货运代理业务经营项目的境内投资者,仍然应当遵守《公司法》及其他有关法律、法规规定的资格条件限制。

根据现行有关法律法规和政策,下列单位或个人不得投资设立国际货运代理企业:

(1)各级党、政、军、审判、检察机关;

(2)法律、法规禁止从事营利性活动的自然人;

(3)会计师事务所、审计师事务所、律师事务所和资产评估机构;

(4)尚未取得投资资格证明的外商投资企业;

(5)尚未缴清全部注册资本的非投资类内资企业;

(6)尚未完成财产转移手续的以非货币出资登记注册的企业;

(7)不具备投资主体资格的法人分支机构;

(8)基金会不得投资举办有限责任公司;

(9)有限责任公司不得对非公司制企业投资;

(10)法律、法规禁止投资举办企业的其他单位和个人。

(二)设立条件

1. 设立国际货物运输代理企业的登记注册程序

申请设立国际货物运输代理企业,申请人应当按照下列程序向所在地工商行政管理部门办理相关手续:

(1)领取并填写《名称(变更)预先核准申请书》及相关材料;

(2)递交《名称(变更)预先核准申请书》及相关材料,等待名称核准结果;

(3)领取《企业名称预先核准通知书》及《企业设立登记申请书》等有关表格;

(4)到工商行政管理部门确认的银行开立入资专户,并办理相关手续(以非货币方式出资的,还应办理资产评估手续);

(5)递交申请材料,材料齐全,符合法定形式的,等候领取《准予行政许可决定书》;

(6)领取《准予行政许可决定书》,按照其确定的日期交纳相关费用,领取企业法人营业执照。

2. 国际货物运输代理企业注册资本的最低限额

《规定》对国际货物运输代理企业的注册资本最低限额做如下要求:

(1)经营海上国际货物运输代理业务的,注册资本最低限额为500万元人民币;

(2)经营航空国际货物运输代理业务的,注册资本最低限额为300万元人民币;

(3)经营陆路国际货物运输代理业务或者国际快递业务的,注册资本最低限额为200万元人民币。

经营前款两项以上业务的,注册资本最低限额为其中最高一项的限额。

国际货物运输代理企业每设立一个从事国际货物运输代理业务的分支机构,应当增加注册资本50万元。

3. 申请设立国际货代企业应该具备的营业条件

《实施细则》规定,申请设立国际货代企业可由企业法人、自然人或其他经济组织组成。与进出口贸易或国际货物运输有关、并拥有稳定货源的企业法人应当为大股东,且应在国际货代企业中控股。企业法人以外的股东不得在国际货代企业中控股。国际货运代理企业应当依据取得中华人民共和国企业法人资格。企业组织形式为有限责任公司或股份有限公司。禁止具有行政垄断职能的单位申请投资经营国际货运代理业务。承运人以及其他可能对国际货运代理行业构成不公平竞争的企业不得申请经营国际货运代理业务。

申请设立国际货代企业应该具备的营业条件包括:

(1)具有至少5名从事国际货运代理业务3年以上的业务人员,其资格由业务人员原所在企业证明;或者,取得外经贸部根据本细则第五条颁发的资格证书。

(2)有固定的营业场所,自有房屋、场地须提供产权证明;租赁房屋、场地,须提供租赁契约。

(3)有必要的营业设施,包括一定数量的电话、传真、计算机、短途运输工具、装卸设备、包装设备等。

(4)有稳定的进出口货源市场,是指在本地区进出口货物运量较大,货运代理行业具备进一步发展的条件和潜力,并且申报企业可以揽收到足够的货源。

企业申请的国际货运代理业务经营范围中如包括国际多式联运业务,除应当具备上述规定的条件外,还应当具备下列条件:(1)从事《实施细则》第32条中有关业务3年以上;(2)具有相应的国内、外代理网络;(3)拥有在商务部登记备案的国际货运代理提单。

国际货运代理企业每申请设立一个分支机构,应当相应增加注册资本 50 万元人民币。如果企业注册资本已超过《规定》中的最低限额(海运 500 万元,空运 300 万元,陆运、快递 200 万元),则超过部分,可作为设立分支机构的增加资本。

三、我国国际货运代理企业的备案制度

为加强对国际货物运输代理业的管理,根据《中华人民共和国对外贸易法》(以下简称《外贸法》)和《规定》的有关规定,商务部制定了《国际货运代理企业备案(暂行)办法》,并 2005 年 4 月 1 日起施行。该办法规定,凡经国家工商行政管理部门依法注册登记的国际货物运输代理企业及其分支机构(以下简称国际货代企业),应当向商务部或商务部委托的机构办理备案。商务部是全国国际货代企业备案工作的主管部门。国际货代企业备案工作实行全国联网和属地化管理。

(一)国际货运代理企业的备案

国际货代企业备案程序如图 2—1 所示。

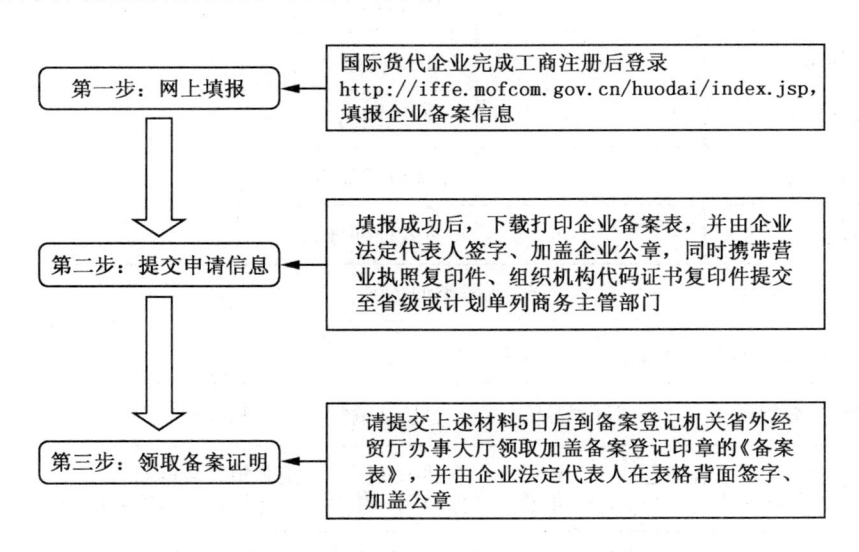

第一步:网上填报 ← 国际货代企业完成工商注册后登录 http://iffe.mofcom.gov.cn/huodai/index.jsp,填报企业备案信息

第二步:提交申请信息 ← 填报成功后,下载打印企业备案表,并由企业法定代表人签字、加盖企业公章,同时携带营业执照复印件、组织机构代码证书复印件提交至省级或计划单列商务主管部门

第三步:领取备案证明 ← 请提交上述材料5日后到备案登记机关省外经贸厅办事大厅领取加盖备案登记印章的《备案表》,并由企业法定代表人在表格背面签字、加盖公章

图 2—1　国际货代企业备案办理流程图

备案机关应自收到国际货代企业提交的上述材料之日起 5 日内办理备案手续,在《备案表》上加盖备案印章。备案机关在完成备案手续的同时,应当完整准确地记录和保存国际货代企业的备案信息材料,依法建立备案档案。国际货代企业应凭加盖备案印章的《备案表》在 30 日内到有关部门办理开展国际货代业务所需的有关手续。从事有关业务,依照有关法律、行政法规的规定,需经有关主管机关注册的,还应当向有关主管机关注册。《备案表》上的任何信息发生变更时,国际货代企业应在 30 日内办理

《备案表》的变更手续,逾期未办理变更手续的,其《备案表》自动失效。备案机关收到国际货代企业提交的书面材料后,应当即时予以办理变更手续。《备案表》如表 2-1 所示。

表 2-1　　　　　　　　国际货运代理企业备案表(法人企业适用)

备案表编号:

企业中文名称		企业经营代码:	
企业英文名称			
住　　所			
经营场所(中文)			
经营场所(英文)			
工商登记注册日期		工商登记注册号	
企业类型		组织机构代码	
注册资金		联系电话	
联系传真		邮政编码	
企业网址		企业电子邮箱	
法定代表人姓名		有效证件号	

业务类型范围

运输方式	海运□　　空运□　　陆运□
货物类型	一般货物□　　国际展品□　　过境运输□　　私人物品□
服务项目	揽货□　托运□　定舱□　仓储中转□　集装箱拼装拆箱□ 结算运杂费□　报关□　报验□　保险□　相关短途运输□　运输咨询□
特殊项目	是否为多式联运　是□　否□　是否办理国际快递　是□　否□ 信件和具有信件性质的物品除外□　私人信函及县级以上党政军公文除外□

备注:	

备案机关
签　章
年　月　日

续表 2-1　　　　　　　　　国际货运代理企业备案表(法人企业适用)

本人代表本企业做如下保证：

一、遵守《中华人民共和国对外贸易法》《中华人民共和国国际货物运输代理业管理规定》及其配套法律、法规、规章。

二、遵守与国际货物运输代理业相关的运输、海关、外汇、税务、检验检疫、环保、知识产权等其他法律、法规、规章。

三、服从主管部门对国际货物运输代理业的行业管理，自觉维护国际货物运输代理业的经营秩序。

四、不伪造、变造、涂改、出租、出借、转让、出卖《国际货运代理企业备案表》。

五、在备案表中所填写的信息是完整的、准确的、真实的。

六、按要求认真填写、及时提交与经营活动有关的文件和资料。

七、《国际货运代理企业备案表》上填写的任何事项发生变化之日起，30日内到原备案登记机关办理《国际货运代理企业备案表》的变更手续。

以上如有违反，将承担一切法律责任。

企业法定代表人
（签字、盖章）

（二）国际货运代理企业的业务备案

依据《国际货运代理企业备案（暂行）办法》（商务部令 2005 年第 9 号）及《商务部关于加快国际货运代理物流业健康发展的指导意见》（商服贸发〔2013〕11 号），商务部委托中国国际货运代理协会组织办理国际货代企业的备案工作，国际货代企业的业务备案具体程序如图 2—2 所示。

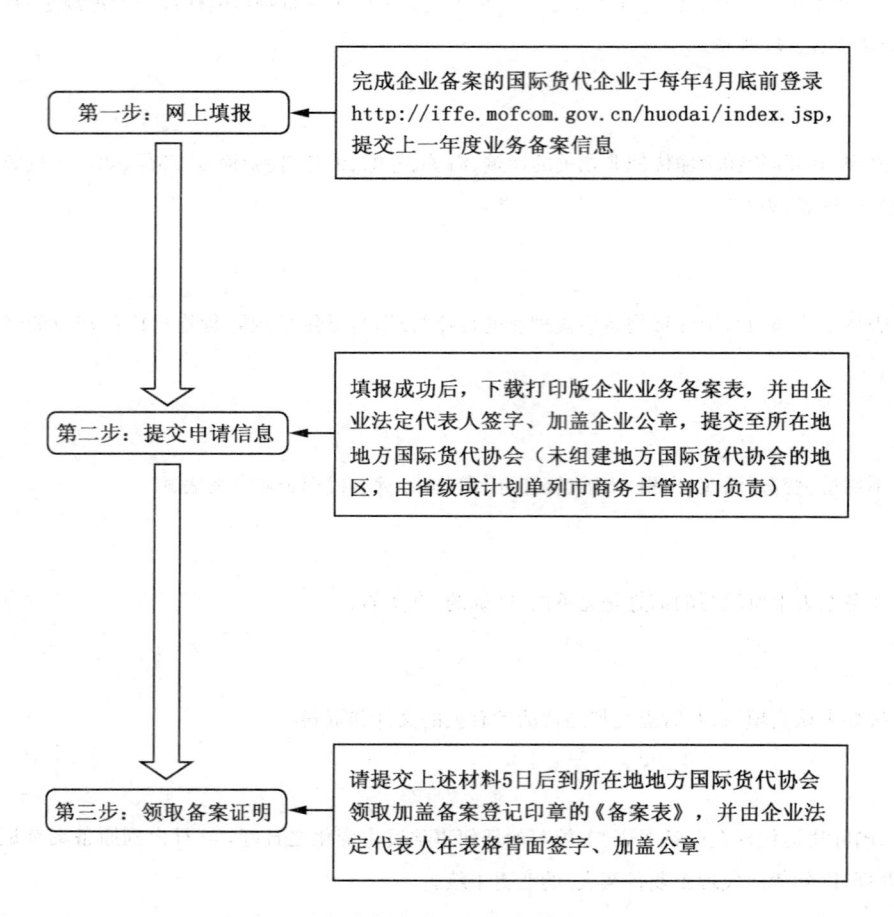

```
第一步：网上填报  ←  完成企业备案的国际货代企业于每年4月底前登录
                    http://iffe.mofcom.gov.cn/huodai/index.jsp，
                    提交上一年度业务备案信息
        ↓
第二步：提交申请信息 ← 填报成功后，下载打印版企业业务备案表，并由企
                     业法定代表人签字、加盖企业公章，提交至所在地
                     地方国际货代协会（未组建地方国际货代协会的地
                     区，由省级或计划单列市商务主管部门负责）
        ↓
第三步：领取备案证明 ← 请提交上述材料5日后到所在地地方国际货代协会
                     领取加盖备案登记印章的《备案表》，并由企业法
                     定代表人在表格背面签字、加盖公章
```

图 2—2　国际货代企业业务备案办理流程图

表 2—2　　　　　　　　　　国际货运代理企业业务备案表

企业名称			经营代码		
年末职工人数			取得国际货代资格证书人数		
货运车辆(辆/吨)			集装箱卡车(标准箱)		
自有仓库(平方米)			保税、监管库(平方米)		
铁路专用线(条)			物流计算机信息管理系统(套)		
海关注册登记证书号			商检报检单位登记号		
年度经营情况					
运输方式	全年出口				
	散货(吨)	集装箱货物(标准箱)		营业额(万元人民币)	
海运					
陆运					
空运					
快件	件				
运输方式	全年进口				
	散货(吨)	集装箱货物(标准箱)		营业额(万元人民币)	
海运					
陆运					
空运					
快件	件				
仓储营业额	(万元人民币)		其他营业额	(万元人民币)	
年营业总额	其中美元(万元):		人民币(万元):		
年净利润总额(万元人民币)			缴纳税金(万元人民币)		
(企业公章) 年　月　日			(法定代表人签名)		

注:表中年营业总额是指企业向委托方收取的全部费用总和(不扣除向承运人等最终支付的费用),不是缴纳营业税的依据。

续表 2—2　　　　　　　　**国际货运代理企业业务备案表**

本人代表本企业作如下保证：

一、遵守《中华人民共和国对外贸易法》、《中华人民共和国国际货物运输代理业管理规定》及其配套法律、法规、规章。

二、遵守与国际货物运输代理业相关的运输、海关、外汇、税务、检验检疫、环保、知识产权等其他法律、法规、规章。

三、服从主管部门对国际货物运输代理业的行业管理，自觉维护国际货物运输代理业的经营秩序。

四、不伪造、变造、涂改、出租、出借、转让、出卖《国际货运代理企业备案表》。

五、在备案表中所填写的信息是完整的、准确的、真实的。

六、按要求认真填写、及时提交与经营活动有关的文件和资料。

七、《国际货运代理企业备案表》上填写的任何事项发生变化之日起，30日内到原备案登记机关办理《国际货运代理企业备案表》的变更手续。

以上如有违反，将承担一切法律责任。

企业法定代表人
（签字、盖章）
年　　月　　日

四、外商投资国际货运代理企业的管理办法

《外商投资国际货物运输代理企业管理办法》(以下简称《办法》),已于 2005 年 10 月 19 日经由我国商务部第十五次部务会议修订通过,并于 2005 年 12 月 11 日施行。

《办法》所称的外商投资国际货物运输代理企业是指外国投资者以中外合资、中外合作以及外商独资形式设立的接受进出口货物收货人、发货人的委托,以委托人的名义或者以自己的名义,为委托人办理国际货物运输及相关业务并收取服务报酬的外商投资企业(以下简称外商投资国际货运代理企业)。

1. 审批和管理

外商投资设立经营国际快递业务的国际货运代理企业由商务部负责审批和管理;外商投资设立经营其他业务的国际货运代理企业由各省、自治区、直辖市、计划单列市及新疆生产建设兵团商务主管部门(以下简称省级商务主管部门)负责审批和管理。《办法》实施前已设立的外商投资国际货运代理企业,如不从事国际快递业务,其变更等事项由注册地省级商务主管部门负责办理。

2. 外国投资者可以合资、合作方式在中国境内设立外商投资国际货运代理企业

自 2005 年 12 月 11 日起,允许设立外商投资国际货运代理企业。外国投资者可以收购股权方式收购已经设立的国际货运代理企业,但股权比例以及投资者资质须符合本规定要求,涉及国有资产的须按有关法律、法规的规定办理。

3. 设立外商投资国际货运代理企业注册资本最低限额为 100 万美元

自 2005 年 12 月 11 日起,对上述注册资本的最低要求实行国民待遇。

4. 经批准,外商投资国际货运代理企业可经营的部分或全部业务

(1)订舱(租船、包机、包舱)、托运、仓储、包装;

(2)货物的监装、监卸、集装箱拼装拆箱、分拨、中转及相关的短途运输服务;

(3)代理报关、报验、报检、保险;

(4)缮制有关单证、交付运费、结算及交付杂费;

(5)国际展品、私人物品及过境货物运输代理;

(6)国际多式联运、集运(含集装箱拼箱);

(7)国际快递(不含私人信函和县级以上党政军机关公文的寄递业务);

(8)咨询及其他国际货运代理业务。

5. 从事信件和信件性质物品(不含私人信函和县级以上党政军机关公文的寄递业务)国际快递业务的企业经商务主管部门批准后应向邮政部门办理邮政委托手续

6. 设立外商投资国际货运代理企业需提供的文件

(1)申请书;

(2)项目可行性研究报告；

(3)设立外商投资国际货运代理企业的合同、章程，外商独资设立国际货运代理企业仅需提供章程；

(4)董事会成员名单及各方董事委派书；

(5)工商部门出具的企业名称预核准通知书；

(6)投资者所在国或地区的注册登记证明文件及资信证明文件。

7. 外商投资国际货运代理企业正式开业满1年且注册资本全部到位后，可申请在国内其他地方设立分公司

分公司的经营范围应在其总公司的经营范围之内。分公司民事责任由总公司承担。外商投资国际货运代理企业每设立一个从事国际货物运输代理业务的分公司，应至少增加注册资本50万元人民币。如果企业注册资本已超过最低限额，超过部分，可作为设立公司的增加资本。申请设立分公司的，应向总公司所在地省级商务主管部门提出申请，由总公司所在地省级商务主管部门在征得拟设立分公司所在地省级商务主管部门同意后批准。

五、我国香港、澳门地区投资者投资国际货运代理业的管理办法

为了促进我国香港、澳门地区与内地建立更紧密的经贸关系，鼓励香港和澳门地区服务提供者在内地设立从事国际货运代理业务的企业，根据国务院批准的《内地与香港关于建立更紧密经贸关系的安排》及其补充协议和《内地与澳门关于建立更紧密经贸关系的安排》及其补充协议，香港和澳门地区投资者投资内地国际货物运输代理业有如下规定：

1. 允许香港地区服务提供者和澳门地区服务提供者在内地以合资、合作、独资的形式设立国际货运代理企业

2. 符合条件的香港地区服务提供者和澳门地区服务提供者在内地投资设立国际货运代理企业的注册资本最低限额应当符合一定要求

(1)经营海上国际货物运输代理业务的，注册资本最低限额为500万元人民币；

(2)经营航空国际货物运输代理业务的，注册资本最低限额为300万元人民币；

(3)经营陆路国际货物运输代理业务或者国际快递业务的，注册资本最低限额为200万元人民币，经营前款两项以上业务的，注册资本最低限额为其中最高一项的限额。

3. 香港地区服务提供者和澳门地区服务提供者在内地投资设立的国际货运代理企业在缴齐全部注册资本后，可申请在国内其他地方设立分公司

每设立一个分公司，应当增加注册资本50万元。如果企业注册资本已超过最低

限额,则超过部分,可作为设立分公司的增加资本。

第二节 国际货运代理企业的经营模式

一、经营模式的概念

企业的经营目的就是吸引客户、雇员和投资者,在保证盈利的前提下向市场提供产品和服务。因此,一个企业的经营模式就是这个企业持续不断地获取利润的方法的集合。它包含三方面内容:收入来源(也可以成为客户群)、能够向客户提供的价值,以及保证持续提供价值的方式。

要分析企业的经营模式,可从以下三个方面进行:

第一,分析公司的收入来源,或者分析公司的客户分布情况;

第二,分析公司吸引和保持每一个收入来源的能力,即公司能够向客户提供什么样的价值;

第三,分析公司怎样能持续不断地向客户提供这些价值,也就是分析向客户提供价值的方式和资金的流动方式。

实际上,很多企业采用的是一种复合模式,在经营的各方面都具备多种内容,进而形成一种独特性。这种独特性就决定了企业经营模式的不可复制性,从而保证企业经营的成功。如何从这种独特性中总结出共性的部分,就需要对企业经营模式进行辩证的分析。也就是将企业的经营模式分解为相对简单的独立部分,然后进行汇总归类,就可以获得一定的成效。

二、我国国际货运代理企业传统的经营模式

1984年以前,我国货运代理业务是由中国对外贸易运输总公司独家经营的。从1984年开始,国家允许中国远洋运输公司和中国对外贸易运输总公司业务交叉经营,一批新的货运代理企业陆续成立。截至2003年底,经对外经贸部批准的货运代理企业已达3 000多家。全国80%以上的进出口货物运输是通过货运代理来进行的。我国的货运代理市场已发展成具有一定规模、跨部门的新兴行业,逐步形成了一个开放型、多家经营、公平竞争的格局。

但长期以来,我国的货运代理一直处于船、货之间,以中间人的身份提供服务,业务范围局限于订舱、报关、转运等简单环节性劳务。伴随市场的发展,这种经营模式受到来自各方面的冲击,使我国传统的货代企业市场份额处于一种迅速下滑的状态。

目前,我国许多一级货代没有自己的提单,不能够以无船承运人的身份接受货载。

随着信息透明化,我国货运公司以前那种靠挣差价、吃佣金的盈利模式会受到很大影响。同时,如前所述,外国投资者可以合资、合作方式在中国境内设立外商投资国际货运代理企业。自2005年12月11日起,允许设立外商独资国际货运代理企业。我国的货运代理公司所受到的挑战更加严峻,我国货运代理公司面临的竞争更加激烈。同时,我国目前存在不少挂靠在一级货代的外商办事处,它们借用这些外商公司的提单和网络经营,但是外商公司一旦可以以公司的形式自己经营时,它们将只剩下空壳而没有实质上的内容,它们的明天将很值得担忧。

我国的许多货运代理公司还没有向物流方向转型,将影响它们提供深层次的服务。加入世贸组织可以为我国带来许多物流商业机会,但是由于我国的经济环境的制约、货运代理公司缺乏对信息技术的投资以及专业人才的缺乏,随着大批的跨国公司直接进入中国市场,凭借目前我国货运代理公司的规模和服务水平,以及我国货运代理公司目前的运营模式,很难和国外的大型跨国公司进行竞争,因而这些公司必须积极探求改变企业的经营模式。

三、我国国际货运代理企业经营模式的转型

(一)大中型国际货运代理企业经营模式的转型

随着中国经济的快速发展和经济全球化步伐的加快,商品贸易规模迅速扩大,物资空间移动的广度和深度也随之扩展,因而对于物流活动的效率、物流的快速反应能力以及信息化程度都提出了更高的要求。同时,物流需求的个性化、多样化和高度化,要求货运代理等物流服务企业必须不断改进和优化企业的经营模式,有针对性地开发新型物流服务,以适应物流市场的变化,提高企业的竞争力。大中型货代企业由于在资金、管理、网络和服务等方面都具有一定的实力,所以可以考虑向综合的物流服务企业转型。

1. 大中型国际货运代理企业向第三方物流转型

(1)传统的货代企业与现代物流服务的区别:

①现代物流服务企业必须掌握先进的管理技术,沟通各有关单位全凭信息交换和信息处理的技术和设备;传统货代主要依赖货运设备,如仓库、车队等,在货代业务中,信息的来源主要靠客户自行提供。

②货代服务通常是以客户指示为出发点,相比较而言,这种服务是被动的;而物流服务的目标是不断地满足客户的需要,帮助客户制定经营策略,因而是主动的,具有导向作用。

③现代物流服务并不一定从事具体的货运工作。其主要任务是通过向有关客户推销先进的货运一体化管理技术,着重对整体运输环节进行控制,从而对客户提供运

输管理服务,因此,它们不一定像货运代理那样,实际从事具体的货运工作。

④货运代理人仅参与和货运有关的活动,但现代物流服务还可能向客户提供全球性的订货与供货服务。因此,现代物流服务的范围更广,与供应链上的企业联系更为紧密。

⑤现代物流服务企业更需要完善的物流网络,如何建立健全自己的物流网络,没有完善的网络就无法做好供应链的管理和运输服务工作。

由此可见,现代综合物流对货代业形成的最大挑战是:货代企业能否打破传统的经营思路,与物流的供应主体和消费主体打成一片,将过去分散的海运、陆运、空运和仓储业有机地结合起来,向货主提供比货运或货代企业更全面、更系统的加工、包装、仓储、运输、分拨、报关和报验等一体化服务,其信息跟踪的全过程渗透到生产、加工和分销诸环节,囊括了物流、商流、资金流和信息流等各个部分。

(2)货运代理企业参与物流经营的优势:

①市场相近。它们提供的都是物资流通服务,货代企业在货运活动中运用的专业技能、投入的设施与设备、业务操作方式等,一般也适合物流活动,因此,进入物流市场和业务调整比较方便。

②货代企业通常都建有自己业务网络和人事关系网,它们活动于货主、船东和其他运载工具经营人、储运公司、码头之间,并与海关及其他货物进出口监管部门保持着一定的关系,这对于协调物流关系、保证物流通畅都是必需的。尤其是货代企业熟悉货物流通基本环节和业务操作程序,具有较强的物流功能处理的能力和物流相关关系的沟通能力,有利于物流管理的有效实施。

③货代企业直接参与货运市场活动,掌握市场需求与供给状况,对市场行情和环境变化具有较强的敏感性,这是进行物流经营的决策十分需要的。

④货代企业可以运用其掌握的市场信息、专业知识和技能,为物流路径、组织和运输方式的选择与组合、物流业务处理等,提供合适且可行的方案,满足物流集约化、一体化和合理化的要求。

⑤在信息管理、电子数据交换技术的开发与应用方面,货运模块与物流模块的交融性较强。同时,货代企业通过业已形成的代理网,对开发物流信息网、信息交换与共享,建立物流网链,提供了便利、并可节约资金的投入或减少重复建设。

⑥货代企业转变为物流经营者,不仅可以减少社会资源的重复投入,也有利于货代市场和物流市场结构的调整,使社会资源、全球资源得到调整和整合,提高资源利用的综合效益。

⑦在观念上,货代企业更容易接收物流概念与内涵,了解货运与物流的关系,使货运业务向物流业务的延伸和经营转变更加方便。

有调查表明,国际贸易货物总量的约 80% 是由货代企业进行操作和实现进出口运输之需求。所以在当今的货运环境条件下,货代企业可以充分利用已有优势在广阔的物流市场拓展自己的业务,形成自己的物流产品和品牌。货代企业只要市场定位准确、目标明确、措施得当,在激烈竞争中就可以立于不败之地,国外许多国际货运公司,尤其是欧洲、北美的传统货代企业进入物流市场取得的成功,就是最好引证。

我国货代企业向物流企业转型,特别是向 3PL 转型,为货主提供一体化的物流服务,将发展的重心由自身转向货主,由输赢关系转变为双赢关系,与货主共享信息、共担风险、共同获利,建立一种战略合作伙伴的关系。

2. 大中型国际货运代理企业向第四方物流转型

"外包"一词,曾被《哈佛商业评论》认为是 20 世纪最为重要的管理学概念之一。如今,业务外包已被企业界公认为可以有助于提升企业供应链中非核心业务的竞争力。业务外包使企业可以专注于提高其核心竞争力,向客户提供差异化服务,并在经营灵活性上更富有优势。

然而,外包通常只能使企业的成本获得暂时的降低,它并不能使企业获得经营成本的持久降低。就在人们对外包开始产生怀疑的时候,由供应链管理理论演变出了一种新的理论,业界称之为"第四方物流"(The Fourth Party Logistics),又称 4PL。第四方物流是一个较新的概念,它更偏重于物流的咨询和服务。第四方物流使企业能够更有效率地快速反应供应链的整体需求。现代技术的不断更替和电子商务影响力的迅速扩展使供应链上各链条(或节点企业)追求对内整合资源和向外扩展的需求不断扩大,而这种需求又直接导致了第四方物流从传统的供应链管理中脱颖而出。

从概念上看,第四方物流是有领导力量的物流服务商通过整个供应链的影响力,提供综合的供应链解决方案,也为其客户带来更大的价值。显然,第四方物流是在解决企业物流的基础上,整合社会资源,有效解决物流信息充分共享、社会物流资源充分利用等问题。

本质上,第四方物流提供商是一个供应链集成商,它调集、管理和组织本身以及具有互补性的服务提供商的资源、能力和技术,以提供一个综合的供应链解决方案。

在最近一些对供应链概念解释和论证的书籍中,约翰·盖特纳(John Gattorna)在他的《战略供应链》中指出,随着企业从自营物流到第三方物流(3PL)再到第四方物流(4PL)的逐步转变,供应链革命的时代已经到来了。

第四方物流的前景非常诱人,但是成为第四方物流的门槛也非常高。美国和欧洲的经验表明,要想进入第四方物流领域,企业必须在某一个或几个方面已经具备很强的核心能力,并且有能力通过战略合作伙伴关系很容易地进入其他领域。专家列出了一些成为第四方物流的前提条件:

(1) 世界水平的供应链策略制定，业务流程再造，技术集成和人力资源管理能力；
(2) 在集成供应链技术和外包能力方面处于领先地位；
(3) 在业务流程管理和外包的实施方面有一大批富有经验的供应链管理专业人员；
(4) 能够同时管理多个不同的供应商，具有良好的关系管理和组织能力；
(5) 全球化的地域覆盖能力和支持能力；
(6) 对组织变革问题的深刻理解和管理能力。

正宗的第四方物流不仅控制和管理特定的物流服务，而且对整个物流过程提出策划方案，并通过电子商务将这个过程集成起来。预测表明，作为能与客户的制造、市场及分销数据进行全面、在线连接的一个战略伙伴，第四方物流与第三方物流一样，在可预见的将来会得到广泛应用。所以有一定实力的我国货代企业必须充分整合自己的资源，在做好核心业务的同时尝试涉足第四方物流业务，并将其作为企业的发展方向，因为它是企业综合实力的体现。

(二) 中小型国际货运代理企业经营模式的转型

1. 中小货代企业组建虚拟物流服务企业战略联盟

物流联盟就是以第三方物流机构为核心，众多的中小企业签订契约形成相互信任、共担风险、共享收益的集约化物流伙伴关系。从企业经济效益上看，由于通过物流战略联盟使众多中小企业集约化运作，降低了企业物流成本。从社会效益来看，由于采用第三方物流机构作为盟主，统筹规划、统一实施，减少了社会物流过程的重复劳动。当然，不同商品的物流过程不仅在空间上是矛盾的，可能在时间上也是有差异的。企业可以通过第三方物流机构的集约化处理，来解决这些矛盾和差异。

由于实力弱、规模小的原因，我国中小货代企业向 3PL 转型后，只能提供一般性低层次的物流服务，若要提供综合物流服务，对其自身而言是不可能的，这就出现了"战略缺口"的问题。战略缺口是企业所要取得的战略目标与依靠自身资源和能力所能取得的目标之间存在的一个缺口。战略缺口的存在决定了企业不可能走一切依靠自身资源和能力的发展道路，从而形成了战略联盟的重要动力。

我国物流市场中存在着大量的拥有物流功能实物资产的中小物流企业，它们只能提供较低层次的服务，而且物流设施的利用不足，常出现浪费资源的情况。我国中小货代企业可以签订合约的方式与它们建立战略联盟，共同提供综合性的物流服务。在战略合作过程中，货代企业可以发挥其信息优势，以网络为平台，广揽货源，利用电子商务完成各项结算工作，还可协助与其联盟的中小物流企业采取一系列措施，改变落后的运作方式。货代企业与物流企业的联盟，不仅能够获得充足的货源，有效利用现有物流设施，提高经济效益，而且可以联盟形式提供更高层次的综合物流服务，从而实现"1+1＞2"的协同效应。

中小货代企业由于其行业特点，一般不具有独立从事物流业务的实物资产，但是中小货代企业具有熟悉物流业务流程和管理货物运输的经验，可以无资产的技能管理型物流代理人的形式与众多的中小型专业性第三方物流企业建立战略联盟，组成基于信息技术的虚拟物流企业联盟。虚拟物流企业联盟包含两层含义：虚拟物流服务企业和动态联盟。

2. 中小型货代企业主动做大型综合物流企业的市场补充

虽然大型货代企业处于支配地位，但中小型货代只要可以提供合适的市场服务，能够适应那些仅需要点到点运输服务的小型货主的需要，突出其专业性、灵活性，也可以在竞争激烈的市场中有立足之地。在企业的市场定位问题上，传统物流企业总希望能够在现有储运资产的基础上发展物流服务。但这是相当困难的，原因在于现有的服务资源是非市场化配置的，而物流服务的需求是高度市场化甚至是个性化的。一些大型航运企业像中海、中远由于其在介入物流业之初，就有着强大的运输与仓储网络体系为支撑，才有实力进行大规模的经营。中小物流企业在创业之时，无论如何也不可能做到面面俱到，这个时候，选择合适的服务领域就至关重要。

这里的市场补充战略与前面的中小企业差异化和集中战略是不同的，因为这需要中小货代企业把自己当成整个物流服务的一个环节，在整个物流服务体系中捕捉和发展自己的业务，从而在优化市场物流服务的同时自然达到企业自身的不断壮大，而不是"闭门造车"式地专注于企业的货代业务。需要了解大型物流企业的业务状况和接受物流服务企业的需求情况，主动以某种合适的方式（比如契约、外包等）成为大型物流企业部分物流链的操作者和服务者。因为企业单独的货代业务需求已经不断减少，它们需要综合的"一揽子"物流服务。

第三节　国际货运代理企业的核心竞争力

一、国际货运代理企业核心竞争力的内涵

核心竞争力源于核心能力，C. K. 普拉哈拉德和加里·哈默在《公司的核心能力》一文中指出："核心能力集合了一个组织（公司）员工们学习的成果，或智慧的结晶，尤其涉及对各种生产技术的协调和对多种技术潮流的融合。"这个定义强调的是企业独有的、不易被他人模仿的核心技术，这种技术来自企业员工的集体智慧。例如卡西欧公司，将收音机置于芯片的理论知识不能保证它能有技术生产小如名片的微型收音机。为了生产这种微型收音机，卡西欧公司必须协调微型化技术、微处理设计、材料科学以及超细精密套装等技术诀窍。同样的技术也被用以生产微型卡式计算器、袖珍电视机和数码手表。这种技术和知识的融合有赖于公司各部门间的沟通与合作。作为竞争力的根源，企业围绕其核心能力繁衍其业务单位，而不是让现有业务单位的存在妨碍核心能力的发展和利用，因此核心能力不会因使用而递减。

对货运代理企业而言，企业之间的竞争表面上看是服务产品的竞争，实质上是能力的竞争，即满足顾客需求、为顾客解决问题的能力，以及提高顾客满意度和企业美誉度能力的竞争。其核心竞争力是企业赖以建立竞争优势、奠定市场地位的关键能力，是企业参与竞争的主力支撑和掌握市场主动的动力源泉，任何一个货运代理企业要想在市场上取得生存与发展，就必须有效地建立起自己独特的核心竞争力。

二、国际货运代理企业核心竞争力的构建

在综合考虑相关影响因素的基础上，构建的货运代理企业核心竞争力应具备以下几个特征：第一，要具备充分的用户价值，即能够为用户提供其所要求的效用；第二，应该具有独特性，如果企业专长很容易被竞争对手模仿，或者通过努力可以很快建立，它就很难给企业提供持久的竞争优势；第三，要突出表现企业整体竞争力，而不是单指具体的某项服务或者某个事业部门；第四，应该具备一定的延展性，能为企业打开相关市场提供支持，对企业一系列服务的竞争力有促进作用。

通过对货运代理企业核心竞争力内涵、构成要素及特征的分析，可见货运代理企业的核心竞争力由以下几方面构成。

（一）企业核心要素

企业中的要素包括人力、财力、设备、信息、网络、品牌等，它涵盖企业核心竞争力形成基础的企业核心要素。由于企业要素的特点和在企业经营活动中所起的作用不同，企业在确立核心要素时要充分考虑要素特性及各相关影响因素。核心要素的积累可以通过多种途径来实现，但由于受到企业内部资源约束和传统观念的束缚，通过企业内部积累核心要素是比较慢的，而通过吸收外来资源，企业则有可能在短时间内获得必要的核心要素。企业可以通过引入先进的管理，吸引专业人才、与拥有核心专长的公司建立战略联盟等多种途径来积累核心要素，以核心要素为基础形成的核心竞争力是其他企业所难以模仿和取代的。

例如，天津大田公司在1999年以前还是一个小型国内货运代理公司，但在1999年7月，大田公司通过艰苦谈判，与美国联邦快递公司共同组建了中外合作公司——大田联邦快递有限公司，这也是联邦快递公司在世界上唯一一家合作公司。联邦快递与大田之间的合作模式与其他快递巨头在中国的方式类似，即联邦快递提供自己的品牌，大田用自己在国内的网络优势和车辆，共同完成快递业务，国外的业务则交由联邦快递完成,双方在国内的业务利润按一定的比例分成。这种模式下的合作,对于联邦快递来说虽然是一种政策性的组合,但却令它收益颇丰,例如,它因此获得了中国民用航空总局(2008年改制更名为中国民用航空局)的青睐,联邦快递成为唯一享有直航中国权利的美国快递运输公司。而对大田来说,当初合作最大的目的莫过于利益的分成,合作之后大田每年都能从合资公司中拿到近1亿元的收入。这期间大田利用这笔资金,不断进行国内网络的拓展,目前在国内主要城市和经济区域拥有33个综合物流配送中心、23个国际货运代理公司、7个保税仓库、114个营业网点,构筑起完善的集空运、海运和陆运的物流网络服务平台。这使大田公司在较短时间内完成了企业要素的积累。如今,这家公司延续了联邦快递的核心要素,其中包括发达的业务信息系统和管理能力、业务流程以及激励机制等。大田公司的发展过程如表2—3所示。

表2—3　　　　　　　　　　　天津大田集团的发展

年份	事件
1992	成立华田航空代理公司,主营国际包机、空运普货业务
1995	更名为天津市大田航空代理公司,成为一类一级国际货运代理企业
1996	成立国内首家从事危险品运输及空运服务的专业化公司——北京迪捷姆空运咨询服务有限公司(DGM CHINA),拥有国际危险品组织(DGM)在中国内地的独家经营授权
1997	加入IATA(国际航空协会),正式成为IATA成员
1999	与美国联邦快递公司(Federal Express)在北京合资组建大田—联邦快递有限公司
2002	正式更名为大田集团,至今已在全国建立了118个分支机构,从传统货运代理企业转型为综合现代物流企业
2004	在北京与GEFCO合资成立捷富凯—大田物流有限公司。大田集团总部通过ISO9001:2000标准认证,取得了英国标准协会(BSI)颁发的认证证书,标志着大田集团在规范化、标准化的管理轨道又迈进了一步,在质量管理方面已经逐渐与国际物流集团接轨
2006	与联邦快递签署协议,以4亿美元出让大田—联邦快递有限公司中的50%股份,以及大田集团国内快递业务
2007	制定"六年三步走"发展战略,开启了大田集团的"第三次创业",以打造全球性的中国最佳的以供应链管理为核心的综合物流供应商为终极目标
2008	全面推出公路运输标准产品,集中力量加快陆运网络建设,打造中国最专业的零担服务商

(二)核心业务与核心流程

企业核心业务是决定企业核心竞争力能否长期发挥效用的实体部分,要想使核心业务充分发挥作用,必须明确并拓展核心业务,优化核心流程。企业核心流程是企业运作的关键流程,是企业核心要素综合运作的体现,是企业核心要素转化为相应业务服务的载体。企业核心业务与企业核心流程之间相互联系、相互依存,核心业务则是核心流程存在的前提,而核心流程是核心业务得以实现的最有效的途径。货运代理企业要拓展核心服务、优化核心流程,应将企业核心流程作为管理的重心,提高企业管理的集成度。以下以中国外运公司为例,说明核心业务与核心流程的构建对国际货运代理公司的重要性。

中国对外贸易运输(集团)总公司(简称中国外运)成立于1950年,是以国际货运代理业务为主的老牌国有企业。一直以来,中国外运集团的发展目标是成为有中国特色的大型国际化企业。

作为有着50多年传统的老牌企业,中国外运集团从20世纪90年代后期开始提出,中国外运集团要通过自己的能力保持和扩大市场,要寻求自己的生存发展之路。中国外运集团聘请的咨询专家为其重新战略定位为:放弃航运情结,强化核心业务,发展物流产业。在此思想指导下,中国外运集团在全国先后实施了结构调整、网络重整、建立一体化销售体系和建立标准化操作流程的一系列"伤筋动骨"的大改革。中国外运开始了自1997年的第二次创业。有关中国外运的重整后的核心业务与流程见图2—3。

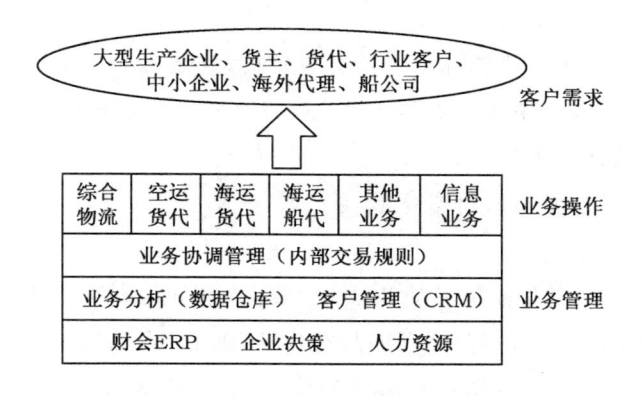

图2—3 中国外运集团的核心业务和流程

通过此次结构调整、业务整合、资产重组和人员分流等方面的改革,中国外运强化了自己的核心业务,优化了企业的核心流程,如今,该公司已经发展成为以海、陆、空国际货运代理业务为主,集海上运输、航空运输、航空快递、铁路运输、国际多式联运、汽车运输、仓储、船舶经营和管理、船舶租赁、船务代理、综合物流为一体的国际化大型现代综合物流企业集团。

案例分析

中国外运长航集团有限公司核心竞争力构建

一、中国外运长航集团简介

中国外运长航集团有限公司(简称"中国外运长航")由中国对外贸易运输(集团)

总公司与中国长江航运(集团)总公司于2008年12月重组成立,总部设在北京。2015年,经国务院批准,招商局集团有限公司(简称"招商局")与中国外运长航实施战略重组,中国外运长航整体并入招商局。中国外运长航是以综合物流为核心主业、航运为重要支柱业务、船舶重工为相关配套业务的综合物流服务供应商。

其中,综合物流业务包括:海、陆、空货运代理、船务代理、供应链物流、快递、仓码、汽车运输等,是中国最大的国际货运代理公司、最大的航空货运和国际快件代理公司、第二大船务代理公司。航运业务包括:船舶管理、干散货运输、石油运输、集装箱运输、滚装船运输、燃油贸易等,拥有和控制各类船舶运力达1 800余万载重吨,是我国第三大船公司、我国内河最大的骨干航运企业集团、我国唯一能实现远洋、沿海、长江、运河全程物流服务的航运企业。船舶工业形成以船舶建造和修理、港口机械、电机产品为核心的工业体系,在国内外享有知名声誉。其他主要业务还包括:旅游、科研院校、房地产等。

中国外运长航是中国物流标准委员会审定的,我国唯一的集团整体5A级(中国最高级)综合服务型物流企业。中国外运长航将致力于成为国内外客户首选的具有国际竞争力的综合物流服务供应商。

二、中国外运长航集团的物流资源

(一)运载资源

中国外运长航拥有和控制船舶2 000余艘,自有和控制运力1 400万载重吨,在建运力577万吨,集装箱船57 000TEU、在建3 900TEU,滚装船21 200车位、在建7 200车位,航运业务整体规模居全国第三位,其中油轮运输和滚装船运输业务规模居全国第一位,是我国唯一能实现远洋、沿海、长江、运河全程物流服务的航运企业。

(二)码头资源

中国外运长航从1962年创建首个码头开始,目前已拥有自建码头20个,泊位56个,岸线长3 797米,主要分布于东部沿海地区及沿江地区。码头的主要基础设施有岸吊、叉车、吊机等各种装卸机械、货物搬倒机械及车辆、计算机管理体系等。

(三)场站资源

中国外运长航是国内最早开展集装箱场站业务的公司之一,在国内外享有很高的知名度。目前,中国外运长航拥有集装箱场站15个,建筑面积59万平方米,仓库附属集装箱场站34个,面积67万平方米,大多分布于沿海沿江地区。

(四)仓储资源

目前,中国外运长航拥有仓储企业135家,占地面积1 017万平方米,库房1 146幢,建筑面积300万平方米,货场100个,面积180万平方米,形成了一个种类齐全的仓储经营网络。既有一般仓库(干货库)和冷藏库(包括各种气调库),也有大量的保税库、海关监管库。许多仓库拥有铁路专用线，配有站台、站台库、货场及装卸机械和运输车辆，以满足货物装卸、储存、分拨的需要。

（五）干线公路运输资源

中国外运长航致力于建设全国性跨区域的干线网络，提高区域内网络的覆盖密度。凭借辐射全国的七大区域配送中心、4 000多辆的运输车辆资源、专业化的线路设计能力、可视化的全程监控搭建了覆盖全国的公路干线运输网络。

三、中国外运长航集团的经营业务

（一）综合物流

1. 货运代理

中国外运长航是中国最大的货运代理企业，拥有覆盖中国、辐射全球的庞大服务网络。五十余年丰富的货运代理经验和专业化员工队伍，为客户提供海运、空运、铁路、公路全方位的运输代理服务，以及工程项目、重大件和展览品方面的运输服务。中国外运长航的报关业务遍及国内各省市和口岸，年报关量、预录入量均超过100万票。通过世界各国的海外代理，中国外运长航搭建了在世界主要贸易地区的业务平台，形成遍布全球的货运代理网络。目前，中国外运长航提供的货运代理服务主要包括海运代理、陆运货代、空运货代、工程物流、会展物流等。

2. 船务代理

中国船务代理有限公司成立于1985年，是中国外运股份有限公司的专业子公司，通过提供标准化的船舶代理服务，以"中国船代"为品牌在航运界树立起了良好声誉。通过遍及国内江海港口的73个分支机构和数个海外代表处，中国船务代理有限公司以其强大的代理网络为船公司提供船舶代理服务。特别值得一提的是，中国船务代理有限公司不但是交通运输部指定的可以代理国外的军事舰船、实习船、科学考察船、旅客运输船（含旅游船、私人游艇）、工程船及其辅助船；还是外交部授权的可办理签证的单位。

3. 供应链物流

供应链物流是中国外运长航基于海、陆、空货运代理、仓储、运输等业务，为客户提供的全程物流解决方案。从国际段的海运/空运、进出口清关到国内段的仓储和运输，中国外运长航整合原本分割的各段业务，为客户提供一站式的物流服务，在提高供应链整体效率的同时，帮助客户降低了整体物流成本。中国外运长航在长期的成功经营过程中，不断加深对中国市场的了解，使其得以提供个性化的供应链解决方案，并在高科技、快速消费品、零售、轮胎、汽车零配件、时装物流等行业赢得了客户的普遍赞誉。

4. 快递

中国外运长航致力于国内速递和空运市场，努力提供最优质的国内门到门快递服务和普货服务，在此基础上为大客户量身定制物流解决方案，并在合作中与客户共同成长。中国外运长航的速递业务提供包裹递送服务和适于小件样品递送的迷你封递送服务。既提供全国范围的城际间快递业务，还在一些大城市提供同城业务。目前，业务遍及国内432个城市，覆盖全国所有省份，网络仍在高速扩展之中。为了客户的使用方便，提供了预付、到付以及第三方付款等灵活的付费方式。为国内一级城市提供24小时门到门标准服务；为国内大多数二三级城市提供24～48小时标准服务；跨区间二三级城市2～3天送达；跨区间三四级城市3～4天送达；并可根据大客户的时效需求设计个性化路由(运输)方案，提供更贴身的速递服务。

5. 主干线运输

中国外运长航致力于建设全国性跨区域的干线网络，提高区域内网络的覆盖密度。凭借辐射全国的七大区域配送中心、4 000多辆的运输车辆资源、专业化的线路设计能力、可视化的全程监控搭建了覆盖全国的公路干线运输网络。客户可以通过车辆搜索、短信互动、视频抓拍、报警配置等功能，对货物及车辆进行7×24小时的实时查询、实时互动。中国外运长航把环保、健康、安全的EHS政策作为重要的质量管理依据，并将其深入贯彻到车辆管理、运输安全以及驾驶员安全等企业运营制度当中。

6. 物流监管

中国外运长航自2005年正式推广实施物流监管业务以来，经过近几年的摸索实践，建立了完善的物流监管运营体系，开辟了全新的业务增长领域。目前，中国外运长航已与25家银行建立了物流监管业务合作关系，签订了战略合作协议。合作银行包括中国工商银行、中国银行、建设银行等国有银行，中信银行、深圳发展银行、兴业银行、中国民生银行等股份制银行，渤海银行、上海银行等地方银行和奥地利中央合作银行、渣打银行、法国巴黎银行等外资银行。

(二)航运

1. 干散货

中国外运长航目前拥有各类拖轮、驳船、江海直达、沿海和远洋干散货运输船舶，自有运力超过480万载重吨，拥有和控制运力达1 400万载重吨，船舶运力居中国航运企业第二、内河航运企业之首。

2. 油轮运输

中国外运长航拥有包括30万吨级、11万吨级、7万吨级和5万吨级在内的各类油轮330余艘、240万载重吨，业务领域覆盖长江、沿海、近洋和远洋的石油运输。目前，中国外运长航是中国内地最具实力的专业化油轮运输船队之一：其长江原油运输多年来一直是保证沿江各大炼厂原油进厂的唯一通道；沿海运输承运中国沿海包括海进江运输市场近1/3的运量；远洋运输辐射世界各大港口。

3. 集装箱运输

中国外运长航自有集装箱船舶 70 余艘、箱位 3 万余 TEU，在国内外主要制造和贸易地区建立了班轮和驳船业务，服务网络遍布长江沿线、国内沿海、东北亚及泛太平洋地区。

4. 滚装船运输

中国外运长航拥有汽车滚装船 20 余艘，车位 10 000 余个，是国内涉足滚装运输行业时间最早、规模最大、市场占有率最高、服务客户最多的滚装物流企业。

5. 燃油贸易

中国外运长航的燃油贸易以长江干线及其支流、湖泊、沿海等水上成品油及石油化工产品的运输、储存、销售、代理及淡水供应为主。目前，我们在长江干线及支流建有大型水上加油站 73 座，其中五星级加油站 3 座，四星级加油站 3 座，三星级加油站 3 座。沿江拥有大型油库 4 座，储量 10.2 万立方米，铁路专用线一条，各类运输、储存、供应船舶 225 艘。具有"贯通长江干线、辐射长江支流、运储销一条龙、点线面一体化"的经营格局和市场网络。

（三）船舶工业

1. 船舶建造与修理

中国外运长航船舶工业拥有 1 万～5 万吨船台 25 座，10 万吨级、20 万吨级干船坞各 1 座，16 000 吨举力浮坞 1 座，100～500 吨大型门吊 24 座以及多条先进的钢材预处理生产线、船体分段加工流水线和高精度数控切割设备。技术力量雄厚，可按照 LR、GL、ABS、NK、DNV、BV、CCS 等船级社标准，自行设计、建造 20 万载重吨以下各类化学品船、油轮、集装箱船、干散货轮、滚装船、浮船坞、气体运输船以及海洋工程船舶。目前，正在积极推进技改工程，2010 年造船能力将超过 450 万载重吨。

2. 港口机械和电机产品

港机产品有 5～50 吨级各类起重机，广泛应用于港口、铁路等起重作业。电机产品以生产冶金、起重、防爆电机以及特种电机为主，与荷兰阿拉旺斯（ALEWIJNSE）公司合资生产销售船用配电系统，产品已进入国际市场。

思考：

请结合本章阐述的核心竞争力的内涵和核心竞争力的构建知识，分析中国外运长航如何满足顾客需求、为顾客解决问题，以及如何提高顾客满意度和增强企业美誉度能力，如何构建企业的核心竞争力。

练习题

（一）名词解释

货运代理企业核心竞争力

（二）填空

1. 对货运代理企业而言，企业之间的竞争表面上看是服务产品的竞争，实质上是能力的竞争，即_____、_____，以及_____的竞争。

2. 在综合考虑相关影响因素的基础上，构建的货运代理企业核心竞争力应具备以下几个特征：第一，要_____，即能够为用户提供其所要求的效用；第二，应该_____，如果企业专长很容易被竞争对手模仿，或者通过努力可以很快建立，它就很难给企业提供持久的竞争优势；第三，要_____，而不是单指具体的某项服务或者某个事业部门；第四，应该_____，能为企业打开相关市场提供支持，对企业一系列服务的竞争力有促进作用。

（三）单项选择

1. 《中华人民共和国国际货物运输代理业管理规定》对国际货物运输代理企业的注册资本最低限额做的要求中，以下正确的是（　　）。
   A. 经营海上国际货物运输代理业务的，注册资本最低限额为 100 万元人民币
   B. 经营海上国际货物运输代理业务的，注册资本最低限额为 200 万元人民币
   C. 经营海上国际货物运输代理业务的，注册资本最低限额为 400 万元人民币
   D. 经营海上国际货物运输代理业务的，注册资本最低限额为 500 万元人民币

2. 《中华人民共和国国际货物运输代理业管理规定》对国际货物运输代理企业的注册资本最低限额做的要求中，以下正确的是（　　）。
   A. 经营航空国际货物运输代理业务的，注册资本最低限额为 100 万元人民币
   B. 经营航空国际货物运输代理业务的，注册资本最低限额为 200 万元人民币
   C. 经营航空国际货物运输代理业务的，注册资本最低限额为 300 万元人民币
   D. 经营航空国际货物运输代理业务的，注册资本最低限额为 400 万元人民币

3. 《中华人民共和国国际货物运输代理业管理规定》对国际货物运输代理企业的注册资本最低限额做的要求中，以下正确的是（　　）。
   A. 经营陆路国际货物运输代理业务或国际快递业务的，注册资本最低限额为 100 万元人民币
   B. 经营陆路国际货物运输代理业务或国际快递业务的，注册资本最低限额为 200 万元人民币
   C. 经营陆路国际货物运输代理业务或国际快递业务的，注册资本最低限额为 300 万元人民币
   D. 经营陆路国际货物运输代理业务或国际快递业务的，注册资本最低限额为 400 万元人民币

4. 国际货物运输代理企业每设立一个从事国际货物运输代理业务的分支机构，应当增加注册资本（　　）。
   A. 50 万元　　　　B. 100 万元　　　　C. 150 万元　　　　D. 200 万元

5. 申请设立国际货代企业应该具备的营业条件中，以下说法正确的是（　　）。
   A. 具有至少 3 名从事国际货运代理业务 1 年以上的业务人员，其资格由业务人员原所在企业

证明;或者,取得外经贸部根据本细则第五条颁发的资格证书

B. 具有至少 5 名从事国际货运代理业务 3 年以上的业务人员,其资格由业务人员原所在企业证明;或者,取得外经贸部根据本细则第五条颁发的资格证书

C. 具有至少 7 名从事国际货运代理业务 9 年以上的业务人员,其资格由业务人员原所在企业证明;或者,取得外经贸部根据本细则第五条颁发的资格证书

D. 具有至少 9 名从事国际货运代理业务 11 年以上的业务人员,其资格由业务人员原所在企业证明;或者,取得外经贸部根据本细则第五条颁发的资格证书

6. 外商投资国际货运代理企业正式开业满(　　)年且注册资本全部到位后,可申请在国内其他地方设立分公司。

　A. 1　　　　　B. 2　　　　　C. 3　　　　　D. 4

7. 外商投资国际货运代理企业每设立一个从事国际货物运输代理业务的分公司,应至少增加注册资本人民币(　　)。如果企业注册资本已超过最低限额,超过部分,可作为设立公司的增加资本。

　A. 30 万元　　　B. 40 万元　　　C. 50 万元　　　D. 60 万元

8. 香港地区服务提供者和澳门地区服务提供者每设立一个分公司,应当增加注册资本(　　)。如果企业注册资本已超过最低限额,则超过部分,可作为设立分公司的增加资本。

　A. 30 万元　　　B. 40 万元　　　C. 50 万元　　　D. 60 万元

9. 企业申请的国际货运代理业务经营范围中如包括国际多式联运业务,则应当具备的条件是(　　)。

　A. 从事《实施细则》第三十二条中有关业务 1 年以上

　B. 从事《实施细则》第三十二条中有关业务 3 年以上

　C. 从事《实施细则》第三十二条中有关业务 5 年以上

　D. 从事《实施细则》第三十二条中有关业务 7 年以上

10. 申请设立国际货代企业应该具备的营业条件中,以下说法错误的是(　　)。

　A. 具有至少 5 名从事国际货运代理业务 3 年以上的业务人员,其资格由业务人员原所在企业证明;或者,取得外经贸部根据本细则第五条颁发的资格证书

　B. 有固定的营业场所,须提供自有房屋、场地的产权证明,不得租赁房屋或场地

　C. 有必要的营业设施,包括一定数量的电话、传真、计算机、短途运输工具、装卸设备、包装设备等

　D. 有稳定的进出口货源市场,是指在本地区进出口货物运量较大,货运代理行业具备进一步发展的条件和潜力,并且申报企业可以揽收到足够的货源

(四)多项选择

1. 经批准,外商投资国际货运代理企业可经营的业务有(　　)。

　A. 订舱(租船、包机、包舱)、托运、仓储、包装

　B. 货物的监装、监卸、集装箱拼装拆箱、分拨、中转及相关的短途运输服务

　C. 代理报关、报验、报检、保险

　D. 国际展品、私人物品及过境货物运输代理

　E. 国际快递(包括私人信函和党政军机关公文的寄递业务)

2. 国际货代企业备案时应向备案机关提交的备案材料包括(　　)。

A. 申请书
B. 按要求填写的《备案表》
C. 营业执照复印件
D. 组织机构代码证书复印件
E. 项目可行性研究报告

3. 设立外商投资国际货运代理企业需提供的文件包括(　　)。

A. 项目可行性研究报告
B. 按要求填写的《备案表》
C. 董事会成员名单及各方董事委派书
D. 工商部门出具的企业名称预核准通知书
E. 投资者所在国或地区的注册登记证明文件及资信证明文件

4. 传统的货代企业与现代物流服务的区别包括(　　)。

A. 现代物流服务企业必须掌握先进的管理技术,而传统货代主要依赖货运设备
B. 现代物流服务企业沟通各有关单位全凭信息交换和信息处理的技术和设备
C. 货代服务的服务相对是主动的,而物流服务在帮助客户制定经营策略时相对是被动的
D. 现代物流服务不一定像货运代理那样,实际从事具体的货运工作
E. 货运代理人向客户提供全球性的订货与供货服务,因此其服务的范围更广

5. 货运代理企业参与物流经营的优势包括(　　)。

A. 货代企业在货运活动中运用的专业技能、投入的设施与设备、业务操作方式等,一般亦适合物流活动,因此,进入物流市场和业务调整比较方便
B. 货代企业熟悉货物流通基本环节和业务操作程序,具有较强的物流功能处理的能力和物流相关关系的沟通能力,有利于物流管理的有效实施
C. 货代企业直接参与货运市场活动,掌握市场需求与供给状况,对市场行情和环境变化具有较强的敏感性,这对物流经营的决策是十分需要的
D. 货代企业可以运用其掌握的市场信息、专业知识和技能,为物流路径、组织和运输方式的选择与组合、物流业务处理等,提供合适和可行的方案,满足物流集约化、一体化和合理化的要求
E. 货代企业转变为物流经营者,不仅可以减少社会资源的重复投入,也有利于货代市场和物流市场结构的调整,使社会资源、全球资源得到调整和整合,提高资源利用的综合效益

(五)简答

1. 简述申请设立国际货代企业应该具备的营业条件。
2. 简述设立外商投资国际货运代理企业需提供的文件。

第三章　国际货运代理营销

📅 学习目的

掌握服务营销因素在国际货运代理营销中的体现及补充
掌握国际货运代理业的服务需求预测
掌握对国际货运代理服务业的投入产出分析
熟悉国际货运代理业的服务产品开发策略
掌握国际货运代理业的营销策略实施

📰 基本概念

国际货运代理营销　需求预测　营销策略

第一节　国际货运代理的营销分析

一、服务营销因素在国际货运代理营销中的体现

服务行业由于其产品及提供过程的特殊性，使得服务营销组合中包含7个服务营销因素，分别是产品（Product）、价格（Price）、渠道（Place）、促销（Promotion）、人员（People）、过程（Process）和有形展示（Physical Evidence）。这些服务营销因素的关系见图3—1。

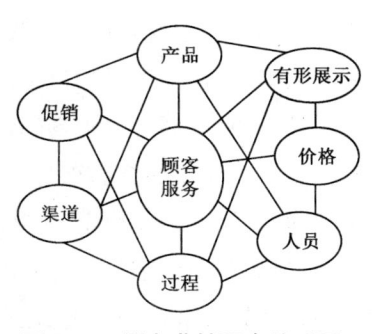

图3—1　服务营销因素关系图

(一) 产品

对国际货运代理业而言,其产品就是无形的、不可储存的,生产与消费过程同时发生的服务产品,包括提供与运输相关的信息,安排运输线路与方案,联络相关当事方,如承运人、检验、海关、金融保险机构等,监督运输的全过程,及时处理突发事故做出相应调整等。这类产品的特点是没有物理化的标准来衡量它的等级,只能依赖执行人员的表现和把握,通过客户的心理感受来说明其优劣。这就使得这一行业的产品比较灵活,竞争激烈而且瞬息万变。货运产品的整体概念见图3—2。

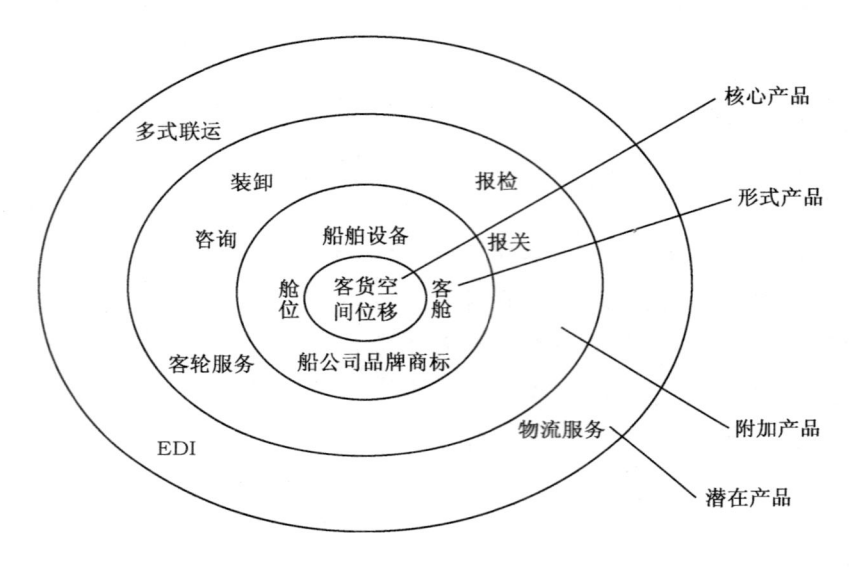

图3—2 货运产品的整体概念

(二) 价格

国际货运代理行业是国际贸易与国际运输的重要桥梁与纽带,是这两者之间的"中介人"。因此,它的定价一方面要根据自身所能提供的服务范围、服务质量来制定,另一方面又在很大程度上依赖于国际贸易市场和国际运输市场的价格波动。在贸易交易频繁,而运输市场的供给能力不足的时候,货运代理的价格就会偏高;反之,贸易交易处于淡季,而运输市场的运力剩余,货运代理的业务量也将非常有限,那么利润空间自然会很小。通常船东与货主处于主导地位,在进出口旺季、舱位很紧张时,船东占主动地位,淡季时舱位空,则货主占主动地位。货运代理人通常利用旺季与淡季运价变更之际,利用船东与货主间的信息不对称,赚取大额差价,而在其他时间则赚取平均利润。如果某港口城市的货运代理规模较大,数量较少且垄断,而船东数量较多,则货运代理地位要高于船东。

总体来说,国际货运代理的利润空间已经逐步下降。货运代理服务的无形性意味着提供服务比提供实体产品有更多变化。服务内容可按货主的不同要求做适当添减，服务水准、服务质量等也都可以依照不同顾客的需要而做适当调整，因此，价格往往是双方协商的结果。由于货运代理服务的生产和消费是同时进行的，这就使得服务不可能像有形商品那样可先储存起来，以备未来销售。当然，提供服务的这种设备可以提前准备，但生产出来的服务若不在当时消费掉，就会造成浪费。若货运代理服务的需求是稳定的，服务的不可储存性就不成为问题（假如不存在其他需求的不平衡），因为事先安排服务的供给是很容易的。若是服务的需求波动大，服务的不可储存性就产生了价格含义。这一方面，货运代理的价格受航运需求的影响很大。

（三）渠道

货物运输是伴随商流而发生的产品实体的空间位移，即"物流"，它是实物产品销售中的一个环节。由于运输产品的复杂性，决定了货运企业的产品一般要通过货运中间商这个环节销售给货主。货运代理人是一种重要的中间人，主要有以下几类：订舱揽货代理、货物装卸代理、货物报关代理、理货代理、储存代理、集装箱代理、转运代理及无船承运人或多式联运经营人。如何安排这种分销渠道，一般要视托运产品的特点、目标市场的情况、竞争状况而定。一般来说，选择适当数量的中间商，可以加快货物的销售速度，清晰销售网络（见图3—3和图3—4）。两种渠道费用水平支出比较见图3—5。

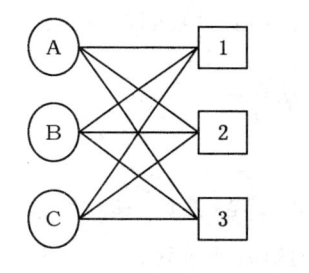

图3—3　无中间商情况

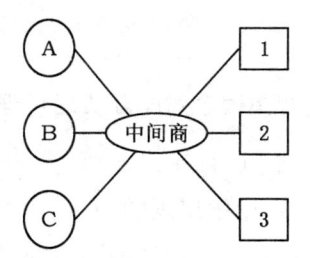

图3—4　有中间商情况

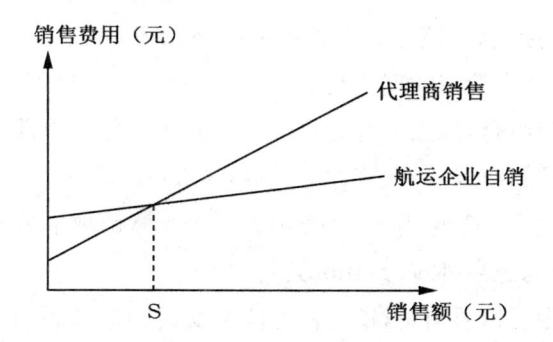

图3—5　两种渠道费用水平支出比较

(四)促销和人员

国际货运代理的促销既是对自身业务的促进,同时也是为承运人揽货、为托运人安排运输的营销过程。揽货过程需要揽货人员预先与客户保持联系,力求通过客户拓展自己的销售网络,同时积极寻找和发现新客户,根据运价政策揽取更多的货物,并及时反馈营销信息给装货港、卸货港及转运港有关的人员,同时向客户提供各种咨询服务,协调码头、海关、商检等的关系,提供船期和货物运转信息等。由于揽货人员是货运代理活动的代表人,那么这种服务传达给客户的感受就大大依赖于具体人员的操作了,因此,人员推销是货代理促销中的重要手段。

(五)过程

这里所说的过程,主要是指服务业的生产与消费过程是同时发生的。由于这种不可分割性,造成货运代理的营销过程也便是货运代理服务的生产过程,客户亲历这种生产与消费的融合,会当即影响到营销的效果。所以在服务营销组合中,特别添加了过程这一重要的营销因素。

(六)有形展示

服务是无形性的,但是还可以通过一些有形载体加以表现。具体到国际货运代理行业,一些必要的搬运工具,如铲车、拖车等,它们的性能优劣、安全与否影响到客户对服务的信赖程度。另外有形展示也包括企业办公设施、环境,以及整体形象的展示。

二、其他营销理念对国际货运代理行业营销的补充

(一)4C 与 5R 挑战传统 4P

现代营销理论中出现的 4C 的内容包括:(1)把产品放到一边,加紧研究消费者的需要与欲求,不要再卖你所能制造的产品,要卖消费者所确定想购买的产品(Consumer Wants and Needs);(2)暂时忘掉定价策略,快去了解消费者,要满足其需要与欲求所需付出的成本(Cost);(3)忘掉渠道策略,应当思考如何给消费者方便(Convenience);(4)最后忘掉促销,应该考虑沟通(Communications)。

不难看出,这种整合营销的理论其实是从另一个角度,也就是消费者的角度重新审视原有的基本营销组合,加强了对客户价值的关注。之后,国际营销界又提出了 5R 理论,营销问题被改写为:(1)与顾客建立关联(Relevance);(2)注重顾客感受(Receptivity);(3)提高市场反应速度(Responsive);(4)关系营销越来越重要(Relationship);(5)赞赏汇报是营销的源泉(Recognition)。

从以上的进程中可以看出,营销的核心应从交易走向关系,也就是营销的更高层次的目标是为了建立顾客关系这一最为核心的目的。那么在国际货运代理行业中,这种充分注重客户关系的营销思想似乎对于该行业企业的发展更有指导意义。特别是

在信息流对国际商流、国际物流的影响日益强大的今天,怎样通过企业产品的质量、顾客服务和其他营销活动,与一系列的市场环境和当事方建立、发展、保持长期的互利关系,是国际货运代理行业的生存关键。

(二)国际货运代理活动与相关市场环境的适应过程与关系营销

1. 顾客市场。由于国际货运代理人是国际贸易与国际运输中间的桥梁,所以在出口货运代理和进口货运代理的过程中,贸易方和承运方都可以成为货运代理的顾客。但由于出口货运代理活动较为常见和频繁,所以一般来说,我们把贸易方当作货运代理活动之中的顾客,也就是托运人。那么这种顾客又分为两种:一种是新顾客;另一种是老顾客,又称为关系顾客。以往的营销理论多注重于分析企业如何寻找与激发新客户的欲望和行动,而对于关系顾客的重购行为却未给予足够的重视。这一形象的"营销漏斗",流失了不少的顾客。在国际货运代理行业,关系客户是至关重要的,决定了企业长期的业务来源,而且一般来说应该是相对稳定的;开发新的客户相对比较困难和缓慢一些,尤其不容易得到新的大客户,所以说,作为货运代理企业应该更加重视关系客户的维护。

2. 供给者市场。如果前面我们把贸易方作为主要的顾客群,那么这里所说的供给者主要指的就是货运代理服务的另一端,即承运人。由于承运人也可以直接越过货运代理人而揽货,所以他们之间既是对手关系又可以成为长期密切合作、互惠互利的关系。货运代理人与承运人共同工作,可以使承运人的运输能力与运输需求相适应,减少承运人和托运人的工作量,降低成本,从而为双方带来收益。

(1)劳动力市场。国际货运代理企业必须密切注意劳动力市场上各种人才资源的变动,与各种人才培训基地建立良好的合作关系,为企业的发展准备良好的人力资源基础。特别是通晓国际贸易知识和运输网络,拥有自己的客户源的货运代理人才可以为企业最大效率地开展业务。

(2)影响者市场。它主要由银行、投资公司、政府、竞争者、非营利性社团组成。这些组织在现实经济生活中对于企业的各项活动都会产生影响。企业资金的融通依赖于银行、投资公司的支持。政府作为一只"看得见的手",通过经济、法律、行政手段对企业营销活动产生影响。

3. 内部员工关系营销。内部营销的宗旨是把员工当作顾客看待,通过向员工提供让其满意的"工作产品",吸引、发展和保持高水平的员工,建立一支由能够并且愿意为企业"创造真正顾客"的员工组成的营销队伍,为实现企业营销目标奠定坚实的基础。有效的内部营销一般应做到通过培训、加强企业的凝聚力、明确目标等吸引并留住真正的人才;适当放权,给员工以自由发挥的余地;建立有效的绩效评估系统和奖励系统,强化竞争机制,教育和激励员工不断提高服务质量等。

(三) 国际货运代理业中关系市场营销的层次

1. 一级关系市场营销。一级关系市场也被称为保持性营销或频率营销。在这一等级中,货运代理企业主要依靠"财务利益"鼓励顾客与企业进行更多的交易。往往企业通过价格刺激建立顾客对企业的忠诚。由于这种策略容易被竞争对手模仿,因此,并不会促使顾客树立长期的忠诚。在一级关系市场营销中,顾客表现出极强的转换特征,他们只是依靠价格决定忠诚的对象。

2. 二级关系市场营销。二级关系市场营销中,企业不仅通过提供"财务利益",而且还会提供"社会利益",以期维持关系的稳定。也就是揽货人员通过了解顾客的特点,一方面,向顾客提供个性化的服务;另一方面,同顾客建立社会性联系,淡化买卖之间的纯粹交易关系,消除交易关系对企业与顾客间建立长久关系的各种消极因素,比如通过建立良好的私人关系,提供额外的相关服务信息等。这样,二级关系市场营销将人与人之间的营销关系同企业与个人之间的关系结合起来,依靠精神力量维系企业与顾客的关系。二级关系市场营销中的顾客对于价格的重视程度相对较低,并且依靠与揽货人员的私人关系建立对企业的忠诚,这就使竞争者难以模仿。

3. 三级关系市场营销。这是最高等级的关系市场营销,除了依靠社会利益、财务利益之外,还通过结构性联系来巩固的关系。所谓结构性联系是指企业通过传递系统,依靠对关系顾客有价值的、且不能通过其他来源得到的、能为顾客提高效率和产出做出贡献的技术性服务,与顾客建立联系。结构联系的建立主要通过提高顾客转向竞争者的机会成本,从而建立顾客对企业的忠诚来实现的。第三级关系营销中的顾客,由于获得了差异化的、独特的附加价值服务,对企业表现出最大的忠诚,这些客户可以说是真正的顾客。

第二节 国际货运代理的服务需求分析

一、服务需求预测

国际货运代理业的服务需求有很强的派生性,这种派生关系主要来源于货物运输的需求,即运输需求。而运输需求分析研究的是运输曲线所在的位置、曲线斜率以及曲线在何种因素影响下左移或右移的程度。现实中可以存在着无数个各种各样从很小到非常大的运输服务组合,而每一组这样的运输服务都对应着一条自己的需求曲线。

(一) 货运需求与经济增长的关系及运输结构的变化

在货运需求分析中,最大的一组运输服务可能要算把一个国家所有的货运吨公里加总在一起了,这是把所有不同始发与到达地点之间,通过不同运输方式、不同批量和不同品类的货物位移加总的合计。总体上,它与国民经济是一起增长的,当国民经济的增长出现一些波动的时候,货运需求也伴随着出现了类似的变化。但货运量与国民经济的增长变化并不是完全同比例的。特别是随着工业化后期经济结构中附加值较高的高新技术产业和服务业比重的加重,这些产业单位产值所引起的货物运输量比较少,因而运输需求的增长一般会开始放慢。

在目前的几种主要运输方式中,水运、铁路、公路承担了大部分的货物运输,航空货运正在快速发展,但从承担的运输总量来看相对还比较小,即使在航空运输最发达的国家,航空所占的货运比重也很小。随着国际货运代理服务的进一步发展,物流业的逐渐兴起,短途公路运输的货运需求量逐渐增多,即将成为发展最快的运输方式之一。

(二)货物类别与运输距离对需求的影响

重工业和农业所引起的运量或运输需求在总货物运输量中占有绝大多数,这些大宗的货物和低价值货物,比如成品油、非金属矿石、煤炭、食品、建筑材料、木材、农产品和化工产品等,它们的运输更多的是被铁路和水运承担了。也就是说铁路和水运的运输货物量大而总体货物价值却较小。与此同时,公路运输的货物总价值一般是超过50%的。航空运输中有很多是邮件、快件和行李,所以它的吨公里数也比较少。一般而言,初级产品的平均运输距离较短,而运输费用占产品价值的比重却较高,最终产品则正好相反,平均运输距离较长,但运输费用占产品价值的比重较低。

运输距离也是衡量货物运输的一个重要方面。越来越多的货物运输需求产生于地方性的运输,运距小于 50 英里的货物发送量要超过总发送吨数的一半,而随着运输距离的延长,货物发送量所占的比重也会逐渐缩小。但由于运输距离越远,同样吨数货物所产生的吨公里数越大,因此远距离货物运输所占的周转量比例要比发送量比例高得多。

(三)货运需求分析的计量模型

实务中没有办法在允许运价变动的时候固定住其他各种影响因素,因此,运输需求的变化是在很多因素的共同作用下形成的。建立运输需求的经济计量模型通常可以从两个不同的角度去做。一个是通过分析时间序列的历史数据资料,一般包括不同年份有关运输服务的需求(或产出)、运输价格或费用和被认为对运输需求有较大影响的其他变量(地区或国家的总产出水平、人口或收入水平、运输服务的质量、其他运输竞争者的运价水平、销地的价格水平等)的数据值,得出运输需求的计量方程式,并以此做出短期的预测。另一个角度是通过横断面的数据资料进行分析,即对同一时间但不同运输市场上类似运输服务的需求、运输价格和其他有较大影响的变量数值,确定运输需求的计量方程式。

任何对现实经济所做的数学估计都不可能是完全准确的。所有的经济计量模型都会存在误差,因为不管该模型包括了多少个变量和方程式,它总要假设其他的变量是固定不变的,但事实上那些变量也会对运输需求产生影响。需求分析只能是一种预计,而不可能保证确定无疑。另一方面,我们预计运输市场需求的时候,常是把许多组非同质的运输服务放在一起进行分析,包括的不同运输服务差别越大,显然模型估计的结果越不容易准确。因此,在分析运输需求价格弹性的时候,应该尽可能准确定义运输市场,或者说把注意力限定在尽可能小的同质运输服务组别上。运输市场越小,模型估计应该越准确。但是,要想真正这样做到却并不容易,原因有两点:第一,特定运输市场的数据资料往往很难收集;第二,很多时候调查研究工作的性质要求对比较大的运输市场或运输服务进行模型估计。

(四)影响货运需求的其他一些因素

运输需求是衍生需求,运输需求曲线由产品在生产地的供给曲线和在消费地的需求曲线共同决定,因此,任何影响或移动产品在生产地的供给曲线和在消费地的需求曲线的因素,都必然会影响或移动运输需求曲线。

影响产品生产成本的各种因素,如工资水平的变化、原料及燃料价格的调整、生产规模的扩大和政府税收的浮动等,都会通过产品边际成本的移动而对运输需求产生间接的作用。产地与运输之间的关系还有一个因素,就是产品装运过程对生产的要求。由于任何运输工具都有一定的装载容量,因此生产者必须保有产品的某种存储数量,以满足运输工具一次的装载量。装载量越大,产品的储存数量和时间也越大和越长,而产品存储所造成的成本显然也会越高。对于一些单位价值很高的产品来说,过长时间或过大数量的存储显然是不经济的,因此,那些装载容积较小、相对灵活方便的运输工具,特别是卡车的优势就体现出来了,因为它几乎可以随时启运,大大减少产品的存储成本。所以产品生产地对运输需求的影响,还应该包括存储和装载方面的考虑。

还必须考虑的影响因素是"运输的非价格成本"或"给价格的运输成本",可把它称为"附加的用户成本"。运输的非价格成本本身不是运输价格的组成部分,但一旦发生这种成本并且其水平达到某种高度,那么它所起的作用与提高运价水平是相似的,也会减少运输需求(或者使运输需求曲线向左移动)。例如,保证活牲畜运输中的饲养和清洁条件并安排专人押运、已破损货物的特殊包装条件、易损易盗货物的保险费用等,这些额外费用就属于运输的非价格成本。在运输过程中的货物对货主来说有相应在途资金被占用的问题,货物本身价值越高,运输所耗费的时间越长,被占用资金所需付出的代价(至少等于同期的银行利息)就越大,而这笔代价也是由运输引起但却不包括在运输价格中的。

还有在市场经济还不完善的情况下,很多货主在运输中受到承运方工作态度或服务水平较差的影响,例如不能按合同提供运输车辆、运输被延误、货物出现不应有的损害或灭失、出现责任事故后不能及时得到应有的赔偿等情况时有发生,这些情况给货主带来的损失显然也是运输的非价格成本。无论上述的哪一种情况,运输的非价格成本越高,运输需求就越受到限制。

二、服务业的投入产出分析

(一)服务业投入产出分析的理论基础

1. 服务产品理论——服务业投入产出分析的经济学基础

国外经济学教科书中的产品(Goods)和服务(Services)是两个平行提出的原始概念,认为服务与产品除了形态不同外都是可用于交换的商品。其中有自成一体的"服务产品理论"。该理论的主要观点是,人类通过劳动会产生两大类成果:一类是以实物形式存在的实物劳动成果,称为实物产品;另一类是不采取实物形式存在的非实物劳动成果,称为服务产品,简称服务。当服务产品为交换而生产时,它作为用于交换的劳动产品,就成了商品,也就具有商品的使用价值和价值二因素。在社会生产体系中,第一、二产业主要生产实物产品,第三产业则基本上生产服务产品,又称为服务业。

经过服务产品理论对国民经济体系认识的充实和完善,社会总产品内容得到扩充,即社会总产品＝实物产品＋服务产品,如图3—6所示。

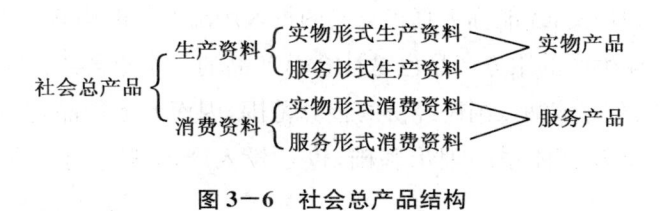

图3—6 社会总产品结构

服务产品理论突破了传统政治经济学研究限定的"物质产品"(实物产品＋第三产业中的物质生产部门生产的服务产品)的范围,充实了社会总产品的内容,全面、客观、真实地反映了全社会的投入与产出的状况。第三产业也因为有投入(人、财、物)和产出(服务产品)而成为一个真正意义的产业,并与第一、二产业一起共同构成国民经济的整个产业体系,从而为把第三产业及其内部各行业生产的服务产品纳入整个国民经济的投入产出分析奠定了理论基础。

2. 均衡论——投入产出分析的理论基础

(1)均衡。均衡是指国民经济体系中各种相互对立或相互关联的力量在变动中处于相对平衡而不再变动的状态。均衡作为经济活动中的一种相对稳定状态,往往由于制约均衡状态的各种力量经常处于变动之中而难以达成。另外,均衡只是经济系统在运动中所处的一种状态,并不是评价经济状况优劣的标准。不均衡是经济发展永恒的主题,是经济体系的常态,均衡只是偶然发生的状态,但就在这一偶然的状态下,我们可以分析国民经济中各个相互联系的变量之间的关系。因此,均衡分析对于把握经济变量之间的均衡关系及其变动方向,有其方法论上的价值。

(2)一般均衡与局部均衡。一般均衡又称全部均衡,是指整个国民经济体系中各个市场、各种商品的供给和需求同时达到均衡的状态。局部均衡是不考虑所分析的经济体系内某一局部以外因素的影响时,在这一局部所达到的均衡状态。由于局部均衡分析都是以"其他情况不变"的假设为基础的,所以局部均衡分析相对于一般均衡分析来说有一定的局限性,但并不影响其对许多问题分析的有效性。而一般均衡分析方法所考虑国民经济的各个因素都是联动关系,所谓"牵一发而动全身"。

(3)均衡论与投入产出的关系。投入产出表正是对国民经济各产业(产品)之间在某一时期处于一种均衡状态的相互关系的反映。虽然这一均衡状态不一定是国民经济运行的帕累托最优状态,但在这一均衡的状态中,我们可以通过一定的数学分析方法把握国民经济各产业(产品)、各种变量(消费、投资、出口、价格、收入、就业等)之间相互影响的数量关系。在投入产出分析过程中,一般均衡分析与局部均衡分析都会涉及。

(4)服务产品理论充实和完善了投入产出的一般均衡分析。只有考虑到服务产品供给与需求关系的均衡,才能称为真正意义的投入产出的一般均衡。服务产品理论正确论证了第三产业生产的服务产品也是社会总产品的一个重要组成部分。根据这一理论,服务产品完全应该纳入国民经济的核算范围,因而服务产品理论不仅成为第三产业纳入国民经济核算体系的理论基础,也是投入产出表达到了真正意义的一般均衡。

(二)物流业的投入产出分析

准确的物流业的数据很难获得,目前我国一些对物流业的定量分析研究报告,只能是从实物数据(例如货运周转量、交通运输密度等)和微观的企业数据(例如资金周转率、货物损耗率等)进行分析,从产业层次对物流进行定量分析研究几乎没有一个较为满意的报告。物流业是一个产业概念,目前比较一致的观点认为物流业是指与商品在空间和时间上的位移所涉及的货物运输、包装、仓储、加工配送等相关行业(企业)的集合。从产业形成规律来看,物流业作为一个产业而独立发展起来,是商品经济发展到物流服务的独立提供能使厂家和商家都减少了由自身进行物流所花费的成本的必然产物。因此,"第三方物流"企业的集合才是真正意义的物流业。从现实的情况来看,第三方物流的量并不大。物流服务绝大部分是由企业本身,或者交通运输、仓储部门提供。因此从横向来看,物流业不仅包括第三方物流,还应该包括企业本身,以及交通运输、仓储部门提供的物流服务。因此,宏观上只要能将货物运输业和仓储业的数据分离出来便可以作为物流业的数据进行定量分析了。

第三节 国际货运代理的营销策略

一、国际货运代理业的服务产品开发

物流提供门到门(Door to Door)服务,从长远角度讲,货代终究将属于物流的一个环节。随着客户需求层次的不断提升,当国际货运代理服务逐步满足了客户的基本需求、标准需求、比较满意的需求之后,源于生产力的发展、社会专业化分工的深化及产业结构的变化,客户的需求已经突破了对"运输"的需求,要求货运公司能提供包装、流通加工、仓储、保管、配送等方面的服务,协助其完成部分生产过程在流通领域中延续的增值服务。继而客户还会不满足货运公司提供物流中某一环节的服务,而是要求货运公司全面地参与其物流活动过程,向其提供整体的运销服务——物流服务。

当前,一些货运代理人和船公司纷纷提出自己的物流理念和发展计划,尽管各自的出发点和目标有很大不同,但有一点是完全一致的,即通过物流实现以"客户满意"为中心的服务创新。对于我国的国际货运代理,特别是传统的国有货代企业来说,服务创新已经成为一个至关重要的问题。因为,随着市场的发展,在传统的外贸运输领域,国际货运代理的经营空间已经越来越窄,经营理念的创新和服务产品的创新已经成为进一步生存与发展的关键,而物流则提供了这样一个机遇和方向。

(一)我国货运代理业面临的挑战

长期以来,我国的国际货运代理一直处于船、货之间,以中间人的身份提供服务,业务范围局限于订舱、报关、转运等简单环节性劳务。随着市场的发展,这种经营模式受到来自各方面的冲击,使我国传统的货代企业市场份额处于一种迅速下滑的状态。

在一般货运市场,船公司纷纷采取服务延伸战略,实施营销一体化,提供集承运、货运代理于一体的一条龙服务。目前,我国的中远、中海等大型航运企业,都设立了自己的货代机构,直接向货主销售舱位。国外船公司也纷纷突破政策限制,到目前为止,已经在我国设立了6家独资货代公司。船公司的一条龙服务对传统的货代业务有很强的替代性,这种船、货代一体化的捆绑式服务,很大程度上动摇了以差价和订舱金为盈利目标的传统货运代理产业的生存基础。

在多式联运市场,船公司不断延伸内陆运输服务,努力拓展门到门运输。一些海外船公司与铁路部门纷纷联合,推出铁海联运集装箱班列,直接提供一票到底的多式

联运服务,使货运代理的转运及多式联运业务面临进一步的冲击。

另外,一些大的货主、港航企业纷纷利用自身的货源和垄断优势,设立货代公司,从而使我国的货运代理业处于一种供过于求、无序竞争的状态,传统的国际货运代理的生存空间日趋严峻。

(二)国际货运代理业的服务创新

1. 缺乏服务创新

缺乏服务创新是我国货运代理业在运输市场不断萎缩的根本原因。其具体表现为:

(1)服务方式单一。我国多数货代企业服务范围局限于提供揽货、订舱、报关、报检等劳务,只停留在代理概念上,不具备独立的增值服务能力,对客户的吸引力非常有限,一旦行业分工被打破,很容易被船公司和货主抛弃。

(2)盈利方式不合理。差价和订舱佣金是我国传统货代的主要收入来源,随着运价公开和船货直接见面的趋势,吃差价基本上已不可能。而在订舱佣金方面,由于船公司纷纷转向依靠自己的货代机构揽货,独立的货代从承运人那里获得佣金也越来越难。另一个深层次的问题是,国际货代企业作为货主的代理为货主提供劳务,而收入却不是以劳务费的方式从货主那里获得,在法律上就有很强的争议性,也从另一个侧面反映出由于缺乏增值服务而难以从货主那里获得收益这个问题。另外,由于我国大多数货代企业没有建立起有效的国际网络,难以提供全程的国际货运服务,利润空间受到很大限制,使很多货代企业处于亏损的边缘。

(3)缺乏核心能力。货运代理属于服务贸易的一种,基本上不存在行业壁垒,很多货代以纯粹的皮包公司的形式存在,服务缺乏特色,一直没有形成自身的核心优势,很难承受替代产品的竞争。特别是在铁路、港务局这些具有垄断性的部门纷纷开展货代业务,使传统的货运代理很难竞争。

事实说明,传统的货代服务已经难以满足市场竞争的需要,国际货代企业必须抛弃传统的"中间人"的身份,通过服务创新,提供增值服务,构筑新的竞争优势,开拓新的业务领域——而物流是唯一的选择。

货运代理的服务创新本身就是由一个运输市场向物流市场的重新定位过程,以达到以下目标:①提高产品差异性,扩大传统运输业务竞争能力;②开发个性化服务产品,培育新的客户群;③增加增值服务,创造新的利润空间;④提供物流管理服务,创造新的增长点。

2. 货运代理业在物流领域中的定位

物流是一项复杂的系统工程,囊括了运输、仓储、分拨、包装、商务、生产等流通领域的所有必要环节,而货运代理要完成向物流市场的转变,必须要超越传统的运输观念。当前,我国对物流的理解有两种趋势,一种认为物流是以运输为中心的服务延伸,目前国内外一些船公司以这种理念为主,提出自己的物流产品和发展计划,基本目标是通过物流来扩大运输主业的份额和收入。另一种观点认为物流是一种以综合控制为中心的管理体系,强调长期成本控制和供应链的协调稳定,基本目标是实现产业的创新,提供一种新的管理服务产品。当前国外由货代演变来的物流提供者以这种思想为主。上述对物流的不同理解,反映出物流需求多样性,大家从不同的侧重点推出自己的物流产品,正是这些不同层次的产品组成一套完整的物流体系,也完成了物流经营个体在物流体系中的定位。概括地说,在物流体系中分为以下层次:

(1) 基本的流通环节:门到门运输、仓储、配送等;

(2) 商务附加值:订货、结算、单证处理、财务服务等;

(3) 劳务附加值:包装、分拨、加标签等;

(4) 信息服务系统:流通信息和产品的市场信息反馈;

(5) 系统控制系统:供应链的动态管理和控制。

物流的具体服务方式是不定的,根据客户的需求不同,物流的实际服务内容往往是不同层次物流产品的灵活组合。

对于我国的货运代理来说,确定在物流体系中的定位尤为重要。首先,物流在我国还不是一种成熟的产业,国内外客户的条件又有很大不同,根据本国特色,确定符合我国国情的物流产品是适应市场的首要条件。另外,由于我国的货代企业长期处于低层次的经营状态,系统组织的能力很低,又缺乏有效的全球网络,提供全球供应链的管理服务又有一定难度。因此,我国的货代企业首先要解决的是如何融入全球物流体系之中,根据自己的条件,开发不同层次的物流服务,最大限度地在物流产业中受益。

3. 我国国际货运代理业的创新目标

根据我国货代服务创新的目标,有以下几种选择:

(1) 以提高服务附加值为目标的基础物流服务。运输、仓储、包装、分拨是物流的基本环节,也是物流过程中的实际执行者,这构成了物流产业的基本需求。目前,我国的运输、仓储、包装等产业,基本上处于分散经营的状态,还没有进行系统化的整合,可塑性很强,而国外的物流公司一般在中国基础设施很少。我国的货代企业应充分发挥区域优势和仓储优势,结合劳动力成本低的便利条件,大力开发以基本的流通服务和劳务附加值为主的基础物流服务,力求与国际接轨,实现物流环节的系统化和标准化,抢占物流的第一市场。一方面可以为客户直接提供服务,另一方面立足于国际物流经营者的分包商,为提供全方位的物流打基础。这是一种资产和劳务性质的经营。

(2) 以培育新的客户群为目标的个性化物流服务。客户对运输和物流的需求具有多样性,特别是中小型客户,自身的商务功能有限,需求更具有特殊性,这是一个巨大的潜在的客户群。为这些客户提供包括运输、仓储、商务附加服务在内"量体裁衣"式的灵活物流服务,不但可以有效地支撑货代主业,更可以增加附加收入。如当前我国的私营企业和商贸企业逐步获得外贸经营权,但对国际贸易和运输的经验不足,特别需要商务上的支持,这为贸运结合式的物流服务开辟了广阔的市场。

(3)以实现产业更新为目标的第三方物流服务——系统物流服务。第三方物流是处于客户和实际物流承担者之间的,为生产商提供物流设计、控制和供应链管理,处于物流服务体系中的最高层。这种服务完全不同于货代和承运人提供的劳务和基础设施的服务,而是采取虚拟经营的方式,销售专业的物流决策和管理技能,主要职能是总体成本控制和对供应链实施动态监控,代表了物流需求的最本质思想。当我国货代企业实现这一物流服务,实际已经完成了服务的升级,可以说达到了物流服务的最高境界。

需要指出的是,第三方物流的客户主要是生产型跨国公司,需要物流商拥有全球性网络和专业的物流管理经验,这些正是我国的货代企业所欠缺的,并且市场已经基本被国外的物流商所分割,我国企业在观念上和规模上还没有完全具备这种有效需求。相反,在我国,销售链的管理更具有实际意义,特别是一些大型耐用商品的生产企业和大型连锁超市等对这方面有着巨大的潜在需求。

总之,物流服务不是一种定型的东西,上述的物流服务的方式仅仅代表了三种方向,我国的货代企业完全可以根据自身特点,进行优化组合,最大限度地发挥自身的资源优势,设计出自己的综合物流服务产品。

二、国际货运代理业的营销策略实施

(一)服务营销策略

1. 服务质量策略

当今社会,服务质量已经成为各类经营实体参与全球竞争必须重视的头等要素。顾客对质量的高标准期望是一种世界范围的趋势。它不仅盛行于通常的制造业,而且愈来愈受到服务业的关注。

当前我国服务业的服务质量不高,制约着我国服务业的进一步发展。随着改革开放不断深化,我国已有不少货运服务企业感到自身的服务质量状况不能适应新的国际竞争的形势,向自己提出了服务质量管理与国际接轨的新要求。因此,目前在进一步加快发展货运服务业的同时,扬弃粗放式的经营方式,重视服务业质量管理的科学化、规范化和国际化是当务之急。而提高国际服务营销的质量的重要策略或途径之一,是深入研究国际上普遍接受与实施的 ISO9004-2 国际服务质量体系,并与我国服务企业实际进行对比分析和在实施中进一步寻找差距,可能在国际市场上树立起我国服务业企业的高大形象。ISO9004-2 的内容体现了以下指导思想：

(1)使顾客满意是服务企业奋斗的主要目标。在一个服务企业中，质量的开创和维持取决于系统的质量管理方法，其目的是确保顾客规定的或潜在的需要得到理解和满足。为了取得预期的服务质量效果，需要该服务企业中各层次人员(从领导到具体操作人员)对各项质量原则尽到自己应尽的义务，并在对已有质量管理体系和顾客评价服务效果的反馈基础上，不断进行改进。

(2)重视和加强服务质量管理可以产生效益。对服务的所有阶段加强质量管理可为以下三个方面提供特殊的效果：一是提高生产力和降低成本；二是增加市场机会；三是提高服务的绩效和顾客满意程度。

(3)提高服务质量水准与人的因素密切相关。一个服务企业为了取得较好的经济效益和社会效益，服务业的质量体系应使提供服务的人的状况与以下四个方面相适应：一是要对服务中所包括的社会过程进行全面管理；二是要把人的相互作用、相互影响看成是服务质量的一个至关重要部分；三是要认识到顾客对服务企业的形象、文化以及绩效等的感受的重要性；四是要激励服务企业全体人员掌握和提高满足顾客期望的各种技能。

(4)质量体系要素的选择应适合服务企业的具体情况。

2. 逆服务特征经营策略

"逆服务特征经营"是服务经营的重要策略，也是国际货运代理服务营销的重要策略。所谓"逆服务特征经营"，就是指根据服务自身的特性，从相反的角度思考并实施服务经营的一种方法。

(1)无形变有形方式。无形变有形方式是"逆服务特征经营"策略的最重要的方法。大多数服务具有无形性特征，而服务消费者的购买行为又往往是通过可以感知的有形物体所提供的信息做出的。因此，货代企业应当借助服务过程中的各种有形要素把看不见摸不着的服务产品尽可能地实体化、有形化，让消费者充分感知到服务产品的存在以及享用服务产品可能获得的利益，以达到有效地推销服务产品的目的。"无形变有形"主要通过以下三个方面来实现：

①货运服务产品的有形化。服务产品的有形化可以通过服务设施等硬件技术实现之。如可以通过先进的码头搬运设备、短途运输设备等来实现服务自动化和规范化，保证服务行为的前后一致性和服务质量的始终如一。

②货运服务环境的有形化。服务环境是企业提供服务和消费者享受服务的具体场所和气氛，它虽不构成服务产品的核心内容，但它能给企业带来"先入为主"的效应，是服务产品存在的必不可少的条件。一个功能齐备、高雅、清洁、明亮、和谐的环境，会增强消费者享用服务的信心和对企业产品的信赖度，产生良好的促销效果。因此，努

力营造企业的服务环境,用有形的服务环境体现无形的服务品质,是刺激和扩大对无形产品需求的一项重要举措。

③货运服务提供者的"有形化"。服务提供者是指直接与消费者接触的企业员工,其所具备的服务素质和效率、言行及与消费者接触的方式或方法、态度和解决问题的能力等如何,会直接影响到企业服务营销目标的实现,为了保证服务目标的有效性,企业应对服务员工进行服务标准化的培训,让他们了解企业所提供的服务内容和要求,掌握进行服务的必备技术与技巧,以保证他们所提供的服务与企业的服务目标相一致。此外,服务员工的礼仪、衣着及言行举止等有形的东西也会影响消费者对服务质量的期望与判断,影响企业服务营销活动的成败。总之,企业应学会利用组成服务的有形要素突出服务的特色,尽可能地使无形服务转化为有形服务,让消费者更好地把握和判断服务的特征,更直观地体验服务给其带来的利益,以增加消费者的服务消费价值。

(2)将不可分离性变为可分离性。货运服务具有生产和消费不可分离的特征,使得服务产品与服务提供者和服务的消费者直接相联系。服务提供者和消费者往往需要有物理上的接近,即在同一时间和地点可能完成服务营销过程。冲破这种时空的限制,将不可分离的服务变为可分离的服务,已成为现代服务营销发展的重要趋势。企业除了重视服务营销人员的选择和培训、加强消费者管理外,还可采取以下办法使不可分离的服务成为可分离,提高企业服务营销效果:

①无形服务有形化。使由人提供的服务(如自动售货机、自动取款机等)变为由"物"提供。货运代理业也可以充分利用信息技术向客户提供类似这样的服务。这种无形服务的有形化,使某些服务的分离成为可能,从而为服务业的发展和服务营销活动提供了更广泛的空间。

②服务传递手段的创新。当代科技的发展使之成为可能。比如,国际互联网络的发展、计算机系统、数据库等的发展,使信息咨询等系列服务有了新的传递和支付手段,使许多服务的提供和消费不需要主体之间的物理接近便可进行。

③分散服务地点。货代企业可以通过服务网点的扩张,在目标市场设置不同规模的分支服务机构的办法,扩大经营的空间使不可分离的服务相对地分离,以扩大企业的市场占有率和市场竞争力。

(3)将不可储存变为可储存。由于货运服务的不可储存性,服务营销过程中需要运用价差调节、发展替代服务、提高服务效率、吸收顾客参与及各种促销方式调节服务供需关系,尽可能地实现两者之间的均衡。此外,服务营销专家也正试图通过服务的有形化和可储存化活动,比如,借助企业网站经常更新的各类服务信息来增加服务量,使一部分不可储存的服务在一定程度上变为可以储存,从而更有效地调节服务供需在时空上的矛盾,提高服务营销的质量和水平。

(4)将非一致性变为一致性。货代服务的差异性特征使货运服务产品难以标准化生产,服务质量控制的难度也比有形产品大。服务营销管理在注重服务特殊化、注意满足不同服务消费者特殊的需求与爱好的同时,更应探寻某些顾客群体的需求的共性。比如,同一资金水平的顾客群体等对服务的需求共性,并据此来规划企业的服务营销活动,以达到规模经营的目的。同时,企业可以通过完善规章制度、规范管理等实现服务产品的标准化提供。这种在服务需求的差异性中寻找服务需求的共同性,变服务供给的非一致性为服务供给的一致性不仅可以有效地扩大企业的经营规模,还可以降低企业经营成本,提高企业经营效益。

(5)将缺乏所有权变为享有某种所有权。加强与消费者的联系与沟通,克服消费者在接受服务过程中没有"实质性"地拥有所有权的消费心理感应,让消费者在服务购买和消费过程中享有某所有权也是扩大服务营销的重要手段。比如,货代企业通过实行"会员制"、赠送礼品、发放回头客优惠卡和信用卡等办法,使消费者在购买服务和消费过程中享有某种所有权,实践证明,这也是一种促进服务营销的重要策略。

(二)关系营销策略

1. 与顾客的关系营销

关系营销人员面对的挑战是创造真正的顾客,使他们察觉到自己与企业的特殊关系,并且认为这种关系很有价值。这就要求提供顾客看重的且竞争者难以模仿的利益。二级关系营销比一级关系营销更易提供这些利益,三级又优于二级。

关系营销的实施应围绕着"向顾客传递价值"这一中心。价值将企业和顾客联结在一起,反映了对应于顾客全部付出的全部受益。对顾客传递的价值决定了关系营销的潜力,而服务的优劣又直接影响潜在的价值并可能导致关系的变化,因此,优质服务对建设良好的关系至关重要。为把关系营销工作推向深入,服务企业的营销主管要注意做到以下几点:

(1)创设公平竞争的环境。顾客与企业的关系比其他类型的关系更需要信任,而信任又建立在公平竞争的基础上。为了使买卖双方在市场交易中各得其所,不管卖方对买方,还是买方对卖方,都应开放有关交易的准确信息,并做到信守诺言。

(2)开展"一对一"营销。服务企业营销者应力求创造一种营销文化,把现有顾客当作新出现的潜在顾客对待,通过与现有顾客保持联系,并提供个性化的服务,以留住他们,即开展"一对一"式营销。开展此类工作要注意:第一,顾客必须有广泛接近服务的渠道;第二,顾客与企业之间的交流应该是双向的,而且最好是企业主动与顾客联系,而不是被动接受顾客质询;第三,健全信息反馈系统,并要有相应的组织保证;第四,对员工制定合理的考评标准,以平衡服务现有顾客与服务潜在顾客的关系。

(3) 追求服务扩大化。服务扩大化要求把额外服务和分内服务结合起来，用以和竞争对手相区别。实施服务扩大化策略的可行办法是突破一级营销的限制，建立社会的结构性的附加服务系统，突出企业的独特形象，并与企业文化紧密结合，以发挥关系营销的最大潜力。

2. 与企业员工的关系营销——内部营销策略

内部营销包括两个方面，即态度管理与沟通管理。态度管理是内部营销的主要部分，它是对雇员的态度及其有关顾客意识与服务意识的动机进行管理，这是一个持续不断的过程；沟通管理旨在确保企业内部信息畅通，使管理人员、一线服务人员和二线支持性人员能够取得完成各自职责所必需的信息，并能把各自的需要、要求和观点等传达出来，这通常是断续的过程。真正成功的内部营销过程是将态度管理和沟通管理结合起来，前者施加影响，后者提供支持，能使内部营销成为不断发展的永续过程。

与服务质量管理一样，企业内部营销管理也涉及一个重要的标准体系——SA8000 质量标准体系（社会责任标准）。SA8000 是企业继 ISO9000 和 ISO14000 之后的最新管理体系标准，反映了企业管理的新趋势。它把人本管理、商业道德和精神文明等指标化，使关心人、理解人、尊重人、保护人有了可以操作衡量的具体量化标准，使人本管理、人文关怀和人性化告别了抽象和模糊，变成在实践中可操作、可衡量、可对照的"尺子"和"镜子"。SA8000 标准的基本要求是维护员工的基本权益，是与管理工作的进步相适应的。

由于企业自身内部的建设和内部营销越来越受到关注，各大企业和客户也更为重视服务者的内部管理质量，因而 SA8000 质量标准体系已经越来越多地被纳入一些客户选择货运服务的标准之中。货运服务企业进行良好的社会责任管理，不仅可以获得良好的社会效益，而且可以获得长远的商业利益。

3. 与竞争者之间的关系营销

在商品经济发展初期盛行的恶性竞争已经不适合企业以及行业的长期健康发展了，取而代之的是良性竞争。竞争者之间应该在促进经济发展的大前提下，争取自身的市场份额，面对竞争者的优势做出理性的分析，达到市场环境的良性循环。从长远角度看，此时的竞争者也许是今后的合作者，这一方面的竞争者未必不是另一方面的合作者，所以说，最大限度地利用现有的资源和有利因素，并且努力把暂时的不利因素转化成未来的有利因素是国际供应商面对竞争者的正确态度。

4. 与合作者之间的关系营销

国际货运代理企业与其合作者之间的关系营销主要是指企业要制定相关的营销策略，能够加速和企业分销商的联系与沟通，以此使合作各方联系更加紧密，管理信息传达得更为通畅，最终达到各方利益最大化的结果。在与合作者的关系营销中，不应只一味地强调分销的业绩、强调分销商对上级销售领导的贡献量,而应更多地帮助其建立自身的发展前景,从而提高它的忠诚度。

良好稳定的合作伙伴可以帮助国际货运代理企业在较短的时间、较少投入的基础上扩大业务网络,吸引更多的客户,巩固原有的品牌,开拓新的市场。但是,合作者的筛选应该是有目的性的,并且应该是弹性的。对于长期的合作伙伴,国际货运代理企业应在合作过程中间歇地加入对于合作伙伴的"培训课程"——及时沟通最新的发展意向、对以往模式的调整等,如果双方无法再继续在关键问题上达成一致,就应考虑及时更换合作者。也就是说,合作者的存在也有其一定的生命周期,就像产品的生命周期一样,在不同的生命阶段,其能够带来的收益不同,我们对它的管理策略也要有所不同。唯此,才能够达到一个投入—产出最小化的理想目标。

5. 与其他侧面组织之间的关系营销

对于一个复杂的商业网络,许多侧面组织的影响力也是不容忽视的。各国政府对于商品和服务的流通的控制力是不容忽视的,尤其是在服务业方面,贸易壁垒处处可见,各国制定自身的一些限制政策层出不穷。那么国际货运代理企业怎样能够左右政策层面的问题呢? 一般来讲,大的国际货运代理企业可以通过业内联合会加大行业影响力,参与政府政策的讨论与制定,在一定程度上把握自身的发展命运。

除此之外,诸如银行、商品检验、新闻媒体、当地办事机构等都是国际货运代理企业在业务过程中需要协调的关系,并且都是不容忽视的。

案例分析

利用信息化手段促进铁路货运营销改革

在当前铁路货运营销中,要重点做好对货主的细分、抓住市场营销与运输生产的结合点、加强货主档案管理三项工作。通过采用信息化手段,促进铁路货运营销的改革,以全面提升铁路运输业的核心竞争力。

一、铁路货运营销的重点工作

(一)对货主进行细分

根据已经完成的交易信息(货票)和对当前货运市场的调查,对货主进行排队和分类。目的是掌握各类客户状况,便于区别对待。

在货运营销管理软件中,可以按运费、运量、收入率、品类、去向、平均运程、增长率、忠诚度、流失度、车种等十几项指标,对货主进行细分。划分成三类客户:(1)贡献最大的客户;(2)具有增长潜力的客户;(3)有问题的客户。

据一般规律,企业80%的营业额来自20%的客户。据统计,铁路货运部门的90%的货运量来源于不足10%的货主。因此对铁路货运部门而言,这10%的货主即为贡献最大的客户,也是铁路赢得市场的关键。

寻找具有增长潜力的货主,并不断提高他们的忠诚度是保证铁路运输收入稳定增长的基础。这部分货主往往代表着吸引区内新的经济增长点。及时发现这部分客户,并对他们的增长潜力进行挖掘,对完成和提高铁路货运收入至关重要。

发现有问题的货主,需深入分析问题产生的原因。有问题的货主是指忠诚度逐渐降低、或运量不断下降、或货主自身缺乏诚信及利润贡献度较低的货主。他们或许是企业经营不善、或许是企业对铁路运输的服务质量不满,选择了其他运输方式。铁路运输企业必须及时调查产生的原因,有针对性地制定营销策略,争取重新赢得客户的信赖。也有部分货主自身存在诚信度低的问题,对这部分客户应该主动放弃,将有限的资源投向更有价值的货主,从而节约成本,增加收入。

(二)抓住市场营销与运输生产的结合点

目前,货运营销与运输生产相互脱节的现象较为普遍,装车日班计划如何能更好地体现以货主为中心的经营理念,是一个亟待研究的问题,也是市场营销与运输生产的结合点。有时营销员花费巨大精力争取到的货主,由于货运调度员不能批车,有可能永远失去这个货主,有时一个濒临倒闭的企业,若由于铁路运输上的支持,就此起死回生得到振兴,并因此可能成为铁路的忠实客户。

目前,铁路运输企业在车和货的配合上的普遍做法是控制货运收入率,追求装车日班计划的效益最大化。这种做法的问题是将车和货的最佳配合标准定位在铁路效益的最大化上,忽视了货主的利益。这不利于与货主之间建立长期稳定的客户关系。

在营销与生产相结合中需要考虑:(1)提出请求装车的货主是哪一类客户;(2)按照忠诚度、增长率、收入率、运程、利润贡献度等指标对全体货主进行排序;(3)货主所属企业生产经营状况;(4)货主和铁路的历史交易情况;(5)一个装车日班计划完成后的评价。

(三)建立动态的货主档案

建立货主档案的工作在铁路货运部门已提倡多年,但是流于形式的居多。货主档案是实现以货主为中心的经营理念、制定"一对一"营销策略的重要参考资料。

二、强化铁路营销信息化手段

(一)构建货运营销数据平台

选择ORACLE8i作为数据库平台,一方面由于ORACLE8i所具备的决策支持系统、海量数据管理、保密机制、备份与恢复、空间管理、开放式联结等特性,能够满足铁路货运营销管理的需要;另一方面铁路TMIS(铁路运输管理信息系统)采用的也是

ORACLE 数据库平台,有利于对铁路运输的各项数据信息源进行整合和综合利用。

(二)构建货运营销应用平台

由于铁路货运吸引区范围较大、资源及客户分布面广、货物流向分散等特点,使其管理数据具有很强的空间特性和多媒体需求,因此采用 GIS 技术解决货运营销问题将使系统在吸引区管理、资源空间分布、重点货主空间分布、运输通道及货物流向分析、营销形势的可视化分析及市场定位等方面,具有一般软件技术难以比拟的优越性。

随着互联网/内联网的飞速发展,以及 Web-GIS 技术的逐渐成熟,利用互联网技术在网络上发布空间数据供用户浏览和使用,是 GIS 发展的必然趋势。从万维网的任一节点,互联网用户可以浏览 Web-GIS 站点中的空间数据、制作专题图、进行各种空间检索和分析,这就是基于万维网的地理信息系统(Web-GIS)。货运营销系统采用空间信息发布平台,在铁路办公网络上的任一终端根据用户权限,将能实现营销信息的共享和可视化的办公管理功能。

(三)充分整合 TMIS 相关的数据源

建立货运营销系统与 TMIS 的联网。目前 TMIS 货票制票软件在全路已使用多年。每天产生的货票数据在 18:00 点由基层货运站向车务段及铁路分局汇总。这些数据隐含着货主及货运部门营销业绩的实时信息,在货运营销系统中可充分整合这些相关信息,为货运营销的辅助决策分析奠定基础。

(四)建立重点货主档案数据库

货主档案信息是营销系统的基础信息源。主要包括:企业地点、法人情况、企业性质、联系方式、生产产品、销售地点、产量、运输计划、运输方式及记录、对铁路运输产品与服务的评价、运量的变化趋势、货主等级及分类、货运营销员、营销员和货主联系的所有记录。

随着计算机网络技术、软件技术的飞速发展,建立铁路运输企业各部门之间共享的客户关系数据库,以及数据库管理软件,在技术上很容易实现。在建立数据库平台的基础上,一旦客户与企业发生联系,各相关部门都能了解客户寻求的目标、购买习惯、付款偏好,最感兴趣的运输产品及对产品和服务的评价。但是这些信息的收集需要在吸引区内做广泛的社会调查,是一项烦琐的基础工作。需要各级决策者转变观念,把建立重点货主档案数据库作为规范管理、科学管理的一项重要任务。

(五)货运营销软件的基本功能

1. 动态、整合的客户数据管理和查询系统。所谓动态,是数据库能实时地提供客户的基本资料和历史交易行为等信息,并在每次交易完成后,自动补充新的信息。所谓整合,是指数据库与企业其他资源的整合,如与车务段的货票制票系统、TMIS 现车管理系统、TMIS 集装箱追踪系统等生产管理系统的联网与对接。

2. 货主细分管理系统。企业要建立一套将新客户提升为老客户的计划和方法。如铁路企业可按照运费、运量、收入率、品类、去向、平均运程、增长率、忠诚度、流失度、车种等多种指标对吸引区内的货主进行分级管理。

3. 忠诚客户识别系统。在每次交易时,给予老客户不同于一般客户的服务,会使老客户保持和增加满意水平,以加强他们对企业的忠诚度。客户数据库的一个重要作用是在发生交易行为时,能及时地识别客户的特殊身份,从而给予相应的产品和服务。

4. 客户流失自动预警系统。企业通过对客户历史交易行为的观察和分析,赋予数据库警示客户异常购买行为的功能。如某客户在其货运"旺季"出现明显不旺时,就可能是一种客户流失的迹象。客户数据库通过自动监视的交易资料,对客户的潜在流失迹象做出报警。

5. 装车日班计划辅助决策支持系统。这是实现市场营销与运输生产相结合的重要功能。营销员和调度员在为货主提供产品和服务时,通过客户数据库可以了解其特殊需求,从而提供更具针对性的个性化服务。

6. 绩效考核系统。这是针对营销部门建立的一套可操作的、科学合理的绩效考核系统,以对货运营销业绩和人员进行有效管理。

思考:
在当前铁路货运营销中,分析如何做好对货主的细分。通过分析市场营销与运输生产的结合,阐述如何通过采用信息化手段,来促进铁路货运营销的改革,以全面提升铁路运输业的核心竞争力。

练习题

(一)名词解释
结构性联系

(二)填空
1. 国际货运代理行业是_____与_____的重要桥梁与纽带,是这两者之间的"中介人"。
2. 国际货运代理业的服务需求有很强的_____,这种_____主要来源于货物运输的需求,即运输需求。

(三)单项选择
1. 国际货运代理业中关系市场营销的层次分析中,一级关系市场营销中,货运代理企业(   )。
   A. 主要依靠"财务利益"鼓励顾客与企业进行更多的交易
   B. 不仅通过提供"财务利益",而且还会提供"社会利益",以期维持关系的稳定
   C. 同顾客建立社会性联系,淡化买卖之间的纯粹交易关系
   D. 消除交易关系对企业与顾客间建立长久关系的各种消极因素

2. 国际货运代理业中关系市场营销的层次分析中,二级关系市场营销中,货运代理企业( )。
   A. 往往通过价格刺激建立顾客对企业的忠诚
   B. 除了依靠社会利益、财务利益之外,还通过结构性联系来巩固关系
   C. 将人与人之间的营销关系同企业与个人之间的关系结合起来,依靠精神力量维系企业与顾客的关系
   D. 依靠对关系顾客有价值的、且不能通过其他来源得到的、能为顾客提高效率和产出做出贡献的技术性服务,与顾客建立联系
3. 国际货运代理业中关系市场营销的层次分析中,一级关系市场营销中的顾客( )。
   A. 表现出极强的转换特征
   B. 依靠与揽货人员的私人关系建立对企业的忠诚
   C. 对于价格的重视程度相对较低
   D. 由于获得了差异化的、独特的附加价值服务,对企业表现出最大的忠诚,这些客户可以说是真正的顾客
4. 国际货运代理业中关系市场营销的层次分析中,二级关系市场营销中的顾客( )。
   A. 表现出极强的转换特征
   B. 对于价格的重视程度相对较高
   C. 依靠与揽货人员的私人关系建立对企业的忠诚
   D. 对企业表现出最大的忠诚,这些客户可以说是真正的顾客
5. 国际货运代理业中关系市场营销的层次分析中,三级关系市场营销中的顾客( )。
   A. 表现出极强的转换特征
   B. 依靠与揽货人员的私人关系建立对企业的忠诚
   C. 对于价格的重视程度相对较低
   D. 由于获得了差异化的、独特的附加价值服务,对企业表现出最大的忠诚,这些客户可以说是真正的顾客
6. 国际货运代理业中关系市场营销的层次中,最高等级的关系市场营销是( )。
   A. 一级关系市场营销			B. 二级关系市场营销
   C. 三级关系市场营销			D. 四级关系市场营销
7. 服务行业由于其产品及提供过程的特殊性,使得服务营销组合中包括有7个服务营销因素,这7个服务营销因素在国际货运代理营销中的体现,说法正确的是( )。
   A. 国际货运代理业的产品是可以储存的
   B. 国际货运代理业的定价可完全根据自身所能提供的服务范围、服务质量来制定
   C. 货运代理的营销过程往往在货运代理服务的生产过程之前
   D. 货运代理的价格受航运需求的影响很大
8. 服务产品理论突破了传统政治经济学研究限定的"( )"(实物产品+第三产业中的物质生产部门生产的服务产品)的范围,充实了社会总产品的内容,全面、客观、真实地反映了全社会的投入与产出的状况。
   A. 实物产品			B. 物质产品			C. 服务产品			D. 物质产品+服务产品
9. 投入产出分析的理论基础中,( )是指国民经济体系中各种相互对立或相互关联的力量在变动中处于相对平衡而不再变动的状态。

A. 均衡　　　　　　B. 一般均衡　　　　C. 全部均衡　　　　D. 局部均衡

10. 投入产出分析的理论基础中,(　　)分析都是以"其他情况不变"的假设为基础的,所以这种分析有一定的局限性,但并不影响其对许多问题分析的有效性。

A. 均衡　　　　　　B. 局部均衡　　　　C. 全部均衡　　　　D. 一般均衡

(四)多项选择

1. 服务行业由于其产品及提供过程的特殊性,使得服务营销组合中包括有7个服务营销因素,这7个服务营销因素在国际货运代理营销中体现在(　　)。

A. 对国际货运代理业而言,它的产品就是无形的、不可储存的
B. 国际货运代理行业的定价可完全根据自身所能提供的服务范围、服务质量来制定
C. 货运代理服务的无形性意味着提供服务比提供实体产品有更多变化
D. 货运代理的营销过程也便是货运代理服务的生产过程
E. 国际货运代理服务是无形性的,但是还可以通过一些有形载体加以表现

2. 货运代理的服务创新是由运输市场向物流市场的重新定位过程,为达到以下目标:(　　)。

A. 提高产品差异性,扩大传统运输业务竞争能力
B. 开发个性化服务产品,培育新的客户群
C. 增加增值服务,创造新的利润空间
D. 提供物流管理服务,创造新的增长点
E. 主要集中于提供揽货、订舱、报关、报检等劳务

3. 现代营销理论中出现的4C的内容包括(　　)。

A. Consumer Wants and Needs　　　　B. Cost
C. Consignee　　　　　　　　　　　　D. Convenience
E. Communications

4. 国际营销界提出的5R理论,营销问题被改写为:(　　)。

A. 与顾客建立关联 Relevance
B. 注重顾客感受 Receptivity
C. 提高市场反应速度 Responsive
D. 关系营销越来越重要 Relationship
E. 赞赏汇报是营销的源泉 Recognition

5. 国际货运代理活动与相关市场环境的适应过程中,以下说法正确的是(　　)。

A. 在出口货运代理和进口货运代理的过程中,贸易方和承运方都可以成为货运代理的顾客
B. 在国际货运代理行业,关系客户是至关重要的,决定了企业长期的业务来源
C. 国际货运代理企业必须密切注意劳动力市场上各种人才资源的变动
D. 市场环境在现实经济生活中对于国际货运代理企业的各项活动都会产生影响
E. 往往通过培训、加强企业的凝聚力、明确目标等吸引并留住真正的人才

(五)简答

1. 简述现代营销理论中的4C的内容和国际营销界的5R理论。
2. 简述我国货运代理业面临的挑战。
3. 简述国际货运代理业的营销策略实施内容。

第二篇

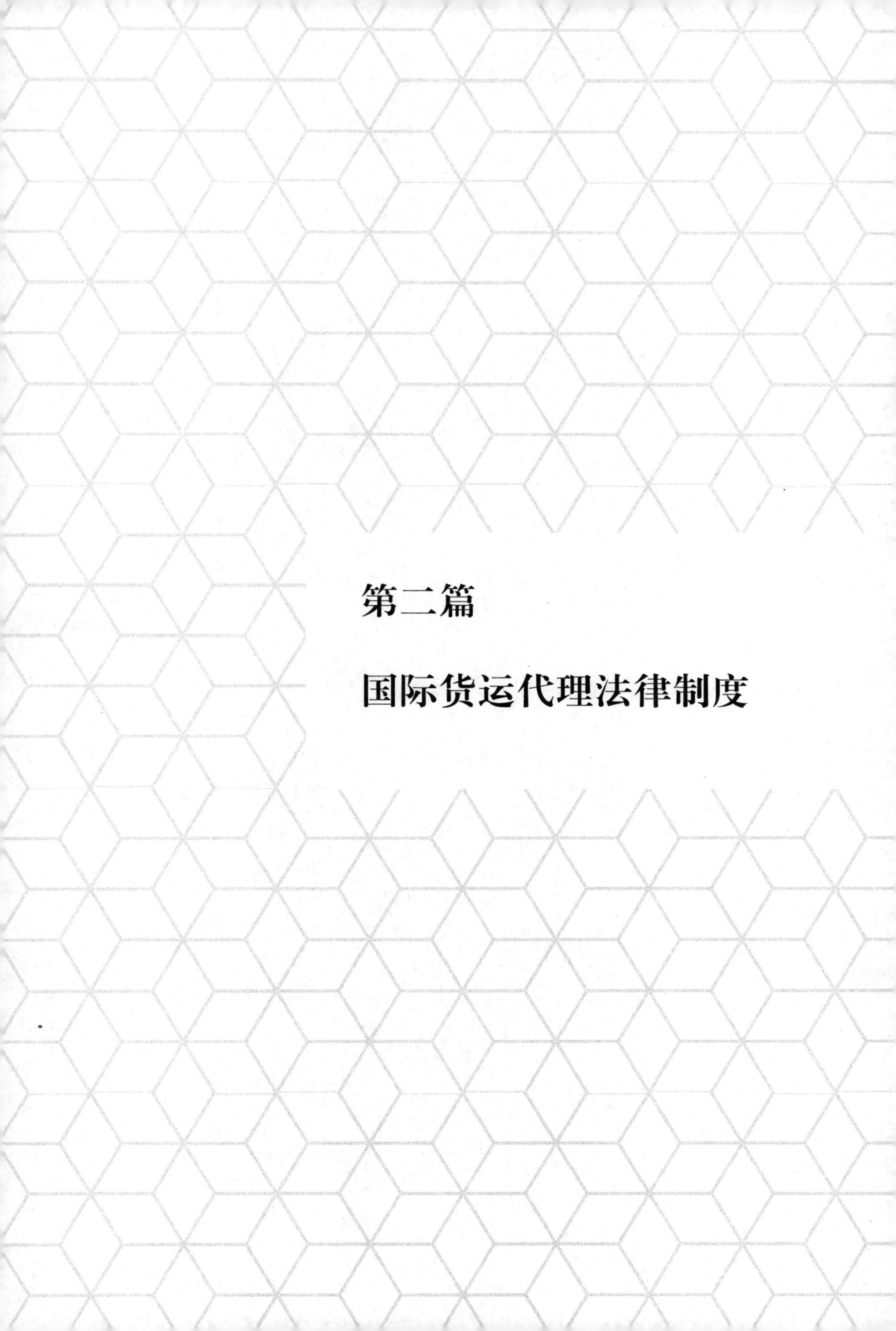

国际货运代理法律制度

第四章　国际货运代理法律法规

学习目的

了解中国参加的涉及国际货运代理人制度的国际公约

了解国际货运代理协会联合会(FIATA)示范法

了解我国国际货运代理法律制度的基本框架

掌握调整我国国际货运代理法律关系的法律

掌握调整我国国际货运代理法律关系的行政法规和部门规章

基本概念

委托合同

第一节　国际公约和 FIATA 示范法

一、调整国际货运代理法律关系的国际公约

国际公约是法律的一个重要渊源。目前为止,中国参加的涉及国际货运代理人制度的国际公约主要有如下几个。

(一)《国际铁路货物联运协定》

《国际铁路货物运送公约》(简称《国际货约》)于 1938 年 10 月 1 日生效。它是由 1890 年欧洲各国在瑞士的伯尔尼举行的各国铁路代表大会所制定的《国际铁路货物运送规则》(又称《伯尔尼公约》)发展而来的。

《国际铁路货物联运协定》(简称《国际货协》)是 1951 年 11 月由苏联和阿尔巴尼亚、

保加利亚、匈牙利、民主德国、波兰、罗马尼亚、捷克斯洛伐克 8 个国家签订的。1953 年 7 月中国、朝鲜、蒙古参加了《国际货协》。1955 年越南加入。1956 年古巴加入。

1956 年 6 月在保加利亚召开的国际客、货协参加国第一届部长会议上,决定在原签订的《国际货协》和《国际客协》的基础上,成立"铁路合作组织"(简称"铁组")。1991 年 6 月在华沙,由保加利亚、中国、朝鲜、蒙古、罗马尼亚和苏联作为"缔约铁路",公布了《关于统一过境运价规程的协约》,决定在国际铁路货物过境运输中采取《统一过境运价规程》(简称《统一货价》)。《统一货价》是该协约不可分割的组成部分,不再从属于《国际货协》,具有独立的法律地位。

(二)《华沙公约》和《海牙议定书》

《统一国际航空运输某些规则的公约》(简称《华沙公约》)1929 年 10 月 12 日订立于波兰华沙,自 1933 年 2 月 13 日起生效。《华沙公约》共分 5 章、41 条,就"国际航空运输"的定义、运输凭证、承运人的责任制度以及责任诉讼的若干程序问题做了规定。共有 149 个国家批准或加入该公约。

《修改 1929 年 10 月 12 日在华沙签订的统一国际航空运输某些规则的公约的议定书》(简称《海牙议定书》)1955 年 9 月 28 日订立于荷兰海牙,1963 年 8 月 1 日起生效。在该议定书缔约国之间,1929 年《华沙公约》和该议定书被视为并解释为一个单一的文件,称为《1955 年在海牙修正的华沙公约》。《海牙议定书》主要是把航空承运人对旅客赔偿限额提高了一倍,简化了运输凭证,取消了对货物运输的航行过失免责规定,修改了第 25 条,删除了"有意的不良行为"的概念,但对承运人的责任制度未做实质性的变动。共有 131 个国家批准或加入该公约。

《海牙议定书》规定,非《华沙公约》缔约国加入《海牙议定书》具有原《华沙公约》的效力。我国于 1958 年 7 月 20 日加入《华沙公约》,于 1975 年 8 月 20 日加入《海牙议定书》,并声明公约适应于我国的全部领土,包括台湾地区。我国与《华沙公约》的缔约国之间,适用《华沙公约》;与《海牙议定书》的缔约国之间,适用《海牙议定书》。

《华沙公约》是无过失责任这一现代概念的先驱。旅客(或其遗失继承人)或托运人无须证明航空公司一方是否有过失,原告只需向被告证明其所受损失的数额。这一原则能够有效地对旅客或托运人提供保护。另一方面,如果损失不是由于承运人有意或不顾后果的行为造成的,公约规定了承运人的赔偿限额。华沙体制有效地规范了国际航空运输,但在其发展过程中,也暴露出一些问题。例如,航空运输合同是否应当适用不可抗力原则;赔偿限额是否应提高和如何提高;具有地域管辖权的法院是否应当扩充到包括旅客居所或永久住所地的缔约国法院等。

二、国际货运代理协会联合会(FIATA)示范法

国际货运代理协会联合会,法文为"Federation International des Associations de

Transitaires et Assimiles,FIATA",英文为"International Federation of Freight Forwarders Associations"。作为国际货运代理协会联合会的标识,被称为"菲亚塔"。FIATA 根据《瑞士民法典》第 60 条规定,由 16 个国家的货运代理协会于 1926 年 5 月 31 日在奥地利维也纳成立,总部设在瑞士苏黎世,是一个非营利性的国际货运代理行业组织,其宗旨是保障和提高国际货运代理在全球的利益。目前 FIATA 拥有 97 个国家级会员和 2 600 多个个体会员,是全球运输行业中最大的非政府和非营利性国际组织,具有广泛的国际影响,代表了世界上 144 个国家与地区的 40 000 多个货运代理公司和 800 万~1 000 多万从业人员。

国际货运代理协会联合会不仅起草了提供各国立法时参考的《国际货运代理示范法》,推荐各国货运代理企业采用的《国际货运代理标准交易条件》,还制定了 FIATA 运送指示、FIATA 货运代理运输凭证、FIATA 货运代理收货凭证、FIATA 托运人危险品运输证明、FIATA 仓库收据、FIATA 可转让联运提单、FIATA 不可转让联运提单、FIATA 发货人联运重量证明 8 种货运代理单证格式,培训了数万名学员,取得了举世瞩目的成就,被誉为"运输业的建筑师"。

FIATA 取得的令人瞩目的成就包括:FIATA 制定的国际货运代理示范法、FIATA 推荐的国际货运代理标准交易条款范本、FIATA 国际货运代理业示范法及制定的各种单证。

(一) FIATA 示范法

国际货运代理无论在法律上还是在实践中,均因其不以任何国际规则为前提,而在不同国家存在着很大的差异。为了缩小国际货运代理在法律上存在的差异,FIATA 于 1995 年做了一项调查,并在调查的基础上制定出国际货运代理业示范法。该法于 1996 年 6 月定稿,10 月提交大会通过。FIATA 制定的国际货运代理业示范法是迄今涉足解决这一领域问题的重大尝试。

示范法把国际货运代理作为承运人和作为代理人进行了区分。当国际货运代理作为承运人而负责运输或其他服务时,他所承担的责任如同客户就该服务或运输另立了合同,并引用第 7 条第 3 款(货运代理作为当事人的责任基础)及其他条款的强制性规定。无论何时国际货运代理使用自己的设施提供运输服务,都可以根据自身的情况来制定承运合同,只要这些条款不违背硬性规定的内容。

示范法就国际货运代理的服务做出规定,国际货运代理应恪尽职守,并规定对货物损失或损害赔偿不超过每千克 2SDR 的责任限制,但对于其他种类的损失,每一事故的责任限制则由各国的货运代理协会来自行决定。对贵重物品以及"间接损失"所承担的责任有具体的除外条款。如果非货物灭失或损坏责任,例如由于疏忽或遗漏所承担的责任,索赔声明必须在客户知道或应该知道产生损失之日起 14 天内提出,否则索赔将受到阻碍,除非能证明无法在上述期限内做到。对于造成货物的损失或损坏,如果是明显的,应在货物移交给客户的同时发出通知;如果不明显,也须于货物移交给客户次日起6天内发出通知。否则,此种交接将表明货物是在良好状况下运送的,且完好无损。对国际货运代理进行索赔的时效为9个月。

示范法规定货运代理有权对其所掌管的货物及有关单证行使留置权,使其不仅对此等货物可以进行索赔,而且对此前已发生的与客户的合同纠纷所导致的索赔需要得以满足。示范法还规定客户应保证国际货运代理在根据其要求提供服务的过程中不应承受无法预计的费用支出,或由于不正确或不完整的指示,引致额外支出的风险。换言之,客户须承担国际货运代理由于不知道货物的危险特性而遭受的经济损失。国际货运代理在参照示范法的同时,还应与客户达成协议,说明其责任并不因同时引用较少责任的附加条款而减低。当然,示范法也不阻止国际货运代理给予客户额外的保障。

示范法不仅适用于国际货运代理,也适用于国内外贸易商。使用该示范法是建立在自愿基础上,双方当事人均同意将其订入交易合同中。实践证明该示范法具有许多优点,尤其对发展中国家及国际货运代理尚不健全的、处于过渡时期的国家。

使用示范法的国际货运代理必须充分考虑自己的责任,并投保足够的责任险。目前,有几个国家的国际货运代理状况已达到示范法的责任水准,他们则依据示范法制定了本国的规则,其他国家也将会认可和使用示范法或在制定本国规则时,尽量采用示范法。

总之,FIATA所制定的示范法将进一步证明国际货运代理的国际地位。随着示范法在全球的推广与传播,其使用率定会得到不断地增长。如果国际货运代理的法律与实践可通过示范法的扩展得到进一步的统一,它将无疑为世界贸易带来好处,并且在全球范围内极大地提高国际货运代理的专业形象、声望与地位。

(二) FIATA标准交易条件

FIATA于1996年10月所推出的FIATA标准条件,为国际货运代理人的定义及责任风险做了法律界定,并为货运代理人及托运人之间的委托关系制定了合约文本,对全球货运代理的业务规范化和风险防范起了巨大的推动作用。

标准交易条件通常是为了事先明确委托人与货运代理双方的权利义务关系制定的,作为委托人与货运代理的契约附件,并具有约束双方当事人的法律效力。FIATA国际货运代理标准交易条件范本,是由FIATA制定的关于国际货运代理与客户之间订立的合同的标准条款,并向至今尚无标准交易条件的各国国际货运代理推荐,供其在制定本国的该标准交易条件时作为准则参考。

(三) FIATA单证

FIATA制定了以下八种货运代理单证格式:

（1）FIATA 货运代理人收讫货物证明（FIATA Forwarders Certificate of Receipt，FIATA FCR）；

（2）FIATA 货运代理人运输凭证（FIATA Forwarders Certificate of Transport，FIATA FCT）；

（3）FIATA 货运代理收货凭证（FIATA Warehouse Receipt，FWR）；

（4）可转让 FIATA 多式联运提单（negotiable FIATA Multimodal Transport Bill of Lading，FBL）；

（5）不可转让 FIATA 多式联运提单（non-negotiable FIATA Multimodal Transport Waybill，FWB）；

（6）FIATA 危险货物运输托运人声明（Shippers Declaration for the Transport of Dangerous Goods，FIATA SDT）；

（7）FIATA 发货人联运重量证明（Shippers Intermodal Weight Certificate，FIATA SIC）；

（8）FIATA 货运说明（FIATA Forwarding Instructions，FFI）；

FIATA 的这八种货运代理单证格式，为各国货运代理所广泛使用，并在国际上享有良好的信誉，对国际货运代理业的健康发展起到了良好的促进作用。特别是 FIATA 多式联运提单在全球 60 多个国家货运代理业务中使用，其背面条款得到了国际商会和国际银行界的广泛认可。

第二节 我国国际货运代理的法律制度

目前，我国尚未制定专门调整货运代理的法律，但为了适应国际货运代理业务的发展，规范国际货运代理市场，调整货运代理各方面权利义务关系，我国已经对该经济领域进行初步立法，并形成我国国际货运代理法律制度的基本框架。

一、调整国际货运代理法律关系的法律

目前，主要有以下几部涉及调整国际货运代理法律关系的法律。

（一）《中华人民共和国民法通则》（简称《民法通则》）

《民法通则》第四章第二节最早对我国出现的代理行为进行了规定。《民法通则》第 63 条规定："公民、法人可以通过代理人实施民事法律行为。代理人在代理权限内，以被代理人的名义实施民事法律行为。被代理人对代理人的代理行为，承担民事责任。依照法律规定或者按照双方当事人约定，应当由本人实施的民事法律行为，不得代理。"从这条规定上看，代理行为具有以下几个法律特征：

(1)代理人是在被代理人的授权范围内行事的；

(2)代理人为被代理人实施的是能产生法律效果的民事行为，即可以为被代理人设立权利和义务；

(3)代理行为是以被代理人的名义实施的；

(4)代理人为被代理人实施的民事法律行为必须是法律允许由代理人实施的民事法律行为；

(5)代理行为的法律后果最后由被代理人承担。

在《合同法》实施前我国的民事法律框架下，无论是《经济合同法》还是《涉外经济合同法》中都难以找到能够直接适用于货运代理合同的相关规定。但在实践中，法院在裁判国际货运代理合同纠纷时通常依据《民法通则》中有关委托代理的法律规定来判断货运代理企业的法律地位；在律师的辩护词中也常常主动引用《民法通则》中的代理规定来主张自己是货主的代理人。这一方面是源于争议的名称中含有"代理"的字样；另一方面从上节对国际货运代理所下的定义中我们可以看出，国际货运代理也具备了一般代理行为的法律特征，表现在：

(1)货运代理是为了客户的利益而服务的。货运代理企业属于服务性行业，它们往往通过自己丰富的业务经验和专业知识与海关、船公司等单位良好的合作关系来弥补客户在这方面能力以及物力上的不足，为客户安排运输，组织最好的运输路线，所以被称为"运输的组织者"和联系货主和船公司的"桥梁"。在货运代理人与客户之间是一种信义关系，基于这种信义，货运代理人在代理关系存续期间，没有被代理人的允许，不得为自己或第三人牟利而损坏被代理人的利益。

(2)货运代理与委托人之间是一种委托契约关系。货运代理人接受委托人的委托代理报关、提供仓储、订舱、装箱、组织运输等。双方之间就彼此的权利义务予以约定。没有这种契约关系，货运代理人为委托人所为的一切行为就成为"无本之木、无源之水"。

(3)国际货运代理是以委托人的名义为法律行为。这是代理制度的显著特征之一。

从货运代理企业的定义看，货运代理企业在接受进出口货物收货人、发货人或其代理人的委托办理与货物运输有关的业务，收取代理费或佣金的经营行为是商事代理行为。但是从法理上看，国际货运代理作为商事代理具有不同于一般民事代理的特殊性：

一是从代理权的产生及权限来看，一般民事代理有委托代理、法定代理和指定代理等类型，其代理权的产生分别依当事人的委托或法律规定，而货运代理均为委托代理，其代理权的产生依当事人的授权，另外还以商事惯例为补充。

二是从代理关系的主体来看，一般民事代理的被代理人可以是自然人，也可以是法人，对代理人只要求具有一般的民事行为能力，除此无其他特殊资格要求，而货运代理人必须是依法经过注册登记的法人。

三是从代理行为的内容来看，一般民事代理涉及的内容既包括财产关系，也包括非财产的人身关系，多为无偿。而货运代理是以其代理行为取得佣金，被代理人通过货运代理人的行为而获取利益。

四是从代理人承担责任的方式来看，一般民事代理中，代理人通常不向第三人承担责任，只有在有过错的情况下，才向被代理人或第三人承担责任。而在货运代理中由于代理人是独立的营利性法人，所承担的责任和风险要远远大于一般民事代理人所承担的风险和责任，即使无过错，也可能要承担某些特殊责任。

五是从代理人是否必须"显名"来看，一般民事代理主要采取显名主义原则，即代理人以被代理人的名义为代理行为；而货运代理人根据委托以及行业习惯，既可以显名，也可以隐名，还可以完全以自己的名义从事代理活动。

可以看出，货运代理既具有一般代理的特殊性又具有显著的商事代理的特点。《民法通则》关于代理的规定并不能调整全部的代理法律关系，如关于货运代理人以自己的名义为代理行为时的权利义务就不能在《民法通则》中找到合理的依据。《合同法》生效后这个问题就得到了解决。

(二)《中华人民共和国合同法》(简称《合同法》)

《合同法》的颁布对我国国际货运代理行业产生了深远的影响，对明确国际货运代理人和相关方的权利义务，规范国际货运代理行业行为有着重要作用。合同法总则部分的规定当然适用于调整国际货运代理关系；合同法分则中对运输合同、仓储合同以及委托合同的规定与国际货运代理行业更是休戚相关。

1.《合同法》第402条

《合同法》第402条规定，受托人以自己的名义，在委托人的授权范围内与第三人订立的合同，第三人在订立合同时知道受托人与委托人之间的代理关系的，该合同直接约束委托人和第三人，但有确切证据证明该合同只约束受托人和第三人的除外。

这条规定直接来自《国际货物销售代理公约》第12条，原始则来自英美法中的"隐名代理"的概念。它突破了我国《民法通则》中代理仅限于相当英美法中显名代理的规定。按照该条规定，受托人以自己的名义订立合同时，如果第三人知道代理关系的存在，就构成隐名代理，其效果同显名代理一样，代理人所订立的合同"直接约束委托人和第三人"。但需要注意的是，该合同必须是受托人在"委托人的授权范围内与第三人订立的合同"。

在海运实务中，当货运代理人接受了货主的委托，在货主授权范围内与船东签订了合同,如果船东在签订合同时知道货主与货运代理之间存在代理关系,则该合同直接约束货主和船东,而货运代理在此时,并非《民法通则》中的合同一方,仅为货主的代理人。

2.《合同法》第 403 条

《合同法》第 403 条规定:"受托人以自己的名义与第三人订立合同时,第三人不知道受托人与第三人之间的代理关系的,受托人因第三人的原因对委托人不履行义务,受托人应当向委托人披露第三人,委托人因此可以行使受托人对第三人的权利,但第三人与委托人订立合同时如果知道该委托人就不会订立合同的除外。受托人因委托人的原因对第三人不履行义务,受托人应当向第三人披露委托人,第三人因此可以选择受托人和委托人作为相对人主张其权利,但第三人不得变更选定的相对人。委托人行使受托人对第三人的权利的,第三人可以向委托人主张其对受托人的抗辩,第三人选定委托人作为其相对人的,委托人可以向第三人主张其对受托人的抗辩以及受托人对第三人的抗辩。"

这条规定来自《国际货物销售代理公约》第 13 条,即英美法中"未披露本人身份的代理",该条对未披露委托人的代理中的委托人的介入权和第三人的选择权做了规定。

据此,国际货运代理人就可以避免或减轻向经济受损方做出赔偿不能向责任方获得追偿的风险,使国际货运代理人与委托人、第三人之间的权利义务关系对等。

3.《合同法》对国际货运代理关系的影响

(1)《合同法》实施前国际货运代理关系。货运代理人究竟处于一种什么样的法律地位一直是货运代理业务中的重头戏。但是实践中又存在调整货运代理法律关系的法律规范不能满足货运代理业务需求的情况。

我国《民法通则》第 63 条第 2 款的规定,排除了代理人以自己的名义为被代理人的利益所为的法律行为,只承认代理人在代理权限内,以被代理人的名义实施的民事法律行为。所以,货运代理人在实务中大量存在的以自己的名义所为的法律行为,难以被认定为代理人的身份,而被认定为合同的当事人。尽管国务院的《1995 年管理规定》及《管理规定实施细则》中规定了货运代理人可以以自己的名义为代理行为,但这项规定明显与《民法通则》中直接代理的概念相悖;而且其偏重于行业管理的内容,效力也低于《民法通则》,造成了《1995 年管理规定》及《管理规定实施细则》在判案过程中的作用细微,致使货运代理人承担了本不该由他承担的责任。这是经济活动与现行法律难以协调的尴尬。

(2)《合同法》的实施对我国货运代理关系的影响。《合同法》在分则中专章对委托合同做了较详细的规定,明确了委托合同的归责原则,确定了货运代理人以自己的名义为法律行为时的法律地位问题。具体表现如下:

①合同形式趋于多样化。《合同法》将选择合同形式的权利交与合同当事人,除个别法律规定必须采用书面形式外,由当事人自行决定合同形式。另外在以往的书面和口头两种合同形式外规定了当事人还可以采用其他形式订立合同,体现了订立合同形式的多样性和灵活性。

②专章对委托合同做了详尽的规定,使国际货运代理合同第一次在法律上找到了明确的依据,明确了货运代理人的定位。

《合同法》第396条给出了委托合同的定义:是指委托人和受托人约定,由受托人处理委托人事务的合同。比照这一条款的规定,国际货运代理合同就是一种受托人(货运代理公司)接受委托人(货主)的委托,按照双方约定由受托人为委托人处理有关进出口货物运输事务的合同。结合《民法通则》代理的有关规定,货运代理人的法律地位是:在与货主之间,无论货运代理企业是否被授予代理权,货运代理企业首先是与货主签订的委托合同中的受托人。基于委托合同的存在,当货运代理企业在货主即委托人的授权范围内以货主的名义从事经营活动时,货运代理人对外是货主的代理人,根据《民法通则》的有关规定,享有权利承担义务。当货运代理人以自己的名义为货主办理委托事务时,他作为受托人的权利受制于《合同法》有关委托合同的相关规定。因此,当委托人与受托人之间发生争议时,应当以双方之间的委托合同的相关规定衡量当事双方的权利义务和责任;当因受托人的代理活动与第三方发生法律纠纷时,则应适用《合同法》有关委托代理的相关规定考察委托人还是代理人应当承担受托人代理活动所产生的民事法律后果。对货运代理人来说他再也没有必要一味地坚持自己是货主的代理人了,隐名代理制度的规定能够使货运代理人的合法权利得到有效保护。

③合同法确立了委托合同中的过错责任原则,使货运代理人可以避免陷入代人受过的尴尬境地。我国《合同法》在总则部分"违约责任"一章中第107条规定,当事人一方不履行合同义务或履行合同义务不符合约定的,应当承担继续履行、采取补救措施或赔偿损失等违约责任。这一规定表明我国合同法律制度是以严格责任原则为基本的归责原则,不论合同一方主观上是否有过错。同时《合同法》第406条规定:有偿的委托合同,因受托人的过错给委托人造成损失的,委托人可以要求赔偿损失。所以委托合同中的违约责任采取的是过错责任原则,强调只有因受托人的过错造成委托人的损害的,受托人才向委托人承担赔偿责任。但是第403条规定了委托人的介入权。笔者认为,两者之间并不发生矛盾。因为过错责任原则强调的是受托人的过错,而第403条受托人因第三人的原因对委托人不履行义务而不是因受托人自己的过错。所以受托人无须向委托人承担责任,避免了代人受过的尴尬境地。

(三)《中华人民共和国海商法》(简称《海商法》)

我国《海商法》于1992年11月17日由第七届全国代表大会常委会第二十八次会

议通过，并于1993年7月1日生效。《海商法》也涉及对货运代理业的调整，如：国际货运代理人充当承运人的代理人时，他也享有如同承运人地位一样的法律制度；如果他作为海上货物运输合同的当事人，如契约承运人时，他的行为直接受到《海商法》的调整。《海商法》中有关货运代理的规定包括：

1.《海商法》中有关货运代理责任的规定

《海商法》第47条、第48条规定承运人有以下责任：第一，承运人在船舶开航前和开航时，应当谨慎处理，使船舶处于适航状态；第二，承运人在船舶开航前和开航时，应当谨慎处理，妥善配备船员；第三，承运人在船舶开航前和开航时，应当谨慎处理，妥善装备船舶和配备供应品；第四，承运人在船舶开航前和开航时，应当谨慎处理，以使货舱、冷藏舱、冷气舱和其他载货处适合于并能安全收受、载运和保管货物；第五，在整个海运过程中，承运人应当妥善地谨慎地装载、搬移、积载、运输、保管、照料和卸载所运货物。

根据《海商法》，托运人有以下责任：第一，托运人托运货物，应当妥善包装，并向承运人保证，货物装船时所提供的货物的品名、标志、包数或者件数、重量或者体积的正确性；由于包装不良或者上述资料不正确，对承运人造成损失的，托运人应当负赔偿责任。第二，托运人应当及时向港口、海关、检疫、检验和其他主管机关办理货物运输所需要的各项手续，并将已办理各项手续的单证送交承运人；因办理各项手续的有关单证送交不及时、不完备或者不正确，使承运人的利益受到损害的，托运人应当负赔偿责任。第三，托运人托运危险货物，应当依照有关海上危险货物运输的规定，妥善包装，做出危险品标志和标签，并将其正式名称和性质以及应当采取的预防危害措施书面通知承运人；托运人对承运人因运输此类货物所受到的损害，应当负赔偿责任。第四，托运人应当按照约定向承运人支付运费。第五，托运人对由于托运人或者托运人的受雇人、代理人的过失造成的损失负赔偿责任。

2.《海商法》中有关责任期间的规定

《海商法》第51条是《海牙—维斯比规则》和《汉堡规则》的综合，对集装箱运输和非集装箱运输采用了不同的责任期间。在集装箱运输合同下，承运人的责任期间是指从装货港接货时起至卸货港卸货时止，货物处于承运人掌管之下的全部期间。非集装箱货物运输，承运人的责任期间是指从货物装上船时起至货物卸下船止，货物处于承运人掌管的全部期间。

《海商法》对责任期间的规定，强调的是"货物处于承运人掌管之下"，但这并不排除托运人和承运人之间通过协议方式扩大承运人的责任期间。

3.《海商法》的免责条款

货物由于下列原因之一受损时，承运人不负赔偿责任：①船长、船员、引航员或者其他受雇人在驾驶船舶或者管理船舶中的过失;②火灾,但由于承运人本身的过失所造成的除外;③天灾,海上或者其他可航水域的危险或者意外事故;④战争或者武装冲突;⑤政府或者主管部门的行为、检疫限制或者司法扣押;⑥罢工、停工或者劳动受到限制;⑦在海上救助或者企图救助人命或者财产;⑧托运人、货物所有人或者他们的代理人的行为;⑨货物的自然特性或者固有缺陷;⑩货物包装不良或者标志欠缺、不清;⑪经谨慎处理仍未发现的船舶潜在缺陷;⑫非由于承运人或者承运人的受雇人、代理人的过失造成的其他原因。承运人依照前款规定免除赔偿责任的,除第②项规定的原因外,应当负举证责任。

因运输活动的固有的特殊风险造成活动物灭失或者损害的,承运人不负赔偿责任。但是,承运人应当证明业已履行托运人关于运输活动物的特别要求,并证明根据实际情况,灭失或者损害是由于此种固有的特殊风险造成的。

二、调整国际货运代理法律关系的行政法规和部门规章

为了规范货运代理市场,促进运输业的良性发展,国务院及其所属部门还颁布了一系列行政法规和部门规章,也是调整国际货运代理业的重要依据。主要包括以下几部法规规章。

1.《中华人民共和国国际海运条例》(简称《海运条例》)

2002年1月1日实行的该条例是对货运代理人做无船承运业务时遇到的一系列问题的规定。其中第7条规定,无船承运业务,是指无船承运业务经营者以承运人身份接受托运人的货载签发自己的提单或者其他运输单证,向托运人收取运费,通过国际船舶运输经营者完成国际海上货物运输,承担承运人责任的国际海上运输经营活动。

该条例的制定有利于防范海事欺诈、平衡无船承运人权利和承担责任的能力、建立损害赔偿救济机制、保护当事人的利益。该条例中对无船承运人制度的规定必然对国际货运代理业产生影响深远。该条例由国务院和交通部联合颁发,其效力高于其他部门规章。

作为其补充条款,由交通部颁发的《中华人民共和国国际海运条例实施细则》于2003年3月1日起生效。

2.《国际货物运输代理行业管理的若干规定》相关规定

对外经济贸易部于1990年7月13日发布了《国际货物运输代理行业管理若干规定》(以下简称《若干规定》),此法规的颁布是为了适应我国对外经济贸易发展的需要,维护我国进出口货物运输秩序和国家利益,加强对国际货物运输代理企业的管理,提高行业服务水平,更好地为我国对外经济贸易服务。

《若干规定》共分为二十八条,对国际货运代理企业的概念、从业条件、业务范围、审批程序、代理企业的责任和权益、违规处罚等做了说明。《若干规定》中规定,中华人民共和国对外经济贸易部是国际货物运输代理企业的审批管理机关。国际货物运输代理企业可在批准的经营范围内,接受委托办理下列一部分或者全部业务:

(1)可接受货主委托,择优选择承运人、托运方式和运输路线,争取优惠运价,并为货主办理进出口货物的托运、报关、报验、监装、监卸、装箱、拆箱、分拨、包机、快件运输、缮制有关单证,并提供货运信息、资料、咨询服务等。

(2)可接受承运人委托代其揽货、收货、拼装箱、发运、拆箱、交货以及垫付和结算运杂费等。

(3)可接受外国货运代理人的委托,办理集运、托运、拼箱、拆装箱、存储分拨、转运、门对门运输、快件运输以及咨询服务等。

(4)办理国际多式联运,并出具本公司或国际货物运输代理协会联合会推荐使用的凭证。

(5)办理其他国际货物运输代理业务。

3.《中华人民共和国国际货物运输代理业管理规定》(简称《货代业管理规定》)

该规定由中国对外经济贸易合作部(现改为"国际商务部")颁发。该规章是为了规范国际货运代理行为,保障进出口货物收货人、发货人和国际货物运输代理企业的合法权益,促进对外贸易发展而制定。《货代业管理规定》共有6章28条。

(1)第一章为总则。在总则中,主要介绍了以下几个重要问题:①制定本规定的目的是为了规范国际货物运输代理行为,保障进出口货物收货人、发货人和国际货物运输代理企业的合法权益,促进对外贸易的发展。②本规定所称国际货物运输代理业,是指接受进出口货物收货人、发货人的委托,以委托人的名义或者以自己的名义,为委托人办理国际货物运输及相关业务并收取服务报酬的行为。③国际货物运输代理企业必须依法取得中华人民共和国企业法人资格。④负责对全国的国际货物运输代理业实施监督管理的部门是国务院对外贸易经济合作主管部门。⑤对国际货物运输代理业实施监督管理的原则有两条:一是要适应对外贸易发展的需要,促进国际货物运输代理业的合理布局;二是要保护公平竞争,促进国际货物运输代理业服务质量的提高。⑥国际货代企业要遵守本国的法律、行政法规等相关规定。

(2)在第二章中明确了设立国际货运代理企业应具备的条件。

(3)第三章介绍国际货运代理企业的申请审批程序、报送文件及时间规定等问题,如国务院对外贸易经济合作主管部门应当自收到申请设立国际货物运输代理企业的申请书和其他文件之日起45天内决定批准或者不批准;对批准设立的国际货物运输代理企业,颁布批准证书。而地方对外贸易主管部门应当在申请45天内提出意见,并转报国务院主管部门。

（4）在"规定"的第四章中，除明确了国际货运代理业务范围外，为了保证国家税收，防止非法经营，还明确必须使用经税务机关核准的专用发票。

（5）在"规定"的第五章罚则的第23条中，明确了对于不公布收费标准、不向当地外经贸厅报送上一年度经营情况者，外经贸部予以行政警告，限期改正，直至撤销批准证书。第24条明确了对于不按规定注册，不使用专用发票以及不正当竞争或出租、出借、转让批准证书和有关业务单证者，外经贸部予以警告，责令停业整顿直至撤销批准证书，工商行政管理部门、海关、税务机关并可依照有关法律、行政法规的规定予以处罚，第26条明确了构成犯罪的，依法追究刑事责任。

《中华人民共和国国际货物运输代理业管理规定实施细则（试行）》（简称《货代管理实施细则》），由中国对外经济贸易合作部于1998年1月26日颁发，并于同日生效。该实施细则不仅对国际货运代理业做了管理上的规定，还规定国际货运代理人可以以"独立缔约人"的地位经营。

三、《中国国际货运代理协会标准交易条件》

中国国际货运代理协会英文名称为"China International Freight Forwarders Association"，简称"CIFA"。该协会由经国家主管部门批准从事国际货运代理业务，在中华人民共和国境内注册的国际货运代理企业自愿组成，是经国务院批准，在民政部登记的全国性行业协会，属于非营利性的社团法人，受商务部和民政部的指导和监督。2000年9月6日，中国国际货运代理协会在北京正式成立，2000年11月1日在民政部获准登记。2001年初，中国国际货运代理协会代表中国国际货运代理行业加入国际货运代理协会联合会。

根据2001年2月2日对外经济贸易合作部《关于成立中国国际货运代理协会有关事项的通知》，中国国际货运代理协会的宗旨是维护我国国际货运代理行业利益，保护会员企业正当权益；促进我国国际货运代理行业健康发展，更好地为我国对外经济贸易事业服务。业务范围及主要任务是：协助政府主管部门依法规范国际货运代理企业经营行为，整顿行业秩序，加强行业管理；开展行业市场调研，编制行业统计，为会员企业提供信息咨询服务，为政府制定行业发展规划和管理政策提供建议；组织相关学术研究，依据国家规定出版会刊和出版物；制定和推行行业统一单证和标准交易条款，建立货运代理责任保险制度，提高行业服务水平；组织行业培训，代表行业主管部门颁发上岗资格证书，制定本行业从业人员岗位规范；承担政府主管部门委托的部分职能及有关团体和会员委托的工作；代表全行业加入国际货运代理协会联合会，开展同业国际交流等。

中国国际货运代理协会会员分团体会员、单位会员和个人会员三类。团体会员必须是省、自治区、直辖市的国际货运代理协会；单位会员必须是经业务主管部门批准，并在工商行政管理机关注册，从事中国国际货运代理协会业务的企业；个人会员必须是具有丰富国际货运代理专业知识或在本行业具有较高威望和影响或具有高级职称的人。

《中国国际货运代理协会标准交易条件》（简称《标准交易条件》）由中国国际货运代理协会于 2002 年 7 月 15 日颁发，并推荐会员适用。如客户和国际货运代理人选择接受该标准交易条件，该《标准交易条件》则产生法律效力。该交易条件保护国际货运代理人的利益，其怎样解释是值得关注的问题。

综上所述，我国国际货运代理制度的框架已经基本形成，无论是调整国际货运代理的横向的具有平等地位的民事主体的法律关系，还是调整政府部门与货代企业间纵向的行政法律关系，都有相关的规定。但由于对国际货运代理制度认识的局限，对商法代理制度法律规定的不同，以及部门分割带来的对国际货运代理制度的管理规定的不协调都标志着我国的国际货运代理制度仍待完善。

第三节　委托合同的基本理论

一、委托合同的概述

（一）委托合同的概念及其法律特征

1. 委托合同的概念

委托合同又称委任合同、代理合同，是指委托人和受托人约定，由受托人处理委托人事务的合同。根据我国《民法通则》第 85 条及《合同法》第 2 条，合同是平等主体的自然人、法人、其他组织间设立、变更、终止民事权利义务关系的协议。因此，委托合同实际上就是约定当事人双方关于委托权利义务关系的协议。在委托合同关系中，委托他人处理一定事务的一方称为委托人，通常称为"委任人""被代理人""授权方"等；接受该委托的一方称为受托人，通常称为"受任人""代理人""代理商"。现实生活中的委托形式表现为直接委托和间接委托，商事领域的委托形式以间接委托为常见。

2. 委托合同的法律特征

（1）委托合同的订立必须以委托人与受托人之间的相互信赖为前提。委托人之所以选定他人作为受托人为其处理事务，是以对受托人的信任为基本出发点。而受托人接受委托也离不开对委托人的了解和信任。如果没有双方当事人相互间的信任，委托合同的关系就不可能建立。即使建立了委托合同关系，也难以巩固。因此，一般认为委托合同关系建立起来后,如果一方不再相信另一方,委托合同就可随时解除或终止。

(2)委托合同可以是有偿的,也可以是无偿的。关于委托合同的有偿问题,各国民法认识不一。法国民法典、德国民法典、日本民法典、意大利民法典均未明确委托合同是否有偿或无偿的原则。法国和日本规定当事人可以约定委托合同为有偿合同,没有约定的为无偿合同。在学术界中有的认为应以有偿为原则,有的认为应以无偿为原则。我国立法对委托合同是否有偿没有做出规定。一般而言,委托他人办理营利性事务以有偿为妥,委托他人办理非营利性事务以无偿为宜;在商务委托中应为有偿,而在普通民事委托中则可为无偿。

(3)委托合同的目的是由受托人为委托人处理事务。委托人和受托人订立的委托合同的目的,就在于通过受托人办理特定的委托事务来实现委托人所追求的结果。但关于委托人给受托人处理事务的范围,各国立法及各种理论一直存有分歧。主要有两种不同的观点:一种观点认为委托事务应限于法律事务,如法律行为、登记、诉讼、通知等行为,日本民法典采纳这种观点;另一观点认为委托事务应包括法律事务和非法律事务,法国民法典和德国民法典采取这种立法模式。我国《合同法》也采纳了这种观点,认为委托处理事务包括法律事务和非法律事务。学者一般主张无论是法律事务还是非法律事务,均可委托他人代为处理,但有些事务是不能委托他人办理的。其一,法律有特别规定不得委托他人办理的事务,如婚姻登记;其二,具有较强人身属性的事务,如履行演出合同的行为;其三,违背公序良俗和违反法律的事务,如委托他人购买毒品。

(4)委托合同是诺成合同及不要式合同。委托合同在当事人意思表示一致时,合同即告成立,不须另以物的交付或当事人实际履行作为合同成立要件,所以委托合同是诺成合同而非实践合同。我国合同法没有拟制承诺的规定。委托合同原则上是不要式合同,当事人可以根据实际情况选择适当的形式,既可口头形式也可书面形式。但法律规定应当采用特定形式的,当事人应依法律规定执行,如不动产的买卖、出租、提交诉讼、仲裁、和解等。

(5)委托合同是双务合同。委托合同经要约承诺后合同成立,无论合同是否有偿,委托人与受托人都要承担相应的义务,委托人有向受托人支付处理事务的费用、支付报酬的义务,受托人有向委托人报告事务、亲自处理委托事务、转交委托事务所取得财产等义务。

(6)委托合同是典型的劳务给付合同。委托合同与其他类型的劳务给付合同(雇佣、承揽)相比,包括的范围更广,因此在一些国家或地区的民法典中规定,关于提供劳务的契约,不属于法律所规定契约之种类的,适用于关于委托的规定。我国合同法虽然没有此种规定,但我国有学者却对此表示赞同,认为由于委托合同具有包容性,因此当某一合同究竟为雇佣合同还是委托合同难以分辨时,应当解释为委托合同,《合同法》第423条规定,《合同法》如果对行纪合同缺乏规定,适用委托合同的有关规定。

(二) 委托合同与其他相关关系

1. 与代理的关系

代理是代理人在代理范围内以被代理人的名义独立地与第三人为民事法律行为,产生的法律后果直接归属于被代理人的制度。当委托处理事务为民事法律行为,委托合同法律关系可以被视为代理的法律的基础关系,代理只是受托人处理委托事务的一种手段,两者既有联系又有区别。

委托合同与代理的联系主要表现在:(1)在代理关系中代理人以被代理人的名义实施法律行为,在委托关系中受托人为委托人处理的事务也可以是法律行为,其中也包括以委托人的名义实施的法律行为,即代理行为;(2)代理如果属于委托代理,其中须以委托合同作为代理权的授予基础,如商务中的总代理、独家代理;(3)在委托合同关系中,如果委托事务是法律行为,代理往往是处理委托事务的手段。

委托合同与代理的区别表现在:(1)代理关系是三方关系,当事人是被代理人、代理人和相对人,而委托合同是双方关系,当事人是委托人和受托人;(2)代理属于对外关系,即代理人与相对人,或者被代理人与相对人之间的关系,而委托是受托人和委托人双方的内部关系;(3)代理权的授予是单方行为,仅依被代理人的授权即可使代理关系成立,代理人不需要接受授权的意思表示,而委托合同的订立是双方行为,须经受托人承诺;(4)代理包括委托代理、法定代理和指定代理,而委托合同仅是委托代理的基础关系;(5)依民法通则,代理人必须以被代理人的名义为法律行为,而委托合同的受托人处理委托事务,既可以委托人的名义,也可以用自己的名义;(6)代理的内容是代理人以被代理人的名义实施法律行为,而委托合同的受托人既可根据委托实施法律行为,也可根据委托实施非法律行为;(7)代理与委托体现了不同的法律关系,代理制度与委托合同制度是不同的民事法律制度,代理不一定以委托合同为基础,委托合同也不是一定伴随代理权的授予。

2. 与行纪合同的关系

行纪合同是行纪人接受委托人的委托,以自己的名义为他人办理购、销和寄售等贸易活动,委托人支付报酬的合同。委托合同与行纪合同最为相似,两者之间具有一些共同特征:(1)委托合同与行纪合同均是提供服务的合同,委托合同与行纪合同的受托人均是为了委托人利益而办理事务;(2)委托合同与行纪合同均是基于双方当事人的信任而成立;(3)行纪人为委托人从事的贸易活动限于法律行为,而受托人处理的委托事务中也可以包括法律行为。正因为行纪合同与委托合同有许多共同点,所以《合同法》第423条规定关于行纪合同"本章没有规定的适用委托合同的有关规定"。

但是，两者也是有区别的：(1)委托合同的受托人既可以委托人的名义，也可以自己的名义为委托人处理事务，受托人以委托人名义与第三人订立合同，可以对委托人直接发生效力，受托人以自己的名义与第三人订立的合同，如果第三人在订立合同时知道受托人与委托人之间的代理关系的，该合同也对委托人发生效力，而行纪合同的行纪人只能以自己的名义为委托人从事贸易活动，其与第三人订立的合同不能对委托人直接发生效力；(2)行纪合同的行纪人必须是从事行纪活动为营业的经营主体，而委托合同的受托人则不受此类限制，可以是任何适合处理特定委托事务的人；(3)在委托合同中，受托人处理委托事务的费用应由委托人负担，而行纪合同，行纪人处理委托事务的费用一般由行纪人负担；(4)委托合同既可以是有偿的，也可以是无偿的，而行纪合同是有偿合同，行纪人为委托人从事贸易活动后，为此而收取报酬；(5)行纪合同的标的，限于行纪人为委托人为法律行为，而委托合同的标的则不受此类限制，委托事务既可以是法律行为，也可以是非法律行为。

二、委托合同的订立

委托合同订立因委托合同的特殊性在学术界没有统一的模式，由于委托合同应用的社会活动领域十分广泛，而各个领域活动的内容和特殊性相差很大，因此，委托合同的形式、委托方式及合同的主要内容的条款各不相同。但合同的订立过程，首先要经过要约和承诺两个阶段，当委托人和受托人意思表示一致时，合同就以书面或口头或其他表达形式确定下来，根据合同的委托方式，双方协商确定合同具体内容的条款，达成一致意见，合同即告成立。

(一) 委托合同的订立

委托合同的订立是指委托人与受托人之间，就受托人为委托人处理相关事务的有关内容进行协商，达成一致意见的过程。它不同于委托合同的成立，委托合同的订立是一个动态过程，是委托人与受托人之间基于缔约目的而进行意思表示的过程，而委托合同的成立则是合同订立过程的结果，反映委托人与受托人意思表示一致所形成的法律关系状态。

与其他合同一样，委托合同的订立也要经过要约和承诺两个阶段。要约是希望与他人订立合同的意思表示，承诺是受要约的相对人完全同意要约的意思表示。在委托合同的订立过程中，要约就是委托人或受托人希望与对方订立委托合同的意思表示，承诺就是委托人或受托人同意相对人提出的订立委托合同的意思表示。在委托合同关系中，由于是委托人将事务交给受托人处理，而委托事务的性质如何，委托授权范围大小与委托的必要与否，由委托人自己决定，因此委托人在合同订立过程中具有一定的主动性。在委托合同订立过程中，委托人往往充当要约人的角色。但这并不意味着在委托合同订立过程中,要约人一定是委托人,而承诺人一定是受托人。此外,在委托合同订立过程中,也可以存在要约邀请阶段。要约邀请是希望他人向自己发出要约的意思表示。在实际生活中,一些从事职业受托业务的单位或个人,如律师事务所及其律师,为发展客户,可以将其资信情况、办事能力、工作成就、受理事务条件等信息,以广告、事务所简介书、受理事务范围及报酬标准等形式,向特定人或非特定人发出,这种情况就是订立委托合同的要约邀请。

(二)委托合同成立的条件

1. 委托合同的主体为双方当事人,一方为委托人,而另一方为受托人

一个具体委托合同是否存在双方当事人,有两个层次的判断。首先,委托人与受托人均须实际存在,如果合同的双方或一方是虚拟主体,则不能认为存在双方当事人。其次,委托人与受托人分别为独立意思主体,应当是相互独立的法人、自然人或其他经济组织,所做的意思表示是相互独立的。

2. 委托人与受托人的意思表示一致

首先,委托人与受托人的意思表示一致,意味着委托人与受托人双方的意思表示在内容上完全相同。其次,委托人与受托人的意思表示一致的范围,是针对委托合同的主要条款达成一致,对委托合同的次要条款是否达成一致并不影响委托合同的成立。

(三)委托合同的形式

委托合同的形式随着人类进步、科技发展而不断完善,从原始的口头形式逐渐发展为书面形式及其他形式。

口头形式是指委托人与受托人之间以语言作为意思的表示手段,通过语言表现合同内容的委托合同形式。口头形式优点在于成交简便迅速,交易成本低;缺点在于合同随意性较大,易发生经济纠纷,难以取证。委托人与受托人之间使用语言的方法,可以是面谈、电话、手语等。在委托合同启蒙阶段和形成初期,口头形式多常见。随着社会进步经济繁荣,人们法律意识增强,口头形式较少见,逐渐被书面形式取代。

书面形式是指委托人与受托人之间以文字作为意思表示手段,通过文字表现合同内容的委托合同形式。在现代社会,文字的物质载体不限于纸张,数据电文也是广泛使用的文字载体。因此,从文字的物质载体形式进行界定,委托合同的书面形式是指委托合同书、记载要约或承诺事项的信件以及数据电文,包括电报、电传、传真、电子数据交换和电子邮件等。在商品经济极为发达的今天,随着人们法律意识的日益增强,书面形式是委托合同的主要形式,优点在于它以文件保存合同内容,不易失真,发生委托关系纠纷时也易于取证。

委托合同的其他形式是指委托人与受托人之间以语言、文字以外的其他手段为意

思表示,表现合同内容的委托合同形式。它主要是通过行为进行要约或者承诺,以形成合意。

三、委托合同当事人的权利和义务

委托合同一经成立,就在委托人和受托人之间发生了法律效力关系,这种合同法律关系,则具体表现在当事人之间的一系列权利与义务上。在司法实践内容上,委托人所享有的基本权利是要求受托人按约定和指示履行受托事务,并接受履行结果;相应的受托人的主要义务便是执行受托事务、履行相应的职责。在委托关系中,双方当事人另外的权利和义务是应围绕受托人报酬而发生的,在这方面委托人主要是支付报酬的义务,而受托人享有请求报酬的权利。由于委托合同是双务合同,因此,委托人的权利就是受托人的义务,委托人的义务就是受托人的权利,权利和义务是一一对应的关系。根据我国委托合同规定及合同法理论结合司法实践,将委托人的权利和义务、受托人的权利和义务分述如下几点。

(一) 委托人的权利和义务

1. 委托人的权利

(1)有权要求受托人按照合同规定的权限和时间处理委托事务。这是委托人的主要权利,也是委托人签订委托合同的根本目的。受托人应当根据委托人的指示亲自办理委托事务,并遵循诚实信用的原则,按照善良管理人所具有的精神,认真履行自己的职责。(2)对委托事务的执行情况有知情权。受托人执行委托事务过程中委托人可以要求定时或及时报告事务处理的进展情况及遇到的问题。委托事务执行完毕后,委托人也有权要求受托人就事务执行情况进行汇报,了解事务执行过程。(3)委托事务执行完毕,委托人有权要求受托人交付执行委托事务获得的财产或权利凭证。无论受托人以谁的名义进行活动,都应按委托人的要求执行委托事务,由此产生的法律后果由委托人承担。委托人根据自己的意思表示指挥受托人处理事务,所收获的利益理应由委托人享有。

2. 委托人的义务

(1)及时接受委托事务的结果。这是由委托法律关系的根本性质决定的,但受托人必须是依照委托合同约定办理委托事务,委托人才对其后果承担责任。对于受托人超越委托权限处理的非委托事务,委托人不承担相应的民事责任;但是委托人知道而又不否认或予以同意的,则委托人应承担民事责任。(2)承担受托人办理委托事务所支出的必要费用。无论委托合同是否有偿,委托人都有义务提供或补偿受托人为办理委托事务所需支出的必要费用。(3)向受托人支付报酬。委托合同中既有无偿的,也有有偿的,委托人有依照合同约定向受托人支付报酬的义务。即使是委托合同中并无报酬的约定,但根据习惯或依据委托事务的性质或处理的具体情况,属于公认应支付报酬的,委托人也应支付,如果不是因为受托人的原因致使委托事务不能完成或解除合同的,委托人也应当就已完成部分,向受托人支付相应的报酬。委托人不能无故拒绝受托人合理的报酬支付请求权。

(二)受托人的权利和义务

1. 受托人的权利

(1)有权要求委托人及时接受事务处理结果并承担责任。受托人处理委托事务行为,是为委托人的利益而进行的,委托人对事务的处理结果要负责,不能无故拒绝委托事务处理结果,也不能故意拖延。(2)有权要求委托人支付费用及报酬。处理委托事务的费用一般应事先取得,有专门约定的依照约定的时间取得。委托合同如果是有偿的,受托人有权要求委托人按约定支付报酬,如果委托人拒不支付,受托人还有起诉权和胜诉权。(3)有权要求委托人清偿受托人因处理委托事务产生的债务或造成的损失。《合同法》第407条规定:"受托人处理委托事务时因不可归责于自己的事由受到损失的,可以向委托人要求赔偿损失。"这里的损失既包括无意识的财产损失或其他权益损失,也包括处理委托事务所产生的债务。受托人在处理委托事务过程中所产生的债务实际上是委托人的债务,理应由委托人承担。

2. 受托人的义务

(1)办理委托事务的义务。委托人和受托人订立委托合同的目的,在于通过受托人办理委托事务来实现委托人所追求的结果。因此,办理委托事务便成为受托人在委托合同中承担的首要义务。(2)报告的义务。《合同法》第401条规定:"受托人应当按照委托人的要求,报告委托事务的处理情况。委托合同终止时,受托人应当报告委托事务的结果。"(3)诚信义务。受托人的诚信义务,是指受托人应当为了委托人的利益,忠实的处理委托人的事务。(4)注意义务。受托人的注意义务,是指受托人在处理委托事务过程中,应当对委托事务的处理过程、处理结果以及对委托人利益的影响,给予相当的注意,以免在处理委托事务时产生不利于委托人的后果。(5)保密义务。受托人对于在处理委托事务时所知道的委托人个人情况包括委托人的隐私、商业秘密等应当予以保密,不能向第三人泄露,也不能予以公开。受托人承担保密义务的期限,不以委托合同终止为限。(6)转交财产的义务。受托人的转交财产义务,是指受托人因处理委托事务所取得的财产,应当以恰当方式及时转交委托人。这里所指的财产,包括物权、债权和知识产权。受托人在处理委托事务时所取得的财产,无论是以委托人名义取得的,还是以受托人名义取得的,均须转交给委托人。受托人在处理委托事务时取得的不动产、动产或金钱等应按物权的转移方式转交给委托人。

四、委托合同的变更

委托合同是基于委托人与受托人之间的信任而订立,具有较强的人身属性,因而委托合同的变更极受限制。根据我国《合同法》的规定,委托合同的变更具有以下几种情况。

1. 共同委托

《合同法》第 409 条规定:"两个以上的受托人共同处理委托事务的,对委托人承担连带责任。"委托人可以同时委托两人以上为受托人,共同处理委托事务,由于法律规定受托人对受托事务向委托人承担连带责任,这就决定了在处理委托事务时两人应当协调一致。如果意见不一致,应当向委托人报告并征求委托人的意见。而不能各行其是或一人强迫另一人服从自己的意见。

2. 另行委托

《合同法》第 408 条规定:"委托人经受托人同意,可以在受托人之外委托第三人处理委托事务,因此给受托人造成损失的,受托人可以向委托人要求赔偿损失。"在受托人本应变更委托人的指示却未予以变更的情况下,受托人应当承担因此给委托人造成的损害。

3. 转委托

这是受托人把本应由他亲自处理的委托事务交给他人处理的行为。转委托存在三种情况:一是经委托人同意转委托的,受托人找到合适的人选,妥善告知委托人并对此负责。二是转委托未经委托人同意,此时的转委托无效。该行为只能视为另一个委托合同,是受托人与第三人之间产生法律关系。三是在紧急情况下,为了维护委托人的利益,本着善意和勤勉的原则,可以转委托。此外,根据合同法的理论即使是受托人擅自转委托,事后经委托人追认的,转委托有效。转委托人执行委托事务的行为由委托人承担法律责任。

五、委托合同的终止和赔偿责任

(一) 委托合同的终止

影响委托合同的终止的原因除受托人完成委托事务这一主要原因外,还有其他原因,各国学者说法不一,如:德国法律规定,因受托人或委托人的死亡或丧失行为能力;日本和德国法律规定,因委托人或受托人破产。而我国《合同法》对委托合同的终止做了比较细致的规定,根据这些规定和合同法原理可以将委托合同终止的原因分为以下几种情况:(1)因委托事务办理完毕或者委托期限届满而终止。这是一般情况下委托合同终止的原因,因双方均已完成履行义务,互不承担责任。(2)因委托人或受托人解除合同而终止。在委托合同中,合同的当事人双方均享有任意终止权,可任意终止合同。无论是有偿委托还是无偿委托,无论是有期限的委托还是没有确定期限的委托,当事人双方均有行使终止权的权利。(3)因委托人或者受托人死亡、丧失民事行为能力或因破产而终止。《合同法》第411条规定:"委托人或受托人死亡,丧失民事行为能力或者破产的,委托合同终止。"上述情况是法定事由的发生时合同应当终止,但也有例外情况:一是合同另有约定的除外。当事人可以另行约定即使有死亡、破产及丧失行为能力的情况发生,委托关系仍不消失,有此约定的当然依照其约定。如委托律师诉讼,委托合同可以约定,不因委托人死亡而停止代理诉讼。二是因委托事务的性质不宜终止的。《德国民法典》第672条规定,委托人死亡或丧失行为能力,原则导致合同终止,但对委托人的死亡或丧失行为能力产生疑问和不宜立即终止的委托合同两种情况例外,瑞士债务法则规定,除有相反约定或因委托事务的性质不能消灭者外,委托合同因委托人或受托人的死亡而消灭。

(二) 委托合同的赔偿责任

委托合同的赔偿责任包括两个方面:一是违约责任;二是损害赔偿责任。

1. 受托人的赔偿责任

受托人的赔偿责任包括受托人的违约责任和损害赔偿责任两个方面。受托人的违约责任是指受托人没有依据合同约定履行其义务给委托人造成损失,依法应承担的民事责任。损害赔偿责任是指受托人由于过错或故意给对方造成损失,依法应承担的民事责任,它包括以下四个方面:

(1)受托人在处理委托事务时,应尽必要的注意义务,如果受托人怠于注意而给委托人造成损害的,受托人应当负赔偿责任。在委托合同中,受托人的注意义务与委托合同是否有偿有密切的关系,受托人有偿为委托人处理委托事务较无偿为委托人处理委托事务应承担更重的责任。但不论委托合同是无偿还是有偿,受托人承担赔偿责任均适用过错责任原则。

(2)受托人因超越受托权限而给委托人造成损失的,受托人应负损害赔偿责任。我国《合同法》第406条第2款规定:"受托人超越权限给委托人造成损失的,应当赔偿损失。"其中并没有涉及受托人承担责任是否应以具备过错为条件的问题,考虑到我国合同法在合同责任方面是采纳严格责任原则,对此规定应理解为不管受托人对其超越权限有无过错,均应对委托人负赔偿责任。

(3)委托关系的建立是以委托人与受托人之间相互信赖为前提的,故原则上受托人应亲自处理委托事务,但在征得委托人同意的情况下,受托人也可以将委托事务转由第三人处理。依我国《合同法》第400条的规定,次受托人(即转委托的第三人)处理委托事务,受托人仅在对次受托人的选任和指示有过错时,才对次受托人在处理委托事务时造成委托人的损失承担赔偿责任;若受托人在选任和指示次受托人时并无过错,则其对于次受托人在处理委托事务时造成委托人的损害不承担责任,而应由次受托人自己负责。但受托人必须自己在选择和指示次受托人时不存在过错负举证责任。在紧急情况下受托人为保护委托人的利益需要转委托除外。

(4)共同委托中受托人损害赔偿责任。在共同委托中,处理委托事务的权限是由受托人共同行使的。如果其中一人或数人经与其他受托人协商而处理委托事务,该行为应被看作全体受托人的共同行为,实施行为的意思表示也应被视为全体受托人的意思表示,此行为如给委托人造成损失的,应由全体受托人负连带责任。因此,《合同法》第409条规定:"两个以上的受托人共同处理委托事务的,对委托人承担连带责任。"

2. 委托人的赔偿责任

委托人的赔偿责任包括委托人的违约责任和损害赔偿责任两个方面。委托人违约责任主要包括违反费用支付及报酬支付。损害赔偿责任是指委托人由于过错或故意给对方造成损失,依法应承担的民事责任。在我国《合同法》第407条似乎可以更加广泛的理解,如受托人所受的损失是由第三人的加害行为造成的,而该加害的第三人不明,或无财产承担责任,或其无过失而不应负赔偿责任时,受托人可请求委托人予以赔偿;基于委托人对其委托应当负责,如因其指示不当或其他过错造成受托人损失的,委托人也有赔偿损失的义务。而且《合同法》第408条规定:"委托人经受托人同意,可以在受托人之外委托第三人处理委托事务。因此给受托人造成损失的,受托人可以向委托人要求赔偿损失"。

案例分析

实际托运人是否负有对货运代理人的费用支付义务

原告:青岛天虎国际货运代理有限公司上海分公司
被告:海远集团有限公司(NICOBAR GROUP LIMITED)(简称"海远公司")
被告:上海泓辉塑料制品有限公司(简称"泓辉公司")

2009年5月8日,海远公司分别向原告和泓辉公司发送电子邮件,向泓辉公司称,其所购买的货物,要用原告作为货运代理人,请泓辉公司与原告的徐小姐联系;向原告称,若需任何单证,请原告与泓辉公司姚平联系,并安排取货时间。同日,原告向泓辉公司发送电子邮件,列明包括AMS费、订舱费、报关费、单证费、产装费在内的本地费用收费标准。原告及泓辉公司确认,自业务开展之初就约定所有业务的内陆运费由泓辉公司承担,海运费由海远公司承担。

2010年6月，泓辉公司向原告发出货运委托书，委托原告就两个40英尺集装箱货物分别订同年6月4日、6月7日的船出运。原告接受委托后，安排了上述货物装船出运。提单记载的托运人为泓辉公司，收货人及通知人均为 MULTIVEND LLD。原告确认，因上述货物系电报放行，提单并未对外交付。就上述两票货物，原告于2010年6月30日向海远公司开具货代专用发票，收取包括海运费、保险费、操作费、报关费、单证费在内的费用共计人民币 62 701.02 元；并于同日向泓辉公司开具货代专用发票，收取 AMS 申报费、订舱费、报关费等共计人民币 5 000 元，该费用泓辉公司已支付完毕。

2010年7月2日至7月7日，海远公司与原告就目的港提箱、存储、交货、船舶到港日期等通过电子邮件进行沟通、确认并发出相关指令。原告确认，载货船舶开航之后，相关业务均由其与海远公司联系，其接受的相关指令亦是由海远公司发出。同时，原告与海远公司的电子邮件显示，自2010年7月起，原告已开始向海远公司催讨海运费、清关费等费用，海远公司对原告所列的费用清单并未提出异议，并承诺会逐步安排支付。2011年5月30日，原告向海远公司发送的电子邮件称，双方之间还剩最后三票业务费用合计 14 215.32 美元未结清；原告同时确认，当天收到被告海远公司支付的 5 500 美元以抵扣上述欠款。2011年6月9日，海远公司向原告支付了 1 607 美元。2011年7月25日，海远公司向原告发电子邮件称，因其客户破产，海远公司并未收到客户支付的费用，并认为对此原告亦应当承担一定的运费损失。此后，海远公司未再向原告支付任何款项。

原告诉称，涉案海运出口业务系泓辉公司委托原告办理，并指令原告向被告海远公司收取报关、操作、保险、海运费等费用，请求判令被告海远公司支付拖欠的费用及利息，被告泓辉公司承担连带支付责任。

海远公司未应诉答辩。

泓辉公司辩称，涉案货物是海远公司指令泓辉公司办理委托事项，即海远公司是实际上的托运人，且货物装船后的具体运输事宜是原告与海远公司联系；泓辉公司已完全履行所负义务，且与海远公司之间亦不存在承担连带责任的法律基础。

思考：

关于实际托运人是否负有对货运代理人的费用支付义务，有观点采"权义平衡说"，认为《规定》既赋予实际托运人以向货运代理人的单证交付请求权，从权利义务相平衡的角度考虑，实际托运人应相应承担对于货运代理人的费用支付义务；另有观点采"公平责任说"，认为实际托运人是否负有对货运代理人的费用支付义务，应取决于其是否实际从货运代理人处取得了提单等运输单证。请分析本案例中，原告请求判令被告海远公司支付拖欠的费用及利息，被告泓辉公司承担连带支付责任的诉求是否应该予以支持。

练习题

(一)名词解释

委托合同

(二)填空

1. 国际货运代理协会联合会,英文为"International Federation of Freight Forwarders Associations",法文缩写_____,被翻译为_____,并被用作该组织的标识。

2. 代理关系是三方关系,当事人是_____、_____和_____,而委托合同是双方关系,当事人是_____和_____。

(三)单项选择

1. (　　)第四章第二节最早对我国出现的代理行为进行了规定。
   A.《中华人民共和国海商法》　　　　B.《中华人民共和国合同法》
   C.《中华人民共和国民法通则》　　　D.《中华人民共和国国际海运条例》

2. 《合同法》第402条中的"合同"是指(　　)。
   A. 代理合同
   B. 委托合同
   C. 国际货运代理合同
   D. 委托人委托受托人为实现自己的意图缔结的合同

3. 《合同法》第402条规定来自《国际货物销售代理公约》的第十二条,即英美法中(　　)。
   A."转委托"　　　　　　　　　B."显名代理"
   C."隐名代理"　　　　　　　　D."未披露本人身份的代理"

4. 《合同法》第403条规定来自《国际货物销售代理公约》的第十三条,即英美法中(　　)。
   A."转委托"　　　　　　　　　B."显名代理"
   C."隐名代理"　　　　　　　　D."未披露本人身份的代理"

5. (　　)是一个动态过程,是委托人与受托人之间基于缔约目的而进行意思表示的过程。
   A. 委托合同的成立　　　　　B. 委托合同的订立
   C. 委托合同的变更　　　　　D. 委托合同的终止

6. (　　)反映委托人与受托人意思表示一致所形成的法律关系状态。
   A. 委托合同的成立　　　　　B. 委托合同的订立
   C. 委托合同的变更　　　　　D. 委托合同的终止

7. (　　)是希望与他人订立合同的意思表示。
   A. 要约　　　　B. 承诺　　　　C. 要约邀请　　　　D. 承诺邀请

8. (　　)受要约的相对人完全同意要约的意思表示。
   A. 要约　　　　B. 承诺　　　　C. 要约邀请　　　　D. 承诺邀请

9. (　　)是希望他人向自己发出要约的意思表示。
   A. 要约　　　　B. 承诺　　　　C. 要约邀请　　　　D. 承诺邀请

10. 关于委托合同的形式,以下说法正确的是( )。
A. 电子数据交换不能作为委托合同认定的书面形式
B. 电子邮件不能作为委托合同认定的书面形式
C. 在现代社会,尽管科技发展不断完善,委托合同的书面形式还是仅限于纸张的文字载体
D. 委托合同的形式随着人类进步从口头形式逐渐发展为书面形式及其他形式

(四)多项选择
1. 从第63条规定上看,代理行为具有以下几个法律特征:( )。
A. 代理人是在被代理人的授权范围内行事的
B. 代理人为被代理人实施的是能产生法律效果的民事行为,即可以为被代理人设立权利和义务
C. 代理行为可以是以被代理人的名义实施的,也可以是以代理人自己的名义实施的
D. 代理人为被代理人实施的民事法律行为必须是法律允许由代理人实施的民事法律行为
E. 代理行为的法律后果最后由被代理人承担
2. 从法理上看,国际货运代理作为商事代理具有不同于一般民事代理的特殊性:( )。
A. 从代理权的产生及权限来看,货运代理均为委托代理,其代理权的产生依当事人的授权,另外还以商事惯例为补充
B. 从代理关系的主体来看,货运代理人的被代理人可以是自然人,也可以是法人
C. 从代理行为的内容来看,货运代理是以其代理行为取得佣金,被代理人通过货运代理人的行为而获取利益
D. 从代理人承担责任的方式来看,货运代理中由于代理人是独立的营利性法人,所承担的责任和风险要远大于一般民事代理人所承担的风险和责任,即使无过错,也可能要承担某些特殊责任
E. 从代理人是否必须"显名"来看,货运代理人只能采取显名主义原则,即代理人以被代理人的名义为代理行为
3. 《中华人民共和国合同法》的实施对于我国货运代理关系的影响有( )。
A. 排除了代理人以自己的名义为被代理人的利益所为的法律行为
B. 使得合同形式趋于多样化
C. 使国际货运代理合同第一次在法律上找到了明确的依据,明确了货运代理人的定位
D. 确立了委托合同中的过错责任原则,使货运代理人可以避免陷入代人受过的尴尬境地
E. 使得货运代理人在实务中以自己的名义所为的法律行为难以被认定为代理人的身份
4. 《中华人民共和国海商法》规定,货物由于( )受损时,承运人不负赔偿责任。
A. 船长、船员、引航员或者其他受雇人在驾驶船舶或者管理船舶中的过失
B. 火灾,包括由承运人本身的过失所造成的火灾
C. 天灾,海上或者其他可航水域的危险或者意外事故
D. 政府或者主管部门的行为、检疫限制或者司法扣押
E. 在海上救助或者企图救助人命或者财产
5. 委托合同的法律特征包括( )。
A. 委托合同的订立必须以委托人与受托人之间的相互信赖为前提
B. 委托合同必须是有偿的,不可以是无偿的

C. 委托合同的目的是由受托人为委托人处理事务
D. 委托合同是诺成合同及要式合同
E. 委托合同是双务合同

(五)简答
1. 简述国际货运代理不同于一般民事代理的特殊性。
2. 简述《合同法》第402条的规定。
3. 简述《合同法》的实施对于我国货运代理关系的影响。
4. 简述委托合同的法律特征。
5. 简述委托合同与代理的区别。

第五章 国际货运代理法律地位

学习目的

了解国际货运代理法律关系的主体、客体和内容
掌握国际货运代理的合同基础
理解国际货运代理涉及的法律关系
了解英美法系国家国际货运代理的法律地位
了解大陆法系国家国际货运代理的法律地位
理解国际货运代理法律地位的识别标准
熟悉我国法律体系国际货运代理的法律地位

基本概念

国际货运代理法律关系　国际货运代理合同

第一节 国际货运代理法律关系

一、国际货运代理法律关系的主体、客体和内容

国际货运代理法律关系就是指有关法律、法规调整在国际货运代理行为过程中形成的权利、义务关系。其本质上是国际货运代理主体与其他的民商事主体在民商事活动交往中的权利和义务关系。法律关系由主体、客体和内容三个要素构成。在国际货运代理法律关系中，其同样有主体、客体和内容三个要素。

（一）国际货运代理法律关系的主体

法律关系的主体是指法律关系的参加者，即在法律关系中享有权利或承担义务的

人。法律上所称的"人"主要包括自然人和法人。在国际货运代理法律关系中，主体主要是指在国际货运代理经营活动中的企业法人和个体经营者、自然人。但国际货运代理的法律关系主体具有不同于其他一般民商事活动中的法律关系主体。从法律上来看，国际货运代理法律关系的主体包括两类：代理人和当事人，其中作为当事人的国际货运代理法律关系主体又包括多式联运经营人、无船承运人、缔约承运人和实际承运人。需要注意的是，即使在同一项代理业务中，国际货运代理企业也可能扮演不同的角色，这就需要在实践中对国际货运代理进行准确的身份定位，认清其身份。

(二) 国际货运代理法律关系的客体

法律关系的客体是指权利和义务所指向的对象。它是将法律关系主体之间的权利与义务联系在一起的中介。在国际货运代理法律关系中，客体主要是指国际货运代理的经营行为，例如订舱、报关、装箱等在国际货运代理经营范围内的经营活动。在我国目前的国际货代实务中，国际货运代理大多为中、小型，许多国际货运代理没有自己的仓库、运输工具等，也不具备一些要凭许可证经营的业务资格和能力。这些国际货运代理在全盘承接委托人的业务后，又将其中部分自己无法履行的业务转委托出去。在法律层面，无论这些国际货运代理转委托出去的业务发生什么问题，除去委托人事先确认或事后追认的部分外，都应该由这些国际货运代理向其委托人负责。

(三) 国际货运代理法律关系的内容

法律关系的内容是指法律关系主体间在一定条件下依照法律规定或约定所享有的权利和承担的义务。在国际货运代理法律关系中，法律关系的内容比较复杂。国际货运代理的权利内容主要体现为：以自己的名义或以委托人的名义签订合同；根据货运委托合同取得部分佣金；可以根据客户的利益进行选择；费用偿还请求权；货物滞留权、处理权等。义务内容主要表现在三个层次：一是因委托合同关系而为委托人的利益履行义务；二是因委托管理的信任特征而产生的受托信义务；三是国际货运代理企业因日常代理工作而产生的管理义务。

二、国际货运代理的合同基础

无论国际货运代理是以何种名义开展业务，其与各方产生法律关系的基础都是合同，即合同关系是国际货运代理与其他当事方之间的基础法律关系。根据国际货运代理的不同身份，代理合同、委托合同、行纪合同以及货运合同似乎都能解释得通，前三种合同都有为委托人处理事务的性质，以在双方信任的基础上提供一定劳务为内容。比较各个合同的主要特征并对应国际货运代理的不同身份，当国际货运代理以委托人名义行为时，合同基础为委托合同；当以自己的名义行为时，分为两种情况：作为行纪人时以行纪合同作为其合同基础最为恰当；作为当事人时则应视货运合同为其合同基础。

(一) 当国际货运代理以委托人名义行为时,国际货运代理合同基础为委托合同

当国际货运代理以委托人的名义行为时,其与其他当事人之间法律关系的基础为委托合同。我国《合同法》第396条规定:"委托合同是委托人和受托人约定,由受托人处理委托人事务的合同。"由于代理权可以以委托合同为基础而授予,受托人常常以代理人身份办理委托事务,因而委托合同与委托代理在实践中常相混淆。委托合同与委托代理不同,委托合同为双方法律行为,其成立以委托人和受托人有共同的意思表示为前提,而委托代理则是单方法律行为,仅凭委托人的意思表示即可成立,无须代理人的同意。国际货运代理开展业务必然要与委托人签订合同,这就是一种双方法律行为。委托关系属于对内关系,仅仅存在于委托人和受托人之间,不涉及合同以外的第三人,当然,委托的目的自然是处理一定事务,但委托事务之处理未必就与第三人发生特定的法律关系。而委托代理所要解决的问题主要是关于受托人与第三人行为效力归属问题,由于当国际货运代理以委托人名义行为时效力归属不存在问题,所以将基础界定为委托合同。

(二) 当国际货运代理以自己的名义行为时,作为行纪人时以行纪合同为合同基础

当国际货运代理以自己的名义行为时,若是从事行纪活动为行纪人身份,相应的合同基础为行纪合同。之所以以行纪合同而非委托合同为基础,理由在于,行纪合同虽与委托合同同属委任契约的范畴,均是在双方信任的基础上以提供一定劳务为内容,且多数国家的立法都明确规定,除另有规定外,行纪合同适用法律关于委托合同的规定,但两者仍存在一定的区别:首先,合同主体的法律地位不同。在行纪合同中,行纪人只能以自己的名义为委托人的利益与第三人进行贸易活动,并对因此而产生的权利义务直接承担责任。而委托合同的受托人既可以委托人的名义,也可以自己的名义为委托人处理委托事务。其次,合同主体的法律限制不同。行纪合同的行纪人必须是经过工商登记,取得营业执照,专门从事行纪活动的经营主体。而委托合同的受托人则不受此限,可以是任何适于处理特定委托事务的组织或个人。再次,合同标的事务的性质不同。行纪合同与委托合同虽同为提供处理事物的劳务,但法律对委托事务的性质未加限制,无论法律性事务或事实性事务均可成为委托合同的标的,涵盖的范围较为广泛。而行纪合同的标的只能是行纪人为委托人为法律行为,且限于代购、代销、寄售、证券或期货经纪等领域。最后,合同有偿与否不同。行纪合同是有偿合同,而委托合同可以是有偿的,也可由当事人明确约定为无偿的。其实,行纪合同与委托合同不是完全孤立的、根本区别的,只能说用哪一个更为贴切。德国法学家一般认为,行纪契约具有民法中所规定的事务处理契约的特性,商事上的行纪,某种意义上可以看成是民事委任契约行为的特殊形式。由于有关行纪的理论与规范是在民事委托基本理论和原则基础上发展起来的,因此,涉及行纪的法典中都有关于对委任规定的援引。

我国《合同法》第423条也规定,在"行纪合同"一章中没有规定的,适用委托合同的有关规定。

(三)当国际货运代理以自己的名义行为时,作为当事人时以货运合同为合同基础

当国际货运代理以自己的名义行为时,若是从事贸易运输活动为当事人身份,相应的合同基础为货运合同。这种情形下,国际货运代理的承运人性质明显将其合同基础归为货物运输合同。也就是说,此时国际货运代理与委托人签订的是作为承运人将托运人交付其托运的货物运送到约定的地点,并因此而向托运人或收货人收取运费的合同。此外,国际货运代理在存在多式联运时,还可能签订的是多式联运合同,其作为多式联运经营人,负责履行或者组织履行多式联运合同,对全程运输享有承运人权利和承担承运人义务。

三、国际货运代理涉及的法律关系

国际货运代理法律关系一般涉及三方当事人,即国际货运代理人、客户以及第三人。根据国际货运代理的合同基础可知,不同的合同关系决定了主体不同的地位、权利义务及责任。

(一)单纯代理法律关系

国际货运代理人最原始的状态,是作为单纯的代理人。他接受进出口商的委托,仅以委托人的名义,为委托人办理包括报关、报验、报检、租船、订舱、代办仓储等在内的与国际货物运输服务相关的业务。其单方面接受指示,不能与客户协商条件,且在代为签订合同时是将自身排除在合同之外的,故其仅与客户之间存在着要求支付佣金或手续费的权利,以及勤勉义务等作为代理人的基本义务。依据我国《民法通则》第63条第2款的规定:"代理人在代理权限内,以被代理人的名义实施民事法律行为。被代理人对代理人的代理行为,承担民事责任。"显然,国际货运代理因代理行为产生的民事法律关系,其权利义务直接由托运人承担。但无权代理及滥用代理权的情形除外。由于现代物流发展环境下,国际货运代理人基本上都已从传统业务中发展起来,所以这种单纯代理法律关系基本上已经很少见了。

(二)委托合同法律关系

当国际货运代理人与客户签订委托合同,以客户名义为法律行为时,其与委托人之间形成的是委托法律关系。其中,客户是委托人,国际货运代理人是受托人,合同所涉及的其他人则为第三人。

在此种法律关系中,国际货运代理人(受托人)应履行如下基本义务:

第一,依照委托人的指示处理委托事务的义务。根据我国《合同法》第399条的规定,在一般情况下,国际货运代理人应当按照委托人的指示处理委托事务,委托人的指

示不得轻易被变更,需要变更的,应当经委托人同意;因情况紧急,难以和委托人取得联系的,应当妥善处理委托事务,承担一般理性人的注意义务,并要于事后将该情况及时报告给委托人。

第二,亲自处理委托事务的义务。作为信赖关系的重要体现,除非有特殊情况的存在,国际货运代理人应当承担亲自处理委托事务的义务。如果无法亲自处理有关事务,在事先取得委托人同意的情况下,可以将受托事务委托给第三人处理。

第三,报告义务。由于委托事务的处理往往直接关系到委托人利益,为了便于委托人掌握委托事务的处理情况和处理结果,国际货运代理人应当按照委托人的要求将情况报告给委托人。

第四,移交义务。国际货运代理人所承担的忠实义务反映在,因处理委托事务而取得的财产或其他利益应当移交给委托人。此种财产包括为委托人取得的财产,也包括在没有获得委托人同意的情况下从第三人那里获得的各种财产和利益。

国际货运代理人正确地履行了如上义务,便使得其行为后果归于委托人,此种后果包括有利的后果和不利的后果,即包括处理事物所获得的利益和所带来的损害。而且,国际货运代理人获得了要求委托人支付报酬以及偿还相关费用的权利,当然,对于不必要的费用,国际货运代理人是无权请求委托人支付的。此外,如果国际货运代理人在执行委托事务过程中遭受损害,且该损害的发生是由国际货运代理人过错以外的原因导致的,则委托人应承担赔偿责任。

委托合同是一种信赖合同,受托人接受委托之后应当亲自处理委托事务,除非事先取得委托人的同意或者除非有特别情况存在,受托人不得委托第三人来处理有关事务。也就是说,国际货运代理人接受客户委托后,应当亲自处理相关事务,在国际货运代理企业存在分支机构的情况下,应当具体分析它们之间的关系。国际货运代理人在实践中必须时刻谨记,除在紧急情况下为维护客户的利益而需要转委托且无法事先征得同意的以外,一定要经客户同意才能进行转委托,因为客户是否同意将直接关系到行为后果的承担:如果客户同意转委托的,客户可以就委托事务直接指示转委托的第三人,国际货运代理人仅就第三人的选任及其对第三人的指示承担责任,由第三人就其自己行为对委托人承担责任;如果转委托未经同意,则国际货运代理人应当对转委托的第三人的行为承担责任,此时,客户同第三人之间不存在合同上的法律关系,而仅仅是国际货运代理人同第三人承担合同上的法律关系,如果第三人在处理委托事务时损害客户的利益,那么国际货运代理人和第三人应当就损害行为承担共同的连带责任。

委托合同中的受托人在处理事务时应承担不超过委托人授权范围的义务,委托人原则上不对受托人的越权行为承担责任。受托人超出指定事务的范围处理委托人的事务,造成委托人损害的,由受托人承担损害赔偿责任。但如果受托人的事务处理行为使得委托人受益,受托人可以根据无因管理之债请求委托人承担责任。所以,国际货运代理人应尽量在授权范围内行事,一旦超出指定授权范围行事时也应避免给客户造成损失,否则会引起自身的赔偿责任。

(三) 行纪合同法律关系

当国际货运代理人受客户委托,以自己的名义为客户(委托人)的利益实施民事行为,并收取报酬时,其与各方当事人之间的法律关系以行纪合同为基础,并由此形成了行纪法律关系。行纪法律关系有广义、狭义之分。行纪合同关系是委托人与行纪人之间基于委托办理特定事务的意思表示一致而形成的合同法律关系,只约束作为合同双方的委托人和行纪人,此即狭义的行纪法律关系。但行纪合同履行的本身并不能直接实现委托人的目的,行纪人在处理受托事务时必须与第三人订立合同或者为其他贸易行为,且两者不是两个完全独立的合同关系。前者是后者的基础和依据,后者只是前者实现的手段或方式,两者共同构成行纪营业的整体,此即广义的行纪法律关系,核心仍然是委托人对行纪人的委托行为及行纪合同。故在此以广义的行纪法律关系为基准,将前后相继又有密切联系的两个合同关系、三方当事人放在同一平面进行研究,以明晰其间的权利义务关系,把握国际货运代理法律关系的本质特征。

国际货运代理人接受委托为特定法律行为的效力涉及三方当事人:国际货运代理人、委托人(客户)和第三人,其中,委托人(客户)和国际货运代理人签订合同所确立的权利和义务关系是内部法律关系,国际货运代理人、委托人(客户)和第三人之间的权利和义务关系是外部法律关系。

1. 内部法律关系

国际货运代理在内部法律关系中享有的权利包括报酬请求权、留置权以及介入权等。

行纪合同为有偿合同,行纪人从事行纪活动的目的即在于获取相应的报酬,这是行纪人最主要的权利。因此,我国《合同法》关于行纪合同的部分规定,委托人最重要的义务是支付报酬和费用的义务,行纪人完成或者部分完成委托事务的,委托人应当向其支付相应的报酬。此外,在行纪人为委托人增加利益或者补足交易差额时,或者行纪人行使介入权时,委托人仍应当按照合同法的有关规定和行纪合同的约定向行纪人支付相关的报酬。对于行纪人处理委托事务支出的费用,原则上由行纪人负担,但也可在合同中约定由委托人支付。综上所述,货运代理人有权请求获得相应的报酬和费用,而行纪业务的后果则需由客户(委托人)及时受领。

留置权是一种法定的担保物权,我国《合同法》第422条规定,除当事人另有约定外,行纪合同的委托人逾期不支付报酬的,行纪人对委托物享有留置权。因此,国际货运代理可以在符合条件的情况下行使留置权。

关于介入权,我国《合同法》第419条规定,行纪人卖出或者买入具有市场定价的商品,除委托人有相反的意思表示的以外,行纪人自己可以作为买受人或者出卖人。此即行纪人的介入权,有学者称为"自营权"或"自我交易"。通常而言,行纪人为委托人从事贸易活动是以自己的名义与第三人订立合同,买入或卖出委托物。但在特定情况下(如存在市场定价),允许行纪人以自己的资金或商品与委托人进行贸易,既不损害委托人的利益,又方便行纪人履行行纪合同,简化合同程序,节约合同成本,活跃市场交易,亦可维护行纪人的利益。关于介入权的性质,理论上存在形成说、代理买卖说及直接买卖合同说等不同学说。通常的形成说,认为介入权是一种形成权,行纪人可以根据自己的意思决定是否行使,无须通知委托人或经其同意,除非委托人事前有相反的意思表示。行纪人行使介入权后,即与委托人直接订立买卖合同,成为交易的一方,在合同中有自己独立的利益。从行纪关系的存续角度看,先前订立的行纪合同仍然有效,行纪人仍须承担诚信履行、维护委托人利益等义务。在行纪人行使介入权的情况下,难免会发生行纪人为追求自己的利益而损害委托人的利益的情况。行纪人行使介入权后,原行纪合同仍然有效,委托人订立行纪合同的目的已经达到,行纪人可以请求委托人支付行纪合同约定的报酬。此种介入权对于国际货运代理同样适用,即国际货运代理在为客户(委托人)进行运输的过程中,在某种条件下直接介入贸易,成为交易一方,比如说在货物接收方违约拒绝接受的情况下,国际货运代理又对该批货物感兴趣,这样,国际货运代理就可以直接介入了。

相应地,国际货运代理人具有以下义务:

一是应当遵从客户(委托人)的指示,从维护客户的利益出发,选择最有利于客户的条件、方式完成事务,实现合同目的。但在情势紧急,为维护客户的利益所需,并且来不及或无法征得客户(委托人)同意的情况下,可以改变客户(委托人)的指示,但应于事后及时告知客户(委托人),取得其认可。这种委托人的指示权利是其基于委任契约而获得的最基本的权利。委托人有权要求国际货运代理人按照合同约定的时间、地点、方式等交付业务成果。对于国际货运代理人交付的业务成果,客户(委托人)有权按照合同约定的条件进行验收。如果成果违反了客户(委托人)所做的指示或不符合合同约定的标准,客户(委托人)有权拒绝接受,并要求赔偿损失。

二是应为客户(委托人)的利益承担诚信履行义务。包括:为客户的利益从事,力求在可能的情况下为客户谋取更大的利益,不得利用直接参与贸易活动的机会为自己谋利益,也不得与他人串通,恶意损害客户的利益。在活动时,应遵循善良管理人的注意义务,以专业机构或者专业人员应有的注意程度,审慎勤勉地为客户的利益进行交易活动,国际货运代理人未尽注意义务给客户造成的损失,应负赔偿责任。国际货运代理人应将办理行纪事务的进展情况及出现的新情况、新问题及时向客户进行报告,以便客户全面了解情况,相应地做出新的指示。而且,无论行纪合同中是否明确约定,国际货运代理人均应对从事行纪业务中所知悉的委托人的资金、客户及其他商业秘密等承担保密责任,既不能向第三人披露,也不能利用来为自己谋取利益。

三是妥善保管及处置委托物的义务,即以善良管理人的注意选择妥善的保管方式、场所等,因保管不善造成物品毁损灭失的应负赔偿责任。

2. 外部法律关系

国际货运代理人(受托人)与第三人以及客户(委托人)和第三人之间的法律关系为外部法律关系,可分为两个层次。

(1)国际货运代理人与第三人之间直接的法律关系。当国际货运代理人以自己的名义与第三人订立合同时,根据合同的相对性原则,该合同只对国际货运代理人和第三人产生约束力,国际货运代理人对该合同直接享有权利、承担义务。除另有约定外,第三人不履行义务致使客户(委托人)受到损害的,国际货运代理人应当承担损害赔偿责任。

(2)客户与第三人之间的法律关系。上述从传统民法的"债权相对性"原则推导出来的行纪人完全独立地承担与第三人合同责任的模型,固然体现了行纪合同的本质特征,但随着经济贸易的发展,客户(委托人)与第三人为维护自己的利益,越来越多地绕过行纪人而直接发生联系,行纪人也倾向于从独立地位所承受的沉重责任中解脱出来。因此,行纪人的独立地位日益受到削弱,从而使行纪合同的履行呈现灵活多样的发展趋势,这是经济实践对行纪合同提出的要求,也给传统的行纪合同立法提出了新的挑战。

在一般情况下,我们应坚持国际货运代理人独立负责的原则,明确各方的权利义务,发挥行纪合同的优势。但在因客户(委托人)或第三人的原因使合同未能履行,或者国际货运代理人与客户(委托人)约定,由客户(委托人)直接承担其与第三人的合同责任,或者在合同履行过程中,国际货运代理人解散、破产或被撤销等情况下,如果仍死守上述行纪人独立负责原则,则不利于维护客户(委托人)的利益。因此,在行纪关系中,因第三人的原因而使国际货运代理人无法履行受托义务,影响客户(委托人)利益时,应当允许客户(委托人)向第三人行使请求权或提起诉讼。同样地,由于客户(委托人)的原因使国际货运代理人不能履行对第三人的合同义务时,国际货运代理人可以向第三人披露委托人,第三人可以选择请求国际货运代理人或者合同关系以外的委托人承担国际货运代理人与自己订立的合同中的义务。这就是我国《合同法》第403条第1、2款所规定的委托人的介入权和第三人的选择权。

这一观点从法院的审判实践也可得到佐证。因第三人的原因致使行纪人无法履行受托义务,受托人诉至法院。因第三人与此案有密切联系,法院可以通知其以无独立请求权第三人的身份参加诉讼,委托人也可申请法院追加该第三人参加诉讼。如果该第三人确有违约情形,应当对行纪承担法律责任,因其以被作为无独立请求权的第三人追加进入本诉讼,法院会将两个案件合并审理,直接判决第三人对委托人承担责任。所以,通过诉讼制度的安排,以及无独立请求权第三人制度的扩张适用,不仅行纪人有义务对委托人承担行纪合同责任,而且第三人在诉讼中也要对委托人承担实体责任。因此,无论从法理演绎或对司法实践进行归纳,都可以得出这样一个结论:行纪合同可以准用委托合同有关介入权或选择权的规定,国际货运代理人与第三人订立的合同在特定情况下可以直接对客户(委托人)发生效力。这不是对国际货运代理人的行纪人独立地位特征的否认,法律规定行纪人承担直接责任是为了强化其对委托人的责任,它与介入权和选择权的适用相辅相成,从而更好地维护委托人的利益,实现委任契约的目的。

(四)运输合同法律关系

当国际货运代理人以自己的名义订立合同,并以自己的运输工具或雇用他人进行运输时,其与客户(委托人)之间形成的是运输合同法律关系。其中,国际货运代理人为承运人或多式联运经营人,客户为托运人,收货人为第三人。

此种法律关系中,将托运人(客户)交付的货物按照合同约定的时间或者合理期间运送到目的地,并将货物交付给收货人(第三人)是国际货运代理人承担的最主要的义务,若迟延运送则国际货运代理人应当承担违约责任。货物运输到达约定的交货地点后,国际货运代理人负有及时通知收货人提货的义务。知道收货人的应当及时通知其收货,因未及时通知收货人增加的保管费用,由国际货运代理人承担;如果未履行通知义务,造成货物损失的,还应当负责赔偿。国际货运代理人作为承运人应当保证货物运输过程中的安全,确保货物不被损坏、毁坏、灭失。违反此种义务导致货物发生毁损灭失,除非国际货运代理人能够证明是因不可抗力、货物本身的自然性质或者合理损耗以及托运人(客户)、收货人(第三人)的过错造成的,否则,应当对客户(托运人)承担损害赔偿责任。在多式联运合同中,损失发生在某一运输区段的,与托运人订立合同的国际货运代理人和该区段的承运人承担连带责任。

与以上义务相对应,国际货运代理人的权利表现为托运人(客户)与收货人(第三人)的义务。具体包括以下内容。

1. 托运人的义务

(1)支付运费是托运人最主要的义务,托运人应当按照合同约定的时间、地点、方式和数额支付运费。通常运费应在货物运送之前支付,约定到达目的地后支付的可在运送完之后支付。如果托运人支付运费的义务约定在运送之前履行,则在未支付运费之前，国际货运代理人有权拒绝履行运输义务。支付运费迟延，经催告后，仍未在合理的期间内支付运费的，国际货运代理人可以解除合同。如果合同约定运费在货物运送后支付，则承运人在交付货物时，收货人或托运人未能及时支付运费、保管费以及其他费用，承运人有权留置货物，但当事人另有约定的除外。当然，国际货运代理人未按照约定路线或者通常路线运输而增加运输费用的，托运人（客户）或者收货人（第三人）可以拒绝支付增加部分的运输费用。

（2）托运人负有重要事项的告知义务。办理货物运输，应当向国际货运代理人准确表明有关货物运输的必要情况，因申报不实或者遗漏重要情况，造成国际货运代理人损失的，托运人应当承担损害赔偿责任。货物运输需要办理审批、检验等手续的，托运人应当依法办理，并将有关文件提交国际货运代理人。

（3）托运人应当按照约定的方式包装货物。对包装方式没有约定或者约定不明确的，协商解决；协商不成的，按通用方式包装；无通用方式的，应当采取足以保护标的物的包装方式。在托运危险物品时，应当按照国家有关危险物品运输的规定对危险物品妥善包装，因托运人的过错造成危险品发生爆炸或泄漏并因此造成危险品本身或者其他人身、财产损害的，托运人应当承担损害赔偿责任。

（4）在将货物交付收货人（第三人）之前，托运人（客户）有权要求国际货运代理人中止运输、返还货物、变更到达地或者将货物交给其他收货人。托运人（客户）的此种权利是法律规定的，不以合同规定为条件，也不必征得国际货运代理人的同意，托运人对于由此而给国际货运代理人增加的费用承担支付义务，但若其此行为造成了国际货运代理人的其他损失，托运人应当承担损害赔偿责任。

2. 收货人的义务

收货人收取货物既是他的权利也是他的义务，收货人在收到收货通知后应当及时提货。如果因收货人不明或无理由拒绝接收货物的，国际货运代理人可以依法提存货物。收货人提货时应当按照约定的期限检验货物。如果运输合同规定，运费和其他费用由收货人支付的，收货人在收取货物时应当支付运费及其他费用，否则国际货运代理人有权留置货物。

第二节　不同法系国家国际货运代理的法律地位

国际货运代理的法律地位，是指国际货运代理在从事业务经营活动时与他人发生的法律关系中所处的地位。国际货运代理在因业务经营行为发生的法律关系中所处的地位，决定了其在相应法律关系中享有的权利、承担的义务和责任的具体内容。国际货运代理在不同业务经营行为发生的法律关系中所处的法律地位不同，其所享受的权利、承担的义务和责任也有所不同。国际货运代理企业的法律地位,本质上取决于其业务经营行为的方式、与客户之间的合同约定和相关法律、法规、规章的强制性规定。

一、英美法系国家国际货运代理的法律地位

在英美法系国家,国际货运代理的法律地位以代理的概念为基础,是由判例产生的,即国际货运代理处于委托人(发货人或收货人)的代理人地位来安排货物运输。因此,受传统的代理规则的制约,其所负责任仅为恪尽职守、忠于当事人、遵照当事人合理指示行事和将所处理的事项向当事人报告的责任。而托运人不仅要对其代理人以其名义承担的合同义务负责,还要对其代理人在正当的代理权限范围内所犯的错误或疏忽负责。但是,人们又不得不在一个又一个的案例中寻求货运代理是以一个代理人的身份行事还是以一个承运人的身份行事。因为如果国际货运代理处于委托人的地位,以其本人名义签订合同,情况就不同了,这将意味着国际货运代理对整个货物运输过程的合理完成负责,包括货物在承运人和国际货运代理的其他机构掌管期间。然而,实践中国际货运代理的法律地位常常因其提供的服务性质而发生变化,比如,当国际货运代理提供拼箱服务或混装服务,并签发自己的提单时,其地位为委托人,即当事人。又如,当国际货运代理本人承担公路运输时,其处于委托人地位,但是,如果他的分包人是与其签订货运合同之客户所知道的,则他又处于代理人的地位了。

根据美国法律的有关规定,国际货运代理可分为以下三种:

(1)受《州际贸易法》第4章所调整,并根据该法第402条(1)款中规定的国际货运代理是指:"坚持面向广大公众(不同于快运、管道、铁路、卧车、汽车或水上承运人)提供财产运输服务,为取得报酬而在其通常业务过程中:①收集和集中,或为收集和集中货物提供服务,装运、完成装运中的分散和分配货物任务或为此提供服务;②承担从收货地到目的地运输责任;③除了州际商业委员会的管辖权之外,根据该法第105章的第Ⅰ、Ⅱ或Ⅲ分章,为任何一部分运输选用承运人。"这种国际货运代理具有双重身份,即:对于委托人来说,他是公共承运人;而对于实际承运人来说,他则是托运人。

(2)对于由联邦海事委员会管理的远洋货运代理的作用,1984年《航运法》第3条(19)款规定如下:"在美国'远洋货运代理'是指这样的人员:①通过公共承运人从美国发送货物以及代表托运人为发送货物订舱或安排舱位;②处理文件或处理与发送货物有关的各项事务。"远洋货运代理明显是代表托运人行事,并由托运人支付报酬,承运人可正当地支付给持证的远洋货运代理以经纪人佣金。与此同时,航运法禁止支付可能构成给托运人运费回扣的任何费用。远洋货运代理并不承担公共承运人的责任。

(3)无船公共承运人,内陆业务受洲际商贸委员会管理,沿岸业务受联邦海事委员

会管理。1984年《航运法》第3条(17)款对无船公共承运人做了规定:"'无船公共承运人'是指并不经营提供远洋运输船舶业务的公共承运人,同时,他在与远洋公共承运人的关系中则是一位托运人。"如同国际货运代理那样,无船公共承运人也具有双重身份,即:在与托运人的关系中则作为公共承运人;而在与实际承运人的关系中则作为托运人。

然而实践中,国际货运代理的合同格式和业务范围是很广泛的,给予代理的概念有正确反映判例的实际情况。如前所述,国际货运代理提供的服务类型不同,使其法律地位和责任也不同。在海运方面,国际货运代理常常把他的代理地位仅限于一个安排必要运输之人的地位,只对其在安排运输中的疏忽,如选择承运人的疏忽负责,而对海运承运人的行为可不负责任。但对其代表委托人向承运人预订舱位的行为却被认为仍应负责任。

另外,当国际货运代理为客户提供额外服务时,如包装和仓储,便把自己放在了当事人地位,并承担责任。国际货运代理从事拼装业务,即将小件货作为一个载装货单位,然后由承运人按整批货的特别费率发运时,因这种业务总是以其自己的名义进行,货运代理需承担运输责任。再则当国际货运代理签发自己的提单(不是交由海运承运人签发)时,亦承担当事人的责任,除非提单条款有相反的规定。

在大部分英美法的司法判例中,趋向于一定程度的契约自由,以限制国际货运代理对其疏忽行为所引起的灭失或损坏的责任。但法庭对这一自由限制在国际货运代理不能对其严重疏忽逃避责任的范围内。然而有的国家如澳大利亚,其标准格式合同却反映了对国际货运代理活动中的疏忽行为实际上可以完全不负责任,且在合同中规定不负责任条款的同时,还规定了国际货运代理可自动为其当事人(托运人或收货人)购买保险,以替代其对保险的责任。令托运人直接向国际货运代理购买保险的保险公司进行索赔。

总之,尽管各国所规定的条款不同,作为国际货运代理,通常应对其本人及其雇佣人员的过错承担责任。当然,如果国际货运代理能够证明他对第三人的选择做到了合理谨慎,那么,他一般不承担因第三人的行为或不行为所引起的责任。

二、大陆法系国家国际货运代理的法律地位

在大陆法系国家,国际货运代理的法律地位及其相应的权利和义务一般由《商法典》的规定来确定。就总体而言,他是建立在国际货运代理以其本人名义代表委托人开展业务的前提下,签订的此类合同,即所谓委托合同,亦被称为间接代表合同。因而,对委托人而言,他是代理人,属代理关系;对承运人而言,他是委托人,属当事人关系。但大陆法系国家对国际货运代理的法律地位的规定也存在很大的差异,最典型的代表是法国和德国。

根据法国的法律,对国际货运代理所履行的职能赋予不同的名称,并以此区分国际货运代理作为"当事人"或作为"代理人"。例如"运输代理"是以其自己的名义作为合同当事人的货运代理,其责任在法国《商法典》第97～99条中做了规定:这种代理"对结果负责",不管使用其选择的任何方式,他都要对托付给他的、由他照料的货物负责,并承担将货物送抵目的地之责任(无论是否由其本人的过失所引起,他都要对履行运输合同负责),如同任何其他承运人一样,当没有提供适当的文件交付货物时,就要对由此所遭受的损失负责。又如,"货物转运代理"则是公开以某委托人的名义行事的国际货运代理。其责任在法国《民法典》中由委托合同的条款加以规定。委托合同由三个当事人(托运人、承运人和国际货运代理)订立,所以在从事实际运输中引起赔偿责任时,托运人可以控告国际货运代理,也可以控告承运人。从这个意义上讲,对实际运输过程中的责任,法国法律允许发货人在货运代理和承运人之间做出选择。

德国的法律就大不相同了。国际货运代理除非本人亲自执行运输,即为实际承运人,承担运输范围内的责任,否则不承担合理履行运输合同的责任。

此外,国际货运代理只能代表托运人和承运人签订合同,他只对选择承运人的疏忽及其在履行职责中的疏忽行为负责,托运人对因未合理履行运输引起的损失只能向承运人追偿。与法国法律规定不同的是,德国法律不承认托运人和承运人之间的委托合同有任何默契,只承认托运人和国际货运代理之间以及国际货运代理和承运人之间有默契,所以承运人不合理履行运输合同对国际货运代理负责,然后由国际货运代理为了托运人的利益向承运人提出诉讼,并将其在合同中享有的权利让位给托运人。

我国1995年6月6日经国务院批准施行的《中华人民共和国国际运输代理业管理规定》中明确规定:国际货运代理可以"以委托人的名义或者以自己的名义"行事,但对于国际代理以上述两种名义行事,分别承担的法律责任,并未做出明文规定。而我国法院在以往审理案件中,也未曾考虑到现阶段国际货运代理的特殊性,一般都是按我国民法中的代理原则及其法律责任来区别和认定。即国际货运代理从事的业务是以被代理人的名义行事,则为"代理人",若以自己的名义行事,则为"当事人"。

因此,国际货运代理合同中,有关国际货运代理的法律地位及其权利、义务是不能简单概括的,因为这不仅在每个国家有很大的不同,而且影响到与其签订合同的当事人各方——承运人、托运人和收货人的地位。鉴于国际货运代理业务的国际性质,以及货运合同规定的国际货运代理的法律地位及其权利与义务的不同,将会对解决涉及两个以上、处于不同国家的国际货运代理、托运人和收货人的纠纷造成法律上的困难。国际货运代理因争议而索赔时,对法律的选择极为重要,一般适用与委托人签订的货运合同的法律,即以该法律来判定国际货运代理究竟是"代理人"还是缔约"当事人"。

发达国家的国际货运代理常常使用其本国货运代理协会制定的标准交易条件,这些条件中一般包含有选择法律。但这种条款对按照原来的货运合同有不同司法权的各种货运代理活动不是都必须适用的,所以不能把全部国际货运代理的业务及可能产生的附属法律问题都置于一种法律之下。

三、国际货运代理法律地位的识别标准

认定国际货运代理是以纯粹代理人还是以当事人身份行事,大体上有以下几个标准。

(一)合同条款标准

通过对合同条款的解释来判断当事人的意图,从而确定合同当事人法律地位,无疑是最为可行和合理的做法。只要合同中有双方明确的意思表示,就货运代理的法律地位作了清楚的约定,则不存在问题。如果合同中没有明确约定,措辞含糊,在一些国家则很可能做出有利于托运人的判定,即认定货运代理为承运人或经营人。做出这种初步性结论是因为货运代理人营业行为范围的扩张,造成了混淆,同时,由于缺乏对货运代理人意欲充当角色的清楚说明,无经验的托运人有权利将他们之间的合同视为运输合同。

(二)签发运输单据标准

如果国际货运代理签发了自己的运输单据,则一般认为其为当事人。运输单据对运输合同具有证明作用,国际货运代理以自己的名义签发运输单据,并在承运人一栏中签上自己的名字,一旦货主接受了这种运输单据,在没有相反证据的情况下,应认定货主与国际货运代理的运输合同关系的存在,这时国际货运代理所承担的应该是承运人责任。这里提到的"相反证据"是指如果国际货运代理想保持代理人的法律地位,可以通过在单据上的签章表明国际货运代理只是作为代理签发单据(as agent only)或者委托人承认这种委托关系的存在(这种承认只能约束委托人本身)来表明国际货运代理只是作为代理人出现,这种情况下尽管国际货运代理签发了运输单据,但仍不视为承运人。

FIATA标准规则第7.1部分对国际货运代理作为承运人的责任规定如下:"国际货运代理作为承运人所承担的责任不仅仅在于他直接使用自己的运输工具进行运输(从事承运人的业务),而且在于如果他签发了自己的运输单证,就已经明示或默示作出承担承运人责任的承诺(作为契约承运人)。"如果国际货运代理实际参与到运输中,签发运输提单,则进一步会被视为实际承运人。

(三)依据国际货运代理实施行为的标准

该标准是判断国际货运代理法律地位的实质性尺度。即使合同中已对法律地位有明确约定，如果国际货运代理在货运中实际扮演的角色、发挥的作用和实际参与程度与这种约定有所不一致，也应以国际货运代理实际实施的行为为准。

传统意义上国际货运代理的义务只是遵守被代理人的指示，忠实且合理谨慎地选择承运人，辅助安排运输工作，自身并不参与运输，不对货物的及时和安全运输承担责任。

国际货运代理一旦参与到货运过程中或签发自己的提单，则会被视为运输的当事人。德国运输法规定：如货运代理以一个确定的费用执行货代业务或将不同来源的货物组织到同一交通工具上运输，则不将其视为"纯粹货运代理人"，而更倾向于视其为承运人或发货人。美国海关经纪人和国际货运代理企业协会标准条款认为"国际货运代理在占有货物的情况下，可以作为承运人、仓储人或包装人，从而对货物承担相应责任。在其他情况下，国际货运代理依据本标准条款作为代理人出现"。此外，立足于代理法的基本原则，与货物的卖方或买方缔结合同、继而以自己的名义与海运或陆上承运人订立分合同的货运代理，将很可能被视为相对于货物权利人的契约承运人，以及与海运或陆上承运人相对的本人。总的来说，国际货运代理占有货物（包括仓储、包装）；或是使用自己的交通工具（包括车辆、集装箱）；或是对不同货主的货物的集运，都可能造成将国际货运代理认定为承运人的结果，承担运输中货损货差以及延迟交货的责任，而不论提单上的规定如何。在当前国际货运代理业务范围不断扩大，仓储一体化以及不同来源货物集运常常发生的情况下，这一标准在实践中作为判断国际货运代理是否处于承运人的法律地位的依据尤为重要。

当国际货运代理提供的服务超出一般意义上的货物运输，跨行业地向客户提供一种综合服务，则需要依据国际货运代理所从事的具体服务内容来分别断定其法律地位。

（四）国际货运代理收取报酬性质的标准

司法实践中，法院和仲裁机构倾向于将国际货运代理收取报酬的性质以及构成作为确定他是承运人还是代理人的关键因素之一。

国际货运代理从货主手中取得的报酬包括两种形式：包干费用和代理佣金。这里"包干费用"在货运市场上表现为由货主一次性支付一笔费用，包括货物的运费和装卸费、国际货运代理的营业利润、再委托其他承运人运输的运费差价以及办理相关事宜的代缴费用。货主通过支付包干费用将运输的一切事宜委托国际货运代理安排，其中包干运费部分成为认定货运合同关系成立的证明之一。收取包干费用这一事实如果再加上更进一步的证据表明国际货运代理的利润来源是自货主与承运人之间获取运费差价，在无相反证据的情况下可以证明国际货运代理与货主间存在着代理关系的情况下，国际货运代理视为具有承运人的法律地位。

如果国际货运代理所收取的费用是以代理佣金的形式出现,则应认定其为代理人。这时的国际货运代理是根据委托合同取得报酬,对于报酬请求权的取得、丧失均适用委托制度的规定。

一般而言,货运代理人赚取其向货主收取的运费与其支付给实际承运人之间的运费差价是无船承运人的利润取得方式和通行做法。但目前的货代实务中,无论采取上述哪种收费方式,货运代理人也赚取其向委托人收取的费用与其支付给承运人等有关方的费用之间的差价,而不是采用完全代收代付另加一定报酬的收费方式,即报酬通过费用差价的形式体现出来。上述收费方式符合商业效率的需要,已成为货代行业的收费习惯和通行做法。

(五)货运代理与客户以前的交易情况的标准

这往往成为法院在具体案件中判断货运代理是代理人还是当事人的重要考虑因素。实践中,有些客户与货运代理有着长时间的合作关系,如果货运代理一直是当事人的身份,那么当某一次交易中处于代理人的法律地位时,出于保护第三人的信赖利益,法院往往会倾向于认定其是当事人。这时,货运代理就应当举证证明自己的代理人身份;反之亦然。由于作为当事人身份的风险较大,因此,当货运代理是代理人时,一定要注意向相对人表明自己的代理身份。

认定国际货运代理的法律地位是一个需要综合考虑多方面因素的问题,需要具体考虑到个案一系列事实以确定当事人意图并将之与合同的实际履行进行比拟。司法实践中,法院及仲裁机构往往会把合同约定、提单签发和国际货运代理具体业务活动内容视为实质性认定标准予以考虑,而将其他因素定性为辅助因素,确定国际货运代理的法律地位,合理分配各方的风险和利益,使国际货运代理工作更好地为促进国际贸易与航运的发展服务。

第三节 我国法律体系下国际货运代理的法律地位

我国尚无统一的规范国际货运代理业务的法律,已有的法律、行政法规、部门规章所涉及国际货运代理的法律地位名称不统一,分别有代理人、独立经营人、无船承运人等。国际货运代理到底处于何种法律地位,应当由何种法律来调整,成为实务中首先必须面对的问题。本节将对我国法律体系下的国际货运代理的法律地位进行简单分析归纳。

一、国际货运代理作为委托代理人的情形

根据《管理规定》及《管理规定实施细则》的规定,国际货运代理可以作为代理人从事国际货运代理业务。国际货运代理接受发货人、收货人(以下统称"货主")或其代理人的委托,按照货主的指示为货主办理相关业务的,无论其是以货主的名义还是以自己的名义,国际货运代理均可取得代理人的地位。当国际货运代理作为传统意义上的代理人时,调整代理关系的法律规范主要是《民法通则》《合同法》中关于代理和委托的规定。

(一)国际货运代理作为委托代理人的权利、义务关系

国际货运代理作为代理人,无论是以委托人的名义还是以自己的名义为法律行为,都是建立在委托人授权的基础上。其权利、义务关系受到《民法通则》《合同法》有关代理和委托关系的规范。

1. 国际货运代理以委托人的名义行事

这里所指的以委托人的名义,其实质就是指国际货运代理作为货主的代理人。这种情况即民法中最普通的直接代理关系的民事法律关系,其权利和义务直接由货主承担。国际货运代理因代理行为产生。

2. 国际货运代理以自己的名义行事

国际货运代理与货主之间签订委托合同后,然后以自己的名义行事,这种情况又可分为以下两种:

(1)国际货运代理以自己的名义但声明其作为代理人与第三方订立运输合同。这种情况即英美法系中的隐名代理。这种形式在国际货运代理实践中比较常见。此时的运输合同直接约束委托人(货主)和第三人(承运人),但有确切证据证明该运输合同只约束国际货运代理和第三人(承运人)的除外。

(2)国际货运代理以自己的名义但不声明其作为代理人与第三方订立运输合同。此时的国际货运代理人或者只负有披露义务,或者直接承担合同义务。

3. 委托代理关系中国际货运代理的权利、义务

(1)委托代理关系中国际货运代理对货主的权利:

①根据委托合同取得佣金的权利。国际货运代理要求佣金的权利是法律赋予他的基本权利。取得佣金的多少可根据合同条款明示规定,也可以根据行业惯例,如包干费的形式,即货主给国际货运代理总的费用数额,佣金也包括在内。

如果国际货运代理所提供的服务超越了委托合同规定的权限范围,只要货主在明知的情况下接受了该服务,或事后货主追认了国际货运代理的无权代理行为,那么国际货运代理也可以得到佣金。

国际货运代理的无权代理或越权代理行为,事后没有得到货主的追认,此时国际货运代理无权请求代理佣金。

②要求偿还垫付费用的权利。在实际业务中,国际货运代理经常为货主垫付费

用,如货物报关、报验、仓储、短驳运输、装卸等费用,在其按照货主指示,为使货物正常出运而垫付以上费用时,国际货运代理当然有权要求货主在事后偿还。

③留置货物的权利。如果国际货运代理就有关佣金、在代理期间替货主垫付的款项、支付的费用具有合法的索偿权时,国际货运代理有权对货主委托其代理的货物加以留置。国际货运代理在行使其留置权时,尤其要注意此时谁是货物的合法所有者,以免引起不必要的纠纷。

(2)委托代理关系中国际货运代理对货主的义务:

①负有诚信、谨慎的义务。国际货运代理要信守诚实的原则,运用其具有的专门技能、经验和信息,勤勉地、谨慎地履行其代理职责,并只为货主的利益服务,拒绝双重代理的行为。在国际货运代理业务中,有时会出现就同一次货载,国际货运代理同时兼为承运人和货主的代理人的情况,这势必会引起利益上的冲突。比如货主为了符合信用证结汇的规定,在实际不能取得清洁提单时,出具保函,要求承运人签发清洁提单。国际货运代理若要求承运人签发这种具有欺诈性质的提单,会给承运人带来风险;若拒绝签发,又违背了货主的指示,不符合货主的利益。因此,各国的代理法都禁止双重代理行为。

②国际货运代理亲自完成指示的义务。货主选择某一国际货运代理的原因是基于对该国际货运代理的信任,因此,在一般情况下,国际货运代理不得将货主委托给他的事宜转委托他人,除非是为了更好地完成货主的委托。一般来说,国际货运代理是否有权转委托分代理人,应在合同中予以明确,这样产生争议的可能性会大大降低。

(3)国际货运代理对第三人的义务:

①负有披露义务。根据我国《合同法》第403的规定,国际货运代理在以自己的名义与承运人订立合同时,因承运人的原因对货主不履行合同义务时或因货主的原因对承运人不履行义务时,国际货运代理应当披露承运人或货主。

②直接承担对第三人的义务。根据我国《合同法》第402、403条的规定,国际货运代理在以自己的名义与承运人订立合同时,如果承运人主张其如果知道该货主就不会订立该合同,则由国际货运代理承担货主应承担的合同义务;或者在披露货主后,承运人选择其作为相对人,则国际货运代理承担履行合同的义务。

(二)明确委托代理关系的方法和依据

1. 国际货运代理明确代理关系的方法

(1)签订货运代理协议,明确代理关系。货运代理协议中首先明确合同的性质是代理:国际货运代理接受货主的委托,代理货主办理有关货物的出口订舱事宜,并收取一定比例的佣金。为了灵活针对每一具体的货载,建议明确委托代理关系的具体操作模式为:基本货运代理协议+补充协议。即首先应当由国际货运代理与委托人签订基本委托代理协议,在该协议中约定国际货运代理的代理事务、代理权限、委托人以及国际货运代理的权利、义务;然后再由双方针对每一具体的货载达成补充协议,从而减少法律纠纷,提高货运代理业务的效率。

(2)明确委托事项。委托事项属于双方自由约定的合同义务,可以由当事人在货运代理协议中选择若干作为委托的内容。不能因为国际货运代理代办了部分事宜就推断出其必然代办了包括订舱在内的全部货运代理业务。所以协议中明确规定具体的委托事项是非常重要的。

(3)明确运费的支付方法。对于预付运费,一般应当在船舶启运前一段合理的时间(可以由双方约定)内支付给承运人。如对于预付运费条款下的出口货物在委托人未结清所有代理人垫付的费用之前,即使船公司签发了提单,代理人也有权滞留相应的运费单据,由此产生的所有损失和责任由委托人承担。

(4)关于代理费用。按照法律的规定,国际货运代理在从事委托代理事项后可以收取佣金。但国际货运代理在实际操作中是极少收取佣金的,国际货运代理经常收取的是运费差价。这一点非常容易使法律关系不明确,有时候成为被认定为运输合同当事人而非委托代理人的依据。双方应在协议中具体约定收取佣金的比例,也可以以包干费的形式收取。

2. 认定委托代理关系的依据

(1)订舱委托书。在确定国际货运代理是否与货主形成委托代理关系时,如果货主曾经向国际货运代理以某种形式发出过订舱委托书,国际货运代理接受委托,在没有与形成委托代理关系相反的意思表示和行为的情况下,应当认定货主与国际货运代理形成委托代理关系。

(2)国际货运代理的行为。在大多数情况下,国际货运代理并不与货主签订长期委托代理合同或协议,也很少就一次具体的货载签订委托代理合同或协议。在这种情况下,就要考虑国际货运代理的实际行为。如果国际货运代理的行为使得其相对人有充分的理由相信其仅仅作为代理人而不是作为其他主体在行事,这时可以认定国际货运代理与货主形成委托代理关系。

(3)支付方式。除上述国际货运代理所实施的行为外,支付方式也是一个重要的考虑因素。作为代理人的国际货运代理传统上是根据其代表客户所做安排所需的总费用向客户收取佣金。国际货运代理如果从委托人那里得到的是佣金,则被视为代理人。

(4)先前交易的性质。商法是在习惯法的基础上发展起来的,尤其在国际商事交往领域更是如此,至今仍是指导商人们行为的准则,许多是国际惯例和商人间的习惯做法。在国际货运代理领域也不例外,应该遵循商人们先前的交易习惯。如果按照货主和国际货运代理人先前的交易能确定双方之间的委托代理关系,其后它们之间同样的交易应该按照同样的性质来认定。

二、国际货运代理作为运输合同当事人的情形

根据《管理规定实施细则》的规定,作为独立经营人具有四个法律特征:接受进出口货物收货人、发货人或代理人的委托;可以签发运输单证;有义务履行运输合同,承担承运人的责任;收取运费以及服务费。此时的独立经营人符合《海商法》中的承运人的特征。

根据《海运条例》对无船承运人的定义,无船承运业务有四个法律特征:接受托运人的货载;签发自己的运输单证;采购实际海运运力;承担承运人的责任。此时的无船经营人也符合《海商法》中关于承运人(契约承运人)的法律特征。

从事独立经营人业务和无船承运人业务的国际货运代理,由于事实上并不具有将货物实际出运的能力,他必须与船舶经营者等人再签订运输合同。如果其以发货人的身份签订运输合同或取得运输单证,他也符合《合同法》《海商法》中托运人的特征。

如果作为独立经营人和无船承运人的国际货运代理签发国际多式联运单证,收取全程运费,负责货物"门到门"的全程运输,然后与各区段的实际承运人分别签订分段运输合同,完成全程货物运输时,如果国际货运代理与托运人订立的多式联运合同包括海上运输,此时的国际货运代理符合《海商法》中多式联运经营人的特征。而《合同法》并不限制必须包括海上运输。

综上所述,国际货运代理作为合同当事人的情形包括《合同法》《海商法》中所指承运人、托运人和多式联运经营人。

(一)国际货运代理作为运输合同当事人的权利、义务关系

国际货运代理在充当运输合同当事人时,以承运人的身份同货主签订运输合同,由于没有运输工具,他必须与船舶运输经营人等人签订运输合同,实际将货物运至目的地。在国际货运代理充当运输合同当事人时,一般会涉及三方当事人:货主、国际货运代理、实际承运货物的人。这三方分别属于两个不同的合同关系。国际货运代理相对于货主来说,他是承运人,相对于实际承运货物的人来说,他又是托运人。《海商法》是国际货运代理在充当承运人时必须遵守的重要法律之一。当国际货运代理符合《海商法》中承运人或多式联运经营人的条件时,就要履行《海商法》中承运人或多式联运经营人的义务,也同时享有相关的权利;当符合托运人的条件时,也要遵守有关托运人的权利义务规定。

国际货运代理在充当无船承运人时,以承运人的身份同货主签订运输合同,签发自己的运输单证,然后再与实际承运人签订运输合同,实际将货物运至目的地。在国

际货运代理充当无船承运人时，一般会涉及三方当事人：货主、无船承运人、实际承运人。

1. 作为无船承运人的国际货运代理的权利

（1）收取运费及其他费用的权利。如果国际货运代理以承运人身份与货主形成运输合同关系，收取运费就是国际货运代理的一项基本权利。货物在运输过程中灭失，国际货运代理是否仍然具有这项权利呢？对此《海商法》没有规定。《合同法》第314条规定："货物在运输过程中因不可抗力灭失，未收取运费的，承运人不得要求支付运费；已收取运费的，托运人可以要求返还。"因此，如果货物在运输途中灭失，国际货运代理没有向货主主张支付运费的权利。

（2）留置货物的权利。当货主未向作为承运人的国际货运代理支付运费，或者货主没有向国际货运代理支付为其垫付的必要费用以及其他费用且没有提供适当担保的，国际货运代理可以在合理的限度内留置货主的货物。这里有两点需要注意：其一是可以行使留置权的原因很清楚，仅限于因国际货运代理控制下的货物应付的费用未付；其二是行使留置权的限度，即在合理的限度内，如果超过合理的限度，国际货运代理要承担由此引起的对货主的损失。

2. 作为无船承运人的国际货运代理的义务

（1）对托运人的义务。无船承运人作为承运人，承运人应承担的义务，也是无船承运人所应承担的义务，国际货运代理作为无船承运人同样需要承担。但从国际货运代理的实际情况出发，其应该特别注意的义务是在开航以前和开航当时在船舶适航方面做到了谨慎处理；在选择了实际承运人后，与实际承运人确定不得进行不合理的绕航。接管了货物的国际货运代理应当妥善管理货物，即根据货物的特性，采取一切必要措施，使货物在接受后直至交货前保持同样状态。

（2）对实际承运人的义务。无船承运人和实际承运人具有密切的合同关系，通常无船承运人具有双重身份，对货物托运人而言他是承运人，而对于实际承运人而言，他就是货物的托运人。我国《海商法》第42条第2款对实际承运人的界定为："实际承运人是指接受承运人的委托，从事货物运输或部分运输的人，包括接受转委托从事此项运输的其他人。"这里的"委托""转委托"与我国《合同法》中的概念不同，它隐含着承运人以托运人的地位将货物交由他人实施运输的行为，此中所谓的承运人是包括无船承运人在内的。那么对于实际承运人来讲，无船承运人基于与其的合同关系，就处于托运人地位，无船承运人享有托运人的权利的同时，承担托运人的义务。

①明确、如实陈述货物的义务。以托运人身份向承运人订舱时，国际货运代理应明确、如实陈述货物状况。特别是托运危险货物时，应当依照有关海上危险货物运输的规定，妥善包装，做好危险品的标志和标签，并将正式名称和性质以及应当采取的预

防措施书面通知实际承运人,并向实际承运人提供货物。要做到这一点,国际货运代理在接受货主委托时,应特别注意货物的特性。由于货物描述不正确、包装不良对实际承运人造成损失的要负赔偿责任。

②按时支付运费的义务。以托运人身份向承运人订舱后,国际货运代理应按时向实际承运人支付运费,通常预付运费的情况多一些,具体预付或到付要看双方的约定。无船承运人也可以与实际承运人约定运费由收货人支付,但该项约定依据《海商法》第69条规定应当在运输单据中载明。

③办妥货物运输手续的义务。作为托运人的国际货运代理应当及时向港口、海关、检疫、检验和其他主管机关办理货物运输所需的各项手续,并将已办理各项手续的单证交实际承运人。如导致船舶在装货港停留时间延长,因此造成实际承运人的损失,国际货运代理应当负责赔偿。

3. 作为多式联运经营人的权利、义务(见第十章)。

(二) 明确运输合同法律关系的方法和依据

1. 国际货运代理明确运输合同法律关系的方法

(1)签订运输合同,明确与各方的法律关系。国际货运代理应在每一次的货载中,通过签订运输合同,明确与货主、实际承运人的权利、义务与责任。国际货运代理应当根据自己的具体情况,决定需要与货主建立什么样的法律关系。法律的基本精神是权利、义务、责任的统一,在希望取得经济利益的同时,国际货运代理应当考虑是否有承担承运人责任的风险以及承担承运人责任的能力。

(2)规范法律行为,明确自己的法律地位。国际货运代理既可以作为代理人也可以作为当事人身份接受货主委托,完成一次货载。在与长期、稳定的客户的交往中,每次签订一份运输合同不利于提高效率。但是国际货运代理在为一定的法律行为时,应当充分考虑它的法律意义是否与明确法律关系相矛盾。

2. 认定运输合用法律关系的依据

(1)提单上的记载:

①提单上的签章人是运输合同关系中的承运人。作为法律行为的一种,提单签发行为离不开行为人的意思表示,而提单签章无疑是行为人实施提单签发行为的意思表示最有力的证明,其反映的是提单签发关系。提单上关于货物、船舶、托运人、装卸港、签发日期、地点等的记载所表明的是提单签发行为的内容,而提单上的签章所表明的则是提单签发行为的主体。提单签章既是提单签发的必需内容,也是行为人表明身份、决定是否承担该提单责任的主观意志的体现。

在提单签发实践中,虽然有时提单签章并不能反映出签章人的真实意图,但对于提单持有人而言,他事先不可能知道签章人的真实意图,其有权根据提单的外观特别是提单签章的内容来确定,毕竟提单的签章是判断行为人在签发提单时的意思表示的标志和决定性因素。

提单签章是判断提单签发人及其身份的依据,反映的是提单签发关系,提单持有人可以通过提单签章找出为签发的提单负责的人。虽然提单签章仅与提单签发行为本身相关,根据提单签章确定的承运人与原始运输合同的承运人可能不一致,但是,提单作为可以转让的一种运输单据,对善意的持有人来讲,如果要求其在接受转让时了解原始合同的承运人,对他是不利的。

实务中,为出口货物的运输而签订运输合同的情况很少,提单成为运输合同的证明。而造成国际货运代理与各方法律关系不确定的原因恰恰是由于提单签发的多样化和不规范。特别是当国际货运代理签发的提单的记载中出现相互矛盾之处时,法院会根据案件的具体情况做出判决。如果国际货运代理以自己的名义在提单上签章,法院一般直接确定国际货运代理为运输合同关系中的承运人。如果是作为承运人的代理人在提单上签名,必须有明示或默示代理的意思,才能由被代理人承担承运人的义务,否则,由自己承担承运人的责任。提单签发人应能证明他是承运人授权签发提单;或者证明提单持有人知道他是为提单抬头人代理签发提单;或者事后应得到承运人的追认,如得不到提单抬头人的事后追认,则自行承担承运人的责任。另外,提单签章人应举证证明提单上记载的承运人在提单签发时依法存在,否则被认定为承运人。

国际货运代理在签署提单时,应充分考虑自己作为承运人还是作为承运人的代理人签发提单,两者承担的权利、义务、责任不同,应当予以明确。

②提单上记载的托运人是运输合同关系中的托运人。当提单成为确定双方的权利、义务的依据时,提单上记载的托运人是运输合同关系中的托运人。但是在一些特殊的情况下,提单上记载的托运人自己并不知道被记载为托运人,在此情况下,他必须能够举证证明这一点。

3. 法律行为和意思表示

(1)收取运费的人是运输合同关系中的承运人。有时,国际货运代理并没有签发自己的提单,也没有以承运人的代理人的身份签发提单,但是,其一定的法律行为和某些意思表示仍然可以成为被认定为运输合同关系中的承运人的依据,如接受托运后,收取海洋运费,或以自己的提单格式要求货主确认内容等,这些行为使货主有理由相信对方有达成运输合同的意思表示。

(2)实际交货人是运输合同关系中的托运人。实践中,提单上记载的托运人、与承运人签订运输合同的人、实际将货物交付给承运人的人在很多情况下是不一致的,出现法律纠纷时,运输合同关系中当事人的确定成为法院首先面对的问题。

我国《海商法》第42条第(三)项规定:"托运人,是指(1)本人或者委托他人以本人名义或者委托他人为本人与承运人订立海上货物运输合同的人;(2)本人或者委托他人以本人名义或者委托他人为本人将货物交给与海上货物运输合同有关的承运人的人。"第1目可以理解为合同托运人,第2目可以理解为交货托运人。交货托运人是《海商法》根据其实际托运货物的事实或行为而创设,是因法律的强制规定而成为海上运输法律关系的主体。实际交付货物的人依法可以成为运输合同关系中的托运人。

《海商法》规定了两种承运人,即契约承运人和实际承运人,并就契约承运人和实际承运人应分别承担的和连带承担的责任做出了明确规定;同时,《海商法》也规定了交货托运人和合同托运人,却没有就交货托运人和合同托运人的权利、义务、责任划分做出具体规定,而正是这一点与国际货运代理的关系最为密切,法律纠纷也较多,国际货运代理应充分注意这一点,以避免法律纠纷。

案例分析

是否实际控制货物流向与交付应作为综合识别无船承运人的标准之一

原告:扬州天华光电科技有限公司
被告:上海泷特国际物流有限公司

2010年10月,意大利的G公司与原告订立合同,向原告采购总价1 425 000美元的太阳能电池组件(涉案货物),G公司预付了270 000美元,约定剩余款项1 155 000美元凭提单副本交付。原告委托天行健公司安排涉案货物出运事宜。为此,天行健公司向莱士金公司和被告询价,因被告报价较高,最终委托莱士金公司安排向船公司订舱。但由于莱士金公司无法满足原告提出的倒签提单要求,天行健公司再次与被告业务员进行联系,并约定由被告为涉案货物签发无船承运人提单,并通过其意大利代理控制放货环节。双方曾约定被告将对此收取一定费用,但由于此后出现纠纷,该笔费用并未实际支付。天行健公司委托莱士金公司安排向船公司订舱,后莱士金公司委托中远物流向以星航运订舱。11月27日,涉案货物装船。同日,以星航运签发海运提单,载明托运人为原告、收货人为FERT公司。根据天行健公司的指示,莱士金公司将从以星航运取得的全套海运提单寄给了被告,被告据此签发了涉案无船承运人提单,提单日期倒签为2010年11月14日,并载明托运人为原告,收货人为G公司,目的港提货联系人为FERT公司。12月9日,以星航运确认已收回全套正本海运提单,并通知目的港代理无须凭正本提单即可将涉案货物交付海运提单载明的收货人FERT公司。12月24日,涉案货物运抵卸货港意大利热那亚。2011年3月14日,FERT公司将涉案货物放给了G公司。此后,被告与被其称为"意大利代理"的FERT公司进行了多次联系,要求 FERT 公司向收货人施压以促使收货人尽快向原告支付货款,以避免可能的法律责任。

原告诉称,原告是提单载明的托运人并持有全套正本提单,被告应当赔偿其无单放货行为给原告造成的经济损失,即赔偿货款损失 1 155 000 美元及利息损失。

被告辩称,其从未收到或控制过涉案货物,未向船公司订舱,未收取任何费用,仅出借了涉案提单,且签发的提单日期与事实不符,效力存在瑕疵,因此不应当被认定为涉案货物的契约承运人,请求驳回原告的诉讼请求。

思考:
根据被告提供的证据,可以得到一个完整且与被告毫无关系的货物出运链条:原告→天行健公司→莱士金公司→中远物流→以星航运,其中,原告委托天行健公司作为货物出口的货运代理人,天行健公司转委托莱士金公司,莱士金公司通过中远物流向以星航运订舱,涉案货物最终由以星航运实际承运。请判断本案例中的被告是否应被识别为无船承运人。

练习题

(一)名词解释
国际货运代理法律关系

(二)填空
1. 国际货运代理法律关系本质上是国际货运代理主体与其他的民商事主体在民商事活动交往中的权利和义务关系。国际货运代理法律关系由_____、_____、和_____三个要素构成。
2. 对国际货运代理法律地位的识别,通过对_____的解释来判断当事人的意图,从而确定合同当事人法律地位,无疑是最为可行和合理的做法。

(三)单项选择
1.(   )是指法律关系的参加者即在法律关系中享有权利或承担义务的人。
   A. 法律关系的主体   B. 法律关系的客体
   C. 法律关系的内容   D. 法律关系的要素
2.(   )是指权利和义务所指向的对象。
   A. 法律关系的主体   B. 法律关系的客体
   C. 法律关系的内容   D. 法律关系的要素
3.(   )是指法律关系主体间在一定条件下依照法律规定或约定所享有的权利和承担的义务。
   A. 法律关系的主体   B. 法律关系的客体
   C. 法律关系的内容   D. 法律关系的要素
4. 当国际货运代理以委托人名义行为时,国际货运代理合同基础为(   )。
   A. 行纪合同   B. 委托合同   C. 货运合同   D. 运输合同
5. 当国际货运代理以自己的名义行为时,若是从事行纪活动为行纪人身份,相应的合同基础为

（　　）。

  A. 行纪合同　　　　B. 委托合同　　　　C. 货运合同　　　　D. 运输合同

6. 当国际货运代理以自己的名义行为时，若是从事贸易运输活动为当事人身份，相应的合同基础为（　　）。

  A. 行纪合同　　　　B. 委托合同　　　　C. 货运合同　　　　D. 运输合同

7. 以下情形中，能认定国际货运代理是当事人身份的是（　　）。

  A. 国际货运代理收取了佣金

  B. 通过合同条款的解释来判断当事人的意图，从而确定合同当事人法律地位

  C. 为货主向承运人订舱并代向海关报关

  D. 为货主向承运人垫付了运费

8. 在英美法系国家，国际货运代理的法律地位以代理的概念为基础，是（　　）。

  A. 由《海牙规则》的规定来确定

  B. 由《国际货物销售代理公约》的规定来确定

  C. 由《商法典》的规定来确定

  D. 由判例产生的

9. 委托关系中，国际货运代理要信守诚实的原则，运用其具有的专门技能、经验和信息，勤勉地、谨慎地履行其代理职责，并只为货主的利益而服务，拒绝双重代理的行为。这是指国际货运代理的（　　）。

  A. 负有诚信、谨慎的义务　　　　　　B. 亲自完成指示的义务

  C. 直接承担对第三人的义务　　　　　D. 负有披露义务

10. 根据我国《合同法》第403的规定，国际货运代理在以自己的名义与承运人订立合同时，因承运人的原因对货主不履行合同义务时或因货主的原因对承运人不履行义务时，国际货运代理应当披露承运人或货主。这是指国际货运代理的（　　）。

  A. 负有诚信、谨慎的义务　　　　　　B. 亲自完成指示的义务

  C. 直接承担对第三人的义务　　　　　D. 负有披露义务

（四）多项选择

1. 在委托合同法律关系中，国际货运代理人（受托人）应履行如下基本义务：（　　）。

  A. 依照委托人的指示处理委托事务的义务

  B. 除非有特殊情况的存在，国际货运代理人应当承担亲自处理委托事务的义务

  C. 应当按照委托人的要求将情况报告给委托人

  D. 因处理委托事务而取得的财产或其他利益应当移交给委托人

  E. 作为信赖关系的重要体现，不管何种情况都要亲自处理委托事务的义务

2. 委托代理关系中国际货运代理对货主的权利包括（　　）。

  A. 根据委托合同取得佣金的权利　　　B. 要求偿还垫付费用的权利

  C. 收取运费及其他费用的权利　　　　D. 亲自完成指示的权利

  E. 留置货物的权利

3. 根据《管理规定实施细则》的规定，作为独立经营人的国际货运代理的法律特征包括（　　）。

  A. 接受进出口货物收货人、发货人或代理人的委托

  B. 可以签发运输单证

C. 有义务履行运输合同,承担承运人的责任
D. 收取运费以及服务费。
E. 以委托人的名义行事

4. 委托关系中,国际货运代理对第三人的义务包括(　　)。
   A. 负有诚信、谨慎的义务　　　　　B. 亲自完成指示的义务
   C. 交付货物的义务　　　　　　　　D. 负有披露义务
   E. 直接承担对第三人的义务

5. 委托关系中,国际货运代理对货主的义务包括(　　)。
   A. 负有诚信、谨慎的义务　　　　　B. 亲自完成指示的义务
   C. 交付货物的义务　　　　　　　　D. 负有披露义务
   E. 直接承担对第三人的义务

(五)简答

1. 简述国际货运代理法律关系的三个要素。
2. 简述国际货运代理涉及的法律关系。
3. 简述国际货运代理法律地位的识别标准。

第六章 国际货运代理责任及责任保险

学习目的

熟悉国际货运代理责任的内容
了解国际货运代理的责任限制和除外责任
理解责任保险的概念,熟悉责任保险的标的和特征
理解责任保险合同,了解责任保险的第三人
了解国际货运代理的责任风险
熟悉国际货运代理责任保险的内容
了解国际货运代理责任保险的方式及渠道
了解国际货运代理责任保险的除外责任及赔偿

基本概念

责任保险　责任保险合同

第一节　国际货运代理责任

有关国际货运代理的责任、责任限制及除外责任等内容是非常具体的,它们通常体现在有关的国际公约、标准交易条件(由各国货运代理协会制定)或合同条款之中。

一、国际货运代理的责任

国际货运代理的责任,是指国际货运代理作为代理人(As An Agent)和当事人(As A Principal)两种情况时的责任。国际货运代理的法律责任似乎很复杂,因为它

们实际上起着两种不同的法律作用,即代理人和当事人,而且它们的活动范围本质上已超越国境,却没有一个国际公约来明确规定其活动范围,然而各国法律又仅能管辖本国自己的活动而不能管辖他国的活动,因此导致许多法律相互冲突。

(一)国际货运代理作为代理人的责任

国际货运代理作为代理人时的责任是指货运代理只对其本身(在履行义务过程中)的过失及其雇员的过失负责,而一般不对如运输公司、分包人等第三方的行为、疏忽负责,除非其对第三方的行为负有法律责任。从国际货运代理的传统地位讲,作为纯粹的代理人,通常应对其本人及其雇员的过错承担责任。其错误和疏忽包括:未按指示交付货物;尽管得到指示,办理保险仍然出现疏忽;报关有误;运往错误的目的地;未能按必要的程序取得再出口(进口)货物退税;未取得收货人的货款而交付货物。国际货运代理还应对其经营过程中造成第三人的财产灭失或损坏或人身伤亡承担责任。如果国际货运代理能够证明其对第三人的选择做到了合理的谨慎,那么其一般不承担因第三人的行为或不行为引起的责任。

(二)国际货运代理作为当事人的责任

国际货运代理作为当事人的责任指国际货运代理不但对本身和雇员的过失负责,而且应对其在为客户提供所需的服务中的其他方面的过失负责。也就是说,国际货运代理作为当事人,在为客户提供所需的服务中,应以其本人的名义承担责任,并应对其履行国际货运代理合同而雇用的承运人、分货运代理的行为或不行为负责。一般而言,作为当事人的国际货运代理,与客户接洽的是服务的价格,而不是收取代理手续费。比如,当国际货运代理提供混装或多式联运服务,或者亲自从事公路运输,尤其当国际货运代理以委托人的身份提供多式联运服务时,作为国际货运代理的标准交易条件中的纯粹代理性质的条款就不再适用了,国际货运代理的合同义务受其所签发的多式联运提单条款的制约,即使此时其本人并不拥有船舶或其他运输工具,也将作为多式联运经营人,对全程负责,承担承运人的全部责任。

根据各国法律对货运代理所下的定义以及所规定的业务范围,按其责任范围的大小,原则上可分为三种情况:第一种情况,作为国际货运代理,仅对其自己的错误和疏忽负责;第二种情况,作为国际货运代理,不仅对其自己的错误和疏忽负责,还应使货物完好地抵达目的地,这就意味着其应承担承运人的责任和造成第三人损失的责任;第三种情况,国际货运代理的责任取决于合同条款的规定和所选择的运输工具等。例如 FIATA 规定:国际货运代理仅对属于其本身或其雇员所造成的过失负责。如其在选择第三人时已恪尽职守,则对于该第三人的行为或疏忽不负责任。如能证明其未做到恪尽职守,其责任应不超过与其订立合同的任何第三人的责任。正是由于各国的法律规定不同,要求国际货运代理所承担的责任就大不相同了。

另外,也有的国家将国际货运代理的责任具体划分为:

1. 国际货运代理作为代理人的责任。国际货运代理只对其本身(在履行义务过程中)的过失及其雇员的过失负责,一般不对如运输公司、分包人等第三人的行为、疏忽负责,除非其对第三人的行为负有法律责任。

2. 国际货运代理对海关的责任。有报关权的国际货运代理在替客户报关时应遵守海关的有关规定,向海关当局及时、正确、如实申报货物的价值、数量和性质,以免政府遭受税收损失。同时,如报关有误,国际货运代理将会遭到罚款的惩罚,并难以从客户那里得到此项罚款的补偿。

3. 国际货运代理对第三人的责任。多指对装卸公司、港口当局等参与货运的第三人提出的索赔承担的责任。这类索赔可分为两大类:(1)第三人财产的灭失或损坏,及由此产生的损失;(2)第三人的人身伤亡,及由此产生的损失。

4. 国际货运代理作为当事人的责任。作为当事人,国际货运代理不仅对其本身和雇员的过失负责,而且应对在履行与客户所签合同的过程中提供的其他服务的过失负责。其责任为:(1)对客户的责任,主要表现在三个方面:①大部分情况属于对货物的灭失或残损的责任。②因职业过失,尽管既非出于故意也非由于粗心,但给客户造成了经济损失。例如:不按要求运输;不按要求对货物投保;报关有误造成延误;运货至错误的目的地;未能代表客户履行对运输公司、仓储公司及其他代理人的义务;未收回提单而放货;未履行必要的退税手续再出口;未通知收货人;未收取现金费用而交货;向错误的收货人交货。③迟延交货,尽管按惯例货运代理一般不确保货物到达日期,也不对迟延交货负责,但目前的趋势是对过分的延误要承担适当的责任,此责任限于被延误货物的运费或两倍运费。(2)对海关的责任(见上述第 2 条)。(3)对第三人的责任(见上述第 3 条)。

二、国际货运代理的责任限制

国际货运代理在对其过失或疏忽承担责任的同时也享有责任限制。责任限制是一项特有的法律制度,即依据法律的有关规定,责任人将其赔偿责任限制在一定范围内的法律制度。

在国际货物运输中,往往会由于责任人(如船长、船员或货运代理)的过失造成货物的损害,或造成第三人的重大财产损失。这种损害或损失常常是严重的,涉及的索赔金额也是巨大的,有时甚至会超过货物本身的价值、船舶的价值。为了保护本国的航运业,各国通常将这种赔偿责任用法律加以限制。国际货运代理与承运人一样,均有权将其责任限制在合理的限额内。当国际货运代理为承运人时,则享受有关承运人的责任限制。承运人的责任限制适用于对船上货物的损害赔偿,即基于合同关系产生的赔偿责任。这种责任限制一般是按照损失一件货物或一个货运单位（如一个集装箱）来确定赔偿限额。承运人的责任限额可以由合同当事人在法律规定的限额之上另行约定。在标准交易条件中，通常规定国际货运代理的最高赔偿限额，无论在何种情况下，其赔偿限额都不得超过国际货运代理在接收货物时货物的市价。各国有关国际货运代理的责任和责任限制的规定是不一致的，是采取严格的责任方式，还是采取只对过失或疏忽负责，其赔偿限额如何确定等，则完全取决于每宗案件中所涉及的法律和合同的规定。但是，许多国家有关货物运输的法律，尤其是有关货运代理的法律是很不完备的，多数情况下，只有一些原则性的规定。

FIATA推荐的标准交易条件范本成为各国制定本国标准交易条件的总原则。根据该原则，英国货运代理协会标准交易条件规定：赔偿限额为2SDR/千克（毛重），每宗案件最高赔偿限额不超过75 000SDR；德国货运代理协会标准交易条件规定：赔偿限额为3.75德国马克/千克（毛重），每宗案件最高赔偿限额不超过3 750德国马克；新加坡货运代理协会标准交易条件规定：赔偿限额5新加坡元/千克，每宗案件最高赔偿限额不超过10万新加坡元；马来西亚货运代理协会标准交易条件规定：赔偿限额为5马来西亚林吉特/千克，每宗案件最高赔偿限额不超过10万马来西亚林吉特/千克；印度货运代理协会标准交易条件规定：赔偿限额为15印度卢比/千克，每宗案件最高赔偿限额不超过15 000印度卢比；《北欧货运代理协会储运、代理总条款》规定：赔偿限额为每千克分别按65丹麦克朗、40芬兰马克、60挪威克朗、50瑞典克朗赔偿，每宗案件最高赔偿限额分别不超过65 000丹麦克朗、40 000芬兰马克、60 000挪威克朗、50 000瑞典克朗。

由于我国至今没有这方面的法律法规，委托代理运输合同中一般也无规定，因此，无法明确我国国际货运代理能否享受责任限制。根据FIATA推荐的范本以及许多国家的做法，我国应就货运代理的赔偿责任原则和赔偿责任限制做出规定，这有利于平衡货主及货运代理的利益，保护货运代理的合理经济利益。

三、国际货运代理的除外责任

除外责任，又称免责，系指根据国家法律、国际公约、运输合同的有关规定，责任人免于承担责任的事由。国际货运代理与承运人一样享有除外责任。我国《海商法》第51条规定，在责任期间货物发生的灭失或者损坏是由于下列原因之一造成的，承运人不负赔偿责任：

(1) 船长、船员、引航员或者承运人的其他受雇人在驾驶船舶或者管理船舶中的过失；

(2) 火灾，但是由于承运人本人的过失所造成的除外；

(3)天灾,海上或者其他可航水域的危险或者意外事故;

(4)战争或者武装冲突;

(5)政府或者主管部门的行为、检疫限制或者司法扣押;

(6)罢工、停工或者劳动受到限制;

(7)在海上救助或者企图救助人命或者财产;

(8)托运人、货物所有人或者他们的代理人的行为;

(9)货物的自然特性或者固有缺陷;

(10)货物包装不良或者标志欠缺、不清;

(11)经谨慎处理仍未发现的船舶潜在缺陷;

(12)非由于承运人或者承运人的受雇人、代理人的过失造成的其他原因。

承运人依照前款规定免除赔偿责任的,除第(2)项规定的原因外,应当负举证责任。

《海牙规则》和《海牙—维斯比规则》规定了17项免责事由。《海牙规则》第4条规定,不论承运人或船舶,对由于下列原因引起或造成的灭失或损坏,都不负责:

(1)船长、船员、引水员或承运人的雇佣人员,在航行或管理船舶中的行为、疏忽或不履行义务;

(2)火灾,但由于承运人的实际过失或私谋所引起的除外;

(3)海上或其他通航水域的灾难、危险和意外事故;

(4)天灾;

(5)战争;

(6)公敌行为;

(7)君主、当权者或人民的扣留或管制,或依法扣押;

(8)检疫限制;

(9)托运人或货主、其代理人或代表的行为或不行为;

(10)局部或全面罢工、关厂停止或限制工作;

(11)暴动和骚乱;

(12)救助或企图救助海上人命或财产的行为;

(13)由于货物的固有缺点、性质或缺陷引起的体积和重量亏损,或任何其他灭失或损坏;

(14)包装不善;

(15)标志不清或不当;

(16)恪尽职责亦不能发现的潜在缺点;

(17)非由于承运人的实际过失或私谋,或者承运人的代理人,或雇佣人员的过失或疏忽所引起的其他任何原因,但是要求引用这条免责利益的人应负责举证,证明有关的灭失或损坏既非由于承运人的实际过失或私谋,亦非承运人的代理人或雇佣人员的过失或疏忽所造成。

对于国际货运代理,其除外责任,通常规定在国际货运代理标准交易条件或与客户签订的合同中,归纳起来可包括以下7个方面:

(1)客户的疏忽或过失所致;
(2)客户或其代理人在搬运、装卸、仓储和其他处理中所致;
(3)货物的自然特性或潜在缺陷所致,如:由于破损、泄漏、自燃、腐烂、生锈、发酵、蒸发或由于对冷、热、潮湿的特别敏感性;
(4)货物的包装不牢固、缺乏或不当包装所致;
(5)货物的标志或地址的错误或不清楚、不完整所致;
(6)货物的内容申报不清楚或不完整所致;
(7)不可抗力所致。

尽管有上述免责条款的规定,国际货运代理仍须对因其自己的过失或疏忽而造成的货物灭失、短少或损坏负责。如果另有特殊约定,货运代理还应对货币、证券或贵重物品负有责任。

另外,一旦当局下达关于某种货物(危险品)的唛头、包装、申报等的特别指示时,客户有义务履行其在这些方面应尽的职责。客户不得让其货运代理对由于下列事实产生的后果负责:

(1)有关货物的说明不正确、不清楚或不全面;
(2)货物包装、刷唛和申报不当等;
(3)货物在卡车、车厢、平板车或集装箱的装载不当;
(4)货运代理不能合理预见到的货物内在的危险。

如果国际货运代理作为发运人或租船人须向海运承运人支付与客户货物有关的共同海损分摊或由于上述情况涉及第三人责任,客户应使国际货运代理免除此类索赔和责任。由于上述原因引致的共同海损分摊、救助费用,以及对第三人造成的损害赔偿均由委托人负责。此外,委托人还应给予国际货运代理在执行合同中的有关指示,如货物在仓储期间有可能对生命财产或周围环境造成威胁或损害时,委托人有责任及时予以转移。委托人对国际货运代理征询有关业务或处理意见时,必须予以答复,对要求国际货运代理所做的工作也应及时给予各种明确的指示。如因指示不及时或不当而造成的损失,国际货运代理不承担任何责任。凡因此项委托引起的一切费用,除另有约定,均应按合同的规定及时支付。

第二节　国际货运代理责任保险

一、责任保险制度的一般理论

（一）责任保险的概念、标的和特征

1. 责任保险的概念

我国《保险法》第 49 条第 2 款规定："责任保险是指以被保险人对第三者依法应负的赔偿责任为保险标的保险。"依照责任保险合同，投保人（被保险人）按照约定向保险人支付保险费，在被保险人致人损害而应当承担赔偿责任时，由保险人按照保险单约定承担给付保险赔偿金的义务。因责任保险以被保险人对第三人的赔偿责任为标的，以填补被保险人对第三人承担赔偿责任所受损失为目的，所以又称为第三人保险或者第三者责任保险。责任保险不仅有助于消除被保险人承担的经济上的损失危险而具有利用价值，同时，其还有一个主要的益处，即责任保险可以使被保险人免受因必须抗辩受害人提出的各种形式的索赔而不得不承受的紧张、不便和劳顿。

2. 责任保险的标的

责任保险的标的，为被保险人依法应对第三人承担的损害赔偿责任。被保险人对第三人承担的赔偿责任，除非被保险人故意所为，对被保险人而言，赔偿责任的承担属于非其所愿、所求的意外事件，而该意外事件必然会造成被保险人在经济上有所付出而受到不利的损失。

3. 责任保险的特征

责任保险为财产保险的一种，性质上为填补损害的保险，适用损害填补原则。受损害填补原则支配的财产保险，以补偿被保险人发生的财产损失或者经济损失为唯一目的，被保险人没有损失不能取得任何赔偿；保险人对被保险人承担的责任，以保险单约定的保险金额为限，并不得超过被保险人实际发生的损害；对被保险人发生的保险责任范围内的损失应当负损害赔偿责任的第三人，保险人在承担保险责任后，对其有代位求偿权。但是，责任保险以被保险人对受害人承担的赔偿责任为标的，与以有形财产或者利益为标的财产保险有差别，以有形财产或者利益为标的的财产保险，纯粹为被保险人本人的利益而存在，而责任保险尚须为第三人的利益而存在。因此，责任保险在财产保险的基础上又有所发展，使其区别于普通的财产保险，而具有以下特征：

（1）财产保险以填补被保险人的损害为目的，实行损害填补原则。而责任保险并非纯粹的填补损害的保险，其保险人向被保险人给付保险赔偿金的责任，不以被保险人实际向受害人给付赔偿金而受到实际损失为条件。

(2)责任保险为限额保险,不论保险合同是否有所约定,保险人对被保险人承担的给付责任,以被保险人所受的损害为最高限额。

(3)责任保险人代被保险人向受害人承担替代赔偿责任,而替代赔偿责任并非保险人对受害人所承担的直接赔偿责任。一般而言,受害人对保险人没有直接请求损害赔偿的权利。但是,责任保险的发展使得其具有保护受害人的赔偿利益的公益性,受害人可以依照保险合同的约定或者法律的规定,享有并取得被保险人在责任保险合同项下的利益,请求保险人承担给付保险赔偿金的责任,保险人也可以直接向受害人支付保险赔偿金。

(4)责任保险的标的特殊。责任保险的标的为被保险人对第三人应当承担的损害赔偿责任,但并非所有的损害赔偿责任均可以为责任保险的标的。被保险人对第三人的人身或财产免受损害没有直接的利益,其向保险人寻求化解的损失并非因为"事故"造成的第三人的人身损害或者财产损失,而是被保险人在因为"事故"造成第三人人身损害或者财产损失的场合,应当对该损害或者损失承担的民事责任。

(5)责任保险性质上为第三人保险。第三人对被保险人的赔偿请求,是责任保险合同得以成立和存在的基础。若没有第三人的存在,被保险人的损害赔偿责任无从发生,也无责任保险的适用。也就是说,责任保险合同相当程度上,是为第三人的利益而订立的保险合同。

(6)责任保险人对被保险人向受害人承担赔偿责任后,可以代位被保险人向造成被保险人承担赔偿责任而应当负责的其他共同加害人或准加害人要求赔偿。

(二)责任保险合同与责任保险的第三人

1. 责任保险合同

责任保险合同是投保人以被保险人对第三人的赔偿责任为标的,与保险人协商订立的保险合同。依照责任保险合同的约定,投保人对保险人承担交纳保险费的义务,在被保险人对第三人应当承担赔偿责任时,保险人按照保险单的约定对被保险人承担给付保险赔偿金的责任。

(1)责任保险合同的效力基础。契约自由、保险利益和诚实信用对责任保险合同的效力具有基础评价意义;违反契约自由、保险利益以及诚实信用原则,责任保险合同无效或不得被强制执行,即使发生保险单约定的保险责任范围内的事故,保险人也不承担保险责任。

(2)责任保险合同的当事人和关系人。责任保险合同的当事人,是指订立责任保险合同并承担合同所约定的义务的人,其中包括责任保险合同保险人和责任保险合同投保人。责任保险合同的保险人又称承保人,是依照责任保险合同的约定收取责任保险费,在被保险人致人损害的赔偿责任发生而属于保险责任范围时,对被保险人承担给付保险赔偿金责任的保险公司。责任保险合同的投保人又称为要保人,是指与保险人订立责任保险合同,并依照保险合同承担交纳保险费义务的人。责任保险合同的投保人可以为被保险人本人,也可以为被保险人以外的第三人。

责任保险合同的关系人,是指享受责任保险合同所约定的权利或利益而相应承担义务的人,其中包括责任保险合同被保险人和第三受益人。被保险人和第三受益人是责任保险合同所约定的保险给付利益的承受者。被保险人以其对第三人的赔偿责任受保险保障,对保险人享有保险金给付请求权。被保险人因保险责任范围以外事故而应当承担赔偿责任时,有权请求保险人承担赔偿责任。责任保险合同的被保险人,不以被保险人本人为限,包括被保险人的家庭成员、代理人或者管理被保险人事务的人。第三受益人是指依照法律规定或责任保险合同的约定,对保险人的请求给付保险赔偿金的受害人(第三人)。投保人(被保险人)和保险人可以在保险合同中为第三人设定权利,而约定为第三人利益的责任保险合同。责任保险的第三受益人,依照法律规定或合同约定对保险人享有保险赔偿金给付请求权,但其并非订立保险合同时特定化的关系人。

2.责任保险的第三人

责任保险为第三人保险,具有第三人性。责任保险的第三人,是指责任保险单约定的当事人和关系人以外的、对被保险人享有赔偿请求权的人。除非责任保险合同对第三人的赔偿利益已有约定或者法律已有规定,责任保险的第三人对责任保险合同的缔结无任何的意思表示,仅对被保险人因其致人损害而享有赔偿请求权,因合同的相对性而不受责任保险合同的直接保障。责任保险可以为第三人约定利益,但不得有损害第三人的任何权利之约定。在被保险人失去偿付能力的情形下,第三人的赔偿利益唯有依靠责任保险才能获得满足。责任保险人在被保险人丧失清偿能力时,试图规避保险责任的任何约定均不具有法律效力。责任保险的第三人以保险合同约定的保险责任范围内的事故而受害的第三人为限,但保险单约定而排除的被保险人以外的人不在此限。

二、国际货运代理责任保险制度

国际货运代理的责任保险,通常是为了弥补国际货物运输方面所带来的风险损失,而这种风险不仅来源于运输本身,而且来源于完成运输的许多环节当中,如运输合同、仓储合同、保险合同的签订、操作、报关、管货、向承运人索赔和保留索赔权的合理程序、签发单证、付款手续等。上述经营项目一般都是由国际货运代理来履行的。一个错误的指示、一个错误的地址,往往都会给国际货运代理带来非常严重的后果和巨大的经济损失。因此,国际货运代理有必要投保自己的责任险。另外,当国际货运代理以承运人身份出现时,不仅有权要求合理的责任限制,而且其经营风险还可通过投保责任险而获得赔偿。

(一) 国际货运代理的责任风险

从国际货运代理的法律责任和业务范围可以看出,国际货运代理所承担的责任风险主要产生于以下三种情况。

1. 国际货运代理自身的过失。国际货运代理未能履行代理义务,或在使用自有运输工具进行运输出现事故的情况下,无权向任何人追索。

2. 分包人的过失。在"背对背"签约的情况下,责任的产生往往是由于分包人的行为或遗漏,而国际货运代理没有任何过错。此时,从理论上讲国际货运代理有充分的追索权,但复杂的实际情况却使其无法全部甚至部分地从责任人处得到补偿,如海运(或陆运)承运人破产。

3. 保险责任不合理。在"不同情况的保险"责任下,单证不是"背对背"的,而是规定了不同的责任限制,从而使分包人或责任小于国际货运代理或免责。

上述三种情况所涉及的风险,国际货运代理都可以通过投保责任险,从不同的渠道得到保险的赔偿。

(二) 国际货运代理责任保险的内容

国际货运代理投保责任险的内容,取决于因其过失或疏忽所导致的风险损失。责任保险的主要内容包括以下内容。

1. 错误与遗漏。例如,虽有指示但未能投保或投保类别有误;迟延报关或报关单内容缮制有误;发运到错误的目的地;选择运输工具有误;选择承运人有误;再次出口未办理退还关税和其他税务的必要手续保留向船方、港方、国内储运部门、承运单位及有关部门追偿权的遗漏;不顾保单有关说明而产生的遗漏;所交货物违反保单说明。

2. 仓库保管中的疏忽。在港口或外地中转库(包括货运代理自己拥有的仓库或租用、委托暂存其他单位的仓库、场地)监卸、监装和储存保管工作中代运的疏忽过失。

3. 货损货差责任不清。在与港口储运部门或内地收货单位各方接交货物时,数量短少、残损责任不清,最后由国际货运代理承担的责任。

4. 迟延或未授权发货。部分货物未发运;港口提货不及时;未及时通知收货人提货;违反指示交货或未经授权发货;交货但未收取货款(以交货付款条件成交时)。

(三) 国际货运代理责任保险的方式及渠道

1. 国际货运代理责任保险的主要方式

国际货运代理投保责任险时,主要有以下几种方式供选择,即有限责任保险、完全法律责任保险、最高责任保险、集体保险制度。国际货运代理根据自己的情况,选择适合自己的方式进行投保。

(1)国际货运代理的有限责任保险。国际货运代理仅按其自身规定的责任范围对其有限责任投保,国际货运代理的有限责任保险主要分三种类型:

①根据国际货运代理协会标准交易条件确定的国际货运代理责任范围,国际货运代理可选择只对其有限责任投保。

②国际货运代理也可接受保险公司的免赔额,这将意味着免赔额部分的损失须由国际货运代理承担。保单中订立免赔额条款的目的是:一方面,使投保人在增强责任心、减少事故发生的同时,从中享受到缴纳较低保险费的好处;另一方面,保险人可避免处理大量的小额赔款案件,节省双方的保险理赔费用,这对双方均有益。免赔部分越大,保险费越低,但对投保人来说却存在下述风险,即对低于免赔额的索赔,均由国际货运代理支付,这样当其面对多起小额索赔时,就会承担总额非常大的损失,而且有可能根本无法从保险人处得到赔偿。

③国际货运代理还可通过缩小保险范围来降低其保险费,只要过去的理赔处理经验证明这是合理的。但意料之外的超出范围的大额索赔可能会使其蒙受巨大损失。

(2)国际货运代理的完全法律责任保险。国际货运代理按其所从事的业务范围、应承担的法律责任进行投保。根据国际货运代理协会标准交易条件确定的国际货运代理责任范围,国际货运代理可以选择有限责任投保,也可以选择完全责任投保。但有的国家的法院对国际货运代理协会标准交易条件中有关责任的规定不予认定,所以国际货运代理进行完全法律责任保险是十分必要的。

(3)国际货运代理的最高责任保险。在某些欧洲国家,一种被称为 SVS 和 AREX 的特种国际货运代理责任保险体制被广泛采用。在这种体制下,对于超过确定范围以外的责任,国际货运代理必须为客户提供"最高"保险,即向货物保险人支付一笔额外的保险费用。这种体制尽管对国际货运代理及客户都有利,但目前仅在欧洲流行。

(4)国际货运代理的集体保险制度。在某些国家,国际货运代理协会设立了集体保险制度,向其会员组织提供责任保险。这种集体保险制度既有利也有弊。其优点是使该协会能够代表其成员协商而得到一个有利的保险费率;并使该协会避免要求其成员进行一个标准的、最小限度的保险,并依此标准进行规范的文档记录。这种制度的缺点是,一旦推行一个标准的保险费率,就等于高效率的国际货运代理对其低效率的同行进行补贴,从而影响其改进风险管理、索赔控制的积极性;同时使其成员失去协会的内部信息,而该信息可能为竞争者所利用。

2. 国际货运代理责任保险的主要渠道

国际货运代理主要通过四种渠道投保其责任险:(1)所有西方国家和某些东方国家的商业保险公司,可以办理国际货运代理责任险;(2)伦敦的劳埃德保险公司,通过辛迪加体制,每个公司均承担一个分保险,虽然该公司专业性很强,但市场仍分为海事与非海事,并且只能通过其保险经纪人获得保险;(3)互保协会也可以投保责任险,这是一个具有共同利益的运输经纪人,为满足其特殊需要而组成的集体性机构;(4)通过保险经纪人(其自身并不能提供保险),可为国际货运代理选择可承保责任险的保险公司,并能代表国际货运代理与保险人进行谈判,还可提供损失预防、风险管理、索赔程序等方面的咨询,并根据国际货运代理协会标准交易条件来解决国际货运代理的经纪、货运、保险及法律等问题。

(四)国际货运代理责任保险的除外责任及赔偿

1. 国际货运代理责任保险的除外责任

国际货运代理的责任虽然可以通过投保责任险将风险事先转移,但投保了责任险并不意味着保险公司将承保所有的风险。因为事实上保单中往往有除外条款,即保险公司不予承保事项的条款;另外,保单中往往还订有诸如投保人若未尽其义务,保险公司则不予赔偿等条款。国际货运代理责任保险的除外条款和限制通常应包括:

(1)在承保期间以外发生的危险或事故不予承保。

(2)索赔时间超过承保条例或法律规定的时效。

(3)保险合同或保险公司条例中所规定的除外条款及不在承保范围内的国际货运代理损失。

(4)违法行为造成的后果,例如:运输毒品、枪支、弹药、走私物品或一些国家禁止的物品。

(5)蓄意或故意行为,例如:倒签提单、预借提单引起的损失。

(6)战争、入侵、外敌、敌对行为(不论是否宣战)、内战、叛乱、军事或武装侵占、罢工、停业、暴动、骚乱、戒严和没收、充公、征购等的任何后果,以及为执行任何政府、公众或地方权力机构的指令而造成的任何损失或损害。

(7)任何由核燃料或核燃料爆炸所致核废料产生的离子辐射或放射性污染所导致、引起或可归咎于此的任何财产灭失、摧毁、毁坏或损失及费用,不论直接或间接,还是作为其后果损失。

(8)超出保险合同关于赔偿限额规定的部分。

(9)事先未征求保险公司的意见,擅自赔付对方,也可能从保险公司得不到赔偿或得不到全部赔偿。例如:当货物发生残损后,国际货运代理自认为是自己的责任,未征求保险公司的意见,自作主张赔付给对方。如事后证明不属或不完全属国际货运代理的责任,保险公司将不承担或仅承担其应负责的部分损失。当然,不同险别对除外责任的规定是不一样的。

2. 国际货运代理责任保险的赔偿

国际货运代理投保责任险后,既可以使委托人较快地得到合理的赔偿,又能使国际货运代理提高服务质量,对委托人和国际货运代理都十分有益。国际货运代理从保险公司获得的赔偿与其所签订的保单条款有关。通常国际货运代理责任险的投保与赔偿大体可分为三种情况：

(1)国际货运代理以国际货运代理协会标准交易条件中所规定的责任限制条款为基础投保时,只能获得其责任限制的赔偿。

(2)国际货运代理虽采用该标准交易条件,但要求保险公司承保其全部责任则可获得全责险的赔偿(此时,不考虑该标准交易条件中所列明的责任限制)。

在上述两种情况下,虽然保费是国际货运代理支付的,但该保费已包含在国际货运代理向委托人所收取的服务费中。一般来说,委托人没有向保险公司直接请求赔偿的权利,然而当国际货运代理破产时,保险公司只要承保了上述责任险,委托人就可以从保险公司得到赔偿。这种责任险与承运人投保的责任险相类似。

(3)委托人投保货物运输过程的全部风险,其中包括由于国际货运代理的过失或疏忽所引起的损失的风险时,有权直接向保险公司进行索赔,因为它是投保的当事人。此时,保险公司不得援用国际货运代理所采用的标准交易条件中的责任限制条款。

国际货运代理责任险的上述三种赔偿情况,无不与投保人缴纳的保费有直接的关系。一般来说,缴纳的保费越多,承保的责任范围越大,赔偿的金额也就越高;反之,缴纳的保费越少,承保的责任范围越小,赔偿的金额也就越低。因此,国际货运代理须根据自己业务的性质、范围、责任之大小以及有关的法律与保险公司商讨制定出一个理想的保单,用以维护双方的合法权益。

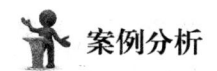

案例分析

概括性委托合同中货运代理人的责任认定

原告：铜陵市双峰塑料有限责任公司
被告：安徽国际货物运输公司铜陵分公司
第三人：万丰国际货运代理(广州)有限公司上海分公司

原告诉称:2006年9月27日,原告将10 000条集装袋报关并运输至刚果利卡西的业务委托被告办理。随后,被告与第三人万丰公司签订合同,将同样的业务委托万丰公司办理。2006年10月11日,货物从上海启运,但因第三人原因,仍有4 000条集装袋未运达目的地,给原告在经济和商誉上造成极大损失。为此,原告请求依法判令被告和第三人连带赔偿原告37 200美元(包括4 000条集装袋的货款损失32 000美元和4 000条集装袋的运费5 200美元)和退税损失人民币26 961元。诉讼费用由被告和第三人承担。

被告辩称：被告与万丰公司签订了《报关运输代理协议》，并向其支付了相关费用，由于万丰公司不履行职责而产生的损失应由万丰公司承担。

第三人辩称：根据合同相对性原则，其不属于原、被告之间合同的相对人，并且原告的损失没有事实依据。

一审查明的事实：2006年9月27日，原、被告签订《报关运输代理协议书》，约定被告接受原告的委托办理货物的进出口业务，包括货物进出口运输订舱、配载、报关、装船、交接货物及邮寄相关单证。货物出运后被告负责将承运人签发的提单等结汇文件转交原告或凭原告的保函办理电放提单等事宜。原告将货物运至被告指定的上海港区后，由此直至货物报关、海运、清关、运送至利卡西的全程操作由被告负责。费用以传真确认为准，货到德班付清海运费和清关费用，货到工厂接收后付清其余款项。此后，被告与第三人签订了有同样委托内容的《报关运输代理协议书》，并将货物报关、海运、德班清关并运至利卡西的全程业务操作交第三人负责。2006年9月15日，原告向被告书面确认涉案业务的费用为13 000美元，并已实际支付。2006年10月30日，被告向第三人书面确认涉案业务的费用为11 000美元和人民币2 945元，也支付了确认的费用。

2006年10月11日，10 000条集装袋货物顺利从上海港报关出口，地中海航运公司为承运人。出口货物报关单上记载的经营单位和发货单位均为原告，运抵国刚果，成交方式CIF，货物总价80 000美元。

2006年12月26日，第三人致函被告，告知被告委托出运的货物将被安排于2007年1月5日由约翰内斯堡出运至利卡西，预计到达日为2007年1月20日。其中6 000条集装袋已运达目的地并被收货人提取，但剩余4 000条集装袋未按约运达目的地。庭审中，第三人对4 000集装袋货物迟延运达目的地的事实予以确认，但抗辩称货物到达德班后已通过陆路运输运抵目的地，尚未交付收货人系原告未缴清关税所致，但未就此节陈述提供任何证据证明。

思考：

委托人明知受托人与第三人签订内容相同的合同而未表示反对的，能否认定转委托成立？贸易合同中买卖双方对国际贸易术语的约定对全程委托合同中委托人损失的认定是否产生影响？

练习题

（一）名词解释

责任保险　责任保险合同

(二)填空

1. 责任保险的标的,为被保险人依法应对第三人承担的_____。
2. _____、_____和_____对责任保险合同的效力具有基础评价意义。

(三)单项选择

1. 国际货运代理责任保险的标的为(　　)。
   A. 国际货运代理的代理收益
   B. 国际货运代理所代理运输的货物
   C. 被保险人对第三人应当承担的损害赔偿责任
   D. 被保险人对第三人应当承担所有的损害赔偿责任均可以为责任保险的标的

2. (　　)是指享受责任保险合同所约定的权利或利益而相应承担义务的人,其中包括责任保险合同被保险人和第三受益人。
   A. 责任保险合同的关系人　　　　B. 责任保险合同的当事人
   C. 责任保险合同的保险人　　　　D. 责任保险合同的投保人

3. (　　)指订立责任保险合同并承担合同所约定的义务的人。
   A. 责任保险合同的关系人　　　　B. 责任保险合同的当事人
   C. 责任保险合同的保险人　　　　D. 责任保险合同的第三人

4. (　　)指责任保险单约定的当事人和关系人以外的、对被保险人享有赔偿请求权的人。
   A. 责任保险合同的保险人　　　　B. 责任保险合同的投保人
   C. 责任保险合同的受益人　　　　D. 责任保险合同的第三人

5. 以下属于国际货运代理责任保险的除外条款和限制的是(　　)。
   A. 在承保期间内发生的危险或事故
   B. 索赔时间在承保条例或法律规定的时效内
   C. 保险合同关于赔偿限额规定的部分
   D. 违法行为造成的后果,例如:运输毒品、枪支、弹药、走私物品或一些国家禁止的物品

6. 国际货运代理(　　)的责任是指货运代理只对其本身(在履行义务过程中)的过失及其雇员的过失负责,而一般不对如运输公司、分包人等第三方的行为、疏忽负责,除非其对第三方的行为负有法律责任。
   A. 作为当事人时　　B. 作为代理人时　　C. 对海关　　D. 对第三人

7. 国际货运代理(　　)的责任是指国际货运代理不但对本身和雇员的过失负责,而且应对其在为客户提供所需的服务中的其他方面的过失负责任。
   A. 作为当事人时　　B. 作为代理人时　　C. 对海关　　D. 对第三人

8. 国际货运代理(　　)的责任多指对装卸公司、港口当局等参与货运的第三人提出的索赔承担的责任。
   A. 作为当事人时　　B. 作为代理人时　　C. 对第三人　　D. 对海关

9. FIATA推荐的标准交易条件范本成为各国制定本国标准交易条件的总原则。根据该原则,英国货运代理协会标准交易条件规定:(　　)。
   A. 赔偿限额为2SDR/千克(毛重)　　B. 赔偿限额为4SDR/千克(毛重)
   C. 赔偿限额为6SDR/千克(毛重)　　D. 赔偿限额为8SDR/千克(毛重)

10. FIATA推荐的标准交易条件范本成为各国制定本国标准交易条件的总原则。根据该原则,

英国货运代理协会标准交易条件规定:( )。

    A. 每宗案件最高赔偿限额不超过 65 000SDR

    B. 每宗案件最高赔偿限额不超过 70 000SDR

    C. 每宗案件最高赔偿限额不超过 75 000SDR

    D. 每宗案件最高赔偿限额不超过 80 000SDR

(四)多项选择

1. 责任保险在财产保险的基础上又有所发展,使其区别于普通的财产保险,而具有以下特征:( )。

    A. 责任保险是纯粹的填补损害的保险

    B. 责任保险为限额保险

    C. 责任保险人代被保险人向受害人承担替代赔偿责任

    D. 被保险人对第三人应当承担所有的损害赔偿责任均可以为责任保险的标的

    E. 责任保险性质上为第三人保险

2. 我国《海商法》第 51 条规定,在责任期间货物发生的灭失或者损坏是由于下列原因之一造成的,承运人不负赔偿责任:( )。

    A. 火灾   B. 罢工

    C. 战争或者武装冲突   D. 货物的自然特性或者固有缺陷

    E. 货物包装不良或者标志欠缺、不清

3. 《海牙规则》第 4 条规定,不论承运人或船舶,对由于下列原因引起或造成的灭失或损坏,都不负责:( )。

    A. 天灾   B. 火灾   C. 战争行为   D. 公敌行为

    E. 暴动和骚乱

4. 国际货运代理所承担的责任风险主要产生于( )。

    A. 国际货运代理自身的过失   B. 分包人的过失

    C. 保险责任不合理   D. 所代理货物运输过程中的风险

    E. 国际货运代理未能及时收到佣金

5. 国际货运代理投保责任险的主要内容包括( )。

    A. 虽有指示但未能投保或投保类别有误   B. 迟延报关或报关单内容缮制有误

    C. 发运到错误的目的地   D. 仓库保管中的疏忽

    E. 货损货差责任不清

(五)简答

1. 简述责任保险的特征。

2. 简述国际货运代理所承担的责任风险。

3. 简述责任保险的主要内容。

4. 简述国际货运代理责任保险的主要方式。

5. 简述国际货运代理责任保险的主要渠道。

第三篇

国际货运代理实务

第七章 国际海运代理实务

学习目的

熟悉国际海运出口代理流程
熟悉货代接单应注意的事项
了解做箱的三种形式：门到门、内装、自送
了解出口货物报关所需资料
了解整箱货出口货运代理业务流程
了解货主委托货代办理运输事宜的单证
了解"场站收据"十联单的内容和作用
熟悉集装箱提单的缮制、签发和注销
熟悉国际海运进口业务流程
熟悉主要进口货运单证

基本概念

集装箱装箱单　集装箱发放/设备交接单　场站收据

第一节　国际海运出口代理流程

水运作为一种重要的运输方式，与其他运输方式相比较有着不可拟的优势，例如运费低、运量大、对环境污染小等特点。从地理概念划分，水路运输分为内河运输和海洋运输，海洋运输又可再分为沿海运输和远洋运输，当前国际上普遍采用的远洋运输船舶的营运方式可分为两大类：班轮运输和租船运输。班轮运输（Liner Shipping）

又称为定期船运输,是指船舶按照规定的时间表(船期表)在一定的航线上,以既定的挂靠港口顺序,经常地从事航线上各港间的船舶运输。

集装箱班轮运输是当今国际航运的主要营运形式之一,也是我国国际海运代理的主要业务内容,故本章主要阐述海运班轮出口和进口的代理实务。

国际海运出口代理业务流程,主要包含以下十二个环节:1.货主委托代理→2.货代接单→3.订舱→4.做箱→5.报关→6.核对舱单→7.提单确认和修改→8.签单→9.航材费用结算→10.提单、发票的发放→11.查询二程信息→12.退关处理(如图7—1所示)。

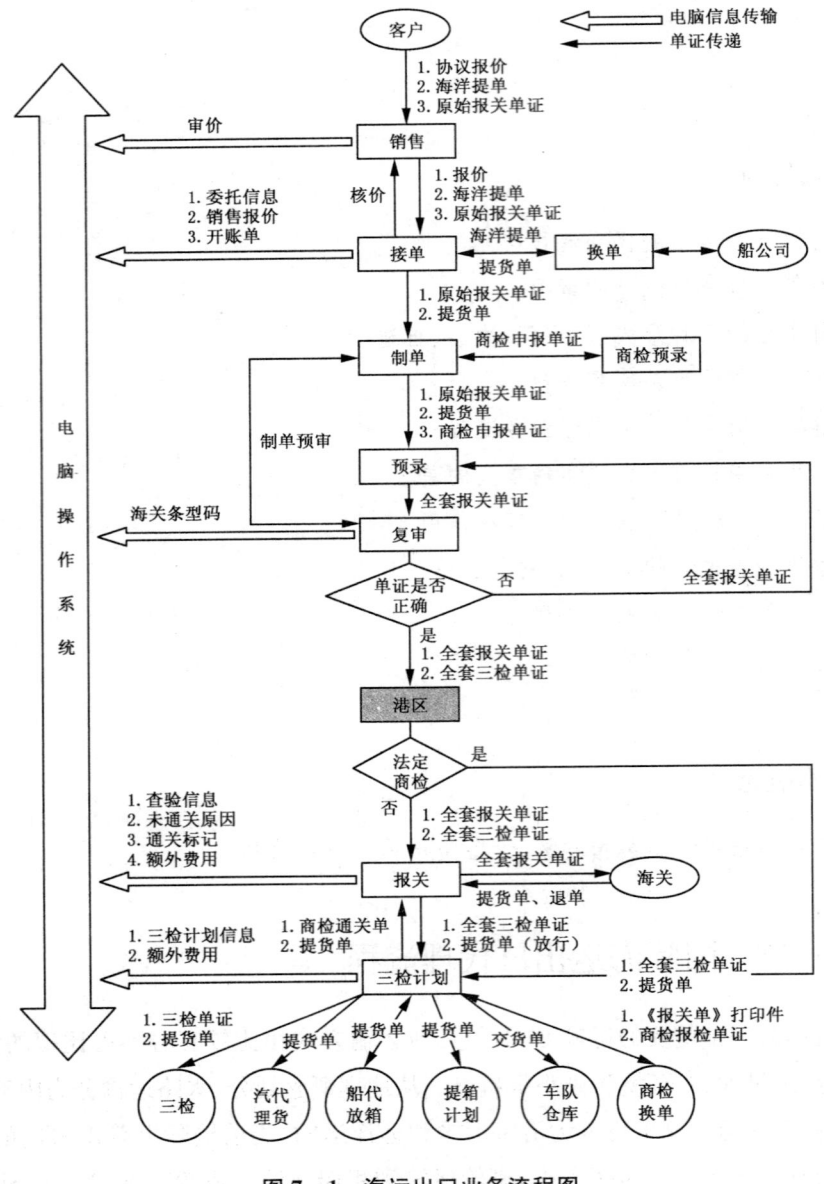

图7—1 海运出口业务流程图

一、货主委托代理

在集装箱班轮货物运输过程中,货主一般都委托货运代理人为其办理有关的货运业务。货运代理关系的建立也是由作为委托人的货主提出委托、由作为代理人的国际货运代理企业接受委托后建立。

在货主委托货运代理时,会有一份货运代理委托书。在订有长期货运代理合同时,可能会用货物明细表等单证代替委托书。

二、货代接单(接受货主委托)

接单操作环节为客户服务接受客户提供的订舱委托书。订舱委托书包含原始委托信息,其中包含委托人、业务来源、货物详细信息,根据贸易条件决定直发单或出HB/L,并且包括一些特殊的订舱要求,根据订舱委托书,制造订舱单给舱位代理订舱。然后在订舱获得确认后向"客户"及"仓库/车队"发送通知,分为:门到门、内装、自送三种类型发送装箱通知。

1. 业务来源:货代所操作的业务基本分为海外代理指定货、自揽货和同行COLO三种,若是指定货则需要知道海外代理资料、自揽货则选择本公司、同行COLO业务则需要知道同行资料。

2. 配箱类型:基本分为FCL、LCL、自拼箱三类。FCL为整箱业务,LCL为拼箱业务,自拼箱的含义则是由委托客户自己确定如何拼箱的业务。其中LCL又有两种操作模式:(1)由货代公司坐庄拼箱的,则与客户自拼箱业务一样需要做拼箱环节的操作;(2)货代无法坐庄拼箱业务,而把业务拼箱给同行,那么这样的业务则与整箱的操作模式一致,不需要做拼箱环节的操作。

3. 出单方式:需要知道具体的出单方式包括两种:(1)出HB/L(需要出副提单给客户):这种情况下货代以本公司名义向船公司或舱位代理订舱,订舱单上的信息与主提单基本一致,并不体现实际委托人。在HB/L中Shipper为出口商,CNEE为进口商(实际收货人),MB/L中Shipper为货代,CNEE通常为货代于目的港的海外代理或To Order of H&T(由货代指示)而Notify为H&T'S Agent(当CNEE显示"To Order of H&T"时)。(2)直发单(不出副提单,直接以船公司的主提单给客户):这种情况下,货代便直接以实际客户的名义去订舱,而不出HB/L,MB/L上直接显示的为实际客户和收货人。

4. 船期:需要知道客户预计订的船期。

5. 中转港、目的港:中转港和目的港,也是在接单的时候,需要知道的信息。

6. 件数、毛重、尺码。

7. 箱型、箱量：

(1)箱型：干货箱(DC)、冷藏箱(RC)、开顶箱、框架箱、挂衣箱及其他特种箱。

(2)尺寸：20′GP、40′GP、40′HQ、45′HQ（具体的基本资料见表7－1）。

(3)容积、载重量。以干货箱为例。

表7－1　　　　　　　　　　集装箱内外尺寸对照表

箱型		外尺寸			内尺寸			箱门		内容积	重量		
		长	宽	高	长	宽	高	宽	高		自重	载重	总重
		英尺″英寸″/毫米(mm)			毫米(mm)			毫米(mm)		m³	千克(kg)		
干货箱	20′	20′/6096	8′/2438	8′6″/2591	5925	2340	2379	2286	2278	33	1900	22100	24000
	40′	40′/12192	8′/2438	8′6″/2591	12043	2336	2379	2286	2278	67	3084	27396	30480
	40′超高	40′/12192	8′/2438	9′6″/2896	12055	2345	2685	2340	2585	76	2900	29600	32500
	45′	45′/13716	8′/2438	9′6″/2896	13580	2347	2696	2340	2585	86	3800	28700	32500
冷冻箱	20′	20′/6096	8′/2438	8′6″/2591	5440	2294	2273	2286	2238	28	2750	24250	27000
	40′	40′/12192	8′/2438	8′6″/2591	11577	2294	2210	2286	2238	59	3950	28550	32500
	40′超高	40′/12192	8′/2438	9′6″/2896	11577	2294	2509	2290	2535	67	4150	28350	32500
	45′	45′/13716	8′/2438	9′6″/2896	13102	2286	2509	2294	2535	75	5200	27300	32500
开顶箱	20′	20′/6096	8′/2438	8′6″/2591	5919	2340	2286	2286	2251	32	2177	21823	24000
	40′	40′/12192	8′/2438	8′6″/2591	12056	2347	2374	2343	2274	67	4300	26180	30480
框架箱	20′	20′/6096	8′/2438	8′6″/2591	5935	2398	2327	—	—	—	2560	21440	24000
	40′	40′/12192	8′/2438	8′6″/2591	12080	2420	2103	—	—	—	4300	26180	30480
	20′可折叠	20′/6096	8′/2438	8′6″/2591	5966	2418	2286				2970	27030	30000
	40′可折叠	40′/12192	8′/2438	8′6″/2591	12064	2369	1943				5200	39800	45000
平台箱	20′	20′/6096	8′/2438	—	—	—	—				1960	18360	20320
	40′	40′/12192	8′/2438	—	11823	2197					4860	39580	44440
罐箱	20′	20′/6096	8′/2438	8′/2438	—	—	—			20	2845	21540	24385

注：有关换算单位 1米＝3.28084英尺；1立方米＝35.31476立方英尺；1公斤＝2.204622磅。

＊由于材质不同，集装箱毛重有所不同，载重仅供参考。

上表中数据均为理论值，在实际工作中，一般装货容积为：20′GP＜29立方米，40′GP＜59立方米，40′HQ＜68立方米，45′HQ＜78立方米。如果货物包装合理，均有可能超过上述数字而更接近理论值。

对于载重量，由于各家船公司的规定、各港口吊机的起吊重量不同、或公路法的规定，不同船公司、不同港口对集装箱的载重量有不同的规定，一般而言，20′GP＜20 000千克，40′GP＜26 000千克，40′HQ＜26 000千克，45′HQ＜26 000千克。

例如，某一客户要求配 CMA 箱种 2×20′GP，但传过来的托单数据为 40PALLETS/46 000千克/36立方米，由于操作没注意毛重只注意尺码而错配成 1×40′GP。

(4)箱体材料：大部分集装箱为钢制，也有一些为铝制。钢制集装箱采用焊接工艺,铝制集装箱采用铆接工艺。值得注意的是,许多铝制集装箱由于使用年限较长,箱体老化,在铆钉铆合处会有渗水现象。故部分货主拒绝用铝制集装箱。

8. 付费条款。预付货在配船前需让销售人员批价、签名,特殊情况若销售人员一时间还无法批价的,可待其确认后先做箱后补批运价。

9. 运费支付方。接到客户托单时,若为预付货,则向客户了解 USD 及 RMB 的支付方(详细抬头);若为到付货,则向客户了解其详细的 RMB 支付方即可,输单时将此详细抬头输入电脑"USD 货主"及"RMB 货主"一栏中。

三、订舱

货运代理人接受委托后,应根据货主提供的有关贸易合同或信用证条款的规定,在货物出运之前一定的时间内,填制订舱单向船公司或其代理人申请订舱。船公司或其代理人在决定是否接受发货人的托运申请时,会考虑其航线、船舶、港口条件、运输时间等方面能否满足运输的要求。船方一旦接受订舱,就会着手编制订舱清单,然后分送集装箱码头堆场、集装箱空箱堆场等有关部门,并将据此安排办理空箱及货运交接等工作。

在订舱时,货运代理人会填制"场站收据"联单、预配清单等单据。

订舱环节主要包括:由操作部根据客户服务所传递过来的信息制作订舱单向船公司或舱位代理订舱,以及提单确认和 MB/L 和 HB/L 的制作。舱位代理是指为货代订舱对象,并不一定是船公司可能是有舱位的一级货代公司。承运人一般为实际船公司,如 COSCO、APL、MAERSK、P&O 等等。S/O NO[亦称关单号(Shipping Order NO.)]。截关日期是指报关最后截止日期,通常为开船前 1~2 天。

(1)缮制委托书(十联单)。接到托单后第一时间输入电脑,一般不超过半个工作日。输单时应最大程度保证原始托单的数据正确、相符性,以减少后续过程的频繁更改,输完单后将配载回单传真给客户,让客户能在第一时间了解配船信息。

(2)加盖公司订舱章订舱。提供订舱所需资料,应一并备齐方能去订舱。若遇到船公司舱位紧张的,则需第一时间告知销售人员或客户。

(3)取得订舱确认回单、船公司设备交接单(即箱单)、盖有进港确认章的装箱单后可按客户要求做箱。

四、做箱

做箱包括三种:门到门、内装、自送。注意记录业务实际装箱的情况,包括集装箱箱号、封号以及具体的每个集装箱中所装的件数、重量、体积。集装箱箱号的格式一般前 3 位为集装箱公司的代码,第 4 位为 U,加上后 7 位数字,其中最后一位为校验码。

系统会对箱号栏位系统具有校验的功能,但目前实际情况中存在一些特殊的箱号没有按照此规则编制,所以系统在此栏位只是提示功能,是可以跳过的。

(一)门到门

1. 提取空箱

在订舱后,货运代理人应提出使用集装箱的申请,船方会给予安排并发放集装箱设备交接单。凭设备交接单,货运代理人就可安排提取所需的集装箱。在整箱货运输时,通常是由货运代理人安排集装箱卡车运输公司(实践中通常称为集卡车队)到集装箱空箱堆场领取空箱。但也可以由货主自己安排提箱。无论由谁安排提箱,在领取空箱时,提箱人都应与集装箱堆场办理空箱交接手续,并填制设备交接单。

2. 货物装箱

整箱货的装箱工作大多是由货运代理人安排进行,并可以在货主的工厂、仓库装箱或是由货主将货物交由货运代理人的集装箱货运站装箱。当然,也可以由货主自己安排货物的装箱工作。装箱人应根据订舱清单的资料,并核对场站收据和货物装箱的情况,填制集装箱货物装箱单。

3. 整箱货交接签证

由货运代理人或发货人自行负责装箱并加封志的整箱货,通过内陆运输运至承运人的集装箱码头堆场,并由码头堆场根据订舱清单,核对场站收据和装箱单接收货物。整箱货出运前也应办妥有关出口手续。

集装箱码头堆场在验收货箱后,即在场站收据上签字,并将签署的场站收据交还给货运代理人或发货人。货运代理人或发货人可以凭据经签署的场站收据要求承运人签发提单。

集装箱包括普通箱种和特殊箱种:

(1)普通箱种。向客户了解门到门地址、工厂名称、联系人、电话或手机号码及明确的装柜时间,须于截关日前2天排好车班。

①集装箱一般在开船前5天才能进港,合理安排装箱时间,避免提早拖柜而无法进港区;

②同一方向的两小柜可拼一辆集卡车到工厂装柜;若遇到一辆集卡拖一小柜的,则需衡量此柜总重量(总重量:货重加箱重),一般10吨以上的则属重箱需放在集卡车拖板的中间,10吨以下的属轻箱可放在前也可放后,但最好放在集卡车拖板的中部。若客户有要求拖柜时箱子需放在车尾的且单放去工厂拖柜的,则必须按上述标准去衡量。因重箱放在车尾,集卡车就会头轻尾重,无法正常拖柜,严重的还可能引起集装箱从车尾掉下来的事故。

例如,某操作员操作APL中东线船上的指定货,由于此货为报关前天下午加载的一小箱,加箱重20吨,且到宁海装柜需爬岭,因客户装柜前无任何要求,此柜车队便理所当然放在集装箱拖板的中部到工厂装柜。因工厂所装的货都打了托盘,集装箱放在拖板中间铲车无法将托盘铲入箱内,结果导致该柜到工厂无法装柜而放空回来。

(2)特殊箱种:

①冷冻箱(指冻鱼、冻虾等)。

②食品箱(指罐头、茶叶等)。值得注意的是,装茶叶的集装箱不能是受潮箱或新箱,新箱会有异味,而茶叶恰恰易受潮、易串味。

③危险品箱。

④熏蒸箱。包括木托盘熏蒸和货物熏蒸。

(二)内装

1. 普通箱种

传进仓地址给客户,上面需明确显示船名、航次、提单号、目的港、件数、唛头、进舱编号及进仓时限等要素,要求客户须于报关前1天上午进仓。若装箱数据更改及客户有装箱要求,需做装箱记录、验货、监装的,要及时通知仓库负责人,截关前一天与仓库核对进仓情况,未进仓的及时通知货主。所有进仓货柜均要求客户的送货工厂凭我司发给的进仓单进货,特殊性客户特殊处理。所有仓库装箱的货必须取得客户的确认回执才能进港,特殊情况可先进港后补确认件,且将此确认件留底。

例如,德迅进仓货两票拼$1\times 20'$GP,托单上的件数为一票货,但进仓的应为两票,配载发现件数更改未通知仓库,货到一票后仓库装完箱进港出运,货到目的港才发现少一票货。

2. 特殊箱种

基本与门到门拖柜的时间标准相同。

五、报关

(一)了解出口货物报关所需资料

(1)普通货物。备妥正本报关委托书、核销单、报关单、发票、装箱单。

(2)进料加工与来料加工。备妥普通货物报关所需的单证外,再加上进料或来料加工的手册。

(3)植检、商检、熏蒸。备妥普通货物报关所需的单证外,再加上植检通关单或商检通关单。

①商检。办理商检通关单一般分两种情况:一种为货物生产地在出口港市区以内的,则客户可直接提供商检通关单。另一种为货物生产地在出口港市区以外的,则客户委托我司代办商检需提供报关用的发票、装箱单、报检委托书、盖有公章的外销合

同、再加一张"中华人民共和国出入境检验检疫同境货物换证凭单",该公司在当地检疫局的十位数登记号即可(注意:凭单上的发货人需与报检委托书上所盖的抬头一致,凭单上的有效期不能晚于报关日期);若客户提供的为换证凭条,则只需换证凭条及报检委托书即可换单。

②植检。办理植检通关单一般分两种情况:一种为货物生产地在出口港市区以内的,则客户委托货代代办植检需提供以下资料:报关用的发票、装箱单、报检委托书、盖公章的外销合同、另加一张工厂在出口港出入境检验检疫局登记的"出口商品生产企业登记证书"的复印件、协检单即可申报。另一种为货物生产地在出口港市区以外的,则客户委托我司代办植检需提供发票、装箱单、报检委托书、外销合同、再加一张"中华人民共和国出入境检验检疫同境货物换证凭单"或提供换证凭条和报检委托书进行换证。

值得注意的是,一般办植检需在报关前四天进行报验,办换证则需提前一到两天报验。

(二)报关前交接

(1)报关前一天复核整船托单,查目的港、中转港、箱型、箱量是否与配载清单一致;

(2)报关当天上午9:00前查进港信息,查中转港、箱型、箱号、封号是否与箱号清单一致。

(三)跟踪场站收据,确保配载上船

报关当晚审核放行员所给的黄联及箱号清单上的目的港、中转港、箱号是否一致,若有错误,应及时通知港区配载中心进行更改。配载还需保留整船报关预录单用于舱单核对。

(四)海关办理退关

海关退关包括两种情况:报关单证办理退关和办理重箱退关(从港区)。

六、核对舱单

舱单主要核对其每票的件数、毛重、尺码(最好不要忽略)是否与报关单上的数据一致。

七、提单确认和修改

提单确认和修改,一般是先问明顾客"提单"的发放形式,然后再依据原始资料,传真于货主确认,并根据回传确立提单正确内容。"提单"的发放形式包括:

1. 预借提单(如可行)

预借提单(Advanced Bill of Lading)是指承运人对未装船或装船未完毕的货物签发的已装船提单。需顾客提供正本"预借保函"(留底),后出具公司"保函"到船公司预借。一般船公司严禁预借提单。

2. 倒签提单(如可行)

倒签提单(Anti-dated Bill of Lading)是指承运人签发的比实际装船日期提前的已装船提单。需顾客提供正本"倒签保函"(留底),后出具公司"保函"到船公司倒签。注意,在此情况下,多半是签发 House B/L。一般近洋航线不允许倒签。

预借提单和倒签提单两者的共同点是:(1)装船日期均属伪造,比实际装船日期提前;(2)均在托运人请求下,由承托双方合谋而为;(3)目的是为了顺利结汇取得货款,掩盖货物实际装船日期,使信用证无法有效控制装货这一环节,无法保证货物准时到达,从而避免了迟延交货的责任,使收货人蒙受损失;(4)两者均应托运人请求,由托运人出具保函。两者的不同之处在于:预借提单是在货物装船完毕前签发;而倒签提单则在货物已装船完毕后签发。

3. 电放

电报放货俗称电放,是指收货人不出示提单正本,凭公司保函的一种放货方式。主要用于托运人来不及邮寄提单或为了减少邮寄之程序而将原正本缴回船公司或代理,由船公司或其代理通知其目的港的相关代理予以放货,故电报放货因此得名。电放一般需顾客提供正本"电放保函"(留底),后出具公司"保函"到船公司电放。

4. 海运提货单

海运提货单也称快速提货单(Seaway Bill)。该提单是简化文书提货手续,以达到迅速提货的目的。在近距离航线上,如北大西洋、美欧、美地间水陆行程极短,为避免货到目的港而单据未到,影响提货时间及增加费用,因而产生 Seaway Bill。多用于母子公司、关系企业之间的交易或赠品、样品、贵重物品和私人行李之托运,其收货人与通知方不得作"To Order"字样、需直接标明,无须经由银行押汇,不具流通性,仅是收据、证明运送契约成立的证书,故提货时不以提示正本为要件,只需装货港通知放货或来人提示 Seaway Bill 副本或出示船公司之到货通知书,经确认对方身份无误后即可放货。出具 Seaway Bill 具有风险性,一般认人不认单,且放货后的任何风险出货公司均不予以负责。

注意,Seaway Bill 与电放的区别,Seaway Bill 是提单的一种类别,一般认人不认单;而电放提货乃目的地提示正本与否以换取进口小提单之依据,是两个根本不同的概念。

5. 分单

候舱单送达海关后(以保证退税),再向船公司申请将一票提单拆成多票提单。

6. 并单

候舱单送达海关后(以保证退税),再向船公司申请将多票提单合成一票提单。

7. 异地放单

须经船公司同意，并取得货主保函和异地接单之联系人、电话、传真、公司名、地址等资料方可放单。

八、签单

货运代理人或发货人凭经签署的场站收据，在支付了预付运费后（在预付运费的情况下），就可以向负责集装箱运输的人或其代理人换取提单。发货人取得提单后，就可以去银行结汇。

需要说明的是，由于集装箱运输方式下，承运人的责任早于非集装箱运输方式就已开始，因此理论上在装船前就应签发提单。这种提单是收货待运提单，而收货待运提单在使用传统价格术语的贸易合同下是不符合要求的。所以为了满足贸易上的要求，也为了减少操作程序上的麻烦，实践中的做法是在装船后才签发提单，即已装船提单才符合使用传统价格术语的贸易合同的需要。

(1) 查看每张正本提单是否都签全了证章。已签章的提单作废，须撕毁后再扔掉。

(2) 提单遗失。

九、航次费用结算（单船小节）

航次费用结算详见第十一章。

十、提单、发票发放

(1) 通过快递送达的应在信封上标明诸如："船名、航次、提单号"（注：尽量将发票跟提单一起寄，且在电脑"邮寄日期"一栏标明寄单时间，并在"单证员操作清单"上做登记），"发票号""核销单号""许可证号""配额号"等要素，签名后交到行政部邮寄，以备日后查证；

(2) 货主自来取件的，需签收，且在电脑"邮寄日期"一栏标明取件时间，并在"单证员操作清单"上登记。

十一、查询二程信息

(1) 远洋线船开十天内向船公司查询二程信息；

(2) 本港线（如在 HKG、PUS、SHA 中转）船开三至四天内向船公司查询二程；

(3) 直达船事先提供到货时间将所查询到的二程输入电脑系统中"二程信息"一栏，后把此二程提供给客户，以便客户能及时通知收货人进行收货。

十二、退关处理

货运代理人代委托单位订妥舱位并可能已办妥通关手续或者货已集港,但在装运过程中因故中止装运称为退关(Shut Out)。

发生退关后除弄清情况、分清责任外,当务之急是迅速做好善后处理。

(一)单证处理

属于委托单位主动提出退关的,货运代理人在接到委托方通知后须尽快通知船公司或其代理人以便对方在有关单证上注销此批货物,并通知港区现场理货人员注销场站收据或装货单;另一方面货运代理人须向海关办理退关手续,将注销的报关单及相关单证(外汇核销单、出口许可证、商检证件、来料或进料登记手册等)尽早取回退还委托方。如不属于委托单位主动提出退关而由于船方、港方或海关手续不完备等各种原因造成退关的,货运代理人在办理以上单证手续前先须通知委托方说明情况并听取处理意见。

(二)货物处理

(1)通关后如货物尚未进入港区,货运代理人须分别通知发货人、集卡车队、装箱点停止发货、派车及装箱;

(2)货物已经进入港区,如退关后不再出运,须向港区申请,结清货物在港区的堆存费用把货物拉出港区拆箱后送还发货人;

(3)退关后如准备该船下一航次或原船公司的其他航班随后出运,则暂留港区,待装下一航次或其他航班的船(限同一港区作业);

(4)如换装另一船公司的船只,则因各船公司一般只接受本公司的集装箱,此种情况下,须将货物拉出港区换装集装箱后再送作业港区。

退关处理相当麻烦,货运代理人在处理此项工作时需要注意:

(1)必须抓紧时间,跟踪处理,不可延缓;

(2)对委托方提出的退关要求应采取积极配合的态度,但不宜轻率做出承诺,因为现场装船时间很紧,情况多变,往往不易控制;

(3)内外各部门、各环节之间除电话联系外,还须作书面通知,从时间界线上划清责任。

综上所述,整箱货出口货运代理业务流程图如图7—2所示。

①货主与货代建立货运代理关系;

②货代填写托运单证,及时订舱;

③订舱后,货代将有关订舱信息通知货主或将"配舱回单"转交货主;

④货主申请用箱,取得集装箱发放/设备交换单(EIR)后,方可凭以到空箱堆场提

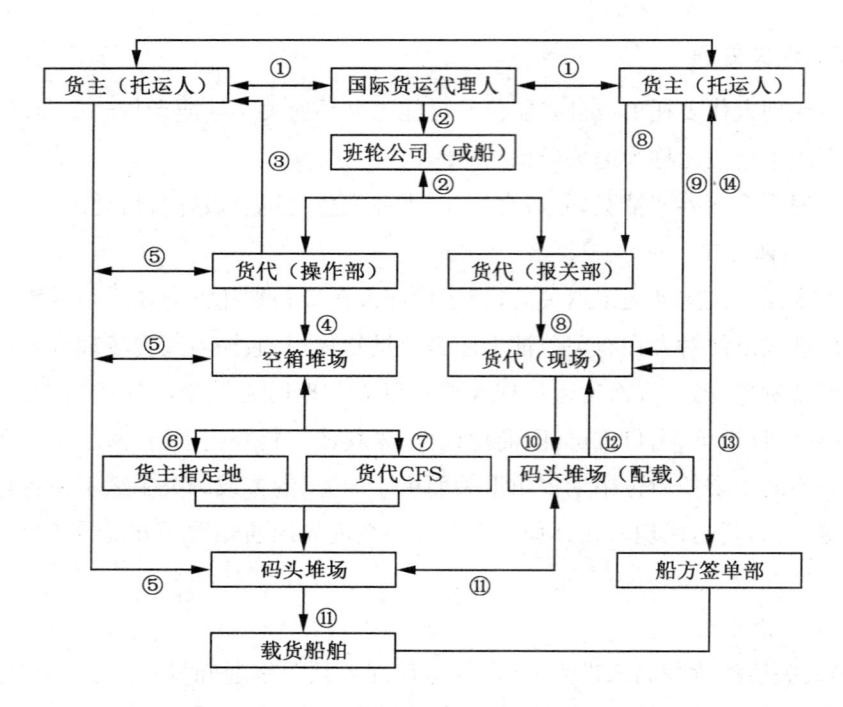

图 7—2 整箱货出口货运代理业务流程图

取所需的集装箱；

⑤货主"自拉自送"时，先从货代处取得集装箱发放/设备交换单，然后提空箱，装箱后制作集装箱装箱单（CLP），并按要求及时将重箱送码头堆场，即集中到港区等待装船；

⑥货代提空箱至货主指定的地点装箱，制作集装箱装箱单，然后将重箱"集港"；

⑦货主将货物送到货代 CFS，货代提空箱，并在 CFS 装箱，制作集装箱装箱单，然后"集港"；

⑧货主委托货代代理报关、报检，办妥有关手续后将单证交货代现场；

⑨货主也可自理报关；

⑩货代现场将办妥手续后的单证交码头堆场配载；

⑪配载部门制订装船计划，经船公司确认后实施装船作业；

⑫实践中，在货物装船后可以获得 D/R 正本；

⑬货代可凭 D/R 正本到船方签单部门换取 B/L 或其他单据；

⑭货代将 B/L 等单据交给货主。

注：⑤、⑥、⑦在实践中只选其中一种操作方式。

第二节　国际海运出口货运单证

一、货主委托货代办理运输事宜的单证

该类单证可分为基本单证和特殊单证。

基本单证，即通常每批托运货物都须具备的单证，主要有：出口货运代理委托书、出口货物报关单、外汇核销单、商业发票、装箱单、重量单（磅码单）、规格单等包装单证。

特殊单证是在基本单证以外，根据国家规定，按不同商品、不同业务性质、不同出口地区需向有关主管机关及海关交验的单证，例如：出口许可证、配额许可证、商检证、动植物检疫证、卫生证明等、进料、来料加工手册、危险货物申请书、包装证、品质证、原产地证书等。

出口货运代理委托书（Entrusting Order For Export Goods）简称委托书，具有两种功能：

第一，它是委托方（出口企业）向被委托方（货运代理人）提出的一种"要约"，被委托方一经书面确认就意味着双方之间契约行为的成立，因此委托书应有委托单位盖章，使之成为有效的法律文件。货运代理人接到委托书后，如不能接受或某些要求无法满足，应及时做出反应，以免耽误船期，承担不必要的法律责任。

第二，委托书详列托运各项资料和委办事项及工作要求，它是货运代理人的工作依据。委托书内容大致有以下事项：

(1) 委托单位名称、编号；

(2) 托运货物内容，包括商品名称、标记、号码、件数、包装、式样、毛重（千克）、尺码（立方米）、价格条件、出口总价等；

(3) 装运事项：运输起讫地点、可否转船、可否分批装运、装运期限、信用证有效期限（结汇到期日）以及配船要求等；

(4) 提单记载事项：提单发货人、收货人、通知人、正本份数、运费预付或到付，以及信用证规定的某些必要记载事项；

(5) 货物交、运日期及交运方式、货物备妥日期；

(6) 集装箱运输的有关事项：

① 集装箱类别；

② 集装箱数量；

③ 装箱或提箱要求，例如自拉自送、送CFS装箱、门到门（注明装箱工厂或仓库的

地址、电话、联系人）；

④运费结算事项，如外币及人民币结算单位的开户银行、账号；

⑤其他特殊事项，如危险品、冷冻货的特殊说明。

货运代理人接到委托方的委托书后，应及时加以审核，根据要求及时联系有关船公司或其代理人订舱，如某些要求无法接受或船货衔接存在问题，应迅速联系委托方征求意见，以免贻误工作。

二、集装箱货物托运单（"场站收据"联单）

现代海上班轮运输以集装箱运输为主（件杂货运输占极小比重），为简化手续即以场站收据（Dock Receipt，D/R）作为集装箱货物的托运单。"场站收据"联单现在通常是由货代企业缮制送交船公司或其代理人订舱，因此托运单也就相当于订舱单。

我国在1990年开始进行集装箱多式联运工业性试验，简称"集装箱工试"。该项工业性试验虽已结束，但其中的三大单证的原理一直使用至今。三大单证是：出口时使用的"场站收据"联单、进口时使用的"交货记录"联单和进出口时要使用的"设备交接单"联单。

现以在上海口岸进行的"集装箱工试"的"场站收据"联单为例（见图7-3），介绍其各联的设计和用途：

第一联：货主留底（早先托运单由货主缮制后将此联留存，故列第一联）；

第二联：船代留底；

第三联：运费通知（1）；

第四联：运费通知（2）；

第五联：装货单（Shipping Order）；

　　　　（附页）缴纳出口货物港务申请书（由港区核算应收之港务费用）；

第六联：（浅红色）场站收据副本大副联；

第七联：（黄色）场站收据（见图7-3所示）；

第八联：货代留底；

第九联：配舱回单（1）；

第十联：配舱回单（2）。

以上一套十联，船公司或其代理接受订舱后在托运单上加填船名、航次及编号（此编号俗称关单号，与该批货物的提单号基本上保持一致），并在第五联装货单上盖章，表示确认订舱，然后将二至四联留存，第五联以下全部退还货代公司。

货代将第五联、五联附页、六联、七联共四联拆下，作为报关单证之用，九或十联交托运人（货主）做配舱回执，其余供内部各环节使用。

▽

Shipper （发货人）	D/R No.（编号）
Consignee （收货人）	场站收据 DOCK RECEIPT 第六联
Notify Party （通知人）	Received by the Carrier the Total number of containers or other packeges or units stated below to be transported subject to the temrs and conditions of the Carrier's regular form of Bill of Lading (for Combined Transport or port to Port Shipment) which shall be deemed to be incorporated herein. Date （日期）：
Pre carriage by （前程运输） Place of Receipt （收货地点）	
Ocean vessel （船名） Voy. No.（航次） Port of Loading （装货港）	场站章
Port of Discharge （卸货港） Place of Delivery （交货地点）	Final Destination for Merchant's Referenc （目的地）

Particulars Furnished by Merchants

Container No.（集装箱号）	Seal No.（封志号） Marks & Nos.（标记与号码）	No. of containers or P'kgs.（箱数或件数）	Kind op Packages; Description of Goods （包装种类与货名）	Gross Weight 毛重（千克）	Measurement 尺码（立方米）
TOTAL NUMBER OF CONTAINERS OR PACKAGES(IN WORDS) 集装箱数或件数合计（大写）					

Container No. （箱号） Seal No. （封志号） Pkgs. （件数） Container No. （箱号） Seal No. （封志号） Pkgs. （件数）

Received （实收） By Terminal clerk （场站员签字）

FREIGHT & CHARGES	Prepaid at （预付地点）	Payable at （到付地点）	Place of Issue（签发地点）
	Total Prepaid （预付总额）	No. of Original B(s)/L（正本提单份数）	BOOKING （订舱确认） APPROVED BY

Service Type on Receiving □-CY, □-CFS, □-DOOR	Service Type on Delivery □-CY, □-CFS, □-DOOR	Reeter Temperature Required.（冷藏温度） °F °C
TYPE OF GOODS（种类）	□Ordinary,（普通） □Reefer,（冷藏） □Dangerous,（危险品） □Auto.（裸装车辆） □Liquid,（液体） □Live Animal,（活动物） □Bulk（散货） □______	危险品 Glass: Property: IMDG Code Page: UN NO.

图 7—3 场站收据

托运单虽有十联之多，其核心单据则为第五、六、七联。第五联是装货单，盖有船公司或其代理人的图章，是船公司发给船上负责人员和集装箱装卸作业区接受装货的指令，报关时海关查核后在此联盖放行章，船方（集装箱装卸作业区）凭以收货装船。第六联供港区在货物装船前交外轮理货公司，当货物装船时与船上大副交接。第七联场站收据俗称黄联（黄色纸张，便于辨认）在货物装上船后由船上大副签字（通常由集装箱码头堆场签章），退回船公司或其代理人，据以签发提单。

三、集装箱预配清单

集装箱预配清单是船公司为集装箱管理需要而设计的一种单据，该清单格式及内容，各船公司大致相同，一般有提单号、船名、航次、货名、件数、毛重、尺码、目的港、集装箱类型、尺寸和数量、装箱地点等。货运代理人在订舱时或一批一单，或数批分行列载于一单，按订舱单内容缮制后随同订舱单据送船公司或其代理人，船公司配载后将该清单发给空箱堆存点，据以核发设备交接单及空箱之用。

四、集装箱发放/设备交接单

集装箱发放/设备交接单（Equipment Interchange Receipt，EIR）是集装箱进出港区、场站时，用箱人、运箱人与管箱人或其代理人之间交接集装箱及设备的凭证，兼有发放集装箱的凭证功能，所以它既是一种交接凭证，又是一种发放凭证，对集装箱运输特别是对箱务管理起着巨大作用。它在日常业务中被简称为"设备交接单"（EIR），如图7－4所示。

设备交接单使用时，应按照有关"设备交接单"制度规定的原则进行。设备交接单制度应严格要求做到一箱一单、箱单相符、箱单同行。用箱人、运箱人凭设备交接单进出港区、场站，到设备交接单指定的提箱地点提箱，并在规定的地点还箱。与此同时，用箱人必须在规定的日期、地点将箱子和机械设备如同交付时状态还给管箱人或其代理人，对集装箱的超期使用或租用，用箱人应支付超期使用费；对使用或租用期间发生的任何箱子及设备的灭失和损坏，用箱人应承担赔偿责任，相应费用标准也应做出明确规定。

设备交接单有多种用途，在集装箱货物出口运输中，它主要是货主（或货运代理人）领取空箱出场及运送重箱装船的交接凭证。

在集装箱货物运输情况下，货运代理人在向船公司或其代理人订妥舱位取得装货单后可凭其向船方领取设备交接单。设备交接单一式六联，上面三联用于出场，印有"出场 OUT"字样，第一联盖有船公司或其集装箱代理人的图章，集装箱空箱堆场凭以发箱，一、二联由堆场发箱后留存，三联由提箱人（货运代理人）留存；设备交接单的下面三联是进场之用，印有"进场 IN"字样，该三联是在货物装箱后送到港口作业区堆场时重箱交接之用，其一、二两联由送货人交付港区道口，其中第二联留港区，第一联转给船方据以掌握集装箱的去向，送货人（货运代理人）自留第三联作为存根。

设备交接单有如下内容：

a. 交接单号码：按船公司（船代）编制的号码填列；

中海集装箱运输有限公司　　**OUT 出场**

CHINA SHIPPING CONTAINER LINES CO., LTD.

集装箱发放/设备交接单

EQUIPMENT INTERCHANGE RECEIPT　　NO.

用箱人/运箱人(CONTAINER USER/HAULIER)			提箱地点(PLACE OF DELIVERY)
发往地点(DELIVERED TO)		返回/收箱地点(PLACE OF RETURN)	
船名/航次(VESSEL/VOYAGE NO.)	集装箱号(CONTAINER NO.)	尺寸/类型(SIZE/TYPE)	营运人(CNTR. OPTR.)
提单号(B/L NO.)	铅封号(SEAL NO.)	免费期限(FREE TIME PERIOD)	运载工具牌号(TRUCK, WAGON, BARGE NO.)
出场目的/状态(PPS OF GATE-OUT/STATUS)	进场目的/状态(PPS OF GATE-IN/STATUS)		出场日期(TIME-OUT)
			月　日　时

出场检查记录(INSPECTION AT THE TIME OF INTERCHANGE)

普通集装箱(GP CONTAINER)	冷藏集装箱(RF CONTAINER)	特种集装箱(SPECIAL CONTAINER)	发电机(GEN SET)
□ 正常 (SOUND) □ 异常 (DEFECTIVE)	□ 正常 (SOUND) □ 异常 (DEFECTIVE)	□ 正常 (SOUND) □ 异常 (DEFECTIVE)	□ 正常 (SOUND) □ 异常 (DEFECTIVE)

损坏记录及代号(DAMAGE & CODE)　BR 破损(BROKEN)　D 凹损(DENT)　M 丢失(MISSING)　DR 污箱(DIRTY)　DL 危标(DG LABEL)

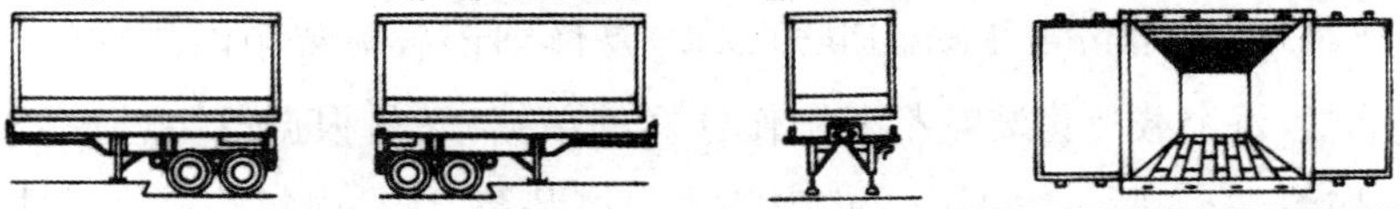

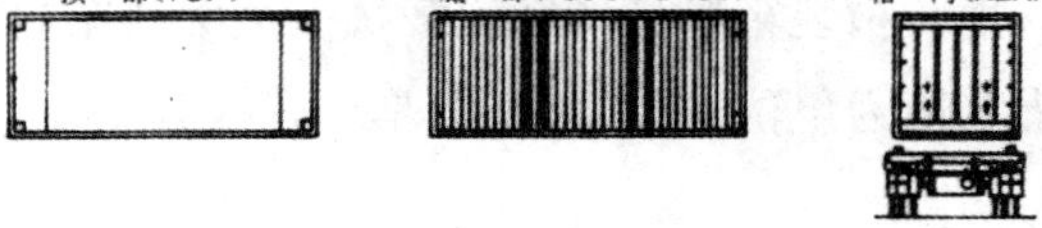

如有异状，请注明程度及尺寸(REMARK).

(1) 船务公司留底

除列明者外，集装箱及集装箱设备交接时完好无损，铅封完整无误。

THE CONTAINER/ASSOCIATED EQUIPMENT INTERCHANGED IN SOUND CONDITION AND SEAL INTACT UNLESS OTHERWISE STATED.

用箱人/运箱人签署　　　　码头/堆场值班员签署

(CONTAINER USER/HAULIER'S SIGNATURE)　　(TERMINAL/DEPOT CLERK'S SIGNATURE)

图 7—4　集装箱发放/设备交接单

b. 经办日期：指制单日期；

c. 经办人：要箱单位的经办人员；

d. 用箱人：一般为订舱的货运代理单位名称；

e. 提箱点：空箱存放地点；

f. 船名、航次、提单号、货物发往地点须与关单相关项目一致；

g. 经营人：指集装箱经营人，如属船公司营运箱，则填船公司名称；

h. 尺寸、类型：可简写，如 20′/DC，意即 20 英尺干货箱；

i. 箱号：指提取空箱箱号；

j. 用箱点：货运代理人或货主的装箱地点；

k. 收箱点：出口装船的港口作业区；

l. 运箱工具：集卡车号；

m. 出场目的/状态：如提取空箱，目的是"装箱"，状态是"空箱"；

n. 进场目的/状态：如重箱进区，目的是"装船"，状态是"重箱"；

o. 出场日期：空箱提离堆场日期；

p. 进场日期：重箱进入港口作业区日期。

设备交接单的下半部分是出场或进场检查记录，由用箱人（运箱人）及集装箱堆场／码头工作人员在双方交接空箱或重箱时验明箱体记录情况，用以分清双方责任。

空箱交接标准：箱体完好、水密、不漏光、清洁、干燥、无味，箱号及装载规范清晰；特种集装箱的机械、电器装置正常。

重箱交接标准：箱体完好、箱号清晰、封志完整无损，特种集装箱机械、电器装置运转正常，并符合出口文件记载要求。

五、集装箱装箱单

集装箱装箱单（Container Load Plan，CLP）是详细记载集装箱内货物的名称、数量等内容的单据，每个载货集装箱都要制作这样的单据，它是根据已装进集装箱内的货物制作的，如图 7—5 所示。不论是由发货人自己装箱，还是由集装箱货运站负责装箱，负责装箱的人都要制作装箱单。集装箱装箱单是详细记载每一个集装箱内所装货物详细情况的唯一单据，所以在以集装箱为单位进行运输时，是一张极其重要的单据。

集装箱装箱单的主要作用有：

(1) 作为发货人、集装箱货运站与集装箱码头堆场之间货物的交接单证；

(2) 作为向船方通知集装箱内所装货物的明细表；

(3) 单据上所记载的货物与集装箱的总重量是计算船舶吃水差、稳定性的基本数据；

(4) 在卸货地点是办理集装箱保税运输的单据之一；

(5) 当发生货损时，是处理索赔事故的原始单据之一；

(6) 卸货港集装箱货运站安排拆箱、理货的单据之一。

目前各港口使用的装箱单大同小异，上海港使用的集装箱装箱单一式五联，由装箱人（仓库、供货工厂）或装箱站（CFS）于装箱时缮制，其中一联由装箱留存，四联随箱送装

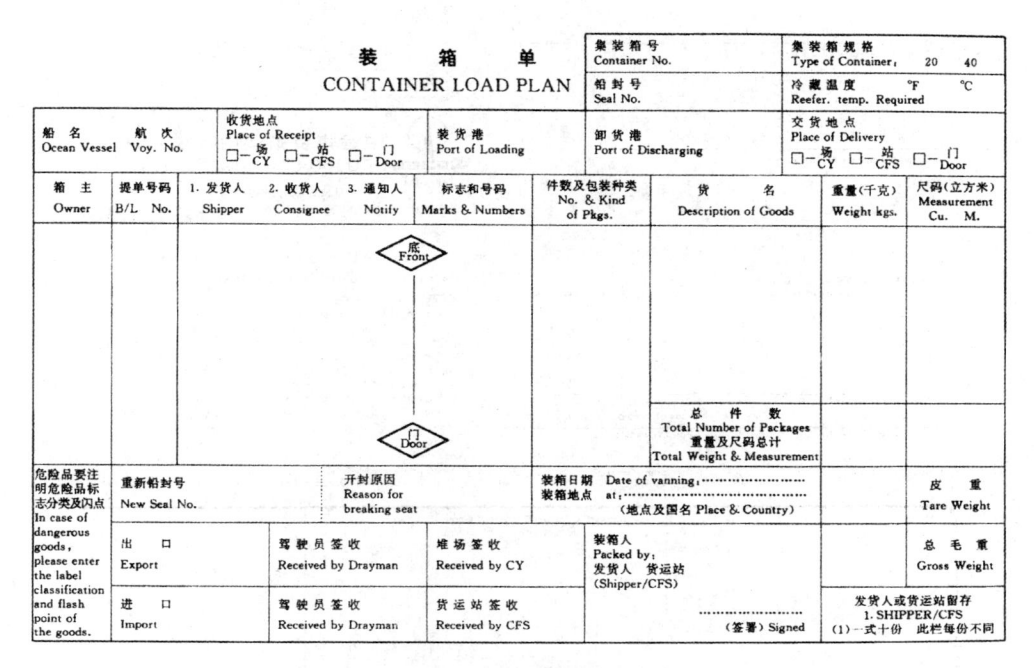

图 7-5 集装箱装箱单

运港区,供港区编制集装箱装船舱位配置计划和船公司或其代理缮制提单等参考。

装箱单记载事项必须与场站收据和报关单据上的相应事项保持一致,否则会引发不良后果。例如:装货港错打与场站收据不符,港区有可能不予配装,造成退关;也有可能配舱错位,以致到达卸货港时无法从错置的舱架上把集装箱卸下;又如装箱单重量或尺码与报关单或发票不符,船公司按装箱单重量或尺码缮制提单、舱单,出口单位结算时发生单单不一致,不能结汇,此种情况屡见不鲜,主要原因在于发货人托运时未向仓库或工厂取得正确数据,以致数字歧异,对此,发货人应加强注意。所装货物如品种不同必须按箱子前部(Front)到箱门(Door)的先后顺序填写。

六、集装箱提单实务

(一)提单的缮制

1. 集装箱提单的缮制

集装箱提单的样本如图 7-6 所示。

(1)提单编号(B/L No.)。提单编号位于提单右上角,此编号的结构由公司各航线根据电脑制单的要求相应制定。

(2)托运人(Shipper)。此栏请填写托运人的名称和地址,可能的话请填写电话号码。

1.Shipper Insert Name, Address and Phone

许可证号:JTL0008

B/L NO.

2.Consignee Insert Name, Address and Phone

中远集装箱运输有限公司
COSCO CONTAINER LINES

TLX: 33057 COSCO CN
FAX: +86(021) 6545 8984

ORIGINAL

3.Notify Party Insert Name, Address and Phone
(It is agreed that no responsibility shall attach to the Carrier or his agents for failure to notify)

Port-to-Port or Combined Transport
BILL OF LADING

RECEIVED in external apparent good order and condition except as otherwise noted. The total number of packages or units stuffed in the container, the description of the goods and the weights shown in this Bill of Lading are furnished by the Merchants, and which the carrier has no reasonable means of checking and is not a part of this Bill of Lading contract. The carrier has issued the number of Bills of Lading stated below, all of this tenor and date, one of the original Bills of Lading must be surrendered and endorsed or signed against the delivery of the shipment and whereupon any other original Bills of Lading shall be void. The Merchants agree to be bound by the terms and conditions of this Bill of Lading as if each had personally signed this Bill of Lading.
SEE clause 4 on the back of this Bill of Lading (Terms continued on the back hereof, please read carefully)
*Applicable Only When Document Used as a Combined Transport Bill of Lading

4.Combined Transport* Pre-carriage by	5.Combined Transport* Place of Receipt
6.Ocean Vessel Voy. No.	7.Port of Loading
8.Port of Discharge	9.Combined Transport* Place of Delivery

Particulars Furnished by Merchants

Marks & Nos. Container / Seal No.	No. of Containers or Packages	Description of Goods(If Dangerous Goods, See Clause 20)	Gross Weight Kgs	Measurement
		Description of Contents for Shipper's Use Only(Not part of This B/L Contract)		

10.Total Number of containers and/or packages(in words)
Subject to Clause 7 Limitation

11.Freight & Charges	Revenue Tons	Rate	Per	Prepaid	Collect
Declared Value Charge					

Ex. Rate:	Prepaid at	Payable at	Place and date of Issue
	Total Prepaid	No. of Original B(s)/L	Signed for the Carrier, COSCO CONTAINER LINES

LADEN ON BOARD THE VESSEL
DATE BY

CNS03 0196229

图 7—6 中远集装箱有限公司正本提单正面

(3)收货人(Consignee)。对记名提单,此栏填写收货人的全称和地址,可能的话请填写电话号码;对指示提单,可以填写"to order"或"to order of ×××",如果是"to order"通常作为"凭托运人指示"理解。

(4)通知方(Notify Party)。此栏请填写通知方的全称和地址,可能的话请填写电话号码;当提单上收货人已有详细地址和名称时,通知方一栏可以填写位于任何一国的名称和地址。

在签发收货人为"to order"提单时,此栏必须填写通知方的全称和电话号码。如果托运人信用证有要求,此栏可再填写位于任何国家的第二通知方的名称、地址。

注:关于托运人对通知方一栏的申报应符合卸货港或交货地点的习惯要求,否则一切后果概由托运人负责。有些国家、地区要求通知方必须为当地,否则不允许货物进口,如巴基斯坦、沙特、印度。

(5)前程运输方(Pre-carriage by)。此栏仅在货物被转运时填写,通常填写前程承运工具的名称。

(6)接货地(Place of Receipt)。此栏仅在货物被转运时填写,代表承运人开始对货物承担责任的地点。请注意此地点须有相应的代码以符合电脑制单的要求。

(7)海运船(Ocean Vessel Voy.)。此栏填写海运船的船名和航次号,但在货物被转运时填写此栏需注意:

当二程海运船的船名不能确定,仅凭推算时请填写"to be Named"或者"×××(二程船名)or her Substitute"。

(8)装港(Port of Loading)。此栏填写货物实际装本公司船舶的港口,当货物被转运时填写货物装上干线海运船的港口;同时此栏的港口名称应与 Ocean Vessel 一栏的船名挂靠港口一致。

(9)卸港(Port of Discharge)。此栏填写货物卸船的港口名称。

(10)交货地(Place of Delivery)。此栏仅在货物被转运时填写,表示承运人最终交货的地点。

①如果托运人提供了拼写错误的卸港名称或交货地点,请勿未经托运人核实自行更正,因为提单必须符合信用证的要求,必须与舱单相一致;请联系托运人书面确认,进行更改,否则不接受。

②以下情况不得签发多式联运提单:

a. 与托运人未签订联运合同或与其他区段承运人未就各自的权利与义务达成协议时;

b. 不承担全程运输责任时。

(11)本栏主要在和无船承运人之间签有运输协议时或美国航线运输时部分或全部填写。

(12)货物栏。

①标志和序号、箱号和铅封号(Marks & Nos. Container/Seal No.)。在通常情况下,托运人会提供货物的识别标志和编号以填入此栏,同时此栏需填写装载货物的集

装箱号和铅封号；如果托运人未能提供铅封号，建议加注"Seal Number Not Noted by Shipper"；如果有海关铅封号还需要在此栏加注。

②集装箱数量或件数(No. of Containers or Packages)。在整箱货运输中此栏通常填写集装箱数量和型号，如果信用证有要求可在 Description of Goods 栏中加注托运人提供的件数，但应在"Description of Goods"加注"STC"字样，STC 表示"Said to Contain"即"据称内装"，为保护承运人利益此术语必须被采用。例如，一个内装 6 箱机械的 10 英尺干货箱可表示为 $6 \times 20'DC$，在 Description of Goods 栏中加注"STC 6 Cases Machinery"。

在拼箱货运输中此栏填写货物件数。

③货物情况(Description of Goods)。此栏填写的情况，如内容过多，空间不够，可以添加附件，在这种情况下请注明"Quantity and Description of Goods As per Attached Schedule"。

④总重(Gross Weight Kgs)。此栏填写装入集装箱内货物的毛重(公斤)。

⑤体积(Measurement)。此栏填写装入集装箱内货物的总体积(立方米)。

(13)集装箱总数或件数总数(Total Number of Containers and/or Packages)。在整箱货运输的情况下，此栏填写收到集装箱的总数，如"Five Containers"；在拼箱货运输的情况下，此栏填写收到货物的件数，如"Fifteen Packages Only"。

(14)运费和其他费用(Freight & Charges)。此栏标明下列①～⑤的全部或部分内容：

①各种费收的类别，例如：海运费、内陆拖车费、燃油附加费等，其中申报货价附加费(Declared Value Charge)专指托运人要求在提单此栏重新标明货物价值后应支付的附加运费；

②运费计收的计算依据，计费单位通常有重量单位：重量吨(MT)、体积单位：立方米(CBM)、件数单位：件(PC)和整箱单位：TEU/FEU20 英尺/40 英尺标箱，其中 TEU/FEU 也可以 20FT/40FT 表示，例如，$10 \times 10FT\ DC$ 代表应收取 10 个 10 英尺干货箱的运费；

③各种费用的费率，包括海运费、燃油附加费、货币附加费、码头操作费、内陆拖运费等；

④各种费用的计算单位，例如"箱(UNIT)、重量吨(MT)、立方米(CBM)"；

⑤货物宣称价值(Optional Declared Value)，在客户为逃避承运人责任限制而愿意多支付运费的情况下填写，填写的货值应与货物实际价值相接近。

(15)预付和到付(Prepaid/Collect)

此栏表明运费支付的地点是起点还是终点，其中"Prepaid"表示预付，"Collect"表示到付。对非托运人、收货人的第三方支付运费,也可在提单上打印预付或到付,但必须事先得到第三方同意付费的书面确认。

(16)预付地点(Prepaid at)。此栏填写提单缮制和运费支付地点(仅在运费预付情况下填写)。

(17)付费地点(Payable at)。此栏填写到付运费付费地点。

(18)总计预付(Total Prepaid)。此栏填入以美元为单位的所有预付运费和所有按当地货币支付的其他预付费用。

(19)装船日期(Laden on board the Vessel)。此栏通常填写承运船舶离开提单项下装港的日期并在日期上签章,也可填写货物实际装船日期。

(20)正本提单的数量(No. of Original B(S)/L)。此栏填写根据托运人要求签发的正本提单的数量,通常为3份。

(21)签发地点和日期(Place and Date of Issue)。此栏填写提单缮制和签发的地点和日期。

(22)代表承运人签发(Signed for the Carrier)。此栏按公司的要求加盖签单章。

注:本节内容中第12~22栏分别对应于欧洲地区格式提单的第12~22栏。

2. 提单缮制中应注意的问题

(1)需要并入提单的条款。运输模式规定了货物运输的方式和区间,并与相应的运价条款相对应,因而必须被并入所有的公司集装箱提单。

在集装箱运输中,一般有以下几种模式:

①整箱货(FCL—FCL)这种模式为最常用运输方式,采用其他模式需经公司确认。

"场至场"(CY—CY)这种模式表明承运人接受整箱货,责任区间由接货地堆场开始至交货地堆场结束,托运人负责装箱,收货人负责拆箱;此时还必须加注"Shipper's Load, Count and Seal, Contents unknown",以保护承运人的利益。

此模式还有种特殊情况"门到门交货"(DOOR—DOOR)或"场到门"(CY—DOOR)、"门到场"(DOOR—CY),即承运人的责任区间从堆场扩大到工厂。

②拼箱货(LCL—LCL)表示该提单下承运人运输的是集装箱中的部分货物。

"站至站"(CFS—CFS)这种模式表明货物在装港集装箱场站装箱,在目的地集装箱场站拆箱,装箱和拆箱均由承运人负责安排,但费用由托运人承担。

合并运输(LCL—FCL/CFS—CY)这种模式中,货物由承运人安排装港集装箱场站装箱,由收货人自行拆箱;一般是多票拼箱货有同一个收货人,装同一个集装箱,当然托运人需支付装箱费。

分立运输(FCL—LCL/CY—CFS)这种模式中,货物由发货人自行装箱由承运人安排目的地集装箱场站拆箱;一般是多票拼箱货有同一个发货人,装同一个集装箱,当然收货人需支付拆箱费。在这种模式中，必须加注"Shipper's Load，Count and Seal Contents Unknown"以保护承运人的利益。

请注意：FCL、LCL 表示运输方式应该在提单上显示。

(2) 按照托运人要求并入提单的条款。

由于贸易、信用证的特殊要求，托运人为了结汇需要往往要求在第十一栏中插入一些特殊条款和托运人指示，常见的有以下几种：

① 超龄船条款：有些托运人会要求承运人在提单上保证承运人船舶符合伦敦保险人协会船级条款以避免产生超龄附加保费，只要公司承运船船龄不超过 25 年且保持船级社最高船级，可以在收到托运人保函后在提单上注明"the Shipment Effedted on Board an Ocean Vessel being Accepted by ILU Institution Classification Clause"。

② 最终目的地：有时托运人会要求在提单上表明货物的最终目的地（Final Destination），可在货物情况一栏中注明"Final Destination of the Goods：×××(for Merchant's Reference only)"。

③ 装卸条款：鉴于有些港口关于装卸费用划分或货物检疫的特殊规定，提单上需要加注特殊的条款，如"CY/FO""CY/Liner out"等，这些条款必须根据该航线的航运惯例由公司决定是否接受。

④ 托运人指示：本栏可以插入托运人对通知方或收货人的指示。

注：托运人因货物属性原因可能要求货物装载"远离热源"或"水线以下"等，此类要求可以口头接受，操作上尽量予以保证，但原则上不在托单等货运协议里书面确认，也不并入提单。

(3) 冷箱运输下温度的标明。在运输冷箱时，应尽量避免在提单正面标明冷箱设定温度。如果托运人坚持这种要求，则在提单正面标明温度时表述为"SET AT'××℃+/−2℃'"。

(4) 有关装船日期的记载。显示有装船日期的提单被称为"已装船提单"(Shipped on Board B/L)，与此相对应的是"收货待运提单"(Received for Shipment B/L)。"收货待运提单"通常出现在联运中，显示的是在装货场站接收货物的日期。无论是"已装船提单"还是"收货待运提单"都需要在提单上标明并盖章。例如：Shipped on Board 23 May 1997 或 Received for Shipment 20 May 1997。禁止仅收到货物就签发公司已装船提单或者倒签提单、预借提单，如果货物已处于承运人控制之下而尚未装船可签发收货待运提单或在提单不显示已装船字样和日期，等货物实际装船后再加注装船日期。

(5) 美国航线使用服务合同时提单的缮制。由于服务合同保密的原因，提单上不打运费，除非托运人要求将运费打在提单上。

① 直接发货。当货主签有公司的服务合同并直接发货时，a. 在"发货人"栏中填入

服务合同签约方的名称;b.将服务合同号码打在提单上,如有货物分组号码,也应打在提单上;c.按照第一节缮制提单的做法,填制其他栏目。

如果收货人以货主身份签有公司的服务合同,并指示发货人使用公司班轮运输时,a.在"收货人"栏中填入服务合同签约方的名称;b.将服务合同号码打在提单上,如有货物分组号码,也应打在提单上;c.按照第一节缮制提单的做法,填制其他栏目。

如果试图使用服务合同订舱的一方与签约方的名称不完全一致,请查核该使用方的名称是否被列入附属公司名单之中。除非该使用方的名称被列入以上名单之中,否则不得使用公司的服务合同出运货物。

在按照未提供成员公司名单的托运人协会所签服务合同出运货物时,a.根据要求将托运人协会的名称打在发货人或收货人栏内;b.将服务合同号码打在提单上,如有货物分组号码,亦应打在提单上;c.按照第一节缮制提单的做法,填制其他栏目。

在按照已提供成员公司名单的托运人协会所签服务合同出运货物时,a.根据要求将成员公司的名称打在发货人或收货人栏内;b.将服务合同号码打在提单上,如有货物分组号码,亦应打在提单上;c.按照第一节缮制提单的做法,填制其他栏目。

在货主或托运人协会与公司签订服务合同的情况下,绝不能签发任何无船承运人的提单或是其他的运输单据。在提单的发货人栏中,绝不能使用"for the account of"字样,也绝不能使用"on behalf of"字样。

②通过无船承运人发货。当无船承运人与公司签订服务合同并出运货物时,a.将无船承运人的名称打在发货人栏内,如为在美国经营的无船承运人,还应将其FMC许可证编号打在发货人栏内;b.将无船承运人的名称或其在美国代理的名称打在收货人栏内;c.将服务合同号码打在提单上,如有货物分组号码,也应打在提单上;d.按照第一节缮制提单的做法,填制其他栏目。

如无船承运人欲使用货运代理人作为其代理来发运货物,则货运代理人的名称可与无船承运人的名称一同显示在发货人栏内,注明"货运代理人作为无船承运人的代理人"。这一代理人必须是真正的和实际的代理人,即与所运货物有权益的人不能作为无船承运人的代理人。

在公司提单的发货人栏中,绝不能使用"for the account of"字样,也绝不能使用"on behalf of"字样。对于公司所承运的任何货载,公司的代理人都不得签发任何无船承运人的提单或无船承运人的其他运输单据。

③使用代理人。如果货方代理人的名称出现在提单上的发货人栏内,则必须同时注明该代理人名称和发货人名称,指明该代理人是该发货人的代理。

对于公司设在美国的无船承运人,其海外代理人的名称可以该无船承运人代理人的身份出现在公司提单的发货人栏中,该无船承运人亦可作为公司提单的收货人。这一代理人必须是真正的和实际上的代理人,不能是货物的受益所有者。

无船承运人可在办理货物运输时使用代理人作为发货人和收货人。但在公司提单上,不能将无船承运人的一个代理人填在发货人栏内,而将其另一个代理人填在收货人栏内。为此,公司必须要求无船承运人提交其办理货物运输时准备使用的代理人名单,且这一名单须附在公司与该无船承运人所签订的服务合同之后。但是,无船承运人的代理人绝对不能列入服务合同的附属公司名单之中。

(二) 提单的签发

1. 提单签发的一般情况

(1)提单的签发人。经公司授权的代理或分公司方可代表公司签发提单,签发提单时应遵循公司有关规定。

(2)提单签发对象。公司提单原则上必须签发给记载于运输合同(订舱单)中托运人栏的真实托运人;如货运代理代表托运人领取提单,应要求其出示有权利代领的证明,如托运人的授权书等。

(3)提单签发的时间。各分公司、各代理应在确认已接收货物或者将货物装上船舶以后再签发提单,提单签发的日期应真实记载。提单应在船舶离港后一至两天内及时签发,不得随意拖延或拒绝签发提单,或签发之后扣押不交托运人。如托运人要求在提单上记载的日期与实际签发的日期不符,则必须符合后文有关提单倒签预借的规定。

(4)提单签发的地点。通常提单签发地点为装货港,装货港以外的地点签发请参照后文"异地签单"的规定。

2. 签单章、订舱章管理

(1)有关签单权、订舱权的申请必须以书面形式向公司提出,公司批准之后由公司通知各相关方;

(2)公司签单章、订舱章由公司统一制作编号,配备有关单位,并在内部及海关等有关部门、单位备案(已有的签单章、订舱章样章请及时报备,由公司通知各港代理,确认有关签单章的有效性);

(3)各分公司、各代理原则上不得将空白提单加盖好签单章后交给其他货代公司;

(4)各分公司、各代理应根据我司确认备案的提单签单章样章办理放货手续;

(5)未经公司同意,不得将签发公司提单的集装箱货物装其他公司船舶。

3. 预借提单

公司及各港代理原则上不签发预借提单,严禁个人擅自签发预借提单,否则自行承担由此引起的一切责任。如托运人提出要求签发预借提单时,应尽量说服其修改有关贸易合同,或延展信用证的装船期。预借提单的要求和条件如下。

(1)要求。公司各航线根据本航线货运特点、航线特点事先制订有关提单预借的规定,内容包括天数限制、权限、货值限制、季节、保函规格(指适用银行保函或货主保函)。

(2)条件。如在特殊情况下需签发预借提单的,必须遵守各航线的规定,同时必须具备以下条件:

①签发预借提单时,船舶原则上必须到港(如未抵港即预借提单,会因客观上存在船舶不能抵港或取消挂靠的可能,导致巨大风险),货物必须经海关放行后,送达船方控制的码头、堆场或库场;

②签发预借提单的任何情况不得对外泄露,否则有关负责人必须承担由此引起的一切责任;

③签发预借提单后,必须保证将货物按时装船出运(请各装货港制订保证预借提单货物及时装船的办法,并报公司)。

4. 倒签提单

公司及各港代理原则上不签发倒签提单,严禁个人擅自签发倒签提单,否则自行承担由此引起的一切责任。托运人提出要求签发倒签提单时,应尽量说服其修改有关贸易合同,或延展信用证的装船期。倒签提单的要求和条件如下:

(1)要求。公司各航线根据本航线货运特点、航线特点事先制订有关提单倒签的规定,内容包括天数限制、权限、货值限制、季节、保函规格(指适用银行保函或货主保函)。

(2)条件。如在特殊情况下需签发倒签提单的,必须遵守各航线的规定,同时必须具备以下条件:

①签发倒签提单时,船舶必须到港,货物必须经海关放行后,送达船方控制的码头、堆场或库场;

②签发倒签提单的任何情况不得对外泄露,否则有关负责人必须承担由此引起的一切责任;

③签发倒签提单后,必须保证将货物按时装船出运(请各装货港制订保证倒签提单货物及时装船的办法,并报公司)。

5. 转换提单

托运人(卖方)因不能在国际货物买卖合同和信用证中规定的装货港提供货物装船或为逃避配额而有可能提出签发转换提单的申请。由于难以分清托运人(卖方)的真实原因,且国内也发生过班轮公司因签发转换提单协助货主逃避配额而被扣押船舶罚款的先例,公司原则上禁止签发转换提单。

特殊情况需要签发的,必须经公司航线主管确认同意,提出申请的原则上仅限于托运人(卖方),申请人必须提供公司格式的保函和金额不低于150%CIF货值的银行担保,确认由其承担因转换提单而引起的一切风险和责任,而且该银行担保必须是无期限限制的;签发转换提单前,托运人必须交还第一套提单的全套正本;第二套提单上的装货日期必须与第一套提单上的相同;具体操作步骤及要求由公司航线根据申请的具体转换范围专门制订/通知。

6. 提单的更改

船舶开航之前的提单更改,请各港自行参照提单缮制的有关程序,确定更改提单的费用和手续。

船舶开航后的更改包括:

(1)托运人在船舶开航后,需要更改已签发的正本提单上的以下内容时,必须出示全套正本提单,提供正式的书面申请和公司格式的银行保函,并填写提单更改单,经公司或/及代理公司书面确认后,方可办理:①发货人、收货人和通知方的更改;②卸货港的更改;③唛头的更改;④货名的更改;⑤货物的件数、重量和尺码的更改;⑥货物包装形式的更改;⑦运费支付形式的更改;⑧交货条款的更改;⑨涉及船方利益的更改。

对②项的更改,代理应先和公司联系确认操作可行性及倒载费用,在客户确认费用之后再同意更改;对③~⑥项的更改,必须重新审核客户的报关单;对⑦项的更改,如为预付改到付,必须先联系确认尚未放货。

(2)提单在缮制过程中出现的个别字母的差错,可以加盖代理更正章予以更正,但该字母的差错必须是不影响该词或该语句的含义的;

(3)每一份提单的更改不得超过三处,否则必须重新签发提单;

(4)对手签提单的更改应从严掌握;

(5)提单流转过程中的提单持有人提出的更改提单的要求不予接受;

(6)如在正本提单签发后(即船舶开航后)发生的变更,修改后的提单必须及时通知公司和所有其他与该提单项下货物装卸、转运、收发货有关的分公司或代理;

(7)具体可否更改及实际更改程序的确定必须符合当地法律法规的规定,尤其是海关的规定。本节规定中与当地法律法规相冲突的,以当地法律法规为准。

(8)因提单的更改而需要重新签发提单的,必须要求托运人交还原来已签发的全套正本提单。

7. 无船承运人提单

无船承运人(Non-vessel Operating Common Carrier)指为托运人安排货物运输并以自己的名义签发提单,但本身不经营船舶的公共承运人。无船承运人一般作为多式联运经营人签发其多式联运提单,这种主要是用于货主结汇的提单即为无船承运人提单(House B/L)。

在航运实践中,货主向无船承运人订舱后,无船承运人向货主签发以货主为托运人的提单,然后以自己的名义向公司订舱,船公司再向无船承运人签发以该无船承运人为托运人的船公司提单。从法律上讲，由于无船承运人接受了货主的订舱委托并签发了其提单，成为合同承运人，是根据运输合同履行义务、承担责任的法律当事人，而船公司接受无船承运人的委托进行货物运输称为实际承运人。

无船承运人提单使用中的有关规定包括：

（1）公司代理不得签发美线 NVOCC 提单及/或任何其他运输单据。

（2）如果无船承运人提单由无船承运人自行签发，并以托运人的身份向公司代理订舱时，应出示无船承运人提单的副本。

（3）一般来说，无船承运人提单作为货主结汇提单用，公司代理必须同时签发公司联运提单（这时也称 Memo B/L）作为货主提货时使用，并在公司提单上注明无船承运人提单的编号（如××× House B/L NO.）。公司卸货港/交货地代理必须凭公司正本提单放货，同时收讫到付运费及其他应收费用。不允许不签发公司提单而仅凭无船承运人提单放货的情况发生。

（4）无船承运人提单上所有的记载事项，除发货人、收货人、通知方、交货地和运费外，必须与公司提单上所有记载包括打印、手写和盖章内容一致。通常情况下，公司提单中的托运人（Shipper）一栏应为无船承运人，而收货人或通知方应为无船承运人在卸货港的代理。

（5）无船承运人如与公司签有长期货运服务合同（Service Contract），根据服务合同规定的费率支付运费时，应在公司提单上注明服务合同号。

（6）无船承运人作为多式联运经营人，其提单的接货港或交货港不是公司船舶挂靠港口或需经内陆延伸到公司无费率的交货点时，须在托运订舱前经公司确认风险责任、箱子使用条件和支付有关费用。

8. 异地签单

（1）托运人向非装货港代理申请异地签单。有权签发提单的非装货港代理在接到货主订舱单后，如发现装货港不是本港但又需在本港签发提单，在签发提单前，应做好如下工作：

①与装货港联系以确认货物是否能在该港装船；

②向装货港代理订舱；

③与装货港代理确认运费及港杂费等的收取；

④在得到货物已装船的确认后，签发提单，签单时间应以实际装船时间为准，不得预借或倒签提单，提单上的装货港必须为实际装货港；

⑤通知装货港代理提单已在本港签发，以避免装货港重复签发提单。

（2）托运人向装货港代理申请异地签单。装货港代理在接到货主订舱后，如货主要求在另一港签发提单，装货港代理应做如下工作：

①与另一港代理联系并委托其签单；
②将货主订舱传真给另一港,以便其缮制提单；
③与另一港代理落实运费及港杂费等的收取；
④货物装船后,立即通知另一港代理可以签单。

(三)提单注销

承运人放货后收回提单或在提单上加注提单作废的批注后,提单即被注销。

1. 放货

为避免错误交货,放货时代理应严格遵循以下原则：
(1)原则上不递交正本公司提单就不能放货；
(2)任何到付运费、其他费用必须在放货前全额付清；
(3)严格审查凭以提货的正本提单,如果有疑问应与提单签发人核对。如果提单为指示提单,提单背面必须有托运人背书或与收货人一栏内容相对的那一方或银行的背书。

电报放货简称为"电放",是指已签发或应签发提单的装港代理根据托运人的要求在装港收回提单或不签发正本提单,以电传、传真的形式通知卸港代理将货物交给提单或托运人指定方。

①实行电放的装、卸港代理需要事先按照航线,就"电放"业务经办人、通知方式、电放格式等签订备忘录；
②办理电放需要托运人提交保函,如已签发正本提单,则全套正本提单必须收回。

鉴于目前代理之间通过电子邮件进行联系的越来越多,经公司航线批准,可以在部分代理之间采用电子邮件作为进行电放的手段。

异地放货是指由第三地代理接受申请方的申请,收取正本提单并由该代理通知卸港代理将货物放给申请方指定的收货人。在这种情况下申请方通常为托运人、中间商或正本提单合法持有人,收货人常为原提单收货人、通知方或货物的最终买家。异地放货实际上是一种变相的电报放货,操作方法可以参照电放。

原则上,承运人在任何情况下都应凭正本提单交付货物。针对实务中不凭正本提单交货的情形,特规定如下：

(1)凭银行保函放货。

①在指示提单下(to order B/L)。卸货港代理在接到提货方由于提单晚到或提单丢失而不凭正本提单提货的请求后,应要求提货方出示公司提单正本/副本影印件、商业发票和装箱单等单据以审核提货方是否为收货人,如果提货方委托代理提货,还须检验其是否有授权委托。

卸货港代理向提货方提供公司提单保函的标准格式(本提单/海运单手册中提到

的担保函格式均应与《(集团)总公司提单管理规则》中的标准格式相符),要求提货方按此格式出具保函并要求一流银行(国外为当地信誉良好的银行)在此保函上有效签字盖章(法人章、担保专用章或进出口业务专用章),保函担保额对欧美航线规定为货物 CIF 价格的 200%,对其他航线规定为 130%。同时,卸货港代理应请装货港代理联系提单上的发货人,取得发货人同意在此情况下将货放给提货人的书面保证。对客户转交的银行担保,卸货港代理应与银行联系,确认其真实有效性。

如提货方不能要求上述银行在标准格式保函上签字盖章,卸货港代理应严格审核提货方提供的银行保函是否包括以下要件:a. 致:公司;b. 船名、航次、提单号、件数、品名、唛头;c. 赔偿并承担公司及其雇员和代理因此承担的一切责任和遭受的一切损失;d. 如公司及其雇员和代理因此被起诉,保证提供足够的法律费用。

如果担保银行保函格式不符合上述要求,卸货港代理应向公司航线联系,由负责人员根据货物情况、提货方和担保银行的资信及保函的有效性进行审核。卸货港代理审核提货方身份和保函有效性后,凭提货方提供的经背书的公司提单正本/副本影印件和保函正本签发提货单,并将有关文件登记存档。在提单晚到的情况下,在提货方将全套正本提单交回后,可将保函退回给提货人。如在提单丢失的情况下,原则上无限期保留保函。

②在记名提单下(Straight B/L)。记名提单下具体操作程序与 to order 提单的相同。

(2)凭协议保函放货。凭银行保函提货的方式在很大程度上解决了收货人在未收到正本提单的情况下及时提货的问题,但一票一做,仍需花费一定的时间、精力和费用。因此,针对那些与公司有良好合作关系且实力雄厚、信誉良好的大货主,同意接受其公司出具的保函并签署相关的协议。协议签署后,提货人只要按票出具提货保函,便可及时提货。协议必须由公司航线主管同意签署,各代理不得自行签署。此种方式只适用于近洋航线进口货的提货。

(3)凭支票或现金担保放货。原则上,可以接受收货人提供的支票或现金担保。但金额至少应是货价的 200%。目的港代理在接受支票担保时,应由财务部门专门做账保管。担保的期限也为无限期。

指示提单应按照背书指示进行放货,对 to order 提单,必须经过托运人背书,对 to order of ××× 提单,必须由指定的 ××× 背书,××× 通常为银行或收货人。实务中存在背书人忘记在指示提单上背书的情况,此时放货的程序规定如下:

(1)卸货港代理收回全套正本提单;

(2)通知背书人所在地(装货港)代理,装货港代理与背书人联系,审核背书人身份,并要求其指定最终买方(提单持有人)作为收货人;

(3)装货港代理审核背书人的书面放货指示,确认真实性后通知卸货港代理;

(4)卸货港代理审核指定收货人的身份后放货。

2. 重新签发提单

当提单丢失而货主还没有结汇,这时货主往往会向承运人要求重新签发全套正本提单。重新签发提单,需要申请方满足以下条件:

(1)在当地主要报刊刊登遗失作废声明,并要得到货主的书面证实;

(2)如果原提单为记名提单,托运人、收货人都需要按承运人要求出具公司担保(Company L/G),如果原提单为指示提单,则申请方需要按承运人要求提供一流银行担保,担保本身应无担保期限限制;

(3)签发的提单除自身印刷流水号之外其他内容必须与原提单一致,不得有任何更改;

(4)提单重新签发之后必须立即通知目的港代理。

3. 无人提货

卸货港代理应及时统计重箱在港情况,确认是否已换提货单。如果在港时间超过一个月,应立即报告公司,说明原因,计算已产生的各种费用备查。对收货人已明确拒收货物或在一段时间内(如一个月)始终联系不到收货人,则:

(1)联系托运人,确认其有权利(指持有提单或货款未收到等)处理货物后,按照托运人要求将货物回运或转运,托运人必须先确认承担有关费用;

(2)如托运人对货物有货权但放弃货物,或托运人无实际货权,则安排拍卖货物或申请拍卖。

卸货港代理首先应确认当地法律是否允许承运人自行拍卖。如允许,则及时向当地拍卖行申请拍卖。注意,为避免今后可能的纠纷,请勿自己直接拍卖;如不允许,则及时向海关申请拍卖,如海关不能及时拍卖,则争取将货物拆箱,进入海关仓库。

有关超期堆存费、滞箱费、转运或回运运费等由托运人确认承担;货物被拍卖情况下,有关超期堆存费、滞箱费、拍卖费等从拍卖所得款项中支取,余下的交还有货权的一方;拍卖所得款项在支付拍卖费之后不足以弥补损失的,根据实际情况决定是否向托运人及收货人追偿。

第三节 国际海运进口代理实务

一、国际海运进口业务流程

海运进口的货运代理业务是我国货代业务中涉及面最广、线最长、量最大、货种最复杂的货代业务。完整的海运进口业务,从国外接货开始,包括安排装船、安排运输、代办保险,直至货物运到我国港口后的卸货,接运报关报验,转运等业务。如图7-7所示。

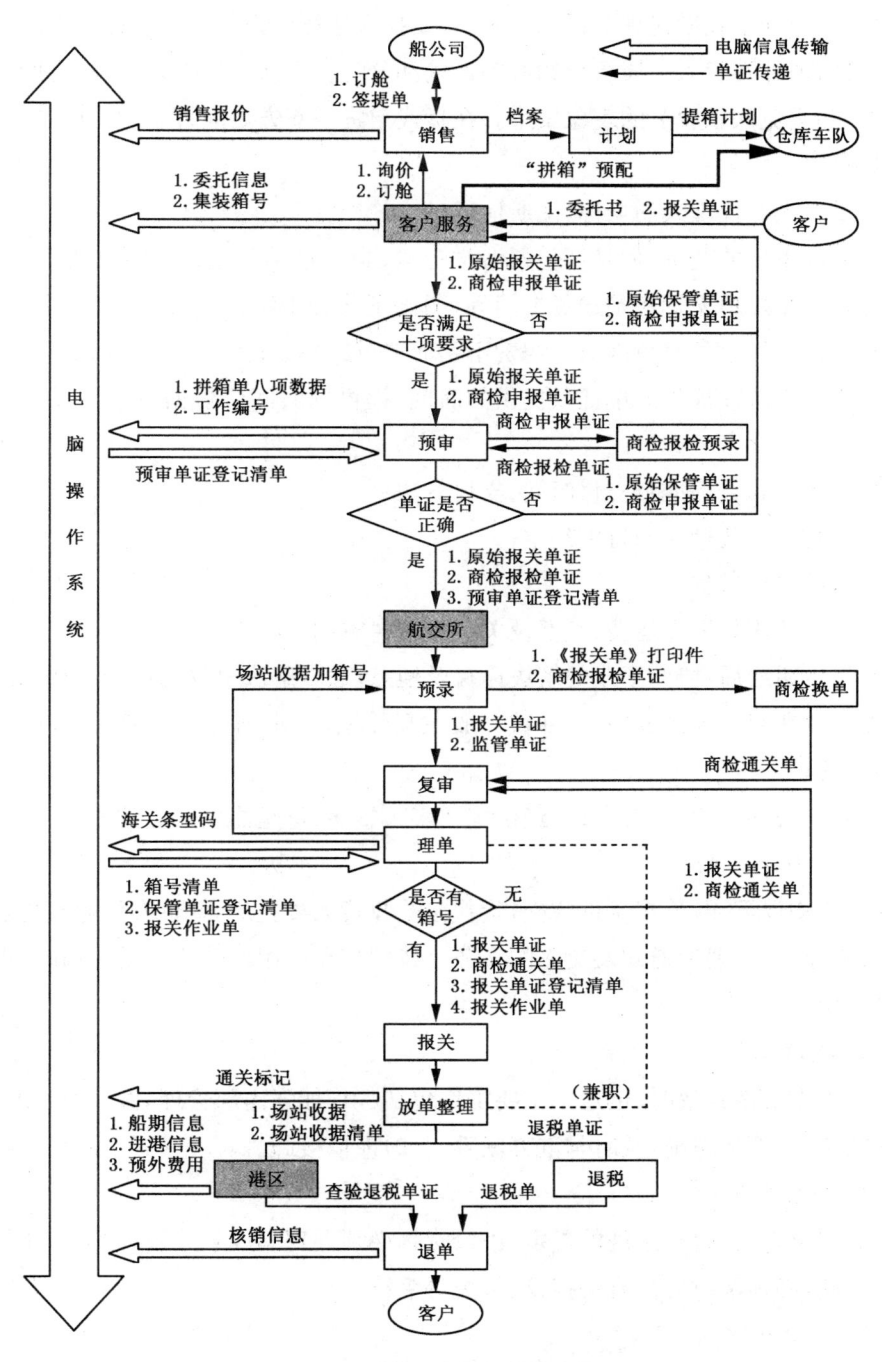

图7-7 海运进口业务流程图

（一）货运代理人接受委托

货运代理人与货主双方建立的委托关系可以是长期的,也可以是就某一批货物而签订的。在建立了长期代理关系的情况下,委托人往往会把代理人写在合同的一些条款中,这样,国外发货人在履行合约有关运输部分时会直接与代理人联系,有助于提高工作效率和避免联系脱节的现象发生。在货代与货主双方之间订立的协议中,通常应明确以下项目。

(1)委托人和代理人的全称,注册地址;

(2)代办事项的范围,如是否包括海洋运输、是否包括装运前的拆卸工作、集港运输等,到港后是提单交货还是送货上门等,明确了代办事项范围,则一旦发生意外,就能判明双方责任,也可避免因双方职责不明而造成的损失;

(3)委托方应该提供的单证及提供的时间,提供的时间应根据该单证需用的时间而定;

(4)服务费收费标准及支付时间、支付方法;

(5)委托方和代理人的特别约定;

(6)违约责任条款;

(7)有关费用如海洋运费、杂费及关税等支付时间;

(8)发生纠纷后,协商不成的解决途径及地点,通常解决争议的途径有仲裁或诉讼等,地点可以在双方同意的地点,仲裁一般在契约地,诉讼则可以在契约地,也可以在被告所在地;

(9)协议必须加盖双方公章并经法定代表人签字,这是协议成立的要件。

（二）卸货地订舱

如果货物以FOB价格条件成交,货代接受收货人委托后,就负有订舱或租船的责任,并有将船名、装船期通知发货人的义务。特别是在采用特殊集装箱运输时,更应尽早预订舱位。

（三）接运工作

接运工作要做到及时、迅速。主要工作包括:(1)加强内部管理,做好接货准备,及时告知收货人,汇集单证,及时与港方联系。(2)谨慎接卸。

（四）报检报关

根据国家有关法律、法规的规定,进口货物必须办理验放手续后,收货人才能提取货物。因此,必须及时办理有关报检、报关等手续。

（五）监管转运

进口货物入境后,一般在港口报关放行后再内运,但经收货人要求,经海关核准也可运往另一设关地点办理海关手续,称为转关运输货物,属于海关监管货物。

办理转关运输的进境地申报人必须持有海关颁发的《转关登记手册》，承运转关运输货物的承运单位必须是经海关核准的运输企业，持有《转关运输准载证》，监管货物在到达地申报时，必须递交进境地海关转关关封《转关登记手册》和《转关运输准载证》，申报必须及时，并由海关签发回执，交进境地海关。

（六）提取货物

货运代理人向货主交货有两种情况：(1)象征性交货，即以单证交接，货物到港经海关验收，并在提货单上加盖海关放行章，将该提货单交给货主，即为交货完毕；(2)实际性交货，即除完成报关放行外，货运代理人负责向港口装卸区办理提货，并负责将货物运至货主指定地点，交给货主，集装箱运输中的整箱货通常还需要负责空箱的还箱工作。以上两种交货，都应做好交货工作的记录。

在作为装货地从事集拼业务的货运代理企业在卸货地的代理人从事分拨业务的情况下，货运代理人应注意及时提取整箱货拆箱，并办理有关手续，同时向收货人发出提货通知(Deliver Notice)，正确无误地根据 House B/L 签发分拨提货单。

二、整箱货主要进口货运单证

（一）货主委托货代办理进口货运业务单证

这些单证主要包括，进口货运代理委托书、进口订舱联系单、提单、发票、装箱单、保险单、进口许可证、机电产品进口登记表以及包括木箱包装熏蒸证明等在内的其他单证。

（二）"交货记录"联单

根据"集装箱工试"在上海的试验成果，在集装箱班轮运输中普遍采用"交货记录"联单以代替件杂货运输中使用的"提货单"。"交货记录"的性质实际上与"提货单"一样，仅仅是在其组成和流转过程方面有所不同。

"交货记录"标准格式一套共五联：到货通知书；提货单；费用账单（蓝色）；费用账单（红色）；交货记录。

"交货记录"的流转程序为：

(1)船舶代理人在收到进口货物单证资料后，通常会向收货人或通知人发出"到货通知书"。

(2)收货人或其代理人在收到"到货通知书"后，凭海运正本提单（背书）向船舶代理人换取"提货单"及场站、港区的"费用账单"联、"交货记录"联等四联。"提货单"经船代盖章方始有效。

(3)收货人或其代理人持"提货单"在海关规定的期限内备妥报关资料，向海关申报。海关验放后在"提货单"的规定栏目内盖放行章。收货人或其代理人还要办理其他有关手续的,亦应办妥手续,取得有关单位盖章放行。

(4)收货人及其代理人凭已盖章放行的"提货单"及"费用账单"和"交货记录"联向场站或港区的营业所办理申请提货作业计划,港区或场站营业所核对船代"提货单"是否有效及有关放行章后,将"提货单""费用账单"联留下,作放货、结算费用及收费用依据。在第五联"交货记录"联上盖章,以示确认手续完备,受理作业申请,安排提货作业计划,并同意放货。

(5)收货人及其代理人凭港区或场站已盖章的"交货记录"联到港区仓库,或场站仓库、堆场提取货物,提货完毕后,提货人应在规定的栏目内签名,以示确认提取的货物无误。"交货记录"上所列货物数量全部提完后,场站或港区应收回"交货记录"联。

(6)场站或港区凭收回的"交货记录"联核算有关费用。填制"费用账单"一式二联,结算费用。将第三联(蓝色)"费用账单"联留存场站、港区制单部门,第四联(红色)"费用账单"联是向收货人收取费用的凭证。

(7)港区或场站将第二联"提货单"联及第四联"费用账单"联、第五联"交货记录"联留存归档备查。

(三)集装箱发放/设备交接单

集装箱进口货运过程中也需要使用"设备交接单"(见第二节)。

三、整箱货进口货运代理业务流程

整箱货进口代理业务流程图见图7—8。

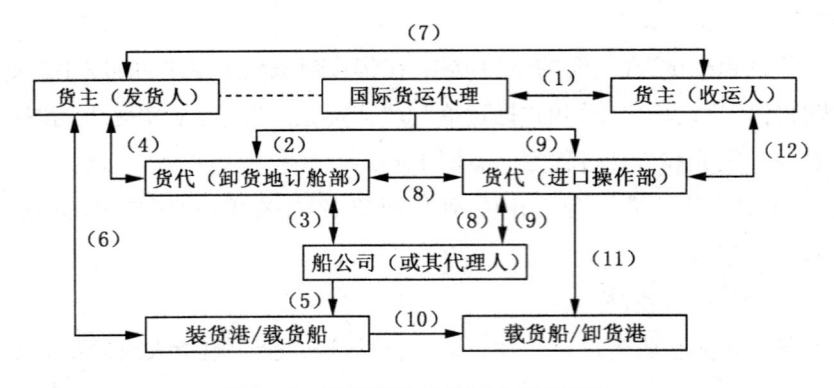

图7—8 整箱货进口代理业务流程图

(1)收货人与货代建立货运代理关系;

(2)在买方安排运输的贸易合同下,货代办理 Home Booking 业务,落实货单齐备即可;

(3)货代缮制货物清单后,向船公司办理订舱手续;

(4)货代通知买卖合同中的卖方(实际发货人集装港代理人);

(5)船公司安排载货船舶地装货港;

(6)实际发货人将货物交给船公司,货物装船后发货人取得有关运输单证;

(7)货主之间办理交易手续及单证转移;

(8)货代掌握船舶动态,收集、保管好有关单证;

(9)货代及时办理进口货物的单证及有关手续(主要掌握换取提货单);

(10)船抵卸货港卸货,货物入库、进场;

(11)在办理了货物进口报关等手续后,凭提货单到现场提货,特殊情况下船边提货;

(12)货代安排将货物交收货人,并办理空箱回运堆场等事宜。

注:在卖方安排运输的情况下,前(2)~(6)项不需要。

四、拼箱货货运流程与单证

集装箱运输的货物分为整箱货(FCL)和拼箱货(LCL)两种,有条件的货代公司也能承办拼箱业务,即接受客户尺码或重量达不到整箱要求的小批量货物,把不同收货人、同一卸货港的货物集中起来,拼凑成一个20尺或40尺整箱,这种做法称为集拼,国际上称为Consolidation,简称Consol,承办者称为Consolidator。承办集拼业务的货代企业必须具备如下条件:

(1)具有集装箱货运站(CFS)装箱设施和装箱能力;

(2)与国外卸货港有拆箱分运能力的航运或货运企业建有代理关系;

(3)政府部门批准有权从事集拼业务并有权签发自己的提单。

从事集拼业务的国际货运代理企业由于其签发了自己的提单,故通常被货方视为承运人(集装箱运输下承运人的概念是指:凡有权签发提单,并对运输负有责任的人),如果只经营海运区段的拼箱业务,则是无船承运人。因此其特征主要有:不是国际贸易合同的当事人;在法律上有权订立运输合同;本人不拥有、不经营海上运输工具;因与货主订立运输合同而对货物运输负有责任;有权签发提单,并受该提单条款约束;具有双重身份,对货主而言,他是承运人,但对真正运输货物的集装箱班轮公司而言,他又是货物托运人。

(一)拼箱货业务流程

集拼业务的操作比较复杂,先要区别货种,合理组合,待拼成一个20尺或40尺箱时可以向船公司或其代理人订舱。

集拼的每票货物各缮制一套托运单(场站收据),附于一套汇总的托运单(场站收据)上,例如有五票货物拼成一个整箱,这五票货须分别按其货名、数量、包装、重量、尺码等各自缮制托运单(场站收据),另外缮制一套总的托运单(场站收据),货名可写成"集拼货物"(Consolidated Cargo),数量是总的件数(Packages),重量、尺码都是五票货的汇总数,目的港是统一的,关单(提单)号也是统一的编号,但五票分单的关单(提单)号则在这个统一编号之尾缀以 A、B、C、D、E,以资区分,货物出运后船公司或其代理人按总单签一份海运提单(Ocean B/L),托运人是货代公司,收货人是货代公司的卸货港代理人,然后,货代公司根据海运提单,按五票货的托运单(场站收据)内容签发五份仓至仓提单(House B/L),House B/L 编号按海运提单号,尾部分别缀以 A、B、C、D、E,其内容则与各该托运单(场站收据)相一致,分发给各托运单位银行结汇之用。

另一方面货代公司须将船公司或其代理人签发给他的海运提单正本连同自签的各 House B/L 副本邮寄其卸货港代理人,代理人在船到时向船方提供海运提单正本,提取该集装箱到自己的货运站(CFS)拆箱,通知 House B/L 中各个收货人持正本 House B/L 前来提货。

集拼业务票数越多,处理难度越大,有时其中一票货的数量发生变更往往牵涉整箱货的出运,所以在处理中要倍加审慎。

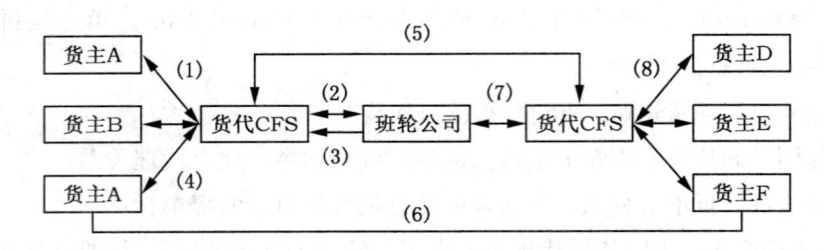

(二) 拼箱货业务流程图

拼箱货业务流程图见图 7—9。

图 7—9 拼箱货业务流程图

(1) A、B、C 等不同货主(发货人)将不足一个集装箱的货物(LCL)交集拼经营人;
(2) 集拼经营人将拼箱货拼装成整箱货(FCL)后,向班轮公司办理整箱货物运输;
(3) 整箱货物装船后,班轮公司签发 B/L 或其他单据(如海运单)给集拼经营人;
(4) 集拼经营人在货物装船后也签发自己的提单(House B/L)给每一个货主;
(5) 集拼经营人将货物装船及船舶预计抵达卸货港等信息告知其卸货港的机构(代理人),同时,还将班轮公司的 B/L 及 House B/L 的复印件等单据交卸货港代理人,以便向班轮公司提货和向收货人交付货物;
(6) 货主之间办理包括 House B/L 在内的有关单证的交接;
(7) 集拼经营人在卸货港的代理人凭班轮公司的提单等提取货物;
(8) A、B、C 等不同货主(收货人)凭 House B/L 等在 CFS 提取拼箱货。

(三) 拼箱货拼箱运输的合理性

在目前国际货运市场竞争十分激烈的环境下,从事拼箱货业务是否合理这一问题是近三四年来影响拼箱业务正常发展的关键问题。"零运费""负运费"的做法,严重影响了集拼经营人在国际货运市场上的声誉,留下了不讲诚信的"足迹"。

从事拼箱货运输不会没有成本,其成本是指该业务活动从接受拼箱货至交付拼箱货的整个过程中,与货物仓储、拼拆箱、运输以及其他相关费用的总和。

通常,直拼运输方式比混拼运输方式在运输路线、相关手续、收费项目和费用等方面更为简单、更为节省。

1. 拼箱货直拼运输的费用结构

拼箱货直拼运输的费用项目主要包括:

(1) 拼箱及起运港的费用,如货物提前进站的仓储费和海关监管费、提运空箱和重箱进场的拖运费和码头费用、货物装箱费和理货费用等;

(2) 海运运费及手续费,如班轮公司运输整箱货所收取的海运运费、到船舶代理人处办理有关订舱等手续的费用;

(3) 目的港及拆箱费用,如提运重箱和还空箱的拖运费和码头费用、拆箱费和理货费、分拨费和相关的代理手续费、拼箱货的仓储费用等;

(4) 其他发生在装卸两港的相关服务费用等。

如果拼箱货情况较为特殊,则还会产生特殊的费用。以上费用通常由集运经营人按运价本或协议运价向托运人收取。

2. 拼箱货混拼运输的运费结构

拼箱货混拼运输的费用项目除与直拼运输相同的费用外,还包括中转港再拼箱和转运所需的费用:

(1) 中转港的拆箱和再装箱及理货的费用;

(2) 集装箱的拖运费用;

(3) 拼箱货的搬运费和仓储费用;

(4) 办理进出口手续的费用;

(5) 中转港代理人的费用;

(6) 其他相关的服务费用等。

3. 节省集运成本的途径

分析集运各个环节、实现流程再造是节省集运成本的有效方法。以下几个问题值得认真加以考虑:

(1) 在可行的情况下,通常安排直拼运输方式,以减少混拼运输方式带来更多的中间环节和产生额外费用;

(2)当需要采用混拼运输方式时,所选的中转港应具备较好的拆拼箱作业条件,还要有能力强、关系好、信誉高的代理人;

(3)与班轮公司订有较好的协议运价,并与相关的船舶代理人、仓储经营人等订有优惠的服务协议;

(4)合理选择集装箱的箱型和尺度,正确地进行积载和装箱以减少亏箱和充分利用载货重量;

(5)实现业务程序和单证作业的流程再造,保证实现业务程序的有效性和单证作业的正确性;

(6)建立应对突发事件的程序,防止特殊情况发生时造成不良后果等。

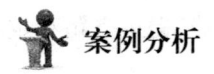

案例分析

拼箱行为人主体身份的认定标准

原告:上海林登国际货物运输代理有限公司

被告:天津隆生物流有限公司

原告诉称:2011年3月3日,原告与被告签订了编号为E110103FB004的《代理运输费用结算协议书》(简称《协议书》),被告为原告的出口货物安排订舱、配载、报关等货代服务,合同有效期为1年,如双方无异议,则自动顺延1年。2012年初,原告委托被告办理三票货物从天津新港经海运至新加坡,但被告在办理出运时擅自将托盘货物拆托,造成货物混淆,进而导致货物被错发至不同的目的港,且有部分货物遗失。被告同意并确认将承担由于该事件所造成的损失和发生的费用,但要等所有的事情解决后再一起赔偿。涉案事件处理完毕后,原告多次向被告索要赔款,但被告一直未付。请求法院判令:(1)被告向原告支付赔偿款50 336.86美元,折合人民币317 122.22元(按2012年6月21日汇率6.30计算),同时支付该款项自2012年6月21日起至2013年9月21日止的利息人民币24 378.78元(按中国人民银行同期贷款利率6.15%计算),共计人民币341 501元;(2)被告向原告支付差旅费、律师费等费用共计人民币6 000元;(3)诉讼费由被告承担。

被告辩称:(1)原被告就涉案货物运输事宜存在海上货物运输合同关系,而非货运代理合同关系;(2)在原被告之间存在海上货物运输合同的情况下,原告提起的索赔之诉已经超过诉讼时效期间,其实体权利不应该得到支持;(3)即使原告的起诉在诉讼时效期间内,原告目前的证据尚不能证明涉案的实际情况、损失金额及其各项损失的合法性、合理性,被告不应当承担赔偿责任;(4)即使原告的起诉在诉讼时效期间内,且能提供充分有效的证据证明损失的事实及损失金额，被告仍然依法享有赔偿责任限制。

经审理查明，2011年3月3日，原告与被告签署的《协议书》约定：一、总则：原告自愿将出口货物委托被告运输，被告同意按照协议规定接受原告委托并安排定舱，签发正本提单。二、双方责任：原告应根据被告船期提前向被告定舱，并在委托书上加盖配载专用章，如需被告代报关，原告应在有效时间内将完整的报关单据及时转交被告；被告提供的报关单据内容必须与实际出口货物一致，同时，原告保证货物的品质以及该货物适合集装箱运输；如果原告委托出运的过程中给被告或第三方造成经济损失，原告应对被告的损失承担赔偿责任，被告的损失包括但不限于以下损失：被告在完成委托业务中产生的经济损失、被告因该票货物对第三人承担的赔偿责任以及被告处理相关纠纷所承担的诉讼费、律师费及相关费用。三、费用结算：原被告双方经过确认并注明在货运委托书上的运费作为收付运费依据；其他临时产生的额外费用以最终运费确认单为依据。

2012年1月13日，原告签署案外三套电放提单，均记载：托运人为科勒亚太公司，船名航次为VIRA BHUM V.088W，装货港为新港，卸货港为新加坡，货物品名为水龙头，运输方式为CFS/CFS。编号为XNGSIN1201136的电放提单记载：收货人为PAN OCEAN TRANSPORT PTE LTD（简称"PAN公司"），货物唛头为KOHLER LTD 774599 776607，包装数量为5托盘；编号为XNGSIN1201113的电放提单记载：收货人为SAMPAI EXPRESS SERVICE AGENCIES PTE LTD（简称"SAMPAI公司"），货物唛头为KOHLER LTD 774438 776606，包装数量为9托盘；编号为XNG-SIN1201096的电放提单记载：收货人为KHK公司，货物唛头为KOHLER LTD 774645，包装数量为2托盘。

同日，被告签署三套涉案电放提单，均记载：托运人为原告，收货人为MERSTAR INTERNATIONAL（S）PTE LTD（简称"MERSTAR公司"），船名航次为VIRA BHUM V.088W，装货港为新港，卸货港为新加坡，货物品名为水龙头，集装箱号为REGU5067181A7610640，运输方式为CFS/CFS，拼箱服务费为每计费吨35新加坡元。编号为LS16TJ1201521的电放提单记载：货物唛头为KOHLER LTD 774599 776607，包装数量为5托盘；编号为LS16TJ1201522的电放提单记载：货物唛头为KOHLER LTD 774438 776606，包装数量为9托盘；编号为LS16TJ1201507的电放提单记载：货物唛头为KOHLER LTD 774645，包装数量为2托盘。

涉案运输航次于2012年1月24日到达卸货港。2012年2月10日，原告向被告主张涉案三票货物存在错误交付。错误交付系由于被告在装货港拼装货物时，擅自将涉案货物的托盘拆开，以致在卸货港未按照托运人交付货物时的原始托盘交付货物。之后原被告双方共同协商错误交付的善后事宜。2012年4月9日，被告向原告发邮件称"要等所有的事情都安排好了,才能一起处理索赔的事情";2012年6月21日,原告向被告发邮件称"现该问题货物已经处理完毕";2012年6月27日,被告向原告发邮件称"希望能提供一下所有相关费用的发票,用于赔付的相关证据",之后被告并未向原告表示同意履行赔付义务。

另查明,原被告均持有中华人民共和国交通运输部颁发的《无船承运业务经营资格等级证》,均是可以从事进出中华人民共和国港口货物运输的无船承运业务的企业。

思考:
根据原告的诉请和被告的答辩,思考下列问题:
(1)原被告之间的法律关系是什么?
(2)被告对于原告损失承担责任的范围及金额应该是多少?
(3)原告诉讼是否超过诉讼时效期间?

练习题

(一)名词解释

集装箱装箱单　集装箱发放/设备交接单

(二)填空

1. 国际海运集装箱出口操作过程中,做箱包括三种:_____、_____、_____。

2. 货运代理人或发货人凭经签署的_____,在支付了预付运费后(在预付运费的情况下),就可以向负责集装箱运输的人或其代理人换取提单。

(三)单项选择

1. 在实际工作中,一般装货容积为:20′GP<(　　)。如果货物包装合理,均有可能超过上述数字而更接近理论值。

　　A. 29 立方米　　　　B. 59 立方米　　　　C. 68 立方米　　　　D. 78 立方米

2. 在实际工作中,一般装货容积为:40′GP<(　　)。如果货物包装合理,均有可能超过上述数字而更接近理论值。

　　A. 29 立方米　　　　B. 59 立方米　　　　C. 68 立方米　　　　D. 78 立方米

3. 在实际工作中,一般装货容积为:40′HQ<(　　)。如果货物包装合理,均有可能超过上述数字而更接近理论值。

　　A. 29 立方米　　　　B. 59 立方米　　　　C. 68 立方米　　　　D. 78 立方米

4. 在实际工作中,一般装货容积为:45′HQ<(　　)。如果货物包装合理,均有可能超过上述数字而更接近理论值。

　　A. 29 立方米　　　　B. 59 立方米　　　　C. 68 立方米　　　　D. 78 立方米

5. (　　)是指承运人对未装船或装船未完毕的货物签发的已装船提单。

　　A. 运费预付提单　　　B. 转换提单　　　　C. 倒签提单　　　　D. 预借提单

6. (　　)是指承运人签发的比实际装船日期提前的已装船提单。

A. 运费预付提单　　B. 运费到付提单　　C. 倒签提单　　D. 预借提单

7.（　　）是指收货人不出示提单正本，凭公司保函的一种放货方式，主要用于托运人来不及邮寄提单或为了减少邮寄之程序而将原正本缴回船公司或代理，由船公司或其代理通知其目的港的相关代理予以放货。

A. 副本提单　　B. 场站收据　　C. 电放　　D. 快速提货单

8.（　　）是委托方(出口企业)向被委托方(货运代理人)提出的一种"要约"，被委托方一经书面确认就意味着双方之间契约行为的成立，因此由委托单位盖章，使之成为有效的法律文件。

A. 出口货运代理委托书　　　　　B. 场站收据
C. 集装箱装箱单　　　　　　　　D. 集装箱预配清单

9. 上海口岸进行的"集装箱工试"的"场站收据"联单中，第五联是（　　），盖有船公司或其代理人的图章，是船公司发给船上负责人员和集装箱装卸作业区接受装货的指令，报关时海关查核后在此联盖放行章，船方(集装箱装卸作业区)凭此收货装船。

A. 运费通知　　B. 装货单　　C. 货代留底　　D. 配舱回单

10.（　　）是集装箱进出港区、场站时，用箱人、运箱人与管箱人或其代理人之间交接集装箱及设备的凭证，兼有发放集装箱的凭证功能

A. 集装箱提单　　　　　　　　　B. 集装箱预配清单
C. 集装箱装箱单　　　　　　　　D. 集装箱发放/设备交接单

（四）多项选择

1. 以下属于整箱货—整箱货(FCL—FCL)这种模式的交付方式的为（　　）。

A. 场至场(CY—CY)　　　　　　B. 站至站(CFS—CFS)
C. 门到门交货(DOOR—DOOR)　　D. 站到门(CFS—DOOR)
E. 场到门(CY—DOOR)

2. 托运人在船舶开航后，需要更改已签发的正本提单上的（　　）内容时，必须重新审核客户的报关单。

A. 卸货港的更改　　　　　　　　B. 唛头的更改
C. 货名的更改　　　　　　　　　D. 货物的件数、重量和尺码的更改
E. 货物包装形式的更改

3. 有权签发提单的非装货港代理在接到货主订舱单后，如发现装货港不是本港但又需在本港签发提单，在签发提单前，应做如下工作：（　　）。

A. 与装货港联系以确认货物是否能在该港装船
B. 向装货港代理订舱
C. 与装货港代理确认运费及港杂费等的收取
D. 签单时间应以实际装船时间为准，提单上的装货港不必为实际装港
E. 通知装货港代理提单已在本港签发，以避免装货港重复签发提单

4. 承运人为避免错误交货，放货时代理应严格遵循以下原则：（　　）。

A. 原则上不递交正本公司提单就不能放货
B. 任何到付运费、其他费用必须在放货前全额付清
C. 严格审查凭以提货的正本提单，如果有疑问应与提单签发人核对
D. 如果提单为指示提单，提单背面必须有托运人背书或与收货人一栏内容相对的那一方或银

行的背书

E. 异地放货要由第三地代理接受申请方的申请,收取正本提单并由该代理通知卸港代理将货物放给申请方指定的收货人

5. 当提单丢失而货主还没有结汇,这时货主往往会向承运人要求重新签发全套正本提单。重新签发提单,需要申请方满足以下条件:(　　)。

A. 在当地主要报刊刊登遗失作废声明,并要得到货主的书面证实
B. 如果原提单为记名提单,托运人、收货人都需要按承运人要求出具公司担保
C. 如果原提单为指示提单,则申请方需要按承运人要求提供一流银行担保,担保本身应无担保期限限制
D. 签发的提单除自身印刷流水号之外其他内容必须与原提单一致,不得有任何更改
E. 提单重新签发之后必须立即通知目的港代理

(五)简答

1. 简述国际海运出口代理流程。
2. 简述整箱货出口货运代理业务流程。
3. 简述集装箱装箱单的主要作用。
4. 简述预借提单和倒签提单的区别。
5. 简述整箱货进口货运代理业务流程。

第八章 国际陆运代理实务

学习目的

理解国际铁路货物联运的概念
了解国际铁路货物联运的分类
熟悉国际铁路货物联运实务流程
了解铁路货运代理企业的发展历程
了解铁路货运代理业的功能及意义
掌握铁路货运代理企业的运作模式及业务特点
理解铁路货运代理企业核心竞争力
理解公路运输的概念,熟悉汽车货物运输的类别
熟悉外贸公路汽车运输业务
熟悉国际公路联运运输

基本概念

国际铁路货物联运　国际公路货物运输

第一节 国际铁路运输代理实务

一、国际铁路货物联运概述

（一）国际铁路货物联运的概念

依据《联合运输单证统一规则》（国际商会第298号出版物）以及《联合国国际货物

多式联运公约》中的定义,联合运输是指至少使用两种不同的运输方式,将货物运送至指定交付目的地的运输。因为联合运输是新生事物,所以其名称国际、国内称法不一,仅英文称法就有 Multi-modal Transport、Inter-modal Transport、Combined Transport、Through Transport、Successive Transport 等数种。广义的"联合运输"就是指 Through Transport,表达的是一种直接、有效地将货物从出口商至进口商——从门口到门口(door to door)运程不中断的理想。如果以是否使用两种以上的运输方式或运输工具为标准来定义,"联运"就是指 Multi-modal Transport、Inter-modal Transport、Combined Transport。如果以运输区段为定义标准的话,"联运"就是指 Successive Transport——相继运输。从广义上看,相继运输包括四种形态。第一种形态是部分运送,此时数个运送人就其分担部分,各自订立独立之运送契约;第二种形态是转托运送,即一个运送人承担全部之运送,为实行自己所承受运送义务,以自己之名义,而与第二以下之运送人订立运送契约;第三种形态为共同运送,也称同一运送,是指数人共同与托运人订立一个运送契约,而于内部划定分担区域,相继为运送;第四种形态为连带运送,是指数个运送人通常以一直接或通运托运单或一连带托运单,就各区域相继承担运送。就上述内容看,相继运输并不以运用两种以上运输工具为必要。相继运输最根本的区分标准就是从运输区段来划分的,只要货物运输是由几个不同承运人,在各自的运输区段履行运输义务,并收取运输费用的运输方式,就是相继运输。这里的运输区段,就是指承运人实际管领货物的区间,即运送人从托运人或上一运送人处受领货物至交付给收货人或下一运送人的区间。这一区间因法律对不同运输方式的受领与交付有不同规定而各有其实际的含义。

国际铁路货物联运是指在两个或两个以上国家的铁路全程运送中,办理一次托运手续,使用一份运输票据,并以铁路连带责任办理的货物运送。从国际铁路货物联运的定义来看,应该属于"联合运输(Through transport)"中的"相继运输(Successive transport)"中的连带运送。即数个运送人通常以一直接或通运托运单或一连带托运单,就各区域相继承担运送。

《国际货约》(COTIF/CIM)第 1 条规定:"1. 根据第 2 条中的除外情况,统一规则应适用于联运单托运的货物运输,其运程通过至少两个缔约国的领土,或通过包括规则第 3 条和第 10 条规定的专有线或服务。为与规则第 2 条第 2 款第 2 段相适应,当在公路线上时,运送也适当地比照汽车运输处理。2. 统一规则关于'站'的表述,应包括铁路火车站、同执行运输合同有关的航运港口和公路开发的汽车站。"从这里可以看出,根据《国际货约》进行的货物运输,不仅可以使用铁路运输方式,而且可以使用公路运输和海运的运输方式。这是因为,欧洲各国地域狭小,铁路网虽然较为发达,但仍有不能到达之处。另一方面,欧洲是近代航运业肇始之地,航运业非常发达,公路运输也十分方便,为充分整合其他运输方式的优势,达到互补目的,《国际货约》才做出此妥协宽容的规定。

(二)国际铁路货物联运的分类

国际铁路联运的类别分为:整车、零担和大吨位集装箱货物。整车货物是指按一份运单托运的,按其体积或种类需要单独车辆运送的货物。零担货物是指按一份托运的一批货物,重量不超过 5 000 千克,按其体积或种类不需要单独车辆运送的货物。大吨位集装箱货物是指按一份运单托运的,用大吨位集装箱运送的货物或空的大吨位集装箱。

下列货物只限按整车办理,不得按零担运送。
(1)需要冷藏、保温或加温运输的货物;
(2)限按整车办理的危险货物;
(3)易于污染其他货物的污秽品;
(4)蜂蜜;
(5)未装容器的活动物;
(6)不易计算件数的货物;
(7)一件重量超过 2 000 千克、体积超过 3 立方米或长度超过 9 米的货物。

二、国际铁路货物联运实务流程

(一)国际铁路联运出口货物运输实务流程

国际铁路联运出口整车货物运输流程如图 8-1 所示:

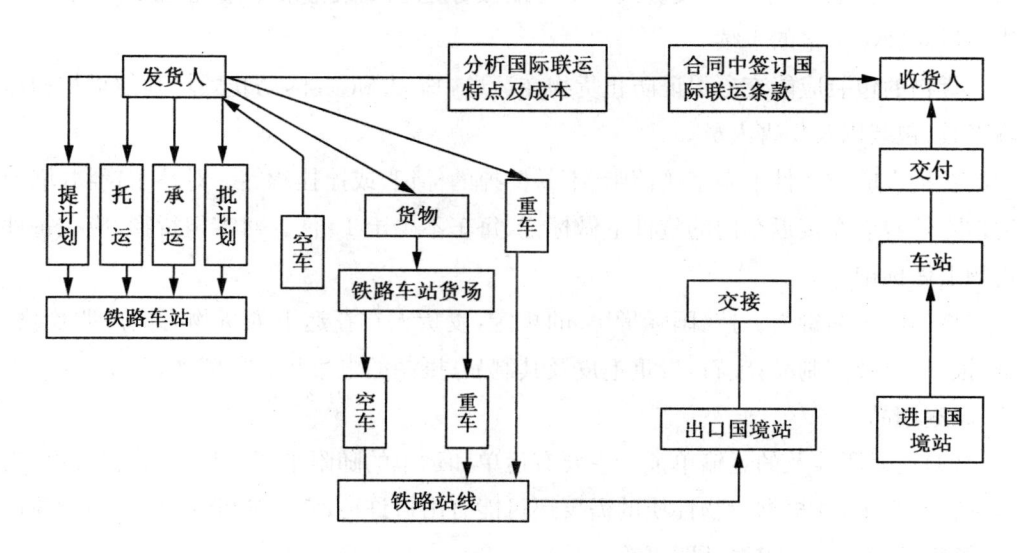

图 8-1 国际铁路联运出口整车货物运输流程

1. 出口货物的托运

具有批准的出口运输计划是进行货物托运与承运的前提,托运与承运的过程实际就是铁路与发货人之间签订运输合同的过程。

(1)托运的一般过程。货物托运是发货人向铁路提出委托运输的行为。发货人向车站提出货物运单和运单副本,以此作为货物托运的书面申请。车站在运单上登记货物应进入车站的日期或装车日期,即表示受理托运。整车货物一般在装车完毕,发站在货物运单上加盖承运日期戳,即为承运。

零担货物的托运与整车货物不同,发货人在托运时,不要求编制月度要车计划,凭运单直接向车站申请托运。车站将发货人托运的货物,连同货物运单一同接受完毕,在货物运单上加盖承运日期戳记时,即表示货物业已承运。

托运、承运完毕,以运单为具体表现的运输合同即开始生效,铁路按《国际货协》的规定对货物有保管、装车并运送到指定目的地的一切负责任。

(2)发货人向铁路托运货物时,应做以下工作:货物的品质、规格、数量须符合合同的规定。凡属需要检验和检疫的商品,应及时做好报验工作。

托运时应认真过磅,细致查点件数,并将重量和件数正确记载在运单上,另外还应遵守下列规定:用敞车类货车运送不盖篷布或苫盖篷布而不加封印的整车货物,在承运时,如总件数不超过100件时,发货人在运单中应记载货物的件数和重量;如总件数超过100件时,发货人在运单中只记载货物的重量,并在运单"件数"栏内记载"堆装"字样。整车运送小型无包装精制品时,只按重量承运,不计件数。发货人应在运单"件数"栏内注明"堆装"字样。发货人应尽可能按标记重量或标准重量托运货物,以减少货物过磅确定重量的手续。

货物的包装应能充分保证防止货物在运送中灭失和损坏,防止毁坏其他货物和运输工具、包装以及伤害人员。

发货人应在货件上做字迹清晰、不易擦掉的标记,或拴挂货签。对整车货物(堆装货物除外),应在接近车门的货件上做标记,每车不少于10件。对零担货物,应在每件货物上做标记。

货物的声明价格。按《国际货协》的规定,发货人在托运下列货物时应声明价格:金、银、白金及其制品;宝石、贵重毛皮及其制品;摄制的电影片、画、雕像、艺术制品、古董、家庭用品。

(3)托运所涉及的运输单证。主要有运单和运单的随附单证:出口货物报关单、出口货物明细单,并根据货物性质的需要还可能有出口许可证、品质证明书、商品检验证书、植物检验证书或兽医证明书等。

(4)在托运与承运中产生的各方的权利和义务。

①承运人的权利和义务包括：承运人有权要求发货人按规定提供必要的运输证明文件，如发货人拒绝提供，则承运人有权拒绝承运。承运人对不符合安全运输条件规定的货物包装，有权要求发货人予以改善、整装。如改善后仍不符合规定，有权拒绝承运；或者经发货人同意，订立补充协议，以发货人的责任承运。承运人应在规定的期限内将货物运至到达站。超过运到期限的，承运人应当承担违约责任。承运人有权要求发收货人支付规定的运送费用，但必须依章收取，多收、误收费用的，应如数退还。对于超过规定期限无人领取的货物，承运人经有关部门的批准可以按无主货物处理。

②发货人的权利和义务包括：发货人有权要求承运人按合同规定准备和配备车辆，对于不适合安全运输的车辆，有权要求承运人调换并赔偿损失。发货人应保证货物有保证安全的运送包装。因包装不良而导致货损货差的，应承担责任。发货人托运货物时，应提供各种规定的单证并按规定支付各种运送费用。

③收货人的主要权利和义务：有权向到站提取货物。有义务缴清托运人在发站未交或少交以及运输途中发生的垫款等费用。有义务在规定的期限内提取货物。由收货人组织卸车的货物，收货人应清扫车厢，在规定期限内将货车交回铁路部门。

(5)发收货人对联运合同的变更。托运与承运完成后，托运人与承运人签订的运输合同对承运人、发货人和收货人都有约束力，但发收货人对已发生法律效力的运输合同可以提出变更。货物运输变更以发货人申请办理一次和收货人申请办理一次为限。申请人需递交"运输合同变更申请书"。

发货人变更范围包括：在发站将货物领回；变更到站，此时在必要的情况下应注明变更运输合同后货物应通过的国境站；变更收货人；将货物返还发站。

收货人变更范围包括：在到达国范围内变更货物的到站；变更收货人。收货人的变更申请只限于在到达国进口国境站，且在货物尚未从该国境站发出时办理，如通过到达国的进口国境站，则只能按到达国现行的国内规章办理。

2. 发货人在装车发运中的工作

(1)货物装车发运的一般程序。按我国铁路法律规范的规定，在车站公共装卸场所内的装卸工作，由铁路负责组织；其他场所如专用线装卸场，则由发货人或收货人负责组织。但某些性质特殊的货物，如易腐货物、未装容器的活动物等，即使在车站的货场内，也均由发货人组织装车或卸车。

货物装车发运的主要程序如下：

①货物进站。货物应按铁路法律规范规定的时间进站。进站时，发货人应组织专人在车站接货。由铁路装车的货物，应会同铁路货运员对货物的件数、包装、品名、唛头标记、运单及其随附单证逐件进行检查，如发现问题或相互不符，必须修复、更换或查明原因予以更正。经铁路货运员验收完毕，认为符合运送要求，发货人即同货运员

办理货物交接手续，并在运单上签证确认。

零担货物经铁路货运员查验、过磅，发货人按运单记载交付运杂费后，货物在站内的保管和装车发运工作即由铁路负责。

在专用线装车时，发货人应在货车调送前一日将货物搬至货位，并做好装车前的一切准备。

②请车和拨车。由铁路负责装车的货物，有关请车和拨车均由铁路自行办理。由发货人负责装车时，不论是在车站的货场内装车或是在专用线装车，发货人应按铁路批准的日要车计划，根据货物的性质和交货数量，向车站请拨车辆。发货人要正确合理选择需要的车种和车辆吨位，尽量做到车种适合货种，车吨配合货吨，并在保证货物和车辆安全的前提下，充分利用车辆的载重吨和容积，以提高经济效益。铁路在货车调运到装货地点或车辆交接地点之前，应将送车时间通知发货人，发货人应根据铁路送车通知按时接车，同时组织装车力量，在铁路规定的时间内完成装货工作，按时交车，并将装车完毕时间通知车站。

③货物的装车、加固和施封。

a. 装车。货物装车应具备三个基本条件：第一，货物包装完整、清洁、牢固，货物标志、标记清晰完整；第二，单证齐全、内容准确、完备；第三，车辆的车体完整、清洁，技术状态良好，具备装车的必备条件。

由发货人装车的货物，发货人应在现场负责监装。铁路负责装车的货物，一般应由铁路监装，在必要时可要求发货人在货场检查货物装载情况。

b. 加固。对于敞车、平车及其他特种车辆装运超限货物，箱装和裸装的机械设备以及车辆等货物，应在装车时放置稳妥，捆绑牢固。货物出口加固工作，应由铁路负责（自装车和专用线装车由发货人负责），但发货人检查加固情况，如不合要求，应提醒铁路方面重新加固。

c. 施封。它是保证货物运输安全的重要措施之一，以便分清铁路与发货人之间、铁路内之间的相互责任。

我国装运国际联运出口货物的篷车、冷藏车、罐车必须施封。货车施封后，应使用只在毁坏后才能启开的封印。

铁路装车时由铁路施封，发货人装车由发货人施封或委托铁路施封，此时发货人在运单"铅封"栏内注明"委托铁路施封"字样。

对出口货物和换装接运的进口货物，各发站和进口国境站必须用 10 号铁丝将车门上部门扣和门鼻拧紧，在车门下部门扣处施封。

(2) 货车的配载：

①篷车的使用和配载。篷车有顶盖和四壁，有门、窗，能启闭，对货物运送比较安全。

装篷车的货物每件不宜过长、过大、过重，一般不超过 250 千克为宜，以利装卸。配载货物时，应充分利用车容和载重量，必要时应制订货物装载方案和绘制装载示意图。

②敞车的使用和配载。敞车主要装运不怕受潮的货。装敞车的散装货物，凡能捆扎成件的（如钢材、钢管等），应尽量捆扎成大件，不超过 100 件。敞车货物的配载，也应充分利用货车的载重量和容积，在保证货物安全运送的前提下尽量做到满载，但装载不得超过车辆限界。

③平车用于装运长大货物（敞车装卸困难的），如汽车、拖拉机及其他裸装机械等。用平车装运货物，其高度和宽度均不得超过车辆限界。

3. 出口货物在国境站的交接

(1) 出口货物交接的一般程序：

①出口国境站货运调度根据国内前方站列车到达预报，通知交接所和海关做好接车准备工作；

②出口货物列车进站后，铁路会同海关接车，并将列车随带的运送票据送交接所处理，货物列车接受海关的监管和检查；

③交接所实行联合办公，由铁路、海关、外运等单位参加，并按照业务分工，流水作业，协同工作。

(2) 有关出口货物交接中的几个问题：

①出口货物单证资料的审核。审核出口货物单证是过境交接站的一项重要工作。国境站货运代理公司在订正、缮制单证时，只限于代办发货人缮制的单证。

②办理报关、报验等法定手续。铁路运输的出口货物的报关，一般由发货人委托铁路在国境站办理。在货物发运前，发货人应填制出口货物报关单，铁路车站在承运货物后，即在货物报关单上加盖站戳，并与运单一起随货同行，以便国境车站向海关办理申报。

需办理商检、卫检、动植物检的货物，要向当地有关部门办理检验手续，取得检验、检疫证书。上述检验和检疫证书，需在发站托运货物时，同运单、报关单一并随车同行，并在国境站由海关凭有关检验部门签发的证书执行监管，查证放行。

③凭铅封交接与按实物交接。货物的交接可分为凭铅封交接和按实物交接两种情况，按实物交接又可分为按货物重量、按货物件数和按货物现状交接三种方式。

货物的交接使用交付方编制的"货物交接单"，没有编制交接单的货物，在国境站不得处理。

④出口货运事故的处理。联运出口货物在国境站换装交接时，如发现货物短少、残损、污染、湿损、被盗等事故，国境站外运公司或其他货运公司应会同铁路查明原因，分清责任，分别加以处理。属于铁路责任造成的，要提请铁路编制商务记录，并由铁路

负责整修;属发货人责任造成的,在国境站条件允许的情况下,由国境站外运公司或其他货运公司组织加工整修,无法在国境站加工整修的货物,应由发货人到国境站指导,或将货物返回发货人处理。

4. 到达取货

到站在货物到达后,应通知运单中所记载的收货人领取货物。在收货人付清运单中所载的一切应付运送费用后,铁路须将货物连同运单正本和货物到达通知单交付收货人。货物交付使用后,到站应在运单"货物交付收货人"栏内加盖本站日期戳,并注明交付时间,以确认货物交付收货人。

收货人只有在货物由于毁损、腐坏或其他原因而使质量发生变化,以致部分或全部货物不能按原用途使用时,方可拒绝领取货物。

(二)国际铁路联运进口货物运输实务流程

联运进口货物运输与联运出口货物运输在货物与单据的流转程序上基本相同,只是在流转方向上正好相反。以下就联运进口货物运输与联运出口货物运输的不同部分和需要特别说明的情况,予以阐述。

1. 联运进口货物发运前的准备工作

(1)运输标志的编制和使用。运输标志又称唛头(Mark)。作为收货人唛头,各订货单位须按照统一规定的收货人唛头对外签订合同。

收货人唛头由7部分组成,按下列顺序排列:

①订货年度代号;

②承办订货进出口贸易公司代号;

③订货部门(即收货人)代号;

④间隔号,外贸为"—",工贸为"/";

⑤商品类别代号;

⑥合同编号或卡片编号,即采用进口合同所编的顺序号码;

⑦供货国别地区代号。

国际联运进口货物使用标准的收货人唛头后,就可以在订货卡片、合同、运单的"收货人"栏内,用收货人唛头代替收货人实际名称,而不再用文字填写收货人全称及其通信地址。

(2)签订采用国际联运方式的进口贸易合同的运输条款时应注意的几个问题

①收货人唛头须按规定的方法编制,在合同的"收货人"栏内填写收货人唛头作为收货人。

②货物数量要注意,一张运单的重量和件数应符合《国际货协》的规定,必要时还应订明溢短装条款。

③审核货物到达路局和车站的名称,货物数量和品种要符合到站的办理种别。

④合同中明确注明经由国境站。

⑤包装条件须严格按《国际货协》和其他有关规定办理。

⑥对于需要押运的货物,要在合同中具体订明。

⑦对于超限、超长、超重货物,合同中应规定发货人向发送铁路提供必要的资料,商定有关国家铁路同意后发运。

⑧对于发货人在运单中错填经由口岸、到站、收货人等,因而使收货人遭受经济损失时,合同中应规定约束性条款。

(3)向国境站货运代理公司抄寄合同资料

各进口公司对外签订合同后,要及时将合同资料寄给货物进口口岸的货运代理公司一份。这些合同资料包括:合同的中文抄本及其附件、补充书、协议书、变更申请书和有关函电等。

2. 进口货物发运

办理发运的手续有以下三种。

(1)从参加《国际货协》或采用《国际货协》规定的国家的铁路向我国发运进口货物时,均按《国际货协》和该国国内铁路规章办理发运手续。

(2)从未参加《国际货协》并且不采用《国际货协》规定的国家的铁路向我国发运进口货物时,通常有两种做法:一是由发货人通过发送国铁路将货物办理至《国际货协》第一个过境路的进口国境站或采用《国际货协》规定的铁路的出口国境站,然后由该国境站站长以发货人全权代理人的资格和由他负责的条件下,填写《国际货协》运单,并随附原运单,将货物发送至我国最终到站;二是由发货人把货物发往参加《国际货协》的国家或采用《国际货协》规定的国家,委托该国的运输机构代收后,再按《国际货协》和该国国内铁路规章办理托运至我国最终到站。

(3)海运货物通过参加《国际货协》的过境铁路港口向我国发送时,可委托港口站的收转人办理转发送,并从该港口站起,用《国际货协》运单完成全程运送。

3. 进口货物在国境站的交接与核放

(1)进口货物的口岸交接工作。进口货物的交接工作是在交付路和接受路之间进行的,交接的依据是国际铁路货物联运规章。口岸代理人主要办理接收路接的、到我国的联运货物。代理人还要在口岸处理矛盾货物,严格审查过境国运费和联运货物的运到逾期。进口货物票据周转程序如下:

①当进口物资列车抵达国境站后,首先由交付路和接收路双方交接人员根据国际铁路议定书规定,检查车辆办理交接。棚车装运的货物,在换装时办理实物交接。敞车类货车装运的货物,按外部状态交接。发现异状时,编制双方商务记录。然后由交

付路将票据按交接单移交给接收路;接受路由翻译人员填制"联运货物换装清单"一式两份,并将运单上的主要项目译成中文转交给交接员。

②交接员依据两国议定书,核对交接单所载运单批数、项目,无误后将票据交铁路入口,由铁路入口直接持票据向海关申报,海关根据铁路申报的票据全部输入电脑备查,根据海关法进行审查无误后,铁路将票据取回(有时海关也给送回铁路)交到铁路票据室,进行登记后口头通知订、收货人和代理人签领自己代理的票据。

③口岸代理人与订、收货人,根据在铁路签领回的票据并按票据记载的到站、收货人(唛头)、规格、合同号等主要项目核对合同资料。相符时,变更"联运货物换装清单"上的到站、收货人及专用线。若发现票据与合同资料所记载的项目不符时,联系有关方面解决。对没有问题的票据,预录入海关设置的电脑里。向海关审单中心申报,审单中心审查无误后把信息反馈予录入电脑里。此时,代理人可以填制"进口货物明细单"和"中华人民共和国海关进口货物报关单",审核无误后送检验检疫部门报检、报验,检验检疫部门审查无问题时,在运单的右上角盖章后,送海关报关。

④在海关审票放行前,口岸代理人到海关申领征税交款书直接到银行交税,然后将征税交款书返回海关征税部门盖章,口岸代理人签领一份。

⑤海关放行货物后,在运单右上方加盖放行章,代理人将票据取回交铁路票据室销签。

⑥铁路将货物换装后发往全国各地移交给收货人。

(2)进口货物的核放工作。进口货物的核放工作依据合同及合同资料进行。核放货物时要求正确无误。

①进口货物票据的核放程序。进口货物票据的核放工作共分四个环节:

第一,核放。当票据由铁路取回后,现场代理值班人员以运单核查交接单内所有的项目相符无误后,将合同资料上的单价、扣价标注在内附单证上,以便制单人员计总价用。口岸代理电脑填制"进口货物明细单"和"进口货物报关单"的订、收货人的各个项目后,随运单交给制单人员。若遇商务记录时,则应注明商务记录号码及简要内容;若有矛盾情况时,也应在"进口货物明细单"上注明。口岸代理人在核放货物时,若有运输合同变更申请计划时可按变更计划卡片变更"联运货物换装清单"上的到站和"进口货物明细单"及"进口货物报关单"上的到站、收货人。同时按"货物运输变更要求书"格式填制一式两份并输入电脑。

第二,制单。制单人员接到核放的票据后,依据运单及内附单证所记载的项目,正确无误地逐一填制"进口货物明细单"和"进口货物报关单",随运单交给审核人员审核。

第三,审核。审核人员接到填制的"进口货物明细单"和"进口货物报关单",依据运单及内附单证逐项核对,确认正确无误后,将"进口货物明细单"一份贴附在第五号运单的内面随货同行至到站通知收货人;"进口货物报关单"夹在运单内,待整个交接单内所载票据审核后,送交海关报关。

第四,复核。复核工作由本班的班长承担。

②填制"进口货物明细单"的要求及明细单的作用。"进口货物明细单"一般情况下填制四份(变更到站、收货人则填制五份)。以下按填制"进口货物明细单"顺序介绍其作用:

第一份:口岸代理人留存。供补送货物查询、进口货物统计、资料积累、表报编制,订、收货部门和收货人函电查询的依据。

第二、三份:寄送订、收货人财会和业务部门各一份,作为结算费用和注销合同的依据。

第四份:贴附在第5号运单内面、随货同行至到站交收货人。

除以上情况外,若遇直拨货物、代押运货物和收货人委托要求增制"进口货物明细单"的货物,增制一份(或两份)供口岸代理人财会做直拨变更和三角托收货物结算费用的依据。

③进口货物报关单。"进口货物报关单"由口岸代理人填制。口岸代理人按进口货物的批次向海关填制"进口货物报关单"一式两份,每份"进口货物报关单"所填项目不能超过五项。审查无误后随货票向口岸海关报关:转关货物填制一份"进口货物报关单"报关;进口退运货物向口岸海关提供两份"出口货物报关单"报关(由发货人填制);进口退关货物向海关填制一份"进口货物报关单"退关。

(3)进口货物的运费审查:

①进口货物运到逾期审查。当审查发现进口货物运到逾期时,根据1998年版《国际货协》第14条和第27条第1项的规定,先由口岸代理人现场根据(运输总天数-运到期限)÷运到期限×100%进行概算逾期费率,并填制"进口货物逾期索赔书"转交室内。室内根据"进口货物逾期索赔书"填制"逾期货物(票)联系单(便函)",寄送接收逾期货物的收货人索回运单。口岸代理人填制"货物运到逾期索赔请求书"一式四份。一份口岸代理人留存,三份寄口岸站所属路局(其中一份所属路局留存;另两份寄送交付路的口岸站所属路局,审查确认后,将其中的一份盖章返回接收路国境站所属路局,转口岸代理人凭以结算)。

②进口货物过境路运费审查。为了订、收货人和国家的利益,减少国家外汇流失,避免发货人错记运价和费率及计费重量,口岸代理人审查过境路运费是必要的。

第一,错记过境路运费时。属发货人责任的,要详细按规定格式填制"进口货物过境运费损失情况表"一式两份(一份口岸代理人留存,一份报订、收货人),向发货人进行索赔。属铁路责任的,责任在交付路者,口岸代理人联系接收路,要求交付路国境站予以更正;责任在过境路者要详细填制"进口货物过境运费损失情况表"一式三份(口岸代理人留存一份,订、收货人一份),其中一份报接收路过境站所属局向责任过境路提出索赔。

第二,错记运价和计费重量时。口岸代理人、现场作业人员在核放货物时,如发现运价号或计费重量错误时,填制"进口货物过境运费损失情况表"一式四份(一份口岸代理人留存,一份寄送订、收货人,一份寄送口岸站所属路局,一份寄送收货人)。属发货人责任的由收货人联系订、收货人向发货人提出索赔。属铁路责任的,责任在交付路时,由口岸代理人联系,接收路要求交付路给予更正;责任在国境路时,由收货人向到站提出,通过货物到站所属路局向责任路提出索赔。

三、面向"一带一路"的国际铁路货物运输

从中国提出"一带一路"倡议以来,逐渐形成了"六廊"的国际经济走廊基本框架,包括中蒙俄走廊,新亚欧大陆桥走廊,中国至中亚、西亚走廊,中国至中南走廊,中巴走廊,孟中印缅经济走廊。其中,中蒙俄走廊、新亚欧大陆桥走廊是目前连接亚欧大陆的2条重要铁路通道,其余4条走廊还存在部分缺失路段。随着"一带一路"建设的持续推进,中欧国际铁路通道沿线各国经贸往来日益深入,规划"一带一路"倡议下的国际铁路通道布局逐步凸显。

(一)面向"一带一路"的国际铁路通道布局

1. 亚欧第一大陆桥通道

亚欧第一大陆桥(西伯利亚大陆桥)于1967年正式开通,是连接太平洋与波罗的海和北海的主要陆桥通道。主要径路为:俄罗斯符拉迪沃斯托克—扎乌金工厂—新西伯利亚—叶卡捷琳堡—莫斯科—明斯克—华沙—柏林—鹿特丹,全长12 000千米。中国通过二连口岸经蒙古后在扎乌金工厂与该通道相接,通过满洲里口岸经后贝加尔与该通道相接,通过绥芬河口岸经过格罗迭科沃与该通道相接。亚欧大陆桥通道如图8-2所示。

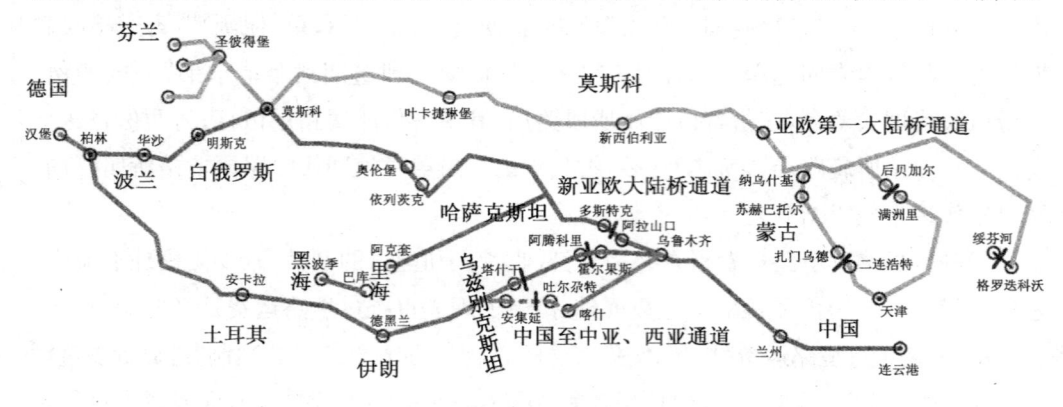

图8-2 亚欧大陆桥通道示意图

2. 新亚欧大陆桥通道

亚欧第二铁路大陆桥（新西伯利亚大陆桥）于1992年12月1日正式开通，是连接太平洋至波罗的海、北海、地中海的新陆桥通道，与古丝绸之路的路径相似，分为北通道、中通道与南通道。亚欧第二铁路大陆桥北通道，运输路径为连云港—吐鲁番—乌鲁木齐—阿斯塔纳—莫斯科—明斯克—华沙—柏林—鹿特丹，全长10 900千米。该通道横跨亚欧大陆，连接太平洋和大西洋两岸港口，是新亚欧大陆桥的主要通路。亚欧第二铁路大陆桥南通道，由霍尔果斯出境，经过哈萨克斯坦，不再经过俄罗斯，通过乌兹别克斯坦、土库曼斯坦等中亚国家，以及伊朗、土耳其等西亚国家至欧洲，从连云港至鹿特丹全长14 000千米。目前，由于中亚以西国家的政策尚不明朗，且沿线国家众多难以协调，该通道主要承担发往中亚五国的货物，主要到达节点为阿拉木图、塔什干等城市。霍尔果斯口岸开设后，运往中亚各国的货物主要通过霍尔果斯口岸出口，阿拉山口能力紧张情况也得到缓解。为了寻求新的辐射欧亚大陆并且经济有效的通道，近年来，开辟了亚欧第二大陆桥中通道，即经过哈萨克斯坦到达阿克套，再经里海运输到达巴库，经第比利斯至波季港，可再向西延伸至欧洲，不再经过俄罗斯与伊朗等国，中通道的贯通进一步辐射黑海、地中海沿线国家，目前该通道已经处在试运行阶段。

3. 中国至中亚、西亚通道

中国经中亚、西亚至欧洲通道的运输路径较好预案为：吐鲁番—喀什—吐尔尕特—安延集—塔什干—捷詹—德黑兰—安卡拉—汉堡。该通道直接通过吉尔吉斯斯坦、乌兹别克斯坦等中亚南部地区国家去往西亚和欧洲，不再经过哈萨克斯坦和俄罗斯，线路全长约10 130千米。该通道中国境内段吐鲁番至库尔勒至阿克苏段增建二线等扩能工程正在实施，目前在中国和吉尔吉斯斯坦两国间存在缺失路段，规划修建中吉乌铁路（喀什站—安集延）进行连接，该铁路中国境内段为173千米，吉尔吉斯斯坦境内段约为268千米。

4. 中国至中南通道

中国至中南通道主要包括：中越铁路通道、中老铁路通道、中泰铁路通道、中缅铁路通道。

(1)中越铁路通道

中越铁路通道起点为中国昆明，经玉溪、中越口岸河口，到达越南河内，全长715千米，目前已投入运营。

(2)中老铁路通道

中老铁路从昆明出发，经玉溪、中老两国边境磨憨—磨丁口岸，南至万象，全长约1 200千米。中国境内昆明至磨憨段铁路，全长710千米，昆明至玉溪南段110千米铁路已建设完工,玉溪至磨憨段约600千米铁路正在建设中。老挝境内磨丁至万象的铁路全长418千米,由中方负责建设,将采用国际技术标准。

(3)中泰铁路通道

昆明至泰国曼谷段铁路,从昆明出发,经中国玉溪、磨憨,穿过老挝,至泰国廊开、曼谷,全长约1 830千米。目前,昆明至玉溪段已经建成;中国境内玉溪至磨憨段正在建设;老挝境内磨丁至万象段投入建设;泰国廊开到曼谷现有铁路620千米,为米轨。

(4)中缅铁路通道

中缅国际铁路起点为中国昆明,终点为缅甸仰光,较好预案为从昆明出发,经大理、保山,与中缅口岸瑞丽连接,往西南方向的中缅铁路大致走向为昆明—保山—瑞丽—腊戌—曼德勒—仰光。保山前往印度东北部路程较近,而且铁路带动沿线地区发展具有良好前景,仰光港是缅甸最大的港口,铁路通往仰光港可以进一步形成海铁联通的格局。中缅铁路全长1 920千米,其中云南境内昆明至瑞丽690千米,昆明至大理段350千米已经建成。中缅铁路采用标准轨铁路,缅甸境内为米轨。中国至中南通道规划如图8—3所示。

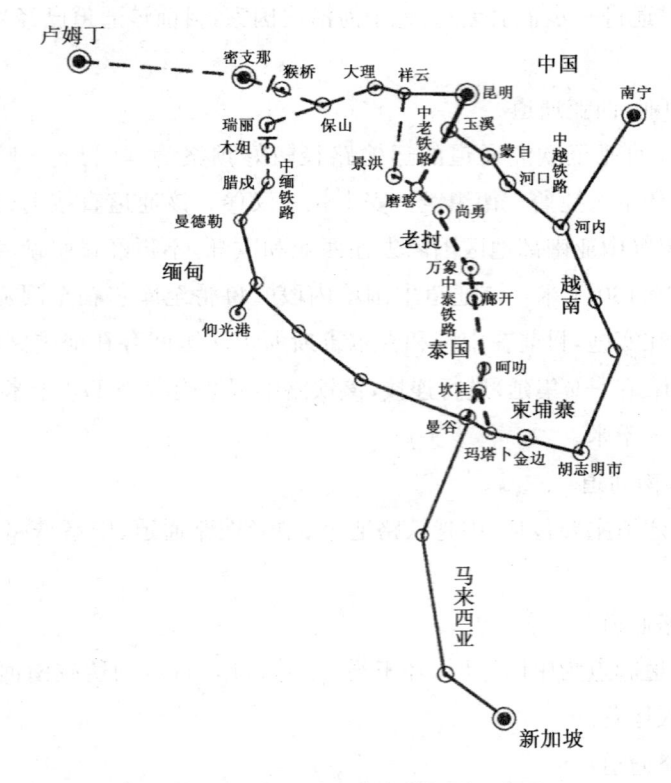

图8—3 中国至中南通道规划示意图

5. 孟中印缅通道

孟中印缅经济走廊对深化四国间友好合作关系，建立东亚与南亚两大区域互联互通具有重要意义。目前，对孟中印缅铁路通道有3个较好的预案，分别为：

一是以中国昆明为起点，印度孟买为终点，具体为昆明—密支那—卢姆丁—西里古里—巴特那—勒克瑙—新德里—孟买。这条线路从昆明经缅甸再到印度，所经城市人口密度大，但各国轨距不一，而且缅甸国内民众不予支持，印度态度也不清晰。

二是以中国昆明为起点，吉大港为终点，具体为昆明—腊戍—曼德勒—吉大港。这条线路连接中国、缅甸、孟加拉国，优点是部分线路已经联通；缺点是各国轨距不同，并且缅甸国内民众不予支持。

三是以中国西藏日喀则为起点，印度孟买为终点，是连接中印的较短线路，具体为日喀则—亚东—西里古里—巴特那—勒克瑙—斯德里—孟买，但面临轨距不统一、印度态度不清晰等问题。

6. 中巴通道

连接中国新疆和巴基斯坦的铁路线路，起点位于中国新疆的喀什，终点位于巴基斯坦西南港口城市瓜达尔，目前较好的径路规划为：喀什—红其拉甫—哈维连—伊斯兰堡—卡拉奇—瓜达尔，其中在巴基斯坦境内的哈维连至卡拉奇段已经联通。该规划也是一条重要的石油能源通道，沿线人口超过1.5亿人，与中国关系非常密切，并且具备一定的交通基础设施。

（二）面向"一带一路"的中欧班列规划布局

中欧班列是由中国铁路总公司组织，按照固定车次、线路、班期和全程运行时刻开行，运行于中国与欧洲以及"一带一路"沿线国家间的集装箱等铁路国际联运列车，是深化我国与沿线国家经贸合作的重要载体和推进"一带一路"建设的重要抓手。

亚欧大陆拥有世界人口的75%，地区生产总值约占世界总额的60%，东面是活跃的东亚经济圈，西面是发达的欧洲经济圈，中间广大腹地经济发展潜力巨大，特别是"一带一路"沿线国家资源禀赋各异，经济互补性强，合作空间广阔。目前，依托西伯利亚大陆桥和新亚欧大陆桥，已初步形成西、中、东三条中欧班列运输通道。自2011年首次开行以来，中欧班列发展势头迅猛，辐射范围快速扩大，货物品类逐步拓展，开行质量大幅提高。截至2016年6月，中欧班列累计开行1 881列（其中回程502列），国内始发城市16个，境外到达城市12个，运行线达到39条，实现进出口贸易总额约170亿美元。随着"一带一路"建设不断推进，我国与欧洲及沿线国家的经贸往来发展迅速，物流需求旺盛，贸易通道和贸易方式不断丰富和完善，也为中欧班列带来了难得的发展机遇。预计到2020年，将基本形成布局合理、设施完善、运量稳定、便捷高效、安全畅通的中欧班列综合服务体系。中欧铁路运输通道、中欧班列枢纽节点、货运集聚效应规划如下：

1. 中欧铁路运输通道

(1)西通道

一是由新疆阿拉山口(霍尔果斯)口岸出境，经哈萨克斯坦和俄罗斯西伯利亚铁路相连，途径白俄罗斯、波兰、德国等，通达欧洲其他各国。二是由霍尔果斯(阿拉山口)欧安出境，经哈萨克斯坦、土库曼斯坦、伊朗、土耳其等国，通达欧洲各国。三是由吐尔尕特(伊尔克什坦)，与规划中的中吉乌铁路等连接，通向吉尔吉斯斯坦、乌兹别克斯坦、土库曼斯坦、伊朗、土耳其等国，通达欧洲各国。

(2)中通道

由内蒙古二连浩特口岸出境，途径蒙古国与俄罗斯西伯利亚铁路相连，通达欧洲各国。

(3)东通道

由内蒙古满洲里(黑龙江绥芬河)口岸出境，接入俄罗斯西伯利亚铁路，通达欧洲各国。中欧班列通道不仅连通欧洲及沿线国家，也连通东亚、东南亚及其他地区；不仅是铁路通道，也是多式联运走廊。三大通道主要货源吸引区如表8－1所示。

表8－1　　　　　　　　　　三大通道主要货源吸引区

通道	主要货源吸引区
西通道	西北、西南、华中、华南等地区，经陇海、兰新等铁路干线运输。
中通道	华北、华中、华南等地区，经京沪、哈大等铁路干线运输。
东通道	东北、华东、华中等地区，经京沪、哈大等铁路干线运输。

2. 中欧班列枢纽节点

按照铁路"干支结合、枢纽集散"的班列组织方式，在内陆主要货源地、主要铁路枢纽、沿海重要港口、沿边陆路口岸等规划设立一批中欧班列枢纽节点。

(1)内陆主要货源节点

具备稳定货源，每周开行2列以上点对点直达班列，具有回程班列组织能力，承担中欧班列货源集结直达功能。

(2)主要铁路枢纽节点

在国家综合交通网络中具有重要地位，具备较强的集结编组能力，承担中欧班列集零成整、中转集散的功能。

(3)沿海重要港口节点

在过境运输中具有重要地位，具备完善的铁水联运条件，每周开行3列以上点对点直达班列，承担中欧班列国际海铁联运功能。

(4)沿边陆路口岸节点

中欧班列通道上的重要铁路国境口岸,承担出入境检验检疫、通关便利化、货物换装等功能。

鼓励其他城市(地区)积极组织货源,在中欧班列枢纽节点集结,以提高整体效率和效益。依据境外货源集散点及铁路枢纽情况,合理设置中欧班列境外节点。中欧班列枢纽节点如表8-2所示。

表8-2　　　　　　　　　　　中欧班列枢纽节点

类型	枢纽节点
内陆主要货源节点	重庆、成都、郑州、武汉、苏州、义乌、长沙、合肥、沈阳、东莞、西安、兰州。
主要铁路枢纽节点	北京(丰台西)、天津(南仓)、沈阳(苏家屯)、哈尔滨(哈尔滨南)、济南(济西)、南京(南京东)、杭州(乔司)、郑州(郑州北)、合肥(合肥东)、武汉(武汉北)、长沙(株洲北)、重庆(兴隆场)、成都(成都北)、西安(新丰镇)、兰州(兰州北)、乌鲁木齐(乌西)、乌兰察布(集宁)。
沿边陆路口岸节点	阿拉山口、霍尔果斯、二连浩特、满洲里。

(三)面向"一带一路"的国际铁路货物运输

"一带一路"国际合作,依靠中国与有关国家既有的双多边机制,实现道路联通、贸易畅通、货币流通、政策沟通、民心相通,为实现各国共同发展搭建了新型发展桥梁。铁路作为国民经济的大动脉,在推动贸易往来中具有独特优势。在推进"一带一路"国际合作和"五通三同"要求的过程中,铁路企业从适应国家建设"丝绸之路经济带"倡议、满足中欧铁路大通道沿线各国间国际联运货物日益增长的运输需要出发,先后开行了中欧、中亚铁路集装箱班列(简称"中欧班列""中亚班列"),为服务对外贸易、拓展国际货物运输,进行了有益探索。自2011年开行以来,中欧班列发展势头迅猛,辐射范围快速扩大,货物品类逐步拓展,开行质量大幅提高。2017年10月,开行数量业已突破6 000列,国内开行城市达到35个,到达欧洲12个国家34个城市。中亚班列也保持强劲增长态势,开行2 237列。

1. 以贸易需求选题

铁路企业积极服务"一带一路",围绕搭建贸易交流的媒介,从开行中欧国际班列入手主动选题。从地区经济形势分析,亚欧大陆拥有世界人口的75%,地区生产总值约占世界总额的60%,东面有活跃的东亚经济圈,西面有发达的欧洲经济圈,中间广大腹地经济发展潜力巨大,"一带一路"沿线国家经济互补性强,合作空间广阔。从以往经贸形势来看,在"十二五"期间,中欧进出口贸易总额30 230亿美元,同比增长33%,双向开放、产业联动效益明显。在国家总体战略推动下,铁路企业从促进中欧及沿线国家经贸往来出发，充分利用多双边机制，推动与沿线国家铁路、海关、检验检疫等方面合作，积极组织开行国际班列。铁路企业以中欧贸易往来为切入点，组织开行了中欧班列。中欧班列通过阿拉山口（霍尔果斯）、二连浩特、满洲里（绥芬河）口岸出入境，在中国与欧洲国家间开行，固定发到站、固定车次和运行线，明确开行周期和全程运行时刻，是按快运货物班列模式组织开行的集装箱国际联运货物列车。目前，依托西伯利亚大陆桥和新亚欧大陆桥，已初步形成西、中、东三条中欧班列运输通道。

2. 以服务需求破题

随着中欧班列试水成功，客户对运输服务的需求逐渐增多。从中欧贸易交流看，欧洲是我国重要的贸易伙伴，约占我国贸易总额的 1/5，而目前中欧班列的货值仅占我国全部出口欧洲货值的 1%～3%，市场潜力巨大。据分析，2019 年中欧班列总数预计将超过 1 000 趟去程班列、2023 年有望达到 1 900 趟去程班列。随着中欧班列在中欧贸易中发挥越来越重要的作用，占比相应上升，运输货值无疑也将达到千亿。开发中欧贸易交流平台，为客户提供有效服务显得尤为重要。为此，铁路企业注重抓好国际国内两个平台建设。在国际合作平台建设上，中国、白俄罗斯、德国、哈萨克斯坦、蒙古、波兰、俄罗斯 7 国铁路部门签署了《关于深化中欧班列合作协议》，就中欧铁路基础设施互联互通、国际联运组织、服务平台建设等方面达成广泛共识。在国内平台建设上，铁路总公司与重庆、成都、郑州、武汉、苏州、义乌、西安 7 家班列平台公司成立了中欧班列运输协调委员会，为中欧班列各参与方搭建了沟通交流平台，让更多客户共享中欧班列发展成果。从满足客户需求出发，铁路运行图编制也增加班列分量，2017 年中欧班列线达到 57 条，中亚班列线达到 28 条，为满足国内外运输服务的需求奠定了基础。

3. 以客户需求立题

在对外贸易的运输服务中，速度和价格是客户选择的重要因素。从海陆空三种形式看，空运具有运行速度快、海关清关速度快等特点，其缺点主要是价格高，费用居首；海运具有价格相对便宜、距离越长单位运费越便宜的特点，但缺点是相对较慢，且船只的吃水深度对挂靠的港口要求较高。相比前两者，铁路运输的成本只有空运的 1/5，运输时间比海运缩短了 1/2 以上。围绕增强自己的比较优势，铁路企业在国际贸易中，着力打造快捷、低成本的运输服务。近年来，根据客户需求，铁路企业为降低运输成本，与俄罗斯、哈萨克斯坦、白俄罗斯等国家，组织中欧班列在"宽轨段"加强运输，开展国际间价格谈判，进一步降低了物流成本，使中欧班列能与海运的综合成本抗衡。围绕提高服务质量，铁路企业打造"快捷准时、安全稳定、绿色环保"的中欧班列国际物流品牌，不断形成了品牌效应。围绕货源组织，铁路部门在不打破各地方的既有班列组织开行模式，做好运输组织服务的同时，根据客户需求积极拓展站到站、门到门和全程物流等服务,为客户减少了成本支出,也带来了高质量的运输服务。

四、国际铁路货运代理

国际铁路货运代理企业主要由铁路多经公司投资成立,根据委托人的委托,为委托人办理货物运输及相关业务并收取服务报酬的企业,其实质是中介服务组织。

(一)国际铁路货运代理业的功能及意义

1. 能够降低交易成本。代理企业与众多运输企业联系密切,了解供需市场信息,容易降低合同谈判的成本;其可以通过为货主选择可行的最佳运输方式或路径,使得合同的履行成本尽可能降低。

2. 有利于提高铁路在市场的竞争力。运输代理和用户建立长期稳定的关系,组织大量稳定的货源,提高运输组织化程度和车辆运输效率,提高市场占有率;集中办理繁杂的运输手续,减少客户的消耗,大大提高运输服务质量。

3. 有利于提高资源营运效益。随着铁路生产布局的调整,一些货物、站舍、支线亟待开发利用;铁路多经企业十几年来也新建、改建了大批货物、仓库、专用线等设施;这些资源是发展运输代理业所需要的基本设施。

4. 运输代理是铁路新的经济增长点。在我国,铁路运输代理起步较晚,发展运输代理业前景广阔。它既可以开辟新的经济增长点,又是铁路运输企业实现政企分开、网运分离、减员增效、扭亏增盈目标的有效措施。

(二)国际铁路货运代理的分类

铁路货物运输从不同角度看有着不同的分类方法,种类繁多;通过铁路运输的货物更是纷繁复杂,品类不胜枚举。代理人只有了解市场、掌握市场信息,对自己的优势有清醒的认识,才能吸引更多的客户,有效地为客户服务。以下仅对几种比较常见的细分市场进行分析。

1. 进出口货物运输代理。在进出口货物运输代理业务中,代理制的优势能够得到最充分的发挥。国际货物运输是一个比较复杂的过程,它涉及两个及两个以上的国家或地区,牵涉部门较多,中间环节繁杂,情况变化复杂,点长面广,空间距离大,绝大部分运输承运人或货主不可能亲自处理每项具体运输业务,许多工作都要委托代理人代为办理。对于参加国际铁路货物的运输来说,途经各国及国际间制定的各种规章众多,手续繁杂,货主不可能一一了解;对于参加国际多式联运的货物来说,更有运输方式的转变等带来的一系列问题。一般货主不可能用最高的效率、最低的成本托运货物,也没有精力关注货物运输的全过程,及时得到货物运送的最新消息,一旦遇到货损事故等意外情况,往往没有能力去争取到最好的处理结果,以致蒙受经济损失。所以在国际货物运输中,铁路货运代理人可以大显身手,充分体现自身的价值。

2. 特种货物运输代理。铁路特种货物包括阔大货物、危险货物、易腐货物等,是我国铁路货物运输中重要而特别的组成部分。这些货物在铁路运输过程中都有很高的要求,必须具备可靠的安全保障措施。比如阔大货物需要计算、判断其超限等级,是否偏载等,并决定其装载方案、加固措施;危险货物需要对其性质进行检验,并根据有关规章制度确定其包装、装载方案,还要对其包装的可靠性做各种检验,确保其运输安全;易腐货物需决定其在运输、储存过程中的冷藏、冷冻方式。这些工作专业性强,标准较高,一般货主很难胜任。所以在这一类货物的运输中代理具有很广阔的市场。

3. 集装箱代理。由于集装箱具有坚固耐用、便于不同运输方式之间转换等优点,所以在国际及国内货物运输中被越来越广泛地采用。铁路货运代理人可以根据集装箱管理、流通的特点,开办门到门运输、拼装箱、接取送达、联运、代为租箱、提供在途信息等业务,促进我国铁路货运集装箱化的进程。

4. 国内联运代理。在实际运输当中,由于发货地与目的地之间没有直通的铁路,很多货物不能直接通过铁路运达目的地,必须通过公路、水运等其他方式才能完成其全部运输过程。另外,铁路货物在托运时或送达目的地后往往还需要短途运输方式的配合才能到达铁路车站或收货人手中。这就产生了不同运输方式之间联运的问题。尤其是随着铁路货运集中化进程的加快,一些货运量较小的车站将逐步被取消,公铁联运必将越来越普遍。在这种联运中,铁路货运代理人可以承担起全过程的运输任务,最大限度地同时发挥公、铁各自的优点,为货主提供方便、经济、快捷的服务。

5. 零担货物代理。这种形式的代理在我国其实早已存在,而且为数众多,只是没有形成规模化、规范化、法制化的发展态势,不能称为现代意义上的货运代理。零担货物由于其件数多、种类杂、到站分散、价值较高等特点,比较适合于委托给代理人运输。在一定条件下,代理人还可以将适当数量同去向的零担货物拼箱运送,既节省了货主的运输费用,又减少了铁路部门的工作量,加速了铁路零担货物集装箱化的进程,给双方带来了方便。

以上仅是铁路货运代理的几个细分市场。货运代理在这些领域内较易开展业务,货运代理企业应当首先集中精力抢占这些细分市场。其实铁路货运代理市场非常广阔,如何在更大范围内广泛推行代理制,仍是值得探讨的问题。例如,大宗稳定的散堆装货物在我国铁路货运中占有举足轻重的位置,代理人在这类运输中能否发挥作用,应该起到何种作用,这类问题的研究有着深远的意义和广阔的前景。

(三)国际铁路货运代理企业的运作模式及业务特点

2005年3月实行铁路局直管站段新体制以后,铁路货运代理企业进入了一个崭新的发展阶段。

从目前的所属关系看,铁路货运代理企业大多是隶属于铁路局(集团公司)多经主管机构一级法人企业,例如南昌铁路局江西京九运输代理公司;或者是隶属于区域性铁路多经一级法人企业(如长沙铁路多元经营发展集团公司)下二级法人企业,如湖南湘通物流有限公司。

从企业名称来看,大多有"铁路""物流"或者"运输代理"等字眼,如中铁联合物流有限公司、山东通广运输代理有限责任公司和重铁货运代理有限责任公司等。

从现有的运作模式看,铁路货运代理企业大多是利用自身政策上的优势,与铁路运输基层站段签订资产占用协议,根据货主的需要,按照自愿、公平的原则提供货物运输代理服务。其主要业务是铁路运输代理(包括铁路行包快运、货车、行李车包租、集装箱多式联运,长、大、笨重、超重等特种货物运输),并以全程代理及多式联运为发展方向,兼营铁路运输业务咨询和运输信息查询。主要客户是煤矿、铁矿、有色金属矿、火电厂、钢铁企业、重型机械厂、粮棉贸易集团等大中型企业。

铁路货运代理企业的竞争优势主要表现为以下四个方面:一是客户网络优势,通过多年的发展铁路货运代理企业已经与很多特大、大、中型企业(钢厂、电厂、煤矿等)建立了长期稳定的合作关系,互相之间联系密切、不可分割。二是人员优势,铁路货运代理企业拥有大量熟悉运输组织过程、熟练掌握铁路运输业务的员工,并且这些员工在多年的工作实践中也积累了十分可贵的实践经验。三是政策优势,根据铁路主辅分离、辅业改制的有关政策精神,铁路货运代理企业在铁路运输上有"近水楼台先得月"的相对优势,所承担的货物在不违背公平竞争原则下可有限得到承运。四是场地设施优势,随着铁路生产力布局的调整和完善,大量的铁路"二线货场"、仓库、专用线等基础设施都能盘活成为铁路货运代理企业的营业网络。

(四)国际铁路货运代理企业核心竞争力

根据"合理运输"的原则(按照商品流通规律,综合考虑交通运输条件、货物合理流向和市场供需情况,走最少的里程,经最少的环节,用最少的运力,花最少的费用,以最快的时间,把货物从生产地运到消费地。也就是用最少的劳动消耗,运输更多的货物,取得最佳的经济效益),源于延伸服务的铁路货运代理企业作为货主和运输企业的桥梁和纽带,一方面接收货物收货人、发货人或其代理人的委托,选择最佳的运输方式,并以委托人名义或者以自己的名义办理复杂的货运手续等有关业务,收取代理费或者佣金;另一方面又承担为铁路运输企业揽货、组货的职能,与运输企业实现营销和生产等职能上的社会化分工。

在以铁路为主的这条运输供应链上,铁路运输企业是核心企业,铁路货运代理企业则处于一种从属地位,本质上它提供的是一种中介服务。其核心竞争力在于依靠铁路运输企业为客户提供中长距离运输服务的优势,通过强大的运输资源整合能力积极满足客户(货主)需求,实现降低交易成本和提高铁路运输资源营运效益的作用。一方面，由于铁路货运代理企业与铁路运输企业联系密切，有固定的交易关系，取得运力供给方面的市场信息比较容易，谈判也容易进行，这就使得平均每单位货物负担的信息成本和合同谈判成本较少；货运代理企业通过广为分布的代理网点，了解供需的市场信息，可以根据运输方式的运力分布情况和货物运输需求的特性为货主选择最佳的运输方式或路径，使得合同的履行成本也尽可能降低。另一方面，铁路货运代理企业与铁路运输业两者之间的专业化分工，促使铁路运输企业将主要人力、物力投入到如何制定合理的运输计划和组织合理的运输上，同时，铁路货运代理企业基于整个货物运输过程系统最优的代理设计和协调，将促进铁路运输企业创造更多面向客户（货主）需求的运输产品。

第二节　国际公路运输代理实务

一、公路货物运输概述

（一）公路运输的基本概念

公路运输既是一个独立的运输体系，又是连接铁路车站、港口和机场，集散物资的重要手段，是连接铁路运输、水路运输和航空运输起端和末端不可缺少的方式。公路运输一般是以汽车作为运载工具，所以它实际是公路汽车运输，跨国界的公路运输方式又称为国际公路联运。

公路运输是地面上的运输，一般情况下不受场（空运的机场）、线（铁路运输的铁路线、水运的航道、河流）的限制。公路运输能为旅客或货主提供门到门的服务，方便快捷。比如，机场、铁路、河流（或运河）不可能建在旅游点或工作、居住地上，但公路可以，因此，公路运输能够完全满足人们或货主的这一需要。

公路运输的主要缺点包括消耗石油资源多、交通事故多、交通拥挤和环境污染等。但随着科技进步，这些缺陷正在不断得到改善。

国际公路货物运输（一般是指汽车运输）是指国际货物借助一定的运载工具，沿着公路作跨及两个及其以上国家或地区的移动过程。它是陆上两种基本运输方式之一，是履行国际贸易合同、完成国际货物交流的一个重要手段，特别是在与邻国的边境贸易货物运输中占有重要的地位。随着我国与周边国家和地区经济贸易的发展，国际公路货物运输已成为我国沿边地区对外贸易的重要运输方式和经济发展的重要组成部分。

从 2017 年 1 月起，我国正式成为《国际公路货运公约》的第 70 个缔约国。我国加入《国际公路货运公约》，迈出了建立快速新丝绸之路的重要一步。

(二) 汽车货物运输的类别

运输货物品种繁多，性质各异，数量不等，不同货物对运输的要求不一。由于公路货运庞杂，致使基于不同目的和用途的分类方法众多。归纳起来，大致有下列数种分类方法。

(1) 按地域范围分类。可分为国内货运和国际货运，国内货运可分为城市间货运和城市货运。

(2) 按货物特征分类。可分为整车货运、零担货运、大宗货运、零星货运、普通货运、特种货运等。

(3) 按货物包装情况分类。可分为包装货运、散装货运等。

(4) 按货物品名分类。交通部分货类统计现分为煤炭、石油、钢铁、粮食、棉花等17类21种。

(5) 按运距、方向分类。可分为短途和长途货运、去程和回程运输。

(6) 按运输组织分类。可分为合理运输、不合理运输、快货运输、班线运输和非班线运输、直达和中转货运、包车货运、拖挂货运、集装化运输、货物联运等。

实践中，常用的主要有：整车与零担货运、长途与短途货运、普通与特殊货运、集装化运输和货物联运等。

1. 整车货物运输

一个托运人托运整车货物的重量（毛重）低于车辆额定载重量时，为合理使用车辆的载重能力，可以拼装另一托运人托运的货物，即一车两票或多票，但货物总重量不得超过车辆额定载重量。整车货物多点装卸，按全程合计最大载重量计重，最大载重量不足车辆额定载重量时，按车辆额定载重量计算。托运整车货物由托运人自理装车，未装足车辆标记载重量时，按车辆载重核收运费。

2. 零担货物运输

所谓零担货物运输系指同一货物托运人托运的货物不足3吨。零担货物运输按其性质和运输要求，可分为普通零担货物和特种零担货物。普通零担货物系指《公路价规》中列名的并适于零担汽车运输的一、二、三等普通货物。特种零担货物分为长、大、笨重零担货物，危险、贵重零担货物，以及特种鲜活零担货物等。

按件托运的零担货物，单件体积一般不得小于0.01立方米（单件重量超过10千克的除外）；货物长度、宽度、高度分别不得超过3.5米、1.5米和1.3米。

3. 特种货物运输

特种货物运输是指被运输货物本身的性质特殊，一般需以大型汽车或挂车（核定吨位为40吨及以上的）以及罐装车、冷藏车、保温车等车辆运输，这种运输又分为大件货物运输、贵重货物运输、鲜活易腐货物运输和危险货物运输四种。

4. 集装化运输

集装化运输又称为成组运输或规格化运输,是指以集装单位为运输单位的货物运输。组成集装单位货物的形式通常有四种:

(1)按照一定的要求或规格捆扎而成的集装单位,如带钢、棉包等。

(2)以集装袋、集装网为单位的集装单位,通常用来盛装件杂货。

(3)以集装箱为单位的集装单位。

(4)以托盘为单位的集装单位。

集装化运输的主要形式是托盘运输和集装箱运输。托盘运输是将成件货物码放在托盘上,一并装入车辆进行运送。以集装箱为单位的货物运输,称为集装箱运输。集装箱运输可以和托盘及其系列集装单位相结合,使得货物的管理、运输、仓储、分运等的机械作业和全程货运效率提高,成本降低。

5. 包车货物运输

包车货物运输是指把车辆包给托运人安排使用的货物运输方式。包车货运通常有两种形式:

(1)计程包车运输,即运费按货物运输里程结算。

(2)计时包车运输,是指按包车时间结算运费。计时运输主要适用于以下情况:

①不易计算货物重量、运距;

②货物性质、道路条件限制车辆不能按正常速度运行;

③装卸次数频繁或时间过长;

④需托运人自行确定车辆开停时间;

⑤40吨及以上大型汽车及挂车运输。

计时时间是车辆到达托运人指定地点起至完成任务时止的时间。车辆在包运过程中发生的故障、修理和驾驶员用餐时间应予扣除。计算时间以小时为单位。

包车费用按吨位小时运价和计费时间计算。

二、外贸公路汽车运输业务

外贸汽车运输业务按其工作性质,大致可分为以下六类:

(1)出口物资的集港(站)运输。指出口商品由产地(收购站或加工厂)——外贸中转仓库;由中转仓库——港口仓库;由港口仓库——船边(铁路专用线或航空港收货点)的运输。

(2)货物的疏港(站)运输。指按进口货物代理人委托,将进口货物由港(站)送达指定交货地点。

(3)国际多式联运的首末段运输。指国际多式联运国内段的运输,即将出口货物由内陆装箱点装运至出运港（站）；将进口货物由港（站）运至最终交货地的运输。

（4）边境公路过境运输。经向海关申请办理指定车辆、驾驶员和过境路线，在海关规定的地点停留，接受海关监管和检查，按有关规定办理报验、完税、放行后运达目的地的运输。

（5）特种货物运输。超限笨重物品、危险品、鲜活商品等的运输，要使用专门车辆并向有关管理部门办理准运证方得起运。

（6）"浮动公路"运输。"浮动公路"运输，即利用一段水运衔接两段陆运，衔接方式采用将车辆开上船舶，以整车货载完成这一段水运，到达另一港口后，车辆开下继续利用陆运的联合运输形式。浮动公路运输又称车辆渡船方式，这种联合运输的特点是在陆运与水运之间，不需将货物从一种运输工具上卸下再转换到另一种运输工具上，而仍利用原来的车辆作为货物载体。其优点是两种运输之间有效衔接，运输方式转换速度快，而且在转换时，不触碰货物，因而有利于减少或防止货损，也是一种现代运输方式。

三、国际公路联运实务

（一）公路货物运输合同的签订

1. 公路货物运输合同的确认

（1）公路货物运输合同以签发运单来确认。无运单、运单不正规或运单丢失不影响运输合同的成立及有效性。它对发、收货人和承运人都具有法律效力，也是贸易进出口货物通关、交接的重要凭证。

（2）发货人根据货物运输的需要与承运人签订定期或一次性运输合同。运单均视为运输合同成立的凭证。

（3）公路货物运输合同自双方当事人签字或盖章时成立。当事人采用信件、数据电文等形式订立合同的，可以要求签订确认书，签订确认书时合同成立。

2. 国际汽车联运货物运单的组成

国际汽车联运货物运单为一式三份，均应有发货人和承运人的签字或盖章。一份交付发货人；一份跟随货物同行，作为货物通关、交接的凭证；一份由承运人留存。

3. 公路货物运输合同、联运运单的内容及填制

（1）发货人、承运人、收货人的名称、地址和国籍；

（2）运输合同、运单签发的日期和地点；

（3）运输货物的地点及日期和货物的指定交付地点和货物装载时间，货物装载后离去的时间；

（4）承运货物的运距和运到期限；

（5）承运货物的实际正确的名称和包装方式；

(6) 承运货物的重量、体积、件数和特殊标记、号码；

(7) 承运货物的运输质量、装卸责任；

(8) 承运货物的实际价值和保险、保价；

(9) 承运货物运输费用的结算方式,结算所使用的币种,国内段与国外段运费承付人及金额；

(10) 承运货物的订单或合同号及货物运输所需的各种随附单证；

(11) 承运货物运输所需的特殊运输条件,如需冷藏运输货物的温度要求等；

(12) 承运货物的车号、拖挂号、司机姓名、路单号等；

(13) 承运货物运输违约责任、解决争议的方法；

(14) 发货人、承运人双方认定的其他与货物运输有关的事宜；

(15) 意见和运输车辆离去的时间并签字或盖章。

(二) 发货人在发运货物时应做的工作

(1) 发运货物的名称、性质、件数、体积、重量、包装方式等,应与运单记载的内容相符,不得夹带、隐瞒与运单记载不符的其他货物。需办理准运或审批、检验等手续的货物,发货人应将其交承运人并随货物同行。

(2) 货物的包装必须符合货物运输的要求,没有约定或者约定不明确的,可以协议补充。对包装方式不能达成协议的,按通用的方式包装,没有通用方式的,应按足以保证运输、搬运装卸作业安全和货物完好的原则进行包装。发货人应根据货物性质和运输要求,按国家规定及国际要求正确使用运输标志和包装储运图示标志。

(3) 运输途中需要饲养、照料的有生动物、植物、尖端精密产品、稀有珍贵物品、文物等,发货人必须派人押运。大型特型笨重货物、危险货物、贵重物品等是否派人押运,由承运人与发货人双方根据实际情况约定。除上述货物外,发货人要求押运时,需经承运人同意。

(4) 押运人员的姓名及必要的情况应填在运单上,不能随意换人顶替。押运人员的责任是对货物交接与管理,及时处理运输过程中所运货物出现的异常情况,并应向汽车驾驶人员声明。有押运人员时,运输途中发生的货损、货差,承运人不负责损失赔偿责任。

(三) 货物的保险与保价运输

货物运输有货物保险和货物保价运输两种投保方式,采取自愿投保的原则,由发货人自行确定。货物保价运输是指按保价货物办理承运手续,在发生货物赔偿时,按发货人声明价格及货物损坏程度予以赔偿的货物运输。发货人选择货物保价运输时,申报的货物价值不得超过货物本身的实际价值,保价运输为全程保价,按一定比例收取保价费。

（四）货物的承运与交接

（1）承运人应根据受理所承运货物的情况，合理安排运输车辆，货物的装载不得超过车辆额定吨位和有关长、宽、高的装载规定。

（2）承运人应与发货人约定路线运输。承运人未按约定路线运输所增加的运输费用，发货人或收货人均可以拒绝支付增加的运输费用。

（3）运输期限由承运人和发货人双方共同约定后应在运单上注明，承运人应在约定的时间内将货物运达。

（4）承运货物的交接：

①承运人在管理运输货物时，应根据运单记载货物名称、数量、包装方式等，核对无误后方可办理交接手续。发现与运单填写不符或可能危及运输安全的，不得办理交接手续。

对货物运输、交接所需的文件资料应核对是否齐全，与运单记载是否相符。如果货物必需的运输交接资料缺少，应向发货人提出或催办并可拒绝起运。

②整批货物运抵目的地前，承运人应当及时通知收货人做好接货准备，涉外运输应由发货人通知收货人运输货物抵达目的地的时间；零担货物运达目的地后，应在24小时内向收货人发出到货通知或按发货人的指示及时将货物交给收货人。

③承运人和发货人双方应当履行交接手续，包装货物采取件交件收；集装箱重箱及其他施封的货物凭标志交接；散装货物原则上要磅交磅收或采取承运人和发货人协商的交接方式交接，交接后双方应在有关单证上签字。

④货物运达承运人和发货人双方约定的地点后，收货人应凭有效单证接收货物，无故拒收货物，应赔偿承运人因此造成的损失。涉外运输如发生上述情况，应由发货人解决并赔偿承运人的损失。

⑤货物交接时，承运人和发货人对货物的重量和内容有质疑，均可提出查验和复磅，查验和复磅的费用由责任方承担。

（五）运输合同的变更和解除

1. 允许变更和解除的情况：

允许变更和解除的情况主要包括：由于不可抗力使运输合同无法履行；由于合同当事人一方原因，在合同约定的期限内无法履行运输合同；合同当事人违约，使合同的履行成为不可能或不必要；经合同的当事人双方协商同意解除或变更，但承运人提出同意解除运输合同的，应退还已收运费。

2. 发货人变更

在承运人未将货物交付收货人之前，发货人可以要求承运人终止运输、返还货物、变更到达地或者将货物交付给其他收货人，但应当赔偿承运人因此受到的损失。

3. 不可抗力情况下的变更和解除

货物运输过程中,因不可抗力造成道路阻塞导致运输阻滞,承运人应及时与发货人联系,协商处理,发生货物装卸、接运和保管费用应做如下处理:

(1)接运时,货物装卸、接运费用由发货人负担,承运人收取已完成运输里程的运费,退回未完成运输里程的运费。

(2)回运时,收取已完成运输里程的运费,回程运费免收。

(3)发货人要求绕道行驶改变到达地点时,收取实际运输里程的运费。

(4)货物在受阻处存放,保管费用由发货人负担。

4. 收货人逾期提货

货物运达目的地后,承运人知道收货人的,应及时通知收货人;收货人逾期提货的,应当向承运人支付保管等费用。收货人不明或收货人无正当理由拒绝受领货物的,依照《合同法》第101条的规定,承运人可以提存货物。

四、国际公路货运代理

国际公路货运代理,即国际汽车货运代理,是指接受进出口货物收货人、发货人和其他委托方或其代理人的委托,以委托人名义或者自己的名义,组织、办理国际公路运输及相关业务的企业。

(一)国际公路货运代理的业务

国际公路货运代理的主要业务包括:

1. 出口物资的集港(站)

国际公路货运代理承揽安排出口商品由产地(收购站或加工厂)到外贸中转仓库、由中转仓库到港口仓库、由港口仓库到船边(铁路专用线或航空港收货点)的运输。

2. 货物的疏港(站)

国际公路货运代理承揽安排将进口货物由港(站)送达指定交货地点。

3. 国际多式联运的首尾段运输

国际公路货运代理承揽安排国际多式联运国内段的运输,即将出口货物由内陆装箱点装运至出运港(站)、将进口货物由港(站)运至最终交货地的运输。

4. 边境公路过境运输

国际公路货运代理承揽安排经向海关申请办理指定车辆、驾驶员和过境路线,在海关规定的地点停留,接受海关监管和检查,按有关规定办理报验、完税、放行后运达目的地的运输。

5. 特种货物运输

国际公路货运代理承揽安排超限笨重物品、危险品、鲜活商品等的运输,要使用专门车辆并向有关管理部门办理准运证方得起运。

6."浮动公路"运输

浮动公路运输又称车辆渡船方式运输,这种联合运输的特点是在陆运与水运之间,不需将货物从一种运输工具上卸下再转换到另一种运输工具上,而仍利用原来的车辆作为货物载体。衔接方式是将整车货载开上船舶,以运达另一港口。而且在转换时,不触碰货物,因而有利于减少或防止货损。国际公路货运代理承揽安排"浮动公路"运输。

(二)国际汽车联运货物运单

国际公路货运代理在组织、办理国际公路运输及相关业务过程中,涉及一个重要的单据,就是国际汽车联运货物运单。国际汽车联运货物运单如表8—1所示,一式三份:一份交付发货人;一份跟随货物同行,作为货物通关、交接的凭证;一份由承运人留存。均应有发货人和承运人的签字或盖章。

表8—1　　　　　　　　　　国际汽车联运货物运单

国际汽车联运货物运单

ТОВАРНО-ТРАНСПОРТНАЯ НАКЛАДНАЯ
НА ПЕРЕВОЗКУ ГРУЗОВ АВТОМОБИЛЬНЫМ ТРАНСПОРТОМ
В МЕЖДУНАРОДНОМ СООБЩЕНИИ

1. 发货人 ОТПРАВИТЕЛЬ 名称 Наименование _____ 国籍 Страна _____ 市 Город _____	2. 收货人 ПОЛУЧАТЕЛЬ 名称 Наименование _____ 国籍 Страна _____ 市 Город _____			
3. 装货地点 МЕСТО ПОГРУЗКИ 国籍 Страна _____ 市 Город _____ 街 Улица _____ No _____	4. 卸货地点 МЕСТО РАЗГРУЗКИ 国籍 Страна _____ 市 Город _____ 街 Улица _____ No _____			
5. 标记和号码 Знаки и номера	6. 件数 Количествомест	7. 包装种类 Род Упаковки	8. 货物名称 Наименование грза	9. 体积　立方米 Объем М³	10. 毛重　公斤 Вес брутто кг.
11. 发货人指示 УКАЗАНИЯ ОТПРАВИТЕЛЯ _____ 　　进/出口许可证　　从　　在　　海关 а)Ввозное/вывозноеразрешение№ _____ от" _____ " _____ 200 г. находится в _____ таможне 　　货物声明价值 _____ б)Обьявданная стоимость груза 　　发货人随附单证 _____ в)Документы,приложенные отправителем 　　订单或合同 г)Заказ—наряд или контракт№ _____ 　　其他指示　　　　　　　(看背面) 　　　　　　　　　　(см. также на обороте) д)Прочие указания _____	е) 包括运费交货点 _____ фРанко 不包括运费交货 _____ нефРанко			

12. 运送特殊条件 ОСОБЫЕ УСЛОВИЯ ПЕРЕВОЗКИ ___ ___ （也请看背面 См. также на обороте）	14. 应付运费 ПОДЛЕЖИТ ОПЛАТЕ			
::::	发货人 Отпрравитель	币种 Валюта	收货人 Получатель
13. 承运人意见 ЗАМЕЧАНИЯ ПЕРЕВОЗЧИКА ___ ___ （也请看背面 См. также на обороте）.	运费 Провозная плата		
15. 承运人 ПЕРЕВОЗЧИК 中国对外贸易运输总公司黑龙江省分公司 ХЭЙЛУНЦЗЯНСКИЙ ФИЛИАЛ КИТАЙСКОЙ ТРАНСПОРТНОЙ КОМПАНИЙ ВНЕШНЕЙ ТОРГОВЛИ	共计 ИТОГО		
编制日期 СОСТАВЛЕНА "___" ___ 200 ___ г 到达装货 16. Прибытие под погрузку ___ час ___ мин. 离去 Убытие ___ час ___ мин 发货人签字盖章　　承运人签字盖章 Подпись и штамп отправителя　Подпись и штамп перевозчика	17. 收到本运单货物日期 груз по настоящей накладной получен "___" ___ 200 ___ г 到达卸货 ___ 时 ___ 分 18. Прибытие подразгрузку ___ час ___ мин. 离去 ___ 时 ___ 分 убытие ___ час ___ мин. 收货人 签字盖章　Подпись и штамп получателя		
19. 海关机构记载 ОТМЕТКИ ТАМОЖЕННЫХ ОРГАНОВ	收货人可能提出的意见（看背面） 20. Возможные замечания получателя (см. на обороте)		
::::	21. 汽车号 ___ Автомобиль№ 拖挂车号 ___ Полуприцеп№ 司机姓名 ___ Фамилии шоферов 路单号 ___ Путевой лист№ от "___" ___ 200 ___ г		
::::	22. 运输里程 расстояние перевозки (км) По территории отправителя ___ 过境 ___ По транзитной территории 收货人境内 По территории получателя 共计 ИТОГО		

案例分析

中吉乌国际公路货运正式运行——中亚再拓"一带一路"通道

2018年2月25日,来自跨境货运公司"丝绸之路运输公司"的7辆满载着豆制品的集装箱货车,从安集延多式联运物流中心驶出,沿着中国—吉尔吉斯斯坦—乌兹别克斯坦国际公路(简称中吉乌公路),穿越吉尔吉斯斯坦,经中国西北的伊尔克什坦口岸抵达新疆喀什。3天后,还将有3辆载满棉纱的集装箱卡车发出,驶向中国。

跨境货运车队的这次"静悄悄"的出发,意味着中吉乌公路货运正式运行,三国国际道路运输合作由此掀开新的篇章,更为未来中亚区域经济合作打下了新的基础。

一、运输时间从 8 天缩短至 2 天

东起中国新疆喀什,穿越吉尔吉斯斯坦南部城市奥什,西抵乌兹别克斯坦首都塔什干——这就是全长 950 公里的中吉乌国际公路。它是新疆塔里木盆地到中亚阿姆河流域一条重要的公路大通道,也是中国—中亚—西亚国际经济走廊的重要组成部分。

公路早已有之,然而,作为非接壤国家,中国和乌兹别克斯坦的货运车辆,长期以来无法驶入对方国家。此前,乌兹别克斯坦和中国之间进出口货物,需要以铁路和汽运方式经由吉尔吉斯斯坦中转,单程 8~10 天。不仅耗时长,且手续烦琐,物流成本较高。

1998 年 2 月,中吉乌三国签署了《中吉乌政府汽车运输协定》。此后,三国政府和交通运输主管部门在交通运输基础设施建设、口岸通关环境改善、运输领域交流等方面进一步加强合作。中国提出"丝绸之路经济带"的倡议,得到了三国热烈响应,三国战略合作伙伴关系不断增强,交通运输领域的合作驶入"快车道"。

对中吉乌这条国际通道走廊,乌兹别克斯坦和吉尔吉斯斯坦可谓期盼已久。乌兹别克斯坦是目前世界上仅有的两个双重内陆国之一(另一个为列支敦士登),本国不邻海,邻国也不邻海。如此地理位置,造就了乌兹别克斯坦在中亚地区特殊的过境运输地位,也使得这个国家对缩短陆上"出海"距离尤为渴盼。

2017 年 5 月,乌兹别克斯坦与中国签署了两国国际公路运输协议。同年 10 月 30 日,在塔什干,中吉乌三国交通运输部门举行了隆重的货运试运行通车仪式,并于 11 月 1 日在中国喀什举行了接车仪式。当时,来自中吉乌三国各 3 辆卡车,从塔什干出发,以平均 50~60 公里的时速,走完中吉乌公路全程,共耗时 32 个小时,其中,实际行驶 16 小时,过乌吉边境花去 1.5 小时,过吉中边境花了约 2 个小时。这是中吉乌三国首次实现国际道路全程运输,也是中国货车首次驶入非接壤国家。

二、一年可节省 250 万美元运费

继全程货运试运行成功后,三方加快了新通道运行工作的步伐。2018 年 1 月底,中吉乌三国交通运输部门对沿线跨境运输的相关组织、技术问题达成一致。

到目前,乌兹别克斯坦已按照约定,向中国和吉尔吉斯斯坦的相关国际货运企业各发出了 500 张 2018 年中吉乌国际道路货物运输许可证,用于向各自国内的国际道路货运企业发放。而根据计划,2018 年中吉乌三方的运输货物为 10 万吨。所运货物包括纺织品、皮革、农产品和电器等。

与此同时,为确保公路更畅通,在中吉乌公路乌兹别克斯坦境内,部分"瓶颈"路段被改建扩建,双向两车道升级为双向四车道;在吉尔吉斯斯坦境内,除了高原山区个别路段外,长达 280 公里的中吉乌公路吉尔吉斯斯坦境内段铺上沥青,实现了全程"黑色化",令车辆行驶顺畅。

根据乌官方测算,新线路的开通,将使每吨货物运费较此前减少300~500美元,一年运费支出就可节省250万美元左右。同时,新线路可给沿线带来100多万个就业岗位。

三、中吉乌公路还在延伸中——为拓宽中国—中亚—西亚运输走廊打下基础

随着中吉乌新国际货运路线的开通,中国—中亚—西亚国际运输走廊的建设也迈出了重要一步。

中国由东向西的陆地物流通道出口主要有三个方向,一是通过新疆阿拉山口、霍尔果斯向西;二是通过内蒙古二连浩特,经蒙古国入俄罗斯;三是通过满洲里(包括通过绥芬河走西伯利亚铁路),再往欧洲发货。此次新通道的开辟,使新疆拥有了第二条多边国际通道。利用中亚区域经济合作和上海合作组织等机制和平台,未来几年,中国还将积极推进与中亚国家和俄罗斯的互联互通合作,以充分发挥交通运输在"一带一路"中的先行作用。

事实上,中吉乌公路还在延伸中。中国中铁旗下中铁五局中标参建的中亚公路改造项目,即是中吉乌公路的延伸段,建至塔吉克斯坦首都杜尚别,建成后的货运道路东起中国,横贯中亚,西抵高加索、伊朗、阿富汗等地。此条通道走廊不仅是"一带一路"框架下的一条物流大通道,更是一条惠及乌兹别克斯坦、吉尔吉斯斯坦和中国沿线地区人民的富裕之路。

思考:
中吉乌新国际货运路线的开通,使新疆拥有了第二条多边国际通道。请分析在这样的背景下,国际公路运输代理将如何拓展中吉乌国际货运业务。

练习题

(一)名词解释

国际铁路货物联运　国际公路货物运输

(二)填空

1. 从国际铁路货物联运的定义来看,应该属于"＿＿＿＿"中的"＿＿＿＿"中的连带运送。即数个运送人通常以一直接或通运托运单或一连带托运单,就各区域相继承担运送。

2. 按运距、方向分类。可分为＿＿＿＿和＿＿＿＿货运、＿＿＿＿和＿＿＿＿运输。

(三)单项选择

1. 铁路货物出口运输中,(　　)是发货人向铁路提出委托运输的行为。
　A. 货物托运　　　B. 货物装车　　　C. 货物施封　　　D. 货物交接

2. 铁路货运代理企业的发展历程中,起步阶段的时间是( ),这期间我国的交通运输基础设施有了较大的改善,各种交通运输方式在运输市场上形成了既相互协调发展又相互竞争的格局。

A. 中华人民共和国成立到 20 世纪 90 年代初

B. 20 世纪 90 年代到 21 世纪初

C. 21 世纪初到 2005 年 3 月铁道部实行铁路局直管站段体制

D. 2005 年 3 月铁道部实行铁路局直管站段体制以来

3. 铁路货运代理企业的发展历程中,联合阶段的时间是( ),这期间在铁路分局(总公司)管内成立了统一的铁路运输代理有限公司,在业务指导和财务并表上实现了对基层站段服务公司的联合。

A. 中华人民共和国成立到 20 世纪 90 年代初

B. 20 世纪 90 年代到 21 世纪初

C. 21 世纪初到 2005 年 3 月铁道部实行铁路局直管站段体制

D. 2005 年 3 月铁道部实行铁路局直管站段体制以来

4. 铁路货运代理企业的发展历程中,逐步完善壮大阶段的时间是( ),这期间各个铁路局(集团公司)均在铁路局(集团公司)的层面成立了多经主管机构(如广铁集团公司多元中心),实行对铁路多经产业"管人、管资产"的统一。

A. 中华人民共和国成立到 20 世纪 90 年代初

B. 20 世纪 90 年代到 21 世纪初

C. 21 世纪初到 2005 年 3 月铁道部实行铁路局直管站段体制

D. 2005 年 3 月铁道部实行铁路局直管站段体制以来

5. 在我国,在以铁路为主的这条运输供应链上,( )是核心企业。

A. 火车站　　　　　　　　　　B. 铁路运输企业

C. 铁路货运代理企业　　　　　　D. 铁道部

6. 在我国,在以铁路为主的这条运输供应链上,( )处于一种从属地位,本质上它提供的是一种中介服务。

A. 火车站　　　　　　　　　　B. 铁路运输企业

C. 铁路货运代理企业　　　　　　D. 铁道部

7. ( )既是一个独立的运输体系,又是连接火车站、港口和机场,集散物资的重要手段,它是地面上的运输,一般情况下不受场、线的限制。

A. 航空运输　　B. 铁路运输　　C. 水路运输　　D. 公路运输

8. 汽车货物运输按地域范围分类可分为:( )。

A. 国内货运和国际货运,国内货运可分为城市间货运和城市货运

B. 整车货运、零担货运、大宗货运、零星货运、普通货运、特种货运等

C. 包装货运、散装货运等

D. 短途和长途货运、去程和回程运输

9. 汽车货物运输按货物包装情况分类可分为:( )。

A. 国内货运和国际货运,国内货运可分为城市间货运和城市货运

B. 整车货运、零担货运、大宗货运、零星货运、普通货运、特种货运等

C. 包装货运、散装货运等

D. 短途和长途货运、去程和回程运输

10. 汽车货物运输按运输组织分类可分为:(　　)。

A. 国内货运和国际货运,国内货运可分为城市间货运和城市货运

B. 整车货运、零担货运、大宗货运、零星货运、普通货运、特种货运等

C. 短途和长途货运、去程和回程运输

D. 合理运输、不合理运输、快货运输、班线运输和非班线运输、直达和中转货运、包车货运、拖挂货运、集装化运输、货物联运等

(四)多项选择

1. 下列货物只限按整车办理,不得按零担运送的是(　　)。

A. 需要冷藏、保温或加温运输的货物

B. 限按整车办理的危险货物

C. 易污染其他货物的污秽品

D. 一件重量超过2 000千克,体积超过3立方米或长度超过9米的货物

E. 未装容器的活动物

2. 托运时应认真过磅,细致查点件数,并将重量和件数正确记载在运单上,另外还应遵守下列规定(　　)。

A. 用敞车类货车运送不盖篷布或苫盖篷布而不加封印的整车货物,在承运时,如总件数不超过100件时,发货人在运单中应记载货物的件数和重量

B. 用敞车类货车运送不盖篷布或苫盖篷布而不加封印的整车货物,如总件数超过100件时,发货人在运单中只记载货物的重量,并在运单"件数"栏内记载"堆装"字样

C. 用敞车类货车运送不盖篷布或苫盖篷布而不加封印的整车货物,在承运时,如总件数不超过200件时,发货人在运单中应记载货物的件数和重量

D. 用敞车类货车运送不盖篷布或苫盖篷布而不加封印的整车货物,只有在总件数超过200件时,发货人才需要在运单中只记载货物的重量,并在运单"件数"栏内记载"堆装"字样

E. 整车运送小型无包装精制品时,只按重量承运,不计件数,发货人应在运单"件数"栏内注明"堆装"字样

3. 铁路货物运输中,货物装车应具备的基本条件是(　　)。

A. 货物包装完整、清洁、牢固　　　　B. 货物标志、标记清晰完整

C. 单证齐全、内容准确、完备　　　　D. 车辆的车体完整、清洁

E. 车辆的车体技术状态良好

4. 铁路货物运输中,进口货物票据的核放工作包括以下环节:(　　)。

A. 核放　　　　B. 制单　　　　C. 审核　　　　D. 复核

E. 填制

5. 铁路运输的"合理运输"原则包括:(　　)。

A. 综合考虑交通运输条件、货物合理流向和市场供需情况

B. 走最少的里程,经最少的环节

C. 用最少的运力,花最少的费用,以最快的时间

D. 用最少的劳动消耗,运输更多的货物,取得最佳的经济效益

E. 能够采用铁路运输的尽量采用铁路运输

(五)简答
1. 简述国际铁路联运出口货物运输流程。
2. 简述国际铁路联运进口货物运输流程。
3. 简述铁路运输进口货物票据周转程序。
4. 简述铁路货运代理业的功能及意义。
5. 简述公路运输中发货人在发运货物时应做的工作。

第九章　国际空运代理实务

学习目的

了解国际航空运输的兴起和国际航空运输市场分类
掌握我国民航关于国际航空货运的一般规定
掌握国际航空货运公约的主要内容
了解国际空运代理的作用和特点
熟悉国际班机货运代理出口业务流程
熟悉国际班机货运代理进口业务流程
掌握航空货运单的性质及国际航空货运公约对空运单的规定内容

基本概念

国际空运代理　航空货运单　国际航空货运公约

第一节　国际航空运输实务

航空运输，是指承运人根据旅客或货主的需求，在规定的时间内，利用相关设施，按照某种价格，使用航空器将货物运送到指定目的地的运输。这种货主的需求与航空承运人实施该需求的承诺所产生的等价交换的关系形成了航空运输市场。实际上，民用航空运输市场是一定区域范围内航空运输需求与实现这种要求的协调与组织的过程，也是航空承运人向客户提供航空运输服务的过程。

一、国际航空运输市场分类

就航空运输市场而言，它是航空运输企业的生存之本。航空运输企业在制定企业发展规划和市场营销计划时，将会针对不同的市场类型采用不同的发展策略和促销行动。航空运输市场有多种类型。

（一）按运载对象分类

根据航空运输运载的对象特征，航空运输市场可以分为：(1)民用航空旅客运输市场；(2)民用航空货物运输市场，包括航空邮件运输。

（二）按地理范围分类

根据航空运输的区域范围，航空运输市场可以分为：(1)航空国内运输市场，是指营运的国内航线及其关联区域；(2)航空国际运输市场，是指营运的国际航线及其关联区域；(3)航空地区运输市场，是指营运的地区航线及其关联区域。

（三）按运送时限分类

根据航空运输的时间规律，航空运输市场可以分为：(1)航空定期运输市场，是指定期航班运输；(2)航空不定期运输市场，是指不定期航班运输，包括包机运输；(3)航空快捷运输市场，是指航空快递货邮协会运输业务。

二、我国民航关于国际航空货运的一般规定

（一）货运的承运

承运人在申请货物运输时，应正确填写"国际货物托运书"（Shipper's Letter of Instruction）和有关货物出口明细表、发票、装箱单，以及海关、商检需要的证书、文件，先向海关办理出口手续，然后由民航填开航空运单，每批货物填开一份航空运单。包机运输的货物，每一架次填开一份航空运单。航空运单是承运人与托运人之间的货运契约，也是航空运输凭证。航空运单由两组文字组成，第一级文字"999"为中国民航代号，第二组文字为航空运单顺序号码。航空运单有正本三份，副本若干份，正本一份随货同行，一份留承运人，一份交发货人。

托运时，应根据货物的性质、形状、重量、体积、包装等情况，在每件货物包装上写上收货人、发货人名称和地址，以及货箱号、唛头标志等。

货物托运后，如发生意外情况，可凭航空运单要求变更运输，变更运输包括：(1)中途停运；(2)运回始发地；(3)变更目的地；(4)变更收货人。

航空货物在运输过程中相关当事人的责任划分如图 9—1 所示。

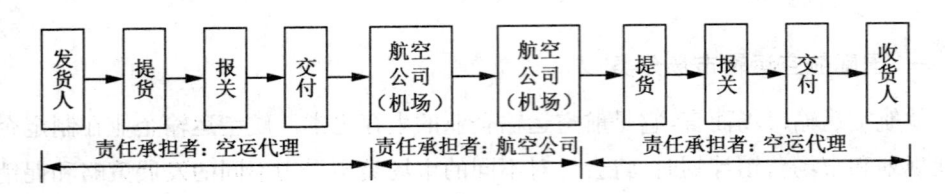

图 9—1 航空货运相关当事人的责任划分

（二）货物的交付

货物运到目的地后，由航空公司以书面或电话通知收货人提货。收货人接到通知后应自行办妥海关手续，并当场查检货物有无损坏，如有损坏、短少，应即向承运人、海关或有关部门联系，并作出运输事故记录。

从发出交货通知后次日起，国际货物免费保管 5 天，超出上述时限，按规定收取保管费。分批到达的货物保管期限，应从通知提取最后一批货物次日起计算。

（三）运输费用

航空货物运价由特种货物运价、货物等级运价、一般货物运价三类组成，具体的计算见第十一章。

1. 特种货物运价

特种货物运价是由航空运输协会，根据在一定航线上有经常性特种货物运输的发货人的要求，或者为促进某地区的某种货物运输，向国际航空运输协会提出申请，经同意后制订的特种货物运价。一般低于普通货物运价，其目的是向发货人提供一个竞争性的运价，以便发货人使用航空公司的运力。

2. 货物等级运价

货物等级运价是在一般货物运价的基础上，加上或减去一定的百分比后公布的，适用于指定地区内少数货物的运输。

3. 一般货物运价

一般货物运价是指该种货物，既没有可适用的等级运价，又没有特种货物运价，就使用一般货物运价。

（四）贸易合同中有关空运的价格条件

1. FOB 卖方机场交货条件

FOB 机场交货条件，也称 FOB Airport，是指卖方负责将货物运到出口国指定的启运机场，其责任即告终止。但也有的理解为机场仓库内交货。在这一价格条件中，买卖双方承担的责任、费用、风险主要有：

（1）卖方在合同规定的机场或机舱内和时间内交货；

（2）卖方在舱内交货后，其责任、费用、风险转移至买方；

(3)如为到付运费，买方则应在目的地机场提货时支付，如航空公司不接受到付运费业务，由卖方垫付时，应凭货运单向卖方收取；

(4)卖方在货物装上飞机后，电告买方合同号、货号、数量、金额、件数、发货日期、班次、到站、空运单号码等内容；

(5)在交货后24小时内，卖方将航空运单、发票、装箱单、品名证明书(如有检疫，还要有检疫证书)等两套，空邮买方；

(6)在运输途中发生的货物短少、损坏属承运人责任时，卖方应代替买方向承运人要求索赔，并将索赔情况通知买方；

(7)货物保险由买方负担；

(8)贵重货物和稀有金属应向航空公司办理声明价值，声明价值费由买方负担；

(9)有关种畜、种禽、危险品、技术资料等特殊要求或注意事项，则应按有关规定办理。

2. CIF、C&F买方机场交货条件

(1)如合同交货条件为CIF或C&F，则意味着在买方机场交货，即在收货人国家的机场交货，货物卸下飞机后，其责任、费用转移至买方；

(2)CIF由卖方保险、C&F由买方保险，但也可委托由卖方投保；

(3)货物在运输途中发生短少、损坏、丢失，属承运人责任时，则由买方(收货人)向承运人提出索赔；

(4)有关货物包装、单证、费用等，根据双方的议定。

《2000年术语》对FOB、CIF、CFR做了说明，在不采用FOB价格术语时，也可适用FCA，在不采用CIF、CFR价格术语时，也可适用CIP、CPT，以满足国际多式联运发展之需求。

三、国际航空货运公约的主要内容

国际航空货物运输若干法律规定主要以《统一国际航空运输某些规则的公约》为主，并结合《海牙议定书》有关修订内容，主要有以下方面。

(一)适用范围

《统一国际航空运输某些规则的公约》(简称《华沙公约》)，适用于以下情形：以航空器运输旅客、行李或货物而收取报酬的国际运输；适用于航空运输企业以航空器运输的免费运输；适用于国家或其他当地人符合下列条件的运输：

(1)根据有关各方所订立的合同，不论在全程运输中有无中断或转运，其出发地和目的地是在两个缔约国或非缔约国中的权力管辖下的领土内有一个约定的经停地点的任何运输。或在同一缔约国的主权、宗主权、委任统治权，或权力管辖下的领土间的运输，如果没有这种约定的地点，《华沙公约》则不作为国际运输。

(2) 如货物的全程运输系由多个承运人共同完成货物的连续运输,但运输被合同各方认为是一项单一运输业务,则无论是以一个合同或几个合同形式订立,就《华沙公约》来说,则应视为一项单一的运输,并不因其中一个合同或几个合同完全在同一缔约国的主权、宗主权、委任统治权,或权力管辖下的领土内履行而丧失其国际性质。

必须说明,《华沙公约》不适用根据国际邮政公约规定的运输事项。

(二) 空运单(见第三节)

(三) 运输变更

货物托运人在履行运输合同所规定的一切义务的条件下,有权要求:(1)起运地航空站或目的地航空站将货物收回;(2)在途中经停地点中止货物运输;(3)在目的地或运输途中将货物交给非航空货运单中指定的收货人;(4)要求将货物运回起运地航空站。

上述运输变更权利的行使不得使承运人或其他人遭受因运输变更而造成的损失,并应支付由此而发生的一切费用。

当承运人接到货物托运人要求运输变更通知,而事实上已执行时,即应通知货物托运人。如果承运人根据托运人的指示交货,但没有要求出具其所签的航空货运单,致使该航空货运单的持有人遭受损失时,承运人则应承担责任,但并不妨碍承运人向托运人要求追偿的权利。

在货物运抵目的地航空站后,除另有约定,承运人应在货物抵达后通知收货人,收货人在支付清应付费用和履行航空运单上的条件后,有权要求承运人根据航空货运单交付货物。

如承运人已承认货物发生灭失,或在货物应抵达的日期 7 天后仍未能抵达,则收货人有权向承运人行使运输合同所规定的权利。

此外,货物托运人应提供必需的有关资料、文件,以利于货物在交付给收货人时能顺利履行海关、税务或其他有关手续,并且应将这些资料、文件附在航空货运单后面。由于托运人因提供这些资料、文件不足、错误、不符有关规定造成的任何损失,则由托运人承担责任,对承运人来说,没有义务检查这些资料、文件的齐全、准确与否。

(四) 承运人的责任豁免

根据《华沙公约》的规定,空运承运人应对货物在空运期间所发生的货物灭失、损害或延误交货承担责任。所谓空运期间是指货物交由承运人掌管的整个期间,不论货物是在机场,或是装上飞机,或是在机场外降落的任何地点。如在机场外为了装载、交货、转运而引起的灭失、损害,除了相反的证据外,仍应视为在空运期间发生的损害,承运人应承担责任。承运人可引用公约中的免责条款要求免责,但不能排除对货物应有的责任。

1. 除外责任

(1) 如承运人能证明他或他的雇佣人已采取一切必要的措施,以避免损失的发生,或能证明他或他的雇佣人员不可能采取这种防范措施,承运人则对货损不负责任。

(2)如承运人能证明货物的灭失或损害系由于受损人的过失引起或促成时,可免除承运人全部或部分责任。

(3)如承运人能证明货物的灭失或损害系由领航上的疏忽或飞机操作上的疏忽和驾驶上的失误引起的,并能证明他和他的代理人已在一切方面采取了必要的措施,已避免损失,承运人对此损失不负责任,但此项对旅客人身伤亡不适用。

(五)承运人的责任限制

《华沙公约》规定,承运人对货物的灭失、损害或延迟交货的责任,以货物毛重每千克250金法郎为限。但对托运人在货物托运时已声明了货物的价值,并支付了附加运费,则不在此限内。除非承运人能证明托运人所申述的金额超出了交货时货物的实际价值。

必须说明,如货物遭受的损害、灭失或延误交货系由于承运人雇佣人员的故意行为所引起,承运人则无权引用公约中有关责任限制和免除承运人责任的免责条款。

(六)托运人和收货人的权利与义务

托运人应对在航空货运单上所填关于货物的各项说明和声明的准确性负责。托运人应提供各种必要的材料,以便在货物交付收货人以前完成海关、税务或公安手续,这些必要的有关证件应附在航空货运单后面。

托运人在履行运输契约所规定的一切义务的条件下,有权在起运地航空站或目的地航空站将货物提回,或在途中经停时中止运输,或在目的地或运输途中交给非航空货运单上所指定的收货人,或要求将货物退回起运地航空站。

货物抵达目的地后,在收货人交付了应付款项和履行运单中规定的运输条件后,有权要求承运人移交运单并交付货物。

(七)索赔通知与诉讼时效

根据《华沙公约》的规定,在货物遭受损害的情况下,收货人或有关当事人应于发现后向承运人提出书面通知,或在收货后7天之内提出书面通知,如上述规定期限内没有提出,则作为托运人放弃该项索赔。

1955年的《海牙议定书》对托运人提出的书面通知做了修改,由原来的7天改为14天,延迟交货由原来的14天改为21天。

第二节 国际空运代理实务

运输代理制是商品经济和社会化大生产的必然产物,在一些市场经济发达的国家,运输代理早已成为经济生活的重要组成部分。近年来,民航、水运和公路通过推行客货运输代理,市场竞争能力有了不同程度的提高。在航空运输业发达的国家和地区,空运代理销售制被广泛采用。例如,美国有空运代理企业20 000多家。美国航空运输公司通过其代理人销售的客货销售额,占其总销售的85%左右;在中国香港则有95%以上的航空销售业务是由各代理机构招揽或经办。我国的空运销售代理兴起于20世纪80年代中期,1993年8月经国务院批准由中国民航总局发布执行了《民用航空运输销售代理业管理规定》,经批准注册的空运代理企业由1993年底的800余家发展为目前的3 000多家,代理销售额的比例也在不断攀升,如南方航空公司的客货代理销售业务已达其总量的70%。

一、国际空运代理的作用和特点

(一)国际空运代理既便利了客货用户,又扩大了航空公司的营销能力

就一个航空公司而言,在其航线网内的每一个开航城市都要销售其客货运力,如果所有销售活动全靠公司派出销售机构亲力亲为,由于点多面广且分散,势必需要耗费大量的人力和物力,即使如此也很难获得较好的销售业绩。而航空公司通过与代理人签订协议建立代理关系后,就可充分利用代理人自己的销售资源,不仅可免去航空公司广派机构之累,还能通过代理人在开航城市撒网布点、建立销售网络,便于用户就近办理购票或托运手续,使各航空公司的客货营销业务通过代理人的销售网络渗透到开航城市的各旅行社、宾馆、饭店和车站码头等客货集散地。

(二)具备代替航空公司开展有关市场营销的功能

市场营销功能除销售外,还有市场调查预测、广告宣传和公共关系等一系列业务。航空公司的营销活动必须在其开航的每个城市展开,如在公司总部所在城市和派驻销售机构的城市,可以自己进行市场调研等实际操作;而在没有派驻机构的城市,则可委托代理人帮助航空公司完成这一系列的营销业务。代理人通过其广泛的销售网络直接接触众多的客货用户,可以将其从市场中收集到的有关信息反馈给航空公司,并分析做出有关预测、提出改进建议和意见,使得航空公司能根据市场的变化情况适时地调整航班运力、广告策划和公共活动等。

(三)国际空运代理公司的集中托运业务和航空公司的运价模式使得三方受益

国际空运代理公司的集中托运业务和航空公司的运价模式使得承运人、代理人和货主三方受益。货物集中托运是国际空运代理公司的主要业务,其过程是由国际空运代理公司把各托运人委托运输的若干批单独发运到同一方向的货物组成一整批,填写一份总运单向航空公司托运到同一目的站,再由代理公司委托目的站当地的代理人负责收货,报关并分拨给各实际收货人,形成"门到门"或"桌到桌"一条龙服务,为用户提供了极大的便利。同时,由于航空公司的公布运价采用重量递增费率递减的模式计费,使得代理

公司开展集中托运能从中获利。例如,某一段时间里,中国国际航空公司由上海始发至意大利都灵(Turin)的货物运价是:起码运价 320 元;45 千克以下为 52.78 元/千克;45 千克及以上为 43.2 元/千克;100 千克及以上为 40.6 元/千克;300 千克及以上为 39.47 元/千克;500 千克及以上为 36.54 元/千克;1 000 千克及以上为 34.04 元/千克。这样,航空代理公司可以将收集到的若干批零散货物集中起来托运,从航空公司争取到最便宜的运价,其差价可以作为代理公司的收益。对用户而言,减少了四处奔波劳顿和有关费用的开销。而航空公司也省却了为揽货而需付出的大量人力、物力。

(四) 航空公司对代理人实行回佣制

按照国家航空运输协会(IATA)的规定,因代理人为航空公司承揽了业务,代理人可从航空公司收取 5% 的订舱佣金和一些运输暗扣(按航空公司的空运费率)。航空公司委托代理人销售运力,一般按销售的数量或金额的一定比例提取佣金,作为支付代理人为航空公司代办业务的报酬。这样就解决了代理人开办代理服务的竞争劳务报酬来源,减轻了用户的负担,既起到了鼓励代理人积极承揽客货业务积极性的作用,又可防止代理人进行价外加价乱收费,有利于规范代理人的服务行为和服务收费。

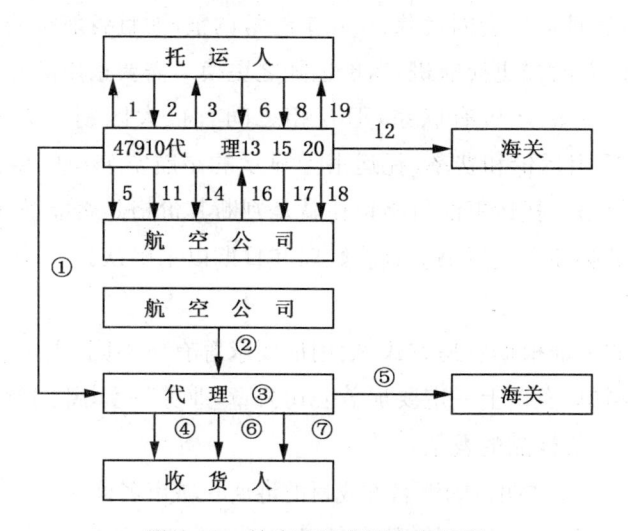

图 9—2 航空班机货运业务流程

1. 市场销售

作为航空货物运输销售代理,销售的产品是航空公司的舱位,只有飞机舱位配载了货物,航空货运才真正具有了实质性的内容,因此承揽货物处于整个航空货物出口运输代理业务程序的核心地位,这项工作的成效直接影响代理公司的发展,是航空货运代理的一项至关重要的工作。一个业务开展得较强、较好的货运代理公司,一般都有相当数量的销售人员或销售网点从事市场销售工作。

在具体操作时,需及时向出口单位介绍本公司的业务范围、服务项目、各项收费标准，特别是向出口单位介绍优惠运价，介绍本公司的服务优势等。

航空货运代理公司与出口单位（发货人）就出口货物运输事宜达成意向后，可以向发货人提供所代理的有关航空公司的"国际货物托运书"。对于长期出口或出口货量大的单位，航空货运代理公司一般都与之签订长期的代理协议。

2. 委托运输

发货人发货时，首先需填写委托书，并加盖公章，作为货主委托代理承办航空货运出口货物的依据。航空货运代理公司根据委托书要求办理出口手续，并据以结算费用。

因此，"国际货物委托书"是一份重要的法律文件。委托书（Shipper's Letter of Instruction, SLI）是托运人用于委托承运人或其代理人填开航空货运单的一种表单，表单上列有填制货运单所需各项内容，并应印有授权于承运人或其代理人代其在货运单上签字的文字说明。

在接受托运人委托后，单证操作前，货运代理公司的指定人员对托运书进行审核或称之为合同评审。审核的主要内容是价格和航班日期。目前，在审核起降航班的航空公司大部分采取自由销售方式。每家航空公司、每条航线、每个航班甚至每个目的港均有优惠运价，这种运价会因货源、淡旺季经常调整，而且各航空公司之间的优惠价也不尽相同。所以有时候更换航班，运价也随之更换。需要指出的是货运单上显示的运价虽然与托运书上的运价有联系，但互相之间有很大区别。货运单上显示的是TACT上公布的适用运价和费率，托运书上显示的是航空公司优惠价加上杂费和服务费或使用协议价格。托运书的价格审核就是判断其价格是否能被接受，预订航班是否可行。审核人员必须在托运书上签署姓名和日期以示确认。

3. 审核单证

所需要审核的单证根据贸易方式、信用证要求等有所不同，主要包括以下单证：

（1）发票、装箱单：发票上一定要加盖公司公章（业务科室、部门章无效），标名价格术语和货价（包括无价样品的发票）。

（2）托运书：一定要注明目的港名称或目的港所在城市名称，明确运费预付或运费到付、货物毛重、收发货人、电话/电传/传真号码。托运人签字处一定要有托运人签名。

（3）报关单：注明经营单位注册号、贸易性质、收汇方式，并要求在申报单位处加盖公章。

（4）外汇核销单：在出口单位备注栏内，一定要加盖公司章。

（5）许可证：合同号、出口口岸、贸易国别、有效期一定要符合要求与其他单据相符。

（6）商检证：商检证、商检放行单、盖有商检放行章的报关单均可。商检证上应有海关放行联字样。

（7）进料/来料加工核销本：注意本上的合同号是否与发票相符。

(8)索赔/返修协议:要求提供正本,要求合同双方盖章,外方没章时,可以签字。

(9)到付保函:凡到付运费的货物,发货人都应提供。

(10)关封:关封是海关内部用来联系、交接有关单证所使用的印有"海关关封"字样并可以加封的信封,不可私自拆开。

4. 预配舱

代理人汇总所接受的委托和客户的预报,并输入电脑,计算出各航线的件数、重量、体积,按照客户的要求和货物重、泡情况,根据各航空公司不同机型对不同板箱的重量和高度要求,制定预配舱方案,并对每票货配上运单号。

5. 预订舱

代理人根据所指定的预配舱方案,按航班、日期打印出总运单号、件数、重量、体积,向航空公司预订舱。这一环节称之为预订舱,是因为此时货物可能还没有入仓库,预报和实际的件数、重量、体积等都会有差别,这些留待配舱时再作调整。

6. 接单

接受托运人或其代理人送交的已经审核确认的托运书及报关单证和收货凭证。将电脑中的收货记录与收货凭证核对。制作操作交接单,填上所收到的各种报关单证份数,给每份交接单配一份总运单或分运单。将制作好的交接单、配好的总运单或分运单、报关单证移交制单。如此时货未到或未全到,可以按照托运书上的数据填入交接单并注明,货物到齐后再进行修改。

7. 填制货运单

填制航空货运单,包括总运单和分运单,总运单与分运单的关系如图9-3所示。填制航空货运单是空运出口业务中最重要的环节,货运单填写的准确与否直接关系到货物能否及时、准确地运达目的地。

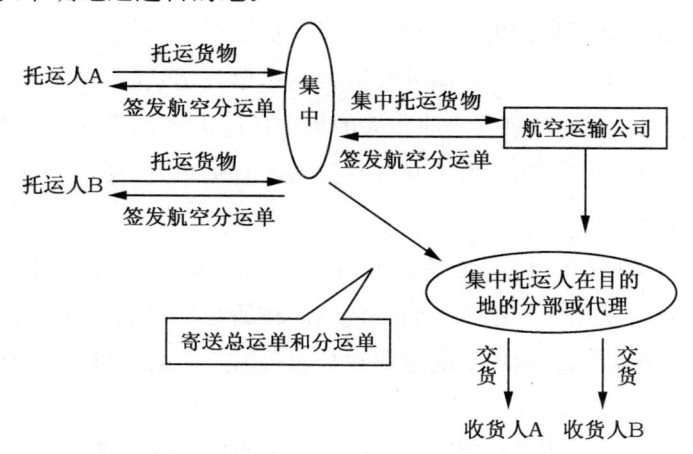

图9-3 航空总运单与分运单的关系

航空货运单是发货人收结汇的主要有价证券。因此，运单的填写必须详细、准确、严格符合单货一致、单单一致的要求。

填制航空货运单的主要依据是发货人提供的国际货物托运书。货运单一般用英文填写，目的地为香港地区的货物运单可以用中文填写，但货物的品名一定用英文填写。

托运书上的各项内容都应体现在航空货运单上，如发货人和收货人的全称、详细地址、电话、电传、传真和账号；出口货物的名称、件数、重量、体积、包装方式；承运人和代理人的名称和城市名称；始发地机场和目的地机场等。

对于已事先订舱的货物和运费到付的货物，运单上还要注明已订妥的航班号、航班日期。

对于运输过程中需要特殊对待的货物（如需冷藏、保持干燥），应在货运单"Handling Information"一栏中注明。

按体积重量计算运费的货物，在货运单上货物品名一栏中需注明体积、尺寸。

托运人提供的货物合同号、信用证号码等，如有必要应在货运单上注明。

货运单因打字错误或其他原因需要修改时，应在更改处加盖本公司修改章。

货物的实际重量，以航空公司的重量为准。重量单位一般以千克来表示。运价类别一般用"M、N、Q、C、R、S"来表示。

"M"代表最低运费；

"N"代表45千克以下普通货物运价；

"Q"代表45千克以上普通货物运价；

"C"代表指定商品运价；

"R"代表附减的等级货物运价；

"S"代表附加或既不附加也不附减的等级货物运价。

所托运货物，如果是直接发给国外收货人的单票托运货物，填开航空公司运单即可。如果货物属于以国外代理人为收货人的集中托运货物，必须先为每票货物填开航空货运代理公司的分运单；然后再填开航空公司的总运单，以便国外代理对总运单下的各票货物进行分拨。

接到移交来的交接单、托运书、总运单、分运单、报关单证，进行分运、总运单直单、拼总运单的运单填制。总运单上的运费填制按所适用的公布运价，并注意是否可以用较高重量点的运价，分运单上的运费和其他费用按托运书和交接单的要求。

8. 接收货物

接收货物，是指航空货运代理公司把即将发运的货物从发货人手中接过来并运送到自己的仓库。

接收货物一般与接单同时进行。对于通过空运或铁路从内地运往出境地的出口货物，货运代理按照发货人提供的运单号、航班号及接货地点、接货日期，代其提取货物。如货物已在始发地办理了出口海关手续，发货人应同时提供始发地海关的关封。

接货是应对货物进行过磅和丈量，并根据发票、装箱单或送货单清点货物，核对货物的数量、品名、合同号或唛头等是否与货运单上所列一致。

检查货物的外包装是否符合运输的要求：

(1)托运人提供的货物包装要求坚固、完好、轻便，应能保证在正常的操作(运输)情况下，货物可完好地运达目的站。同时，也不损坏其他货物和设备。

(2)为了不使密封舱飞机的空调系统堵塞，不得用带有碎屑、草末等材料做包装，如草袋、草绳、粗麻包等。包装的内衬物，如谷糠、锯末、纸屑等不得外漏。

(3)外部包装不能有突出的棱角，也不能有钉、钩、刺等。包装外部需清洁、干燥、没有异味和油腻。

(4)托运人应在每件货物的包装上详细写明收货人、另请通知人和托运人的姓名和地址。如包装表面不能书写时，可写在纸板、木牌或布条上，再拴挂在货物上，填写时字迹必须清楚、明晰。

(5)包装材料要良好，不得用腐朽、虫蛀、锈蚀的材料。无论木箱或其他容器，为了安全，必要时可用塑料、铁箍加固。

(6)如果包装件有轻微破损，填写货运单应在"Handling Information"一栏中标注出详细情况。

9. 标记和标签

(1)标记。在货物外包装上由托运人书写的有关事项和记号，其主要内容包括托运人、收货人的姓名、地址、联系电话和传真；合同号；操作注意事项；单件超过150千克的货物。

(2)标签。从标签的作业来区分，包括识别标记、特种货物标签、操作标签。按标签的类别来分，可以分为航空公司标记和分标记两种。航空公司标签是对其承运货物的标识，各航空公司的标签虽然在格式、颜色上有所不同，但内容基本相同。标签上前三位阿拉伯数字代表所承运航空公司的代号，后八位数字是总运单号码。

10. 配舱

配舱时，需运出的货物都已入库。这时需要核对货物的实际件数、重量、体积与托运书上预报数量的差别。对预订舱位、板箱的有效领用、合理搭配，按照各航班机型、板箱型号、高度、数量进行配载。同时，对于货物晚到、未到情况以及未能顺利通关放行的货物做出调整处理，为制作仓单做准备。实际上，这一过程一直延续到单、货交接给航空公司后才完毕。

11. 订舱

订舱,就是将所接收空运货物向航空公司申请并预订舱位。货物订舱需根据发货人的要求和货物标识的特点而定。

订舱的具体做法和基本步骤是:接到发货人的发货预报后,向航空公司吨控部门领取并填写订舱单(Cargo Booking Advance,CBA),同时提供相应的信息:(1)货物的名称;(2)体积(必要时提供单件尺寸);(3)重量;(4)件数;(5)目的地;(6)要求出运的时间等;(7)其他运输要求(温度、装卸要求、货物到达目的地时限等)。

航空公司根据实际情况安排航班和舱位。航空公司舱位销售的原则:(1)保证有固定舱位配额的货物;(2)保证邮件、快件舱位;(3)优先预定运价较高的货物舱位;(4)保留一定的零散货物舱位;(5)未订舱的货物按交运时间的先后顺序安排舱位。

货运代理公司订舱时,可依照发货人的要求选择最佳的航线和最佳的承运人,同时为发货人争取最低、最合理的运价。

订舱后,航空公司签发舱位确认书,同时给予装货集装器领取凭证,以表示舱位订妥。

预订的舱位有时会由于货物原因、单证原因、海关原因使得最终舱位不够或者空舱,此类情况需要综合考虑和有预见性等经验,尽量减少此类事情发生,并且在事情发生后做及时必要的调整和补救措施。

12. 出口报关

出口报关,是指发货人或其代理人在货物发运前,向出境地海关办理货物出口手续的过程。出口报关的基本程序:

(1)首先将发货人提供的出口货物报关单的各项内容输入电脑,即电脑预录入;

(2)在通过电脑填制的报关单上加盖报关单位的报关专用章;

(3)然后将报关单与有关的发票、装箱单和货运单综合在一起,并根据需要随附有关的证明文件;

(4)以上报关单证齐全后,由持有报关证的报关员正式向海关申报;

(5)海关审核无误后,海关官员即在用于发运的运单正本上加盖放行章,同时在出口收汇核销单和出口报关单上加盖放行章,在发货人用于产品退税的单证上加盖验讫章,粘上防伪标志;

(6)完成出口报关手续。

出运修理件、更换件时,需留取海关报关单,以备以后进口报关用。

出口货物根据动卫检部门的规定和货物种类,填制相应的动、卫检单。非动植物及其制品类,要求填制卫检申报单,加盖卫检放行章。

动植物类货物除卫检申报单外,还需动植物报验单并加盖放行章。

化工类产品须到指定地点检验证明是否适合空运。而不同的出口货物也有各种规定和限制。

13. 出仓单

配舱方案制定后就可着手编制出仓单。

出仓单交给出口仓库，用于出库计划，出库时点数并向装板箱交接。出仓单交给装板箱环节用于向出口仓库提货的依据。

出仓单交给货物的交接环节用于从装板箱环节收货凭证和制作国际货物交接清单的依据，该清单用于向航空公司交接货物。

14. 提板箱

根据订舱计划向航空公司申领板、箱并办理相应的手续。提板、箱时，应领取相应的塑料薄膜和网。对所使用的板、箱要登记、销号。

15. 装板箱

除特殊情况外，航空货运均是以"集装箱""集装板"形式装运。航空货运代理公司将体积为2立方米以下的货物作为小货交与航空公司拼装，大于2立方米的大宗货或集中托运拼装货，一般均由货运代理公司自己装板装箱。

订妥舱位后，航空公司吨控部门将根据货量出具发放"航空集装箱、板"凭证，货运代理公司凭此向航空公司箱板管理部门领取与订舱货量相应的集装板、集装箱。

大宗货物、集中托运货物可以在货运代理公司自己的仓库、场地、货棚装板、装箱，亦可在航空公司指定的场地装板、装箱。

16. 签单

货运单在盖好海关放行章后还需到航空公司签单。主要是审核运价使用是否正确以及货物的性质是否适合空运，例如危险品等是否已办了相应的证明和手续。航空公司的地面代理规定，只有签单确认后才允许将单、货交给航空公司。

17. 交接发运

交接是向航空公司交单交货，由航空公司安排航空运输。交单就是将随机单据和应由承运人留存的单据交给航空公司。随机单据包括第二联航空运单正本、发票、装箱单、产地证明、品质鉴定书等等。

交货即把与单据相符的货物交给航空公司。交货之前必须粘贴或拴挂货物标签，清点和核对货物，填制货物交接清单。大宗货、集中托运货，以整板、整箱称重交接。零散小货按票称重，计件交接。航空公司审单验货后，在交接签单上验收，将货物存入出口仓库，单据交吨控部门，以备配舱。

18. 航班跟踪

单、货交接给航空公司后，航空公司会因种种原因，例如航班取消、延误、溢载、故障、改机型、错运、倒垛或装板不符规定等，未能按预定时间运出，所以货运代理公司从单、货交给航空公司后就需对航班、货物进行跟踪。

19. 信息服务

航空货运代理公司须在以下多个方面为客户做好信息服务：

(1) 订舱信息：应将是否订妥舱位及时告诉货主或委托人以便及时备单、备货。

(2) 审单及报关信息：应在审阅货主或委托人送来各项单证后，及时向发货人通告。如有遗漏失误应及时补充或修正。在报关过程中，遇有任何报关、清关的问题，亦应及时通知货主，共商解决。

(3) 仓库收货信息：应将货物的到达时间、货量、体积、缺件、货损情况及时通告货主以免事后扯皮。

(4) 交运称重信息：运费计算标准以航空公司称重、所量体积为准，如在交运航空公司称重过磅过程中，发现称重、体积与货主声明的重量、体积有误，且超过一定比例时，必须通告货主，求得确认。

(5) 一程及二程航班信息：应及时将航班号、日期及以后跟踪了解到的二程航班信息及时通告货主。

(6) 集中托运信息：对于集中托运货物，还应将发运信息预报给收货人所在地的国外代理，以便对方及时接货、查询、进行分拨处理。

(7) 单证信息：货运代理在发运出口货物后，应将发货人留存的单据，包括盖有放行章和验讫章的出口货物报关单、出口收汇核销单、第三联航空运单正本，以及用于出口产品退税的单据，交付或寄送发货人。

20. 费用结算

从出口货代的角度，费用结算主要涉及同发货人、承运人和国外代理人三方面的结算。

(1) 与发货人结算费用。在运费预付的情况下，收取以下费用：①航空运费；②地面运输费；③各种服务费和手续费。

(2) 与承运人结算费用。向承运人支付航空运费及代理费，同时收取代理佣金。

(3) 与国外代理人结算费用。结算主要涉及到付运费和利润分成。到付运费实际上是发货方的航空货运代理为收货人垫付的，因此收货方的航空货运代理公司在将货物移交收货人时，应收回到付运费并将有关款项退还发货方的货运代理。同时发货方的货运代理应将代理佣金的一部分分给其收货地的货运代理。

由于航空货运代理公司之间存在长期的互为代理协议，因此与国外代理结算一般不采取一票一结的办法，而采取应收应付相互抵消、在一定期限内以清单冲账的办法。

二、国际班机货运代理进口业务流程

国际班机货运代理进口业务程序是指对于货物从入境到提取或转运整个流程的

各个环节所需办理的手续及准备相关单证的全过程。国际空运班机进口业务程序主要包含以下 7 个环节：1. 代理预报→2. 交接单、货→3. 理货与仓储→4. 理单与到货通知→5. 制单与报关→6. 收费与发货→7. 送货与转运，如图 9-2 所示。

1. 代理预报

在国外发货之前，由国外代理公司将运单、航班、件数、重量、品名、实际收货人及其他地址、联系电话等内容通过传真或 E-mail 发给目的地代理公司，这一过程被称为预报。

到货预报的目的是使代理公司做好接货前的所有准备工作。

收到预报后，代理人应特别注意：(1)中转航班：中转点航班的延误会使实际到达时间和预报时间出现差异；(2)分批货物：从国外一次性运来的货物在国内中转时，由于国内载量的限制，往往采用分批的方式运输。

2. 交接单、货

航空货物入境时，与货物相关的单据（运单、发票、装箱单等）也随机到达，运输工具及货物处于海关监管之下。

货物卸下后，将货物存入航空公司或机场的监管仓库，进行进口货物舱单录入，将舱单上总运单号、收货人、始发站、目的站、件数、重量、货物品名、航班号等信息通过电脑传输给海关留存，供报关用。

同时根据运单上的收货人及地址寄发取单、提货通知。若运单上收货人或通知人为某航空货运代理公司，则把运输单据及与之相关的货物交给该航空货运代理公司。

航空公司的地面代理向货运代理公司交接的有：(1)国际货物交接清单；(2)总运单、随机文件；(3)货物。

双方交接时要做到：(1)单、单核对，即交接清单与总运单核对；(2)单、货核对，即交接清单与货物核对；(3)核对发现问题应及时予以处理。

航空货运代理公司在与航空公司办理交接手续时，应根据运单及交接清单核对实际货物，若存在有单无货或有货无单的情况，应在交接清单上注明，以便航空公司组织查询并通知入境地海关。

发现货物短缺、破损或其他异常情况，应向民航索要商务事故记录，作为实际收货人交涉索赔事宜的依据。

3. 理货与仓储

代理公司自航空公司接货后，即短途驳运进自己的监管仓库，组织理货及仓储。

理货的主要内容包括：逐一核对每票件数，再次检查货物破损情况，遇有异常，确属接货时未发现的问题，可向民航提出交涉；按大货或小货、重货或轻货、单票货或混载货等区分，分别堆存、进仓；登记每票货储存区号，并输入电脑。

鉴于航空进口货物的贵重性、特殊性，其仓储要求较高，须注意以下几点：

(1) 防雨淋、防受潮：货物不能置于露天，不能无垫托置于地上。

(2) 防重压：纸箱、木箱均有叠高限制，纸箱受压变形，会危及箱中货物安全。

(3) 防温升变质：生物制剂、化学试剂、针剂药品等部分特殊物品，有储存温度要求，要防止阳光暴晒。一般情况下：冷冻品置放于－15℃～－20℃冷冻库（俗称低温库），冷藏品置放于2℃～8℃冷藏库。

(4) 防危险品危及人员及其他货品安全：空运进口仓库应设立独立的危险品库。易燃、易爆品、毒品、腐蚀品、放射品均应分库安全置放。以上货品一旦出现异常，均需及时通知消防安全部门处理。放射品出现异常时，还应请卫生检疫部门重新检测包装及放射剂量外泄情况，以便保证人员及其他物品安全；

(5) 防盗：为防贵重品被盗，贵重品应设专库，由双人制约保管，防止出现被盗事故。

4. 理单与到货通知

将集中托运进口的每票总运单项下的分运单分理出来，审核与到货情况是否一致，并制成清单输入电脑。将集中托运总运单项下的发运清单输入海关电脑，以便实施按分运单分别报关、报验、提货。理单时应注意的问题包括：(1) 总运单是直单、单票混载，这两种情况一般无清单；(2) 多票混载有分运清单，分运单件数之和应等于总运单上的件数；(3) 货物的种类有指定货物、非指定货物、单票、混载、总运单到付、分运单到付、银行货、危险品、冷冻冷藏货物等，随机文件中有分运单、发票、装箱单、危险品证明等；(4) 按照已标有仓位号的交接清单编号并输入电脑，内容有：总运单号、分运单号、发票号、合同号、航班、日期、货名、货物分类、贸易性质、实到件数、已到件数、实到重量、计费重量、仓位号、收货单位、代理人、本地货、外地货、预付、到付、币种、运费、金额等。

承运人应该在货物到达后立即通知收货人。从航空运输的时效出发，同时也为了减少货主仓储费、避免海关滞报金，货物到达目的港后，应尽早、尽快、尽妥地通知货主到货情况，提请货主配齐有关单证，尽快报关。

5. 制单与报关

除部分进口货存放于民航监管仓库外，大部分进口货物存放于各货代公司自有的监管仓库。由于货主的需求不一，货物进口后的制单、报关、运输一般有以下几种形式：货运代理公司代办制单、报关、运输；货主自行办理制单、报关、运输；货运代理公司代办制单、报关后，货主自办运输；货主自行办理制单、报关后，委托货运代理公司运输；货主自办制单、委托货运代理公司报关和办理运输。

(1) 制单

制单指按海关要求,依据运单、发票、装箱单及证明货物合法进口的有关批准文件,制作"进口货物报关单",货运代理公司制单时一般程序为:

①长期协作的货主单位,有进口批文,证明手册等存放于货运代理处的,货物到达,发出到货通知后,即可制单、报关,通知货主运输或代办运输;

②部分进口货,因货主单位(或经营单位)缺少有关批文、证明的,可于理单、审单后,列明内容,向货主单位催寄有关批文、证明,也可将运单及随机寄来单证、提货单以快递形式寄货主单位,由其备齐有关批文、证明后再决定制单,报关事宜;

③无须批文和证明的,可即行制单、报关,通知货主提货或代办运输;

④部分货主要求异地清关时,在符合海关规定的情况下,制作《转关运输申报单》办理转关手续,报关单上需由报关人填报的项目有:进口口岸、收货单位、经营单位、合同号、批准机关及文号、外汇来源、进口日期、提单或运单号、运杂费、件数、毛重、海关统计商品编号、货品规格及货号、数量、成交价格、价格条件、货币名称、申报单位、申报日期等等,转关运输申报单、内容少于报关单,也需按要求详细填列。

(2)进口报关

进口报关是进口运输中关键的环节。报关程序中还有许多环节,大致可分为初审、审单、征税、验放四个主要环节。

①初审。初审是海关在总体上对报关单证做粗略的审查,审核报关单所填报的内容与原始单证是否相符、商品的归类编号是否正确、报关单的预录入是否有误等。初审只对报关单证作形式上的审核,不做实质性的审查。

②审单。审单是报关的中心环节,从形式上和内容上对报关单证进行全面的详细审核。审核内容包括:报关单证是否齐全、准确;所报内容是否属实;有关的进口批文和证明是否有效;报关单所填报的货物名称、规格、型号、用途及金额与批准文件所批的是否一致;确定关税的征收与减免等。如果报关单证不符合海关法的有关规定,海关不接受申报。允许通关时,留存一套报关单据(报关单、运单、发票)作为海关备案。

③征税。征税作为报关的一个重要内容是必不可少的,根据报关单证所填报的货物名称、用途、规格、型号及构成材料等确定商品的归类编号及相应的税号和税率。若商品的归类或税率难以确定,海关可先查看实物或实物图片及有关资料后再行确定征税。若申报的价格过低或未注明价格,海关可以估价征税。

④验放。货物放行的前提是:单证提供齐全,税款和有关费用已经全部结清,报关未超过规定期限,实际货物与报关单证所列一致。放行的标志:正本上或货运代理经海关认可的分运单上加盖放行章。放行货物的同时,将报关单据(报关单、运单、发票各份)及核销完的批文和证明全部留存海关。如果报关时超过海关法规定的报关期限,必须向海关缴纳滞报金;验放官员可要求货主开箱,查验货物。此时查货与征税时

查货,其目的有所不同,征税关员查看实物主要是为了确定税率,验放关员查验实物是为了确定货物的物理性质、化学性质以及货物的数量、规格、内容是否与报关单证所列完全一致,有无伪报、瞒报、走私等问题。除海关总署特准免验的货物外,所有货物都在海关查验范围之内。

6. 收费与发货

货运代理公司仓库在发放货物前,一般先将费用收妥。收费内容有:(1)到付运费及垫付佣金;(2)单证、报关费;(3)仓储费(含冷藏、冷冻、危险品、贵重品特殊仓储费);(4)装卸、铲车费;(5)航空公司到港仓储费;(6)海关预录入、动植检、卫检报验等代收代付费用;(7)关税及垫付佣金。除了每次结清提货的货主外,经常性的货主可与货运代理公司签订财务付费协议,实施先提货后付款,按月结账的付费方法。

办完报关、报验等进口手续后,货主须凭盖有海关放行章、动植物报验章、卫生检疫报验章(进口药品须有药品检验合格章)的进口提货单到所属监管仓库付费提货。

仓库发货时,须检验提货单据上各类报关报验章是否齐全,并登记提货人的单位、姓名、身份证号以确保发货安全。保管员发货时,须再次检查货物外包装情况,遇有破损、短缺,应向货主做出交代。

发货时,应协助货主装车,尤其遇有货物超大超重、件数较多的情况,应指导货主(或提货人)合理安全装车,以提高运输效率,保障运输安全。

7. 送货与转运

出于多种因素(或考虑便利,或考虑节省费用,或考虑运力所限),许多货主或国外发货人要求将进口到达货由货运代理报关、垫税、提货后运输到直接收货人手中。货运代理公司在代理客户制单、报关、垫税、提货、运输的一揽子服务中,由于工作熟练,衔接紧密,服务到位,因而受到货主的欢迎。

第三节 航空货运单

航空货运单(Air Way Bill,AWB)简称空运单,是航空货物运输中,托运人与承运人间关于运输合同及在运货物的一种单据。1998年美国联邦快递公司的统计资料表明:虽然以重量计,全球货运中只有2%是采取空运方式运输的,但以价值计算,却占了40%。究其原因,主要是航空运输货物多为高价值、高附加值产品及鲜活产品,如计算机芯片、珠宝等。随着国际经济的进一步发展及民用航空器运输能力的不断提高,航空货运在21世纪必将获得更大的发展。本节主要分析空运单的相关法律问题。

一、国际航空货运公约对空运单的规定

1929年的《华沙公约》将空运单证称为空运托运单(Air Consignment Note,

CAN)，按《华沙公约》的规定，承运人有权要求托运人填写空运托运单，每件货物应填写一套单证，承运人应接受托运人填写的空运托运单。每一套托运单应有正本三份，并与货物一起交承运人，其中：第一份注明交承运人，由托运人签字；第二份交收货人，由托运人签字后随同货物运送；第三份货物受载后由承运人签字交给托运人。

除托运单外，托运人还要向承运人提交有关货物运输和通过海关所必需的单证，如发票、装箱单等，以便能及时办理海关手续，迅速将货物送收货人手中。空运托运单应填写的主要内容有：填写空运托运单的地点、日期、起运地、目的地、中转地、发货人、收货人、货物名称、付款方式、重量、尺码等。空运托运单上这些内容均由托运人填写。或由承运人根据托运人申述的内容填写，如由于填写或申述错误，均由托运人自负。

根据《华沙公约》规定，空运托运单是订立合同、接受货物运输条件，以及关于货物详细内容的初步证据，但其中有关货物数量、件数尺码、货物状态的声明并非对承运人的声明，除非在接收货物时，承运人已当场予以核对。如承运人接收并承运了没有填写空运托运单的货物，或在空运托运单上没有包括上述内容，承运人则无权引用《华沙公约》中有关免除和限制承运人责任的规定。

空运托运单不同于海运提单，它不是货物所有权的凭证。因为空运速度快，通常在托运人将托运单送收货人之前，货物已送至目的地。这在很大程度上排除了通过转让单据来转让货物。在实际业务中，空运单一般都印有"不可转让"字样，通常的做法是：货物运至目的地后，收货人凭承运人的到货通知和有关证明提货，并在提货时在随货运到的空运托运单上签收，而不要求收货人凭托运单提货。

在空运单证方面，1955年《海牙议定书》对《华沙公约》的修改主要有两点：

一是将空运托运单证改为空运单；

二是空运单上所记载的内容比原来《华沙公约》对空运托运单要求的内容有所减少。

从实际业务需求看。空运单的性质和主要作用是：

(1)空运单是承运人与发货人之间的运输合同；

(2)空运单是承运人收到托运货物的货物收据；

(3)空运单是承运人作为记账的凭证；

(4)空运单是海关放行查验时的单据；

(5)空运单可作为保险证书；

(6)空运单是承运人内部业务处理的依据。

空运单的主要内容：

(1)空运单填写的地点、日期；

(2)货物起运地、目的地;

(3)约定的经停地点(但承运人保留在必要时变更经停地点的权利,承运人行使这一权利时,不应使运输由于此种变更丧失其国际运输性质);

(4)托运人名称、地址;

(5)第一承运人名称、地址;

(6)收货人的名称、地址;

(7)货物包装的方式、特殊标志、件数、号码;

(8)货物名称、性质;

(9)货物数量、重量、体积、尺码;

(10)货物和包装的外表状况;

(11)如运费已付,应写明运费金额、运费支付日期、运费支付地、运费支付方;

(12)如运费为到付时,则应写明货物的价格,必要时应写明所应支付的费用;

(13)如为货物申报价,则应写明申报的价值;

(14)航空货运单的份数;

(15)附航空货运单交给承运人的凭证;

(16)如双方已议定运输期限、运输路线,则也一并在运单上注明;

(17)有关运输受《华沙公约》的约束等。

如果承运人在接收货物时没有填写航空货运单,或航空货运单中没有包括上述(1)~(9),及其第(17)项的内容时,那么,承运人无权引用公约中关于免除或限制承运人责任的有关规定。

对于空运单中所填写的关于货物的说明或声明的准确性,托运人则负有绝对责任。如因为这些说明或声明不完全、不准确致使承运人或任何其他人遭受的损失,托运人则应承担赔偿责任。

在没有相反证据时,航空货运单是接收货物和承运条件的合同或合同证明。任何有关货运单中货物的重量、尺码、包装、件数的说明,均应被认为是准确的,除非经承运人和货物托运人已当面查对,并且在货运单中注明。

空运单样式如图9-4所示。

Shipper's Name and Address	Shipper's account Number	Not negotiable **Air Waybill** Issued by BRITISH AIRWAYS Copies 1, 2 and 3 of this Air Waybill are originals and have the same validity
Consignee's Name and Address	Consignee's account Number	It is agreed that the goods described herein are accepted in apparent good order and condition (except as noted) for carriage SUBJECT TO THE CONDITIONS OF CONTRACT ON THE REVERSE HEREOF. THE SHIPPER'S ATTENTION IS DRAWN TO THE NOTICE CONCERNING CARRIERS' LIMITATION OF LIABILITY. Shipper may increase such limitation of liability by declaring a higher value for carriage and paying a supplemental charge if required.
Issuing Carrier's Agent Name and City		Accounting Information
Agent's IATA Code	Account No.	
Airport of Departure (Addr. of first Carrier) and requested Routing		

To	By first Carrier (Routing and Destination)	To	By	To	By	Currency	CHGS Code	WT/VAL PPD	WT/VAL COLL	Other PPD	Other COLL	Declared Value for Carriage	Declared Value for Customs
						CNY		×		×		NCD	

Airport of Destination	Flight/Date	For Carrier Use only / Flight/Date	Amount of Insurance	INSURANCE – If carrier offers insurance, and such insurance is requested in accordance with conditions on reverse hereof, indicate amount to be insured in figures in box marked "amount of insurance".

Handling Information

No of Pieces RCP	Gross Weight	Kg lb	Rate Class / Commodity Item No.	Chargeable Weight	Rate / Charge	Total	Nature and Quantity of Goods (incl. Dimensions or Volume)
			Q		18.00		

Prepaid — Weight Charge — Collect		Other Charges
Valuation Charge		
Tax		
Total other Charges Due Agent		Shipper certifies that the particulars on the face hereof are correct and that insofar as any part of the consignment contains dangerous goods, such part is properly described by name and is in proper condition for carriage by air according to the applicable Dangerous Goods Regulations.
Total other Charges Due Carrier		--------------------------------- Signature of Shipper or his Agent
Total prepaid	Total collect	For British Airways as Carrier
Currency Conversion Rates	cc charges in Dest. Currency	--------------------------------- Executed on (Date) at (place) Signature of issuing Carrier or its Agent
For Carrier's use only at Destination	Charges at Destination	Total Collect Charges

ORIGINAL 3 (FOR SHIPPER)

图 9—4　空运单样式

二、航空货运单的性质

《华沙公约》第 11 条第 1 款规定:"在无相反证据的情况下,空运单是托运人、承运人订立运输合同,接受货物和运输条件的证明。"我国《民航法》第 118 条也规定:"航空货运单是航空货物运输合同订立和运输条件以及承运人接收货物的初步证据。"

(一) 空运单不是航空货物运输合同

空运单不是航空货物运输合同的证明。这是因为,首先,空运单是在运输合同订立以后才签发的。根据我国民用航空总局颁发的《中国民用航空货物国内运输规则》(1996 年修正)的规定,托运人欲与承运人订立航空货物运输合同,须事先填写"航空运输货物托运书",承运人在接收了托运书及货物后,才填发空运单。可见根据我国航空运输实践,"托运书"是托运人向承运人所发出的要约,而接收"托运书"则是承运人的承诺。因此,空运单是在航空运输合同订立以后才填发的。《华沙公约》虽未规定托运人须事先提交托运书,但是由于《华沙公约》第 6 条第 1 款规定:托运人应填写空运单正本一式三份,连同货物一并交给承运人,而承运人应于接收货物时签字。也说明先有运输合同,后有空运单。如果将空运单视为合同,托运人向承运人提交货物的行为便会因意思表示的欠缺而变得毫无意义。因此,空运单是在履行航空运输合同中所产生的,旨在证明运输合同及货物接管、承运条件的一种证据。其次,空运单对合同的证明,只能是一种初步的证明。如果当事人间另有约定,则空运单会丧失其对航空运输合同的证明作用。

(二) 空运单不是在运货物的物权凭证

空运单是承运人在接收货物后填写的,证明货物已由承运人接管的证明。但是应当注意的是,空运单与另外一种广为使用的运输单据——海运提单是有本质区别的。从《1978 年联合国海上货物运输公约》(简称《汉堡规则》)的规定来看,提单是一种"证明海上货物运输合同和货物已由承运人接管或装船,以及承运人据以保证交付货物的单证"。由于提单是一种可有效地证明物权合法归属的书面证明,因此它是一种物权凭证。而空运单则不是在运货物的物权凭证。就目前的《华沙公约》体系的规定来看,空运单的作用仅在于证明货物业已为承运人所接管这一事实及货物的状态如何。空运单本身丝毫不涉及货物所有权问题或货物的归属问题。因此,空运单与海运提单是有本质差异的,不能混淆。同样,空运单对货物状态的证明也只是初步的。《华沙公约》第 11 条第 2 款规定:在没有相反的证据时,空运单中关于货物重量、尺寸和包装以及件数的说明,都应该被当作确实的。除非经过承运人和托运人当面查对并在空运单中注明经过查对,或者是关于货物外表情况的说明外,关于货物的数量、体积及情况的说明不能构成不利于承运人的证据。由于《华沙公约》的上述规定的存在,空运单在证明货物状态方面的证明力同样是有限的。

(三) 空运单是承运条件的证明

在此问题上,空运单所证明的承运条件包括了明示的承运条件及默示的承运条件两部分。明示的承运条件包括了记载于空运单上的条件,如双方约定的经停地点、运费等内容。而默示的承运条件则非常广泛,它包括了承运人所保留的、在紧急情况下改变经停地点的权利,托运人不得在普通货物中夹带危险品的承诺等。

总之,空运单既非航空运输合同,也非在运货物的物权凭证,而只是一种用来证明运输合同、货物状态和被承运人接管以及承运条件的文件。

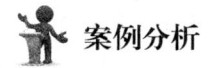

案例分析

航空货运代理合同与航空货物运输合同的区分

原告:中外运空运发展股份有限公司华东分公司(简称"中外运华东分公司")
被告:江苏天行健国际物流有限公司(简称"天行健公司")
被告:江苏天行健国际物流有限公司上海分公司(简称"天行健上海分公司")

2008年2月25日,原告与被告天行健上海分公司签订《国际航空运输货物代理协议》一份,约定:被告天行健上海分公司委托原告办理航空货物国际进口和出口运输;被告天行健上海分公司接受原告提供的包机或包舱的转包业务,如果是整架包机或整个包舱业务的转包,原告在底价基础上发生的亏损由被告天行健上海分公司承担。被告天行健上海分公司负责提供货源、将货物全部交原告发运及报关、制单等工作,原告负责货物在机场的打板交接事宜。2009年11月,双方签订《包机业务合作协议》一份,约定原告将2009年11月26日之德国SZW的1架次包机转包给被告天行健上海分公司。转包价格为底价3 065 000元(含包机费283万元,拆板费8.5万元,卡车转运预付款15万元),另收取操作费0.5元/公斤及上货航地面费用0.3元/千克。货源由被告天行健上海分公司负责组织销售,并由其负责空舱风险,原告不承担包机空舱产生的亏损。报关、排舱、单证制作由被告天行健上海分公司安排。原告负责货站打板交接事宜。原告不得以该包机名义对外销售,但可以组织货源向被告订舱,被告给予优于其他同行的优惠价格结算。如果由于航空公司临时取消飞行计划造成被告天行健上海分公司组织货源无法按期出运,原告不承担赔付责任,但原告如有从航空公司处得到赔付或者补偿应该视为被告天行健上海分公司的损益赔付。其他未列明部分参照《国际航空运输货物代理协议》。

同年11月23日,原告与案外人东方中天(河南)航空服务有限公司(简称"东方中天公司")签订了《包租合同》一份,约定原告向东方中天公司租用11月26日(后实际航班日期为11月28日)由上海至德国的货机一架,包机费用为283万元。原告于11月25日向东方中天公司支付了包机费283万元、运转及拆板费23.5万元。

被告天行健上海分公司组织货源,并向托运人以承运人代理人的身份签发了航空货运单23份。2009年11月26日、27日,原告在浦东机场货站为被告天行健上海分公司办理了上述23票货物的打板交接事宜。11月28日,装载上述货物的飞机在起飞后随即坠毁于浦东国际机场。2009年12月,东方中天公司将拆箱费、卡车运输费退还给原告,但未退回包机费。2010年1月和3月,原告分别向被告天行健上海分公司开具两张金额283万元和41 706元的发票要求被告支付包机合作协议中约定的包机费和打板操作费,但是后者拒绝支付。原告故诉至法院,请求判令被告支付费用。

被告天行健公司、天行健上海分公司共同辩称:(一)原告与被告间不存在代理合同关系,原告并非被告的代理人,双方之间系运输合同关系;(二)即使双方之间构成代理关系,被告也并未授权原告向第三人支付费用。

思考:

请分析本案例中,原告与被告天行健上海分公司所签订的《包机业务合作协议》的性质及双方之间的法律关系,以及涉案包机协议是否已履行完毕。

练习题

(一)名词解释

航空货运单

(二)填空

1. 根据航空运输的时间规律,航空运输市场可以分为:＿＿＿＿、＿＿＿＿和＿＿＿＿。
2. 根据航空运输的区域范围,航空运输市场可以分为:＿＿＿＿、＿＿＿＿和＿＿＿＿。

(三)单项选择

1. 根据航空运输运载的对象特征,航空运输市场可以分为:(　　)。
   A. 民用航空旅客运输市场和民用航空货物运输市场
   B. 航空国内运输市场、航空国际运输市场和航空地区运输市场
   C. 航空定期运输市场、航空不定期运输市场和航空快捷运输市场
   D. 军用航空运输市场和民用航空运输市场
2. 根据航空运输的区域范围,航空运输市场可以分为:(　　)。
   A. 民用航空旅客运输市场和民用航空货物运输市场
   B. 航空国内运输市场、航空国际运输市场和航空地区运输市场
   C. 航空定期运输市场、航空不定期运输市场和航空快捷运输市场

D. 军用航空运输市场和民用航空运输市场

3. 根据航空运输的时间规律,航空运输市场可以分为:( )。
   A. 民用航空旅客运输市场和民用航空货物运输市场
   B. 航空国内运输市场、航空国际运输市场和航空地区运输市场
   C. 航空定期运输市场、航空不定期运输市场和航空快捷运输市场
   D. 军用航空运输市场和民用航空运输市场

4. ( )是由航空运输协会,根据在一定航线上有经常性特种货物运输的发货人的要求,或者为促进某地区的某种货物运输,向国际航空运输协会提出申请,经同意后制订的特种货物运价。
   A. 特种货物运价   B. 货物等级运价
   C. 一般货物运价   D. 国际航协运价

5. ( )是在一般货物运价的基础上,加上或减去一定的百分比后公布的,适用于指定地区内少数货物的运输。
   A. 特种货物运价   B. 货物等级运价
   C. 一般货物运价   D. 国际航协运价

6. 根据《华沙公约》的规定,空运承运人可引用公约中的免责条款要求免责,但不能排除对货物应有的责任。其除外责任包括( )。
   A. 如承运人能证明他或他的雇佣人员已采取一切必要的措施,以避免损失的发生,或能证明他或他的雇佣人员不可能采取这种防范措施,承运人则对货损不负责任
   B. 如承运人能证明,货物的灭失或损害系由于受损人的过失引起或促成时,可免除承运人全部或部分责任
   C. 如承运人能证明,货物的灭失或损害系由领航上的疏忽或飞机操作上的疏忽和驾驶上的失误引起的,并能证明他和他的代理人已在一切方面采取了必要的措施,已避免损失,承运人对此损失不负责任,但此项对旅客人身伤亡不适用
   D. 以上都属于承运人的除外责任范围之内

7. 《华沙公约》规定,承运人对货物的灭失、损害或延迟交货的责任,以货物毛重( )为限。但对托运人在货物托运时已声明了货物的价值,并支付了附加运费,则不在此限内。
   A. 每千克 250SDR   B. 每千克 500SDR
   C. 每千克 250 金法郎   D. 每千克 500 金法郎

8. 根据《华沙公约》的规定,在货物遭受损害的情况下,收货人或有关当事人应于发现后向承运人提出书面通知,或在收货后( )之内提出书面通知,如上述规定期限内没有提出,则作为托运人放弃该项索赔。
   A. 7 天   B. 14 天   C. 21 天   D. 28 天

9. 国际空运班机出口业务程序中,以下环节排列次序正确的是( )。
   A. 市场销售→委托运输→预配舱→审核单证
   B. 预订舱→接单→制单→接货
   C. 标签→订舱→配舱→出口报关
   D. 出仓单→装箱板→提板箱→签单

10. 货物的实际重量,以航空公司的重量为准。重量单位一般以千克来表示。运价类别一般用"M、N、Q、C、R、S"来表示。其中( )代表指定商品运价。
    A. "M"   B. "N"   C. "Q"   D. "C"

(四)多项选择

1. 航空运输中,货物托运后,如发生意外情况,可凭航空运单要求变更运输,变更运输包括:(   )。
   A. 中途停运
   B. 运回始发地
   C. 变更目的地
   D. 变更收货人
   E. 变更转运地

2. 货物托运人在履行运输合同所规定的一切义务的条件下,有权要求:(   ),这些运输变更权利的行使不得使承运人或其他人遭受因运输变更而造成的损失,并应支付由此而发生的一切费用。
   A. 起运地航空站或目的地航空站将货物收回
   B. 在途中经停地点中止货物运输
   C. 在目的地或运输途中将货物交给非航空货运单中指定的收货人
   D. 要求将货物运回起运地航空站
   E. 要求变更货物的转运地

3. 根据《华沙公约》的规定,空运承运人应对货物在空运期间所发生的货物灭失、损害或延误交货承担责任。以下属于空运期间的是(   )。
   A. 货物已交由承运人掌管,但货物还在机场尚未装上飞机
   B. 货物已交由承运人掌管,货物已装上飞机
   C. 货物已交由承运人掌管,但飞机降临在机场外某地
   D. 货物到达目的地后货物已经从飞机上卸下但仍在承运人掌管下
   E. 货物在转运途中为了转机从某地的一个机场运往另一个机场的公路运输段

4. 国际空运班机出口业务程序中,以下环节排列次序正确的是(   )。
   A. 市场销售→委托运输→审核单证→预配舱
   B. 预配舱→预订舱→接单→制单
   C. 制单→接货→标签→配舱
   D. 出口报关→出仓单→装箱板→提板箱
   E. 交接发运→航班跟踪→信息服务→费用结算

5. 国际空运班机进口业务程序中,以下环节排列次序正确的是(   )。
   A. 代理预报→交接单、货→理货与仓储
   B. 理货与仓储→制单与报关→理单与到货通知
   C. 理单与到货通知→制单与报关→收费与发货
   D. 制单与报关→送货与转运→收费与发货
   E. 制单与报关→收费与发货→送货与转运

(五)简答

1. 简述《华沙公约》对承运人的责任限制。
2. 简述国际空运代理的作用和特点。
3. 简述国际班机货运代理出口业务流程。
4. 简述国际班机货运代理进口业务流程。
5. 简述空运单的性质和作用。

第十章 国际多式联运实务

学习目的

理解国际多式联运的特征
掌握开展国际多式联运应具备的条件
了解国际多式联运经营人的资质要求
理解作为多式联运经营人的货运代理人的法律地位
理解多式联运经营人与货运代理人的区别
熟悉和掌握国际多式联运业务的主要业务流程
熟悉国际多式联运提单和其他国际多式联运的主要单证

基本概念

国际多式联运 国际多式联运经营人 国际多式联运提单

第一节 国际多式联运的条件

一、国际多式联运的特征

1980年《联合国国际货物多式联运公约》及我国交通部和铁道部1997年共同颁布的《国际集装箱多式联运管理规则》对国际多式联运的定义为："按照多式联运合同,以至少两种不同的运输方式,由多式联运经营人将货物由一国境内承运货物的地点,运送至另一国境内交付货物的地点。"根据该定义并结合国际惯例,国际多式联运包括如下几个方面的特征。

(1)必须有一个多式联运合同,明确多式联运经营人与托运人之间的合同关系。这是多式联运的主要特征,是区别多式联运与传统单一运输方式的重要依据。多式联运经营人负责货物全部运输责任并收取全程单一运费是多式联运合同的两个主要标志。

(2)必须使用全程多式联运单据。

(3)必须是两种或两种以上不同运输方式的连贯运输。

(4)必须是国际间的货物运输。

(5)必须实行多式联运经营人全程单一负责制。多式联运经营人承担自接管货物起至交付货物止的全程运输责任,对货物在运输途中因灭失损坏或延迟交付所造成的损失负赔偿责任。

(6)必须实行全程单一的运费费率,并由多式联运经营人以包干形式一次性向货主收取。

二、开展国际多式联运应具备的条件

国际多式联运是一种先进的运输方式,只有现代化的生产组织手段与科学的管理技术才能与之相适应。国际货运代理发展国际多式联运,必须具备一定的技术与经济条件,才能保证国际多式联运的顺利开展,并发挥其优越性。国际多式联运涉及多种运输方式,是由多种运输方式组合而成的综合性的一体化运输。因此,国际货运代理开展国际多式联运,应具备比单一运输方式更为先进、更为复杂的技术条件。这些条件包括以下几点:

(一)开辟国际多式联运线路与建立集装箱货运站

国际多式联运的线路,从理论上说,可以是从某一国的任何一地到另一国的任何一地。但事实上这是不可能的,世界上许多经营多式联运的公司通常只能是重点办好几条多式联运线路。

开辟一条多式联运线路,首先需要进行国际货物流向流量的调查,在此基础上,选择货物流量较大且较稳定的路线;其次要考虑联运线路的全程应具备适应规模的运输能力。此外,国际多式联运是以集装箱为运输载体,所以联运线路及其港站需要有一定的装卸、运送集装箱的设备条件。

国际多式联运改变了传统运输的交接概念,不再仅仅把港口或车站作为货物的交接地点,而是延伸到港口或车站以外的地点进行交接。货主不一定需要到港口或车站去交货或提货。集装箱货运站(包括内陆货运站)即是接受货物进行装箱、拼箱或拆箱分拨的地方,具有货物交接、储存、中转的功能,在多式联运业务中有着重要作用。因此,多式联运经营人必须建立具有一定设施条件与能力的集装箱货运站;同时要加强集装箱货运站的组织管理，以降低运营费用，提高运输效率，保证货物的迅速流转。为确保集装箱货物的顺利交接，集装箱货运站应根据业务开展情况配备必要的机械设备，包括搬运和装卸集装箱的起重机、车辆及办理装箱、拆箱的各种机具。

集装箱货运站通常应建在靠公路线、铁路线或工业中心地区。这个地区还应能和海关、保险、商品检验等机构连接在一起，以便利货物的报送查验、装箱、拆箱及分拨交接等业务。

(二) 建立国内外联运网点

国际多式联运是跨国运输，不可能仅由一国一家完成，需要国内外有关单位的共同合作才能进行有效的联合运输。因此，经营国际多式联运必须根据业务的需要建立国内外业务合作网，负责其国内外运输、交接手续。

在国外建立联运业务合作网主要有以下三种方式。

(1) 订立协议建立业务代理关系。这种方式要注意选择资信可靠有业务经营能力的货运公司签订协议，建立双方业务代理关系，接受或委托对方作为分承运人，承担分段运输业务。同时，根据委托编制和寄送有关单证，签发或回收联运提单，提供货运信息，代收支费用，处理货运纠纷与事故以及代办货物交接等工作。这种合作关系，双方各负盈亏，也可根据协议双方对合作的业务按比例分享盈利或分摊亏损。

(2) 在国外货运公司内入股，或同国外货运公司搞联营或合营，遇有业务时，双方仍可采取委托与被委托形式，开展业务活动。这种方式实际上是入股一方参与了对方的经营，至于参与的程度则根据入股多少来决定。由于对方经营能力的好坏直接影响到入股方的利益，因此采用这种方式时必须注意选择好合作伙伴。

(3) 在国外设立自己的分支机构或子公司，独立承办自己的运输业务，多式联运经营人可在一些重点地区、国家设立分支机构，甚至子公司，作为全权代表，处理一些货物交接、揽货、出运等过程中的一系列业务。

以上三种方式采用较多的是第一种方式，而第二和第三种方式，大多是一些较大的国际货运公司采用。

由于国际多式联运线长面广，因此在建立国外网点的同时，还应注重国内各省市间的运输网点的建设，以保证运输渠道的畅通。否则，即使外部开通，如果内部不畅也会使整个运输过程难以发挥效用。因此，建立国内跨地区的横向合作体制是极为重要的。

我国开展国际多式联运的范围还较小。目前，通过大陆港口的全部进出口集装箱货物中只有 11%～12% 的货物进出内陆省份。同时，运输方式较为原始，联运市场有待健全，主要是内陆集装箱运输受铁路运力、站点设施、公路、车辆、桥梁以及服务质量等条件的限制。因此，我国国际多式联运还只能在有条件采用集装箱运输的线路上开展。但是,随着我国内陆省份工业化进程的加快,内陆综合运输网的不断完善以及站点设施条件的进一步改善,尤其是外国船公司在我国内陆区域联运业务的迅猛发展、行业竞争势头的加剧,我国的国际多式联运服务网将有广阔的发展前景。

(三) 制定多式联运单一费率

采用单一费率是国际多式联运的基本特征之一,因此,经营多式联运要制定一个单一的联运包干费率。由于多式联运环节多,费率又是揽取业务的关键,所以制定单一费率是一个复杂而又重要的问题,需要综合考虑各种因素,使制定的费率具有竞争性,以利于联运业务的顺利进行。

国际多式联运全程运费主要由运输费用(国内外内陆段运费、海运段运费或国际铁路、航空运费)、经营管理费用以及利润三大部分组成。该单一费率因货物的交接地点和业务项目的不同而异。国际集装箱运输交接方式有九种,不同交接方式的联运费率结构如表10—1所列。

表10—1　　　　　　国际集装箱运输不同交接方式的联运费率结构

类别	国际集装箱交接方式							
	国内内陆			国内港站中转	国际海铁、空运	国外港站中转	国外内陆		
	DOOR	CFS	CY				CY	CFS	DOOR
进口箱									
出口箱									

（四）制定国际多式联运单据

作为国际多式联运经营人必须具有自己的多式联运单据或提单。多式联运单据是经营人与货主之间的运输合同的证明，它具有有价证券的性质，可以进行转让和向银行抵押贷款。

至于多式联运中分承运人出具的各种承运单据，如海运提单、铁路、公路、航空运单等，仅是总、分承运人之间的运输合同或其书面证明，与货主无关。因此，在填制这些单据时，"托运人"一栏应填写多式联运经营人的名称和地址，"通知人"一栏则填写该程运输终端总承运人的代理人名称和地址，"收货人"一栏一般均填"凭指示"（To order）。

（五）建立科学的组织管理制度

要确保国际多式联运货物快速、安全的运抵目的地，必须建立科学的组织管理制度，使各部门、各环节紧密衔接，从而从组织上保证货物迅速安全运输。根据实践检验，应着重组织好以下各方面的工作。

1. 保证各部门之间的工作紧密衔接

国际多式联运业务效率的高低，关键在于是否组织好各部门之间的工作，从业务管理开始直到货物交接完毕，都要做到职责分明、环节紧扣。在国外，有的货运公司采用"作业安排书"的办法来衔接各部门和各环节的工作；业务部门受理业务后，填制作业安排书，列明委托单位名称，托运的货名、重量、体积、数量，收货及装运日期与地点，运输方式、路线、中转地点，订舱时间、船名，国外代理名、交货地点、交货条件、运费金额、集装箱取送时间与地点，以及托运人的特殊要求和运输注意事项等。"作业安排书"制妥后分送有关部门。它既是安排和检查全程运输工作的依据，也是业务进程的记录，是衔接各部门和各环节工作的纽带。

2. 建立掌握货运信息的工作制度

货运信息在多式联运工作中具有重要作用。整个联运过程都离不开信息，特别是货物在中转地的到达、装卸、发运及交接动态，更须随时掌握和了解，以便一旦发现问题，可以迅速采取措施，保证运输顺利进行。

3. 要有一个统一的管理机构

根据多式联运工作环节多、涉及面广的特点，应建立一个统一的管理机构，负责对外受理业务，对内统一管理全部运输工作，包括对运力、报关、装卸、取送集装箱以及交接货物等工作的组织与衔接，以提高运输效率。

三、国际多式联运经营人的资质要求

对于国际多式联运经营人应具备什么资质（Qualification），联合国多式联运公约并未做出具体的规定。实际上,在该公约制定过程中,发展中国家曾建议在公约中增设有关多式联运经营人应具备的最低资质要求的条款,只是该建议未被其他国家所接受。最终只在公约的第四章"多式联运管理"中做了一个一般化的规定,即"多式联运经营人应遵守其营业所在国所适应的法律和本公约的规定"。

从加强国际多式联运的有效管理和控制的角度来考虑,确定国际多式联运经营人应具备的资质要求是必要的,它是保证国际多式联运顺利开展的重要前提条件,因为多式联运经营人是多式联运的组织者或主要承担人,根据国际多式联运的性质特点,结合业务实践经验来看,多式联运经营人要在法律上和服务上适应多式联运的需要,必须具备以下三个基本要求。

1. 具有从事国际运输所需的专业知识、技能和经验

作为国际多式联运经营人,首先必须具备丰富的专业知识、技能和经验,能全面、及时地了解和掌握国际贸易与运输的有关法律程序、实务及市场的最新动态,以及有关的实际承运人和码头、港站的费率水平与成本结构等。同时,多式联运经营人还必须营造一个高效的公司组织机构,使之能始终维持在胜任经营业务需要的高水平上。显然,这样的组织机构应符合 ISO9000 的质量管理标准。

2. 具有一个较为完整的在国际货物运输业务往来中形成的分支机构和代理网络

多式联运经营人必须具备其所有服务领域的国际网络。该网络通常由各分支机构、子公司、代理机构等组成。同时,应采用现代化的通信手段将网络的各机构和环节紧密地联系起来。

3. 具有与经营业务相适应的资金能力

多式联运经营人必须拥有足够的自有资金,以满足经营业务开展的需要。同时一旦发生货物的损坏或灭失,有能力承担对货主的赔偿责任。

我国从加强国际多式联运管理,促进我国国际多式联运通畅、经济和高效发展以及更好地保护货主利益的目的出发,根据国外的实践经验,结合我国的实际情况,在"国际多式联运管理规则"中对多式联运经营人提出了以下资质要求:

(1)具有中华人民共和国企业法人资格。

(2)具有与从事多式联运业务相适应的组织机构固定的营业场所、必要的经营设施、相应的专业管理人员。

(3)具有 3 年以上国际货物运输或代理经历,有相应的国内、外代理。

(4)注册资金不低于人民币 1 000 万元,并有良好的资信。增设经营性的分支机构时,每增设一个分支机构增加注册资金人民币 100 万元。

(5)符合国家法律法规规定的其他条件。

第二节　多式联运经营人与国际货运代理人

随着国际贸易、国际货物运输业的发展，现在的国际货物多式运输经营主要有三种方式：(1)由单式运输承运人组织或完成整个多式联合运输，即由某一单式运输经营人将其业务范围扩展至整个运输系统的所有环节，自己亲自完成或与其他履行辅助人共同完成运输义务。由于海上运输业拥有资金密集性和掌握更多货运信息资源的优势，目前少数有能力将业务扩展至整个运输环节的大多为海上运输承运人。(2)由货运代理人组织多式联合运输，此时其实际上即成为多式联运经营人。(3)由作为中间人的货运代理人代表实际的多式联运经营人或者货物利益方签订多式联运合同。即货运代理人只是充当货物利益方和提供多式运输的经营人之间的中间人（Intermediary）。本节基于以上三种多式运输的整合模式，主要阐述作为多式运输经营人的国际货运代理人与作为中间人的国际货运代理人以及与无船经营公共承运人的法律地位及其相互身份识别等问题。

一、作为多式联运经营人的货运代理人的法律地位

（一）货运代理人作为多式联运经营人法律地位在实务中的形成

首先，从托运人的角度而言，在国际货物多式联运过程中，当货运代理人仅仅作为中间人安排运输的情况下，一旦发生纠纷而要确定货物的灭失、损害或者迟延交付发生的时空，这对于并不熟悉运输的托运人而言无疑是较为困难的，就是即使可以确定货物灭失、损害以及迟延交付发生的时空，当托运人向实际的各个区段承运人提起诉讼时也不得不面对境外诉讼以及由此而来的高额诉讼成本，所以托运人宁愿将货运代理人作为运输合同的当事人，即要求与货运代理人签订由其对货物运输承担责任，而不是同意其代表托运人寻找且选定承运人的合同。

其次，就货运代理人本身而言，自20世纪70年代以来，"门到门"服务支配了制造品交货市场，单一运输方式承运人尤其是海上运输承运人迅速认识到整个运输体系潜在的市场和利益，纷纷转向提供多式联合运输服务，这种趋势也促使海运公司与其他运输方式下的承运人结成联盟从而为客户提供"无缝"服务。这样货运代理人的传统业务就受到这些新的拥有船舶的多式联合运输服务提供人的挑战，于是他们通过发展无船和无车辆经营及整合的后勤保障服务对之做出反应，也就是说，货物运输性质的变化、错综复杂的"门到门"服务网络和多式运输的迅速发展所带来的商业利益促使货运代理人愿意充当多式联运经营人并随之承担更多的风险和责任。

再次，就各区段实际承运人而言，尽管货运代理人充当多式联运经营人势必直接

影响到他们的利益,但是由于货运代理人往往比实际承运人拥有更好的市场地位,控制着广泛的潜在客户和货源市场,而且单式运输市场的不景气以及组织多式联运的复杂性和资金密集性迫使单式运输的实际承运人不得不接受货运代理人充当多式联运经营人的现状,并与之结成合作关系以获得较为稳定和集中的运输货源。

(二) 货运代理人作为联运经营人时在多式联运规则项下的法律地位

货运代理人成为多式联运经营人的可能性及其法律地位在不同的规则中是不同的。在1975年《国际商会规则》和1980年联合国《国际货物多式联运公约》项下,多式联运经营人被界定为是多式运输或至少是其中一部分运输的实际提供者,或者也可以仅仅是由他人提供的全部或部分运输的承办人,即组织或实现完成部分运输或全部运输(procure the performance of parts of or the whole multi-model transport)的人。因此,依1975年《国际商会规则》和1980年《国际货运多式联运公约》,货运代理人不管是全部多式运输和至少是其中一部分运输的提供者,还是仅仅是由他人提供的全部或部分运输的承办人,只要其以本人身份与货物利益方订立多式联运合同即可成为多式联运经营人。然而根据1992年贸发会议和国际商会规则,多式联运经营人除必须以本人身份订立多式联运合同并负履行合同责任外,还必须具有承运人身份,即实际完成或负责完成(actually performs or undertakes to perform)此项运输或部分运输的人的身份,这样就把负责组织或实现全部多式运输(undertake to procure the whole multi-modal transport)的人排除在多式联运经营人的范畴之外,即货运代理人欲成为多式联运经营人就必须满足"实际完成或负责完成此项运输或部分运输"这一要求,否则在1992年规则项下货运代理人无法以多式联运经营人的身份提供服务和享有权益。

(三) 作为多式联运经营人的货运代理人在两大法系中的法律地位

大陆法系国家一般均是以单式运输公约或国内立法来确定作为联运经营人的货运代理人的法律地位,有学者认为这是对公约或国内立法的不适当解释,同时也是不切合实际的。因为确定作为联运经营人的货运代理人的法律地位问题不仅要解决在发生货物灭失、损害或迟延交付情况下的责任承担和赔偿问题,还要确定在整个运输过程中履行合同、照管货物等方面的责任问题,而不同单式运输国际公约和国内立法之间的差别又如此悬殊,这样根据组成多式运输的不同运输模式,适用相应的单式运输公约或国内立法来确定作为联运经营人的货运代理人的法律地位势必违背单式运输公约或国内立法只适用于特定单式运输合同这一基本立法精神,也造成在同一多式联运合同履行中,货运代理人的法律地位随运输合同的履行、运输模式的变化而相应变化的"变色龙现象"。

在英美法中,作为联运经营人的货运代理人的法律地位取决于其被视为公共承运人还是私承运人而有所不同。英国法中公共承运人对运输过程中所发生的所有货物的灭失或损害承担严格责任,即无过错责任,除非其能证明灭失或损害是由下列四个公共承运人免责事由所致,即:天灾、公敌、货物固有缺陷、发货人或收货人的过错或欺诈。同样的规则亦存在于美国,只不过美国法以保险人责任表述之。而私承运人通常就未能用合理注意和技术履行合同负责,当货物发生灭失或损害时,私承运人承担推定过错责任,除非其能证明已对货物进行合理的照管,或者不合理的照管并不是导致灭失或损害的原因,即私承运人只对其疏忽或故意行为所致的灭失、损害或迟延负责。在实践中,法院倾向于将货运代理人作为公共承运人而使其承担严格责任。然而这种处理方法并不妥当,因为公共承运人是准备为所有各种各样的人有偿运送货物而没有拒绝运输所提交的货物的权利的人,其必须不偏不倚地为所有人运送货物,而私承运人并不允诺为任何向其提出运输货物要求的人运送货物,也就是说,其有权选择只为某些人运送货物。因此,如果货运代理人在其商业交易中可以保留拒绝发送某些货物的权利时还课予其公共承运人的责任显然是困难的。同时,由于货运代理人并不获得对货物的实际占有,因此,当货运代理人只有有限手段确保货物在实际运输过程中得到适当照管时还课予其严格责任未免过于苛刻,所以鉴于其有限监督手段,将作为联运经营人的货运代理人视为私承运人应是一种更为公平的处理方法。

二、多式联运经营人与货运代理人的区别

虽然各国对货运代理人的定义和法律地位有些许不同的规定,但是传统上货运代理人的主要业务均为货物运输辅助性服务,主要是安排运输,例如为托运人订舱、为货物运输做好准备、选择承运人、运输方式和运输路线等,有时货运代理人也作为承运人的代理人代其完成运输辅助工作,如代理承运人接受订舱、组织货源等。但是随着集装箱多式联合运输的发展,货运代理人的业务范围不断扩大,他代理托运人安排货物从起点至终点的全程运输,而与此同时联运经营人也组织安排货物的全程运输,其在组织货物多式联运的过程中也会从事一些传统上属于货运代理人业务范围内的运输辅助工作,比如货物的装箱、仓储和清关等,因此,在具体业务上两者有时十分相似。但另一方面,货运代理人与联运经营人在权利义务关系及责任承担上又有着较大的不同,无论适用何种公约、规则或者国内立法,联运经营人均会被课予最低责任标准等强制性规定,其只能援引其中有限的免责和责任限制规定,但货运代理人却处于比较优越的地位,拥有较大的缔约自由,可以在法律基本原则允许的范围内在代理合同中约定尽可能多的免责条款和尽可能低的责任,但是在实践中令人头疼的是货运代理人虽然实际上作为代理人这一传统角色而行事,但又往往会有意无意制造其充当联运经营人的印象,如货运代理人可能收取一笔固定的运费而不是像应该的那样向托运人公开所有运费的百分比,虽然从商业的角度讲这样对货运代理人而言是有利可图的,但其负面影响却是这可能使人们尤其是法官做出是货运代理人自己进行运输的判断,这样货运代理人原来赖以享有的特殊条款将会被判为无效。因此,货运代理人与多式联运经营人的身份区别无论在理论上还是在实践中都是十分必要且有意义的。

通常情况下区分货运代理人和联运经营人的标准有如下几项。

1. 合同条款

合同条款是合同当事人双方合意共同制定的他们之间的法锁,是探究当事人内心真实意图的首要参考。如果合同条款中有明确的约定可以确认当事方仅仅是作为代理人安排运输还是作为联运经营人负责运输,并且可以和其他合同条款相互印证当事人这种意愿的话,其在国际货物多式联合运输中的法律地位自然易于确定。相反,如果合同中没有明确的规定,条款措辞本身又比较含混,当事方的主体身份在货运代理和联运经营人之间模棱两可时,有些国家,比如比利时和荷兰,就会做出有利于托运人的判定,即认定货运代理实际充当了联运经营人的角色。这是符合法律经济学观点的,按照科斯第一定律,在交易费用为正的现实世界中,不同的法律权利的分配会带来不同效率的资源配置,而在信息不对称的托运人与货运代理人之间,相对于无经验的托运人而言,由货运代理人负担合同条款不明时的不利后果所发生的社会交易费用,即货运代理人在合同中清楚而不含糊地声明其欲充当角色的交易费用低于托运人通过其他途径确认代理人身份的交易成本。同时,货运代理人自身营业范围、经营活动的扩大乃是造成其身份不易识别的根源之一,所以在仅仅依据合同条款不足以确定其身份时做出其充当联运经营人角色的初步判定是合乎法理的。

2. 货运代理人的行为

由于在实践中当事人之间往往没有正式的书面合同,甚至有可能仅仅是口头的约定,而约定很少能涉及当事人之间的法律关系,这时在对货运代理业规范较好的国家(如德国、法国、荷兰、比利时等)的货运代理人协会就会有针对性地制定一些货运代理人的"标准营业条件"(standard trade conditions),如果货运代理人的具体行为符合上述条件,其便会免去被认定为联运经营人的麻烦。根据货运代理人的行为确定其身份在判例法国家更为多见。在 Claridge, Held & Co. v. King and Ramsay 一案中,法官就认定其自称拥有船舶,但实际雇佣其他承运人的人具有承运人的法律地位,不能由于其主张其仅是货运代理人而逃避对货物损失所要承担的责任。

3. 费用的支付方式

如果合同中约定支付整笔运费,并且没有就该笔运费的组成部分向托运人说明,或者虽然没有明确所支付的运费的性质,但是却足以让人产生整笔运费被收取的印象,则可以认定货运代理人此时是作为联运经营人而行事。相反,若仅仅约定了代理成本或代理费则足以认定其货运代理人的身份。

4. 先前交易的性质

在国际货物运输领域有时在争议双方之间存在着先前交易,这种交易可以从正反两面帮助确定现在交易的性质以及当事方的法律地位,这种参考双方先前交易的性质来类推或反推现在交易性质的方法有时可以比较容易地推知当事双方的本意和内心愿意承担的义务与责任,而且也较有说服力,双方易于接受。此外,当事双方尤其是法律地位有争议一方与第三方之间的业务关系有时也可以用作认定这一方真正法律地位的重要依据。

总之,货运代理人与联运经营人在实践中的区分较理论上的区分更为复杂,由于具体案件的事实情况可能千差万别,所以以上判断的标准就更不能孤立使用,而应该结合每个案件的具体情况具体分析,综合各个因素全面考察,从而得出客观公正的结论。

第三节　国际多式联运的流程及主要单证

一、国际多式联运业务的主要业务流程

国际多式联运经营人在从事多式联运业务时,其主要业务流程有以下几个方面。

1. 接受托运申请,订立多式联运合同

多式联运经营人根据货主提出的托运申请和自己的运输路线等情况,判断是否接受该托运申请。如果能够接受,则双方议定有关事项后,在交给发货人或其代理人的场站收据(空白)副本上签章(必须是海关能够接受的),以证明接受委托申请,此时,多式联运合同已经订立并开始执行。

发货人或其代理人根据双方就货物交接方式、时间、地点、付费方式等达成协议填写场站收据(货物情况可暂空),并将其送至多式联运经营人编号,多式联运经营人编号后留下货物托运联,将其他联交还给发货人或其代理人。

2. 空箱的发放、提取及运送

多式联运中使用的集装箱一般由多式联运经营人提供。这些集装箱的来源可能有三种情况:一种是多式联运经营人自己购置使用的集装箱;二是向租箱公司租用的集装箱,这类集装箱一般在货物的起运地附近提箱而在交付货物地点附近还箱;三是由全程运输中的某一分运人提供,这类集装箱一般需要在多式联运经营人为完成合同运输与该分运人(一般是海上区段承运人)订立分运合同后获得使用权。

如果双方协议由发货人自行装箱,则多式联运经营人应签发提箱单或者租箱公司或分运人签发的提箱单交给发货人或其代理人,由他们在规定日期到指定的堆场提箱并自行将空箱托运大货物装箱地点,准备装货。如果发货人委托,也可由多式联运经营人办理从堆场到装箱地点的空箱拖运(这种情况需加收空箱拖运费)。

如果是拼箱货(或是整箱货但发货人无装箱条件不能自装时),则由多式联运经营人将所有空箱调运至接收货物的集装箱货运站,做好装箱准备。

3. 出口报关

若多式联运从港口开始,则在港口报关;若从内陆地区开始,则应在附近的内陆地海关办理报关。出口报关事宜一般由发货人或其代理人办理,也可委托多式联运经营人代为办理(这种情况需加收报关手续费,并由发货人负责海关派员所产生的全部费用)。

报关时应提供场站收据、装箱单、出口许可证等有关单据和文件。

4. 货物装箱及接收货物

若是发货人自行装箱,发货人或其代理人提取空箱后在自己的工厂和仓库组织装箱,装箱工作一般要在报关后进行,并请海关派员到装箱地点监装和办理加封事宜。如需理货,还应请理货人员现场理货并与其共同制作装箱单。如是拼箱货物,发货人应负责将货物运至指定的集装箱货运站,由货运站按多式联运经营人的指示装箱。

无论装箱工作由谁负责,装箱人均需制作装箱单,并办理海关监装与加封事宜。

对于由货主自行装箱的整箱货物,发货人应负责将货物运至双方协议规定的地点,多式联运经营人或其代表(包括委托的堆场业务员)在指定地点接收货物;如果是拼箱货,则由多式联运经营人在指定的货运站接收货物。验收货物后,代表多式联运经营人接收货物的人应在场站收据正本上签章并将其交给发货人或其代理人。

5. 订舱及安排货物运送

多式联运经营人在合同订立后,应立即制订该合同涉及的集装箱货物的运输计划。该计划应包括货物的运输路线,区段的划分,各区段实际承运人的选择确定及各区段间衔接地点的到达、起运时间等内容。

这里所说的订舱泛指多式联运经营人要按照运输计划安排洽定各区段的运输工具,与选定的各实际承运人订立各区段的分运合同。这些合同的订立由多式联运经营人本人(派出机构或代表)或委托的代理人(在各转接地)办理,也可请前一区段的实际承运人作为代表向后一区段的实际承运人订舱。

货物运输计划的安排必须科学并留有余地。工作中应相互联系,根据实际情况调整计划,避免彼此脱节。

6. 办理保险

在发货人方面,应投保货物运输保险。该保险由发货人自行办理,或由发货人承担费用由多式联运经营人代为办理。货物运输保险可以是全程投保,也可以是分段投保。在多式联运经营人方面,应投保货物责任险和集装箱保险,由多式联运经营人或其代理人向保险公司或以其他形式办理。

7. 签发多式联运提单,组织完成货物的全程运输

多式联运经营人的代表收取货物后,多式联运经营人应向发货人签发多式联运提单。在把提单交给发货人之前,应注意按双方议定的付费方式及内容、数量向发货人收取全部应付费用。

多式联运经营人有完成和组织完成全程运输的责任和义务。在接收货物后,要组织各区段实际承运人、各派出机构及代表人共同协调工作,完成全程中各区段的运输、各区段之间的衔接工作,运输过程中所涉及的各种服务性工作和运输单据、文件及有关信息等组织和协调工作。

8. 运输过程中的海关业务

按惯例,国际多式联运的全程运输(包括进口国内陆段运输)均应视为国际货物运输。因此,该环节工作主要包括货物及集装箱进口国的通关手续,进口国内陆段保税(海关监管)运输手续及结关等内容。如果陆上运输要通过其他国家海关和内陆运输路线时,还应包括这些海关的通关及保税运输手续。

这些涉及海关的手续一般由多式联运经营人的派出机构或代理人办理,也可由各区段的实际承运人作为多式联运经营人的代表代为办理。由此产生的费用应由发货人或收货人负担。

如果货物在目的港交付,则结关应在港口所在地海关进行。如果在内陆地交货,则应在口岸办理保税(海关监管)运输手续,海关加封后方可运往内陆目的地,然后在内陆海关办理结关手续。

9. 货物交付

当货物运往目的地后,由目的地代理通知收货人提货。收货人需凭多式联运提单提货,多式联运经营人或其代理人需按合同规定,收取收货人应付的全部费用。收回提单签发提货单(交货记录),提货人凭提货单到指定堆场和地点(CFS)提取货物。

如果是整箱提货,则收货人要负责至掏箱地点的运输,并在货物掏出后将集装箱运回指定的堆场,此时,运输合同终止。

10. 货运事故处理

如果全程运输中发生了货物灭失、损害和运输延误,无论是否能确定损害发生的区段,发(收)货人均可向多式联运经营人提出索赔。多式联运经营人根据提单条款及双方协议确定责任并做出赔偿。如能确定事故发生的区段和实际责任者时,可向其进一步索赔。如不能确定事故发生的区段时,一般按在海运段发生处理。如果已对货物及责任投保,则存在要求保险公司赔偿和向保险公司进一步追索问题。如果受损人和

责任人之间不能取得一致，则需要通过诉讼时效内提起诉讼和仲裁来解决。

二、国际多式联运的主要单证

国际多式联运单据在整个货物流转过程中是划分各相关方责任、权利和义务转移的凭证，也是货物交接、责任划分、保险、索赔等问题的重要依据。因此，在研究国际多式联运时，不能对其运输单据有所忽视，它是多式联运业务的重要组成部分。

(一) 国际货物运输中所必须具备的单证

国际货物交易就当代社会而言是"单证贸易"，就其实际是信息的转换或传递，也就是目前盛行的电子数据交换（EDI）。无论是相关国际公约还是各国制定的法律，对货物在流转中应有的有关单证及单证所记录的事项均做了明确的规定。在国际多式联运的实务中，单证繁多，现就实际运作中的有关单证做一些分析。

1. 国际多式联运单证的构成及流转

目前，我国集装箱运输单证系统由出口运输单证、进口运输单证以及向政府主管部门办理相关手续的单证三大部分构成。其中，进出口运输单证主要有：货物托运单、装箱单、设备交接单、场站收据、提单、集装箱预配清单、积载图、货物舱单、运输舱单、到货通知、提货单、交货记录等；向海关、商品检验检疫部门、港监等部门申报所用的相关单证有：报关单、合同副本、信用证副本、商品发票、进出口许可证、免税证明书、产地证明书、商品检验证书、药物/动植物报验单、危险品清单、危险品性能说明书、危险品包装证书、危险品装箱说明书以及特别或特种货物所需的其他证书等。

2. 国际多式联运单证进出口流程

(1) 出口流程：出口业务由四部分组成：①订舱受理；②内陆运输；③授收货物；④船舶离港。

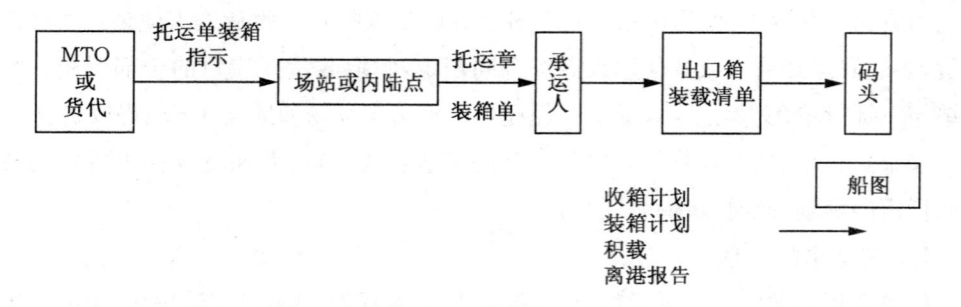

图 10—1 国际多式联运单证出口流程

(2) 进口流程（以海陆联运为例）：进口流程由①船舶挂港；②卸船；③内陆运输三部分组成。

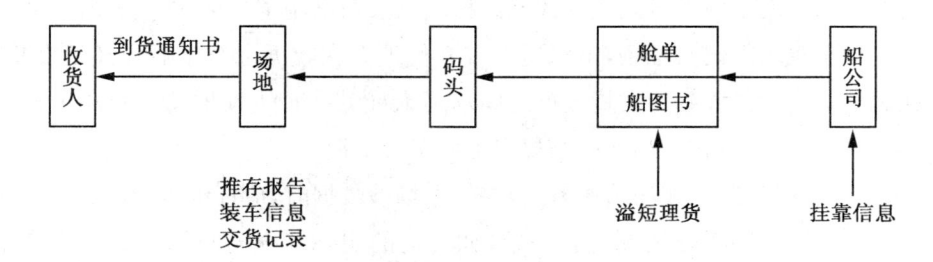

```
收货人 ← 到货通知书 ← 场地 ← 码头 ← 舱单/船图书 ← 船公司
                        ↑          ↑              ↑
                    推存报告    溢短理货       挂靠信息
                    装车信息
                    交货记录
```

图 10-2　国际多式联运单证进口流程

(二) 国际多式联运相关单证的内容与功能

随着国际公约及运输环境的变化，特别就联运提单不断修改和完善的 B/L，目前国际多式联运的相关单证统一了格式。主要包括以下几种。

1. 国际多式联运提单

与普通海运提单一样，国际多式联运提单的功能是多式联运经营人或其代理签发的货物运输收据，是货物的物权凭证，是多式联运运输合同的证明。从理论上讲，国际多式联运提单的签发是货物在承运控制之下就应将提单签发给托运人，这与传统的海运提单签发完全不同，它是在实际装船后签的 B/L。但在我国，大多数船公司或其他代理人，虽然也签发联运提单，但仍然有一个规定，在出口港装船处传递后才能发放。这主要的原因是中国的联运路线衔接不好，或内陆运输复杂多变所致。但在实务中，特别是多式联运经营人在内陆点，一旦接收了托运人的货物，就签发了联运单据，实质上相对传统的海运 B/L 而言是一份装船待运 B/L，但一旦船名和装船日期打上，就与已装船 B/L 的性质相同了。

2. 装箱单

集装箱装箱单是详细记载每一个集装箱内所装货物的名称、数量及箱内货物积载情况的单证。每个载货集装箱都要制作这样的单证，它是根据已装进箱内的货物情况制作的，是集装箱运输的辅助货物舱单。由于集装箱装箱单是详细记载箱内所载货物的唯一单证，因此在国际集装箱运输中，集装箱装箱单是一张极为重要的单证。

3. 设备交接单

设备交接单是集装箱进出港区、场站时用箱人、运箱人与管箱人或其代理人之间交接集装箱及其他机械设备的凭证，并兼有管箱人发放集装箱的凭证的功能。当集装箱或机械设备在集装箱码头堆场或货运站借出或回收时，由码头堆场或货运站制作设备交接单，经双方签字后，作为两者之间设备交接的凭证。

4. 场站收据

场站收据是由承运人签发的，证明已收到托运货物并对货物开始负有责任的凭证。场站收据一般都由发货人或其代理人根据船公司已制定的格式进行填制，并跟随货物一起运至集装箱码头堆场，由承运人或其代理人在收据上签字后交还给发货人，证明托运的货物已经收到。发货人据此向承运人或其代理人换取待装提单或已装船提单，并根据买卖双方在信用证中的规定可向银行结汇。

承运人或其代理人（如场站业务员）在签署场站收据时，应仔细审核收据上所记载的内容与运来的货物实际情况是否一致，如货物的实际情况与收据记载的内容不一致，则必须修改。如发现货物或集装箱有损伤情况，则一定要在收据的备注栏内加批注，说明货物或集装箱的实际状况。

5. 提货单

提货单是收货人凭正本提单向承运人换取的。可向港区、场站提取集装箱或货物的凭证，也是承运人或其代理人对港区、场站放箱交货的通知。提货单仅仅是交货的凭证，并不具有提单那样的流通性。

在签发提货单时，首先要核对正本提单签发人的签署、签发提单的日期、提单背书的连贯性，判定提单持有人是否正当，然后再签发提货单。提货单应具有提单所记载的内容，如船名、交货地点、集装箱号、封志号、货物名称及收货人等交货所必须具备的项目。在到付运费和未付清其他有关费用情况下，则应收讫后再签发提货单。

在正本提单尚未到达、而收货人要求提货时，可采用与有关银行共同向船公司出具担保书的形式。该担保书通常应保证：

（1）正本提单一到，收货人应立即交船公司或其代理人；

（2）在没有正本提单情况下发生提货而使船公司遭受到任何损失，收货人应负一切责任。

此外，如收货人要求更改提单上原指定的交货地点时，船公司或其代理人应收回全部的正本提单后，才能签发提货单。

6. 交货记录

它是承运人把箱货交付收货人时，双方共同签署的证明货物已经交付，承运人对货物责任已经终止的单证。交货记录通常在船舶抵港前由船舶代理依据舱单、提单副本等卸船资料预先制作。交货记录中货物的具体出库情况由场站、港区的发货员填制，并由发货人、提货人签名。

三、国际多式联运提单

国际多式联运提单（Multimodel Transport B/L or Combined Transport B/L），是证明多式联运合同及证明多式联运经营人接管货物并负责按合同条款交付货物的单据。国际多式联运经营人在接收货物时，应由本人或其授权人签发国际多式联运单据。多式联运单据并不是多式联运合同，而只是多式联运合同的证明，同时也是多式联运经营人收到货物的收据和凭其交货的凭证。该单据包括经双方确认的取代纸张单据的电子数据交换信息。

（一）国际多式联运提单的性质与作用

多式联运提单与海运提单的性质与作用是一致的，主要包括以下几方面。

1. 它是多式联运经营人与发货人之间订立的国际多式联运合同的证明，是双方在合同确定的货物运输关系中权利、义务和责任的准则

在多式联运合同订立过程中，发货人提出托运申请，经营人根据自己的情况表示可以接受后，双方即达成了协议，多式联运合同已告成立。签发多式联运提单只是经营人履行合同的一个环节。因此，多式联运提单与各单一方式运输中使用的运单是不同的，不是运输合同而只能是合同的证明。

提单正面的内容和背面的条款是经营人与发货人订立合同的条款与实体内容，由于各经营人都提前印好并公开其内容。发货人在订立合同前应了解提单上所有条款，除非有另外的协议，应把这些内容和条款当作双方合同的内容和权利、义务和责任的准则。即使在发货人用提单按信用证结汇后发生向第三者的转让，多式联运经营人与新的提单持有人之间的责任、权利和义务关系仍然依提单的规定确定。提单发生转移后，发货人根据提单或经营人另外达成的协议而承担的责任也并不因此而解除。收货人或提单受让人仍要承担运输开始后及提单背书（转让）后所产生的各种义务。

2. 它是多式联运经营人接管货物的证明和收据

多式联运经营人向发货人签发提单表明运送提单上记载的货物已经从发货人手中接管并占有了该货物。因此提单具有接收货物收据和证明多式联运经营人开始对货物负责的作用。

与海运提单一样，当提单在发货人手中时，它是承运人已按其上所载情况收到货物的初步证据，即如经营人实际收到的货物与提单内容不符，经营人可以提出反证。如果提单"转让至善意的第三者或提单受让人"，除提单上订有有效的"不知条款"外，提单成为经营人按其记载的内容收到货物的绝对证据，经营人不得提出实际收到货物与提单记载内容不符的任何反证。

3. 它是收货人提取货物和多式联运经营人交付货物的凭证

无论经营人签发的是哪一类提单，也不论是否发生了转让，收货人或受让人在目的地提货时，必须凭借多式联运提单才能换取提货单（或收货记录），反过来，多式联运经营人或其代表也只能把货物交付给提单持有人。提单是在目的地双方货物交接的凭证。

如果提单上注明该提单正本有多份时，经营人或其代表已按其中一份正本交货后，其余正本即告作废。

提单是交付货物的凭证,对经营人来讲是十分重要的。无提单放货将使经营人承担巨大的风险。

4. 它是货物所有权的证明,可以用来结汇、流通、抵押等

谁拥有提单,在法律上就表明其拥有提单上记载的货物。提单持有人虽然不直接占有货物,但可以用它来结汇、流通买卖和抵押等,如发货人可用它来结汇,收货人可在目的港要求经营人交付货物,或用背书或交付提单方式处理货物(转让),可以作为有价证券办理抵押等。一般来讲,提单的转让可产生货物所有权转移的法律效力。

(二)国际多式联运提单的种类

按国际多式联运公约规定和在目前实际运作中的情况,多式联运提单的种类,按是否可转让的原则可分为两大类:可转让提单和不可转让提单。而可转让提单又可分为按指示交付或向持票人交付两类。不可转让提单一般为记名提单。即:

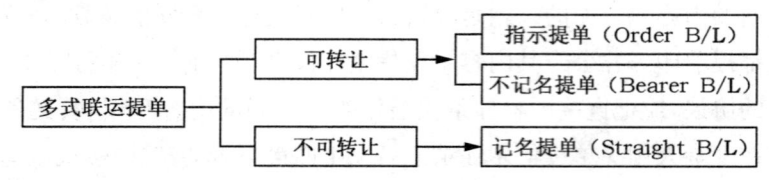

```
                    ┌─ 可转让 ─┬─ 指示提单(Order B/L)
多式联运提单 ───────┤          └─ 不记名提单(Bearer B/L)
                    └─ 不可转让 ── 记名提单(Straight B/L)
```

1. 指示提单

指示提单(Order B/L)是指在正面收货人一栏中载明"由某人指示"(Order of ×××)或"指示"(Order)字样的多式联运提单。通常对于前者规定可以是发货人指示(Order of shipper)或银行指示(Order of Bank),后者一般视为发货人指示。

不论是哪一种形式,指示人通常以背书的形式确定收货人,具体分为记名背书(Special Endorsement,即指示人在提单背面书写被背书人的背书)和空白背书(Endorsement in Blank,即指示人在提单背面只签署自己的姓名,而不写明被背书人的背书)。对于记名背书提单,经营人或其代表在目的地交付货物时应把货物交给被背书人或按其进一步指示的收货人。对于空白背书的提单,应将货物交给出示提单的人(同不记名提单)。

两种指示提单均需要指示人背书后才能转让,实现提单的流通。如果指示人不作任何背书,则意味着指示人保留对货物的所有权,只有指示人本人才有提货权。

指示提单是目前在多式联运中被实际使用最多的可转让提单。

2. 不记名提单

不记名提单(Bearer B/L)又称空白提单(Blank B/L),是指在正面收货人栏不写明具体收货人或由某人指示,通常只注明"持有人"(Bearer)或"交持有人"(To Bearer)字样的多式联运提单。对于不记名提单,经营人或其代表应将货物交给持有提单的人。

不记名提单的转让不需要背书即可进行,因此这种提单具有很强的流通性,但也

给货物买卖双方带来很大的风险,所以在实践中极少采用。

3. 记名提单

记名提单(Straight B/L)是指正面收货人一栏中载明作为收货人的特定的人(或公司)的提单,一般不能发生转让流通(在有些国家规定可经背书或司法部门批准后转让)。由于这种提单流通性差,在实践中采用较少,仅在贵重物品、个人赠送品、展览品等货物运输中使用。

(三)国际多式联运提单的签发

多式联运经营人在收到货物后,凭发货人提交的收货收据(在集装箱运输时一般是场站收据正本)签发多式联运提单,根据发货人的要求,可签发可转让或不可转让提单中的任何一种。签发提单前应向发货人收取合同规定的和应由其负担的全部费用。

1. 签发提单时应注意的事项

(1)如签发可转让多式联运提单,应在收货人栏列明按指示交付或向持票人交付。签发不可转让提单,应列明收货人的名称。

(2)提单上的通知人一般是在目的港或最终交货地点由收货人指定的代理人。

(3)对签发正本提单的数量一般没有规定,但如应发货人要求签发一份以上的正本时,在每份正本提单上应注明正本份数。

(4)如签发任何副本(应要求),每份副本均应注明"不可转让副本"字样,副本提单不具有提单的法律效力。

(5)如签发一份以上的正本可转让提单时,各正本提单具有同样的法律效力,而多式联运经营人或其代表如已按其中的一份正本交货便已履行交货责任,其他提单自动失效。

(6)多式联运提单应由多式联运经营人或经他授权的人签字。如不违背所在国法律,签字可以是手签,手签笔迹的印、盖章、符号或用任何其他机械或电子仪器打出。

(7)如果多式联运经营人或其代表在接收货物时,对货物的实际情况和提单中所注明的货物的种类、标志、数量或重量、包件数等有怀疑,但又无适当方法进行核对、检查时,可以在提单中做出保留,注明不符之处、怀疑根据。但为了保证提单的清洁,也可按习惯做法处理。

(8)经发货人同意,可以用任何机械或其他方式保存公约规定的多式联运提单应列明的事项,签发不可转让提单。在这种情况下,多式联运经营人在接管货物后,应交给发货人一份可以阅读的单据,该单据应载有此种方式记录的所有事项。根据公约规定这份单据应视为多式联运单据。多式联运公约中的这项规定,主要是为适应电子单证的使用而设置的。

2. 多式联运提单签发的时间与地点

多式联运提单一般是在多式联运经营人收到货物后签发的,由于联运的货物主要是集装箱货物，因而经营人接收货物的地点可能是集装箱码头或内陆港堆场(CY)、集装箱货运站(CFS)和发货人的工厂或仓库(Door)。由于接受货物地点不同，提单签发的时间、地点及联运经营人承担的责任也有较大区别。

(1)在发货人工厂或仓库收到货物后签发的提单。这种情况属于在发货人的"门"(Door)接受货物，场站收据中应注明。提单一般在集装箱装到运输工具(可能是汽车，如有专用线时亦可能是火车)后签发。在该处签发提单意味着发货人应自行负责货物报关、装箱、制作装箱单联系海关监装及加封，交给多式联运经营人或其代表的是外表状况良好、签封完整的整箱货物。而经营人应负责从发货人工厂或仓库至码头堆场(或内陆港堆场)的运输和至最终交付货物地点的全程运输。

(2)在集装箱货运站收货后签发的提单。在这种情况下，多式联运经营人是在他自己的或由其委托的集装箱货运站接收货物。该货运站可在港口码头附近，也可以在内陆地区。接受的货物一般是拼箱运输的货物(有时在货主没有装箱能力时也接收整箱货，但这属于受发货人委托提供装箱服务，另收服务费)。提单签发时间一般是在货物交接入库后。在该处签发提单意味着发货人应负责货物报关，并把货物(以原来形态)运至指定的集装箱货运站，而多式联运经营人(或委托CFS)负责装箱、填制装箱单、联系海关加封业务等，并负责将拼装好的集装箱运至码头(或内陆港)堆场。

(3)在码头(或内陆港)堆场收货后签发的提单。这种情况属于码头(或内陆)堆场接收货物，一般由发货人将装好的整箱货运至多式联运经营人指定的码头(或内陆港)堆场，由经营人委托的堆场的业务人员代表其接收货物，签发正本场站收据给发货人，再由发货人用该正本至经营人或其代表处换取提单。联运经营人收到该正本，并收取应收费用后即应签发提单。

在该处签发的提单一般意味着发货人应自行负责货物装箱、报关、加封等工作，并负责这些整箱货物从装箱地点至码头(或内陆)堆场的内陆运输。而多式联运经营人应负责完成或组织完成货物由该堆场至目的地的运输。

在上述各地点签发的多式联运提单，均属于"待装船提单"(待运提单)。为了适应集装箱货物多式联运的需要，《跟单信用证统一惯例》最近三次修订本均规定卖方可使用联运提单结汇。

在各处签发提单上的日期，一般应是提单签发的日期，否则多式联运经营人要承担较大的风险。

(四)国际多式联运提单的内容

对于国际多式联运提单记载的内容，《联合国国际货物多式联运公约》以及我国的《国际集装箱多式联运管理规则》都做了具体规定，根据我国《国际集装箱多式联运管理规则》的规定，多式联运提单应载明下列事项：

(1)货物名称、种类、件数、重量、尺寸、外表状况、包装形式;
(2)集装箱箱号、箱形、数量、封志号;
(3)危险货物、冷冻货物等特种货物应载明其特性、注意事项;
(4)多式联运经营人名称和主营业务;
(5)托运人名称;
(6)多式联运提单表明的收货人;
(7)接收货物的日期、地点;
(8)交付货物的地点和约定的日期;
(9)多式联运经营人或其授权人的签字及提单的签发日期;
(10)交接方式、运费的支付、约定的运达日期及货物中转地点;
(11)在不违背我国有关法律的前提下,双方同意列入的其他事项。

《联合国国际货物多式联运公约》对多式联运提单所规定的内容与上述规则基本相同,只是公约中还规定多式联运提单应包括下列内容:

(1)表示该多式联运提单为可转让或不可转让的声明;
(2)如在签发多式联运提单时已经确知预期经过的路线、运输方式和转运地点等。

各多式联运经营人印制的多式联运提单一般都应能注明上述各项内容。这些内容通常由发货人填写,或由多式联运经营人或其代表根据发货人提供的有关托运文件及双方协议情况填写。如属于跟单信用证项下的贸易,提单上填写的内容应与信用证内容及《跟单信用证统一惯例》的规定完全一致,以保证顺利结汇。

多式联运公约中还规定,如果提单中缺少上述内容中的一项或数项,但不影响多式联运单据的法律性质,不影响货物运输及各当事人之间的利益,这样的多式联运提单仍然有效。

(五)多式联运提单的转让

多式联运提单分为可转让的和不可转让的两种。根据《联合国国际货物多式联运公约》的要求,多式联运提单的转让性在其事项中应有规定。

作为可转让的多式联运提单,具有流通性,可以像提单那样在国际交易中扮演重要角色。多式联运公约规定,多式联运提单以可转让方式签发时,应列明指示或向持票人交付:如列明按指示交付,须经背书后转让;如列明向持票人交付,无须背书即可转让。此外,如签发一套以上的正本,应注明正本份数;如签发任何副本,每份副本均应注明"不可转让副本"字样。对于签发一套一份以上的可转让多式联运提单正本的情况,如多式联运经营人或其代表已按照其中一份正本交货,该多式联运经营人便已履行其交货责任。

作为不可转让的多式联运提单,则没有流通性。多式联运经营人凭提单上记载的收货人而向其交货。按照多式联运公约的规定,多式联运提单以不可转让的方式签发时,应指明记名的收货人。同时规定,多式联运经营人将货物交给此种不可转让的多式联运提单所指明的记名收货人或经收货人通常以书面正式指定的其他人后,该多式联运经营人即已履行其交货责任。

对于多式联运提单的可转让性,我国的《国际多式联运管理规则》也有规定。根据该规则,多式联运提单的转让依照下列规定执行:(1)记名提单不得转让;(2)指示提单经记名背书或者空白背书后转让;(3)不记名提单无须背书即可转让。

(六)多式联运提单的证据效力

多式联运提单的证据效力主要表现在它是该提单所载明的货物由多式联运经营人接管的初步证据。由此可见,作为国际多式联运合同证明的多式联运提单,其记载事项与其证据效力是密切相关的。多式联运提单主要对以下几个方面起到证明作用:一是当事人本身的记载;二是有关货物状况的记载;三是有关运输情况的记载;四是有关法律约束方面的记载。

根据《联合国国际货物多式联运公约》的规定,多式联运经营人对多式联运提单中的有关记载事项可以作出保留。该公约规定,如果多式联运经营人或其代表知道、或有合理的根据怀疑多式联运提单所列货物的品种、主要标志、包数或件数、重量或数量等事项没有准确地表明实际接管的货物的状况,或无适当方法进行核对,则该多式联运经营人或其代表应在多式联运提单上做出保留,注明不符之处、怀疑的根据、或无适当的核对方法。如果多式联运经营人或其代表未在多式联运提单上对货物的外部加以批注,则应视为他已在多式联运提单上注明货物的外表状况良好。

多式联运经营人如在提单上对有关货物或运输方面加了批注,其证据效力就会产生疑问。多式联运提单有了这种批注后,丧失了其作为货物收据的作用:对发货人来说,这种提单已不能作为多式联运经营人收到提单上所列货物的证明,不能成为初步证据;对收货人来说,这种提单已失去了其应有的意义,是不能被接受的。

如果多式联运提单上没有这种保留批注,其记载事项的证据效力是完全的,对发货人来说是初步证据,但多式联运经营人可以举证予以推翻。不过,根据多式联运公约的规定,如果多式联运提单是以可转让方式签发的,而且已转让给正当信赖该提单所载明的货物状况的、包括收货人在内的第三方时,该提单就构成了最终证据,多式联运经营人提出的反证不予接受。

另外,该多式联运公约对一些经过协议达成的记载事项,如交货日期、运费支付方式等并未做出法律规定,这符合合同自由原则,但公约对由于违反此类记载事项带来的责任还是做了规定:如果多式联运经营人意图诈骗,在多式联运提单上列入有关货物的不实资料、或其他规定应载明的任何资料,则该联运经营人不得享有该公约规定的赔偿责任限额,而须负责赔偿包括收货人在内的第三方应信赖该多式联运提单所载明的货物的状况行事而遭受的任何损失、损坏或费用。

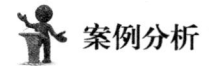

案例分析

代理人抑或承运人:海事审判中货代公司的身份辨识

原告(被上诉人):霸州市胜芳志兴制管有限公司(简称"胜芳公司")

被告(上诉人):天津市五环货运代理有限公司(简称"五环公司")

2013年3月初,胜芳公司委托五环公司运送一批带钢至浙江台州。2013年3月14日,五环公司又与光阳海运公司签署了沿海内贸货物托运委托书(简称"光阳委托书"),约定起运港为新港,卸货港为台州,托运人为五环公司,收货人为鑫鼎贸易公司,还约定了运杂费。五环公司组织车队将上述货物共计715吨,分别装载于26个20尺的集装箱内经由陆路运输运至天津港集港,配载至光阳海运公司所属"光阳新港"轮。2013年3月18日,"光阳新港"轮在由天津驶往浙江台州途中,在山东海域倾覆,胜芳公司托运的26个集装箱落入海中。2013年3月21日,胜芳公司就上述货物运输将加盖印章后的一份沿海内贸货物托运委托书(简称"五环委托书")回传给五环公司,五环公司签章确认。该委托书记载:船名/航次:"光阳新港1309"、开船日期:"2013年3月17日"、起运港:"新港"、卸货港:"台州"、发货人:"胜芳"、收货人:"鑫鼎贸易公司",委托书声明部分同时记载:"(1)保证遵守承运人与托运人、收货人之间的权利、义务,责任界限适用于《水路集装箱货物运输规则》《水路货物运输规则》及运杂费的有关规定。(2)委托人签署本委托书时已视受托人为其代理人,并委托承运人代签运单及代办沿海运输、公路运输、码头操作及费用结算。全部运杂费在接受正本运单时一次付清。(3)根据《合同法》规定,如委托方委托储运货物的付费放在双方约定的期限内未按时支付费用(有协议除外),应按每天5‰向承运方支付违约金,同时承运方有权行使滞留权,从而产生的滞货费及港口堆存费连带货物风险一并由委托方自行承担。"胜芳公司在委托人处进行了签章,承运人处签章的为"五环货运"。另外,五环公司在2012年12月7日被天津市工商行政管理局河东分局吊销了营业执照。五环公司未经交通主管部门批准取得水路运输许可证,不具有水路运输资格。

思考:

本案属于海事审判中的典型性案件,请思考本案例中,五环公司应认定为胜芳公司的货运代理人还是多式联运承运人。

练习题

(一)名词解释

国际多式联运　国际多式联运提单

(二)填空

1. 通常情况下区分货运代理人和联运经营人的标准有：_____、_____、_____ 和_____。

2. 按国际多式联运公约规定和在目前实际运作中，多式联运提单的种类按是否可转让的原则可分为两大类：_____ 和_____。

(三)单项选择

1. 多式联运经营人的注册资金不低于人民币(　　)，并要求多式联运经营人有良好的资信。
A. 200 万元　　　　B. 300 万元　　　　C. 500 万元　　　　D. 1 000 万元

2. 多式联运经营人增设经营性分支机构时，每增设一个分支机构增加注册资金人民币(　　)。
A. 50 万元　　　　B. 100 万元　　　　C. 200 万元　　　　D. 300 万元

3. 国际多式联运的提货单是(　　)。
A. 多式联运经营人或其代理签发的货物运输收据
B. 货物的物权凭证
C. 承运人或其代理人对港区、场站放箱交货的通知
D. 货物进出港区、场站时交接的凭证

4. 国际多式联运的集装箱装箱单是(　　)。
A. 多式联运经营人或其代理签发的货物运输收据
B. 货物进出港区、场站时交接的凭证
C. 承运人或其代理人对港区、场站放箱交货的通知
D. 详细记载每一个集装箱内所装货物的名称、数量及箱内货物积载情况的单证

5. 国际多式联运的交货记录是(　　)。
A. 多式联运经营人或其代理签发的货物运输收据
B. 承运人或其代理人对港区、场站放箱交货的通知
C. 详细记载每一个集装箱内所装货物的名称、数量及箱内货物积载情况的单证
D. 承运人把箱货交付收货人时，双方共同签署的证明货物已经交付，承运人对货物责任已经终止的单证

6. (　　)是集装箱进出港区、场站时用箱人、运箱人与管箱人或其代理人之间交接集装箱及其他机械设备的凭证，并兼有管箱人发放集装箱的凭证的功能。
A. 设备交接单　　　B. 装箱单　　　　C. 场站收据　　　　D. 提货单

7. (　　)是由承运人签发的，证明已收到托运货物并对货物开始负有责任的凭证，一般都由发货人或其代理人根据船公司已制定的格式进行填制，并跟随货物一起运至集装箱码头堆场，由承运人或其代理人在收据上签字后交还给发货人，证明托运的货物已经收到。

A. 设备交接单　　　B. 装箱单　　　C. 场站收据　　　D. 提货单

8. 在正面收货人一栏中载明"由某人指示"(Order of ×××)或"指示"(Order)字样的多式联运提单是(　　)。

　　A. 指示提单　　　B. 不记名提单　　　C. 记名提单　　　D. 不可转让提单

9. (　　)指在正面收货人栏不写明具体收货人或由某人指示,通常只注明"持有人"(Bearer)或"交持有人"(To Bearer)字样的多式联运提单。

　　A. 指示提单　　　B. 不记名提单　　　C. 记名提单　　　D. 不可转让提单

(四)多项选择

1. 国际多式联运的特征包括(　　)。
　　A. 必须有一个多式联运合同
　　B. 必须使用全程多式联运单据
　　C. 必须是两种或两种以上不同运输方式的连贯运输
　　D. 必须是国际间的货物运输
　　E. 必须实行多式联运经营人全程单一负责制

2. 在国外建立联运业务合作网的方式主要有(　　)。
　　A. 订立协议建立业务代理关系　　　B. 在国外货运公司内入股
　　C. 同国外货运公司搞联营或合营　　　D. 在国外设立自己的分支机构
　　E. 在国外设立自己的子公司

3. 国际多式联运提单的功能是(　　)。
　　A. 多式联运经营人或其代理签发的货物运输收据
　　B. 货物的物权凭证
　　C. 多式联运运输合同的证明
　　D. 货物进出港区、场站时交接的凭证
　　E. 承运人或其代理人对港区、场站放箱交货的通知

4. 多式联运提单的转让依照下列规定执行:(　　)。
　　A. 记名提单不得转让　　　B. 记名提单经背书后可以转让
　　C. 指示提单经记名背书或者空白背书后转让　　　D. 不记名提单无须背书即可转让
　　E. 不记名提单一定要背书后才能转让

5. 在下述哪些地点签发的多式联运提单属于"待装船提单"?(　　)。
　　A. 在发货人工厂收到货物后签发的提单　　　B. 在发货人仓库收到货物后签发的提单
　　C. 在集装箱货运站收货后签发的提单　　　D. 在内陆港堆场收货后签发的提单
　　E. 在码头堆场收货后签发的提单

(五)简答

1. 简述国际多式联运的特征。
2. 简述开展国际多式联运应具备的条件。
3. 简述国际多式联运提单的性质与作用。
4. 简述国际多式联运提单的种类。

第十一章　国际货运代理财务与费收

学习目的

了解与货运代理有关的主要费用

了解货运代理对各项费用的应收应付制

理解班轮运费包括基本运费和附加运费两部分

掌握班轮运费主要的两种支付方式

理解班轮运费计算的标准

了解集装箱运输费用的构成

熟悉货运费收科目,了解代算代收代付

熟悉班轮运费的结构、支付方式和计算标准

熟悉集装箱运输费用的构成和计收

熟悉航空运价与运费的计算

基本概念

运费　代收代付　基本运费　附加运费

第一节　海运货运费收科目

海运货运费收科目从性质上看,应属于结算资金。会计科目可以设进口运费往来、出口运费往来、联运代理往来、其他往来等,具体根据各公司的业务情况而定。

与货运代理有关的主要费用有运费、佣金、货物索赔费及关税手续费等,其中又以前三项为主。

一、运费

（一）海运运费概念

海运运费(Freight)是船公司或其他承运人为了补偿运输过程中所发生的营运开支并获取一定的合理利润向货主收取的运输费用。

收取运费的目的是为了补偿船公司或承运人在运输生产过程中发生的船员工资、伙食、燃油、港口使用费、物料费、修理、保险及管理费等各项支出，并提取保证再生产的进行所需要的折旧费和使企业获得合理利润。在货运代理受货主委托办理货物托运手续的情况下，货物的运费也应由货运代理向货主收取，然后交付给船公司。

（二）海运运费的支付方式

运费的支付主要有两种方式：预付运费和到付运费。

1. 预付运费(Freight Prepaid；Advance Freight)

指运费的支付在货物运输尚未完成甚至尚未发生之前预先进行。

通常运费作为承运人完成运输所得的报酬，是应以货物到达目的港为条件的，但在实践中，为了更有利于海运贸易的进行，预付运费也是经常发生的。比如CIF或C&F价格条件下，应由卖方负责在装货港预先支付运费，以便利于贸易双方尽早结汇。

2. 到付运费(collect freight)

指货物运送到目的港才支付的运费。对于运费到付，承运人需承担一定风险。一旦货物发生灭失，收取到付运费的工作就会复杂化。

（三）海运运费支付币种

运费的支付一般要求用自由外汇。因此，汇率变动对实际的运费收入有较大影响。对于不同的航线和货主，运费支付的货币是不同的。目前最常见的有美元(USD)、港币(HK$)和外汇人民币(FEC)。国内货主委托运输的直达货物运费以外汇人民币结算；香港中转货物运费以港币结算；到美国及其他国家或地区的货物多以美元结算运费。集装箱运费原则上全部按美元结算。

二、佣金

（一）佣金的比例

佣金是货运代理为办理委托代理协议，或按委托出口协议书所决定的有关业务而收取的报酬。按国际航运惯例，货运代理的佣金一般占运费的5%左右。具体由货运代理视情况而定。有时只需在货运代理与货主之间根据协议分配；有时需在货运代理、船舶代理（即外轮代理公司）与货主之间进行分配。

（二）计收佣金的币种及方法

通常以外汇形式计收佣金。

货运代理向货主收取 100％运费，其中 95％转交船公司，而 5％作为佣金，有时在佣金中抽一定比例给货主回扣。

（三）退货主佣金的币种及方法

退给货主的佣金回扣其币种一般是人民币，也有按协议规定返原币的；合资企业可退原币（即外汇）。

退佣金的方式，原则上由货主指定其分设机构或有关单位，通知货运公司，再由货运公司直接汇给该机构或单位。小额佣金（如不足 1 000 元）有时也可退现金。

三、索赔费

作为中间承运人，货运代理要对货主提出的索赔进行合理的赔偿。实际上，常常发生赔付给货主后又无法从港务局或有关运输公司进行追讨的情况。这部分费用的支出，在货运财务中列有专门科目。尽管索赔费不属大科目，但在货运代理人的法律地位很难明确的情况下，也是容易发生的。

出口货物在未装船前，若在仓库保管期间发生差损，由货运代理负责赔偿。进口货物，如因货物已到而提单未到，货主无法提货，所发生的仓储费和港区车费等也要由货运代理负担。

如有外地货主委托货运公司办理货物出口，在装船时发现货物的数量较托运单上的数量多，货运代理要代为保存 6 个月，在此期内货主没有提出索赔，才可由货运代理自行处理。

四、关税手续费

货物进出国境要向海关申报，必要时要进行检验，对具体货物要根据海关税则计收关税。对于报关验关，海关要收取相应手续费，这就是关税手续费。

进口或出口的货物，从报关到关税，应按海关规定期限办理。进口货物海关在得到货运代理的报关申请之后，应在货物到港后的规定时间（根据现行《海关法》为 14 天），由港区与货运代理共同验关。如因货运代理未主动到港，超过了规定时间，海关要收取罚金，即滞报费。此外，从报关到交关税也有一定时限，如果未按期交纳，滞纳金也要由货运代理支付。

根据货种不同，有免税的也有收税的。具体进出口货物应交税和海关手续费，是由货运代理根据《海关税则》的规定标准先垫付，然后与货主结清。同时，按货物税金的 2.5％作为报关和办理有关单证的手续费。

《海关税则》对海关手续费、货物关税、滞报金、滞纳金等均有规定。

五、其他费用

（一）超期堆存费

进口货物报关后，货运代理将提货单交货主（货主应付清运费及其他有关费用），货主应在规定期限（如 10 天）之内提取货物，如因未及时提货造成货物的堆存超出规定的免费期，则超期堆存费先由货运代理垫付，而后再向货主结算。

（二）银行手续费

货运公司因代算代收代付各项费用，银行根据经手账单的金额而收取一定的手续费（如 0.1%），货主对此应给予补偿。

（三）代办费

货运公司为货主代办托运（内陆、海运）、代制代寄单证而收取的费用，用来补偿车旅费、函电费等支出，并计收一定的服务费。

（四）速遣费

为了鼓励货主及时备货，有时货运代理以佣金回扣作为速遣费支付给货主，其金额按运费的一定比例计算，在货运代理协议中议定。此种费用通常发生在远洋航线的货物托运中。

第二节　代算代收代付

货运代理所经手的各项费用，除了函电费和差旅费，以及企业管理费用等之外，大多是为货主或船公司甚至船务代理（我国即外轮代理公司）代收、代付的项目。货运财务对这些费用的结算方式是应收应付制，即实质上属于代算。

一、代算代收

代算代收的费用主要是运费，即运费是通过货运代理转账结算的，这也是货运财务工作的最重要的内容。

（一）出口货物预付运费的代算代收程序

出口货物预付运费是运费结算中的大项目。

外轮代理公司在货物装船后，将应收运费额通知货运代理公司，由货运公司按不同货主分类寄给每位货主，分别向他们收取 100% 的应付运费。然后将付外轮代理公司的 0.75% 代理佣金和 95% 运费交外轮代理公司，后者由外代转给船公司代为运费收入，余下运费的 4.25% 由货运代理提成佣金与货主分配。

（二）进口货物运费的结算

如果是国内货主委托货运公司办理进口订舱（FOB进口），通常由船公司开出运费账单，交给货运公司，货运公司垫付95%运费，再向货主收取100%运费，其中95%冲抵垫款，5%再与货主分配。

进口货物的到付运费由外轮代理公司结算，只有其中的佣金部分与货运代理有关。

（三）计算运费的时间

货主委托货运代理向船公司订舱，运费通常由货运代理公司按每个航次计算各货主的运费，并将提单正本审核后转给货主，然后通过银行向货主发付款通知。如果货主没有异议，则银行自动划账，将运费记入货运公司账号。船公司或外轮代理公司退回的佣金，一般定期（如一个季度）结一次，货运公司与船公司结算后再与货主分配。

如果货主在收到运费付款通知后，认为运费计算不合理，可以拒付。银行将拒付通知转给货运代理，后者检查核实后再与银行或货主联系付款事项。

（四）会计科目

运费的结算，可以分进口货物运费往来和出口货物运费往来。

发生应向货主收取的进（出）口货物运费时，借记"进（出）口货物运费往来"科目，贷记各有关科目，如：各货主账户、付佣金、有关船公司账户等。收到款项时，借记"银行存款"或"现金"等科目，贷记"进（出）口货物运费往来"。

因有关部门计算上的差错，应退回的多收款项，可在返回货主时，借记"进（出）口货物运费往来"（指货主账户、佣金、有关船公司账户），贷记"进（出）口货物运费往来"（外轮代理公司）。更改运费应由外轮代理公司发更改通知后由货运公司调整运费账。

（五）单据流转

结算运费的有关单据，主要有以下几种。

1. 中国银行外币存款簿

作为通知银行将有关货主的款项划入货运公司账户的单据，此单据一式二联，第一联作为收款单位（即货运公司）通知银行将有关款项划入该账户中的依据，第二联由银行划账后退给收款单位，凭此证明已完成划款。货运公司可将此单作为已收到某货主单位所付运费的记录凭证。

2. 运费账单

运费账单是货运代理根据装货运费清单，向各货主收取运费的通知单。

运费账单除写清货主（付款人）抬头外，还应注明船名、航次、开航日期和提单号。在运费金额栏，要分大小写填写清楚具体金额。

由于运费计费币种的不同，运费账单分美元、外汇人民币和港元账单，前两者一式四联，后者为六联。除第一联由货运公司作为留底供日后核查之外，其余各联交付给货主单位。同时应随附提单，以使货主核查。货主核查运费无误后，便将运费账单的结算联，连同制作的付款单一起交给银行，由银行划账，转账完毕，银行即将其所填送金簿与货主退回的运费账单的结算联寄给货运公司，表明货主已付清该笔运费。

3. 催收通知

催收通知是货运公司为了清理本企业的账务，要求货主或其他付款单位对账的通知。有时货运公司由于账上串户或其他原因未能及时收款，则可通过催收通知达到清理账户和催收钱款的目的。

催收通知由货运代理公司财务向货主发出，以便查对货主运费支付情况，对方在收到催收通知后，根据情况在通知单的查核情况栏里说明，运费是否已经支付，若未支付，则要注明原因，对于因运费计算上的错误造成的不该支付部分应由货运公司的财务人员会同业务部门复查纠正。

4. 转账凭证

转账凭证是代理公司记录应收应付款的重要凭证，根据运费账单制作，从货运代理公司结算外汇的情况看，包括收款凭证和付款凭证。

制作转账凭证，应清楚地写明各货主单位名称、船名、航次、开航日期以及发生的运费和佣金。为了日后根据代理协议或货运委托书的要求，将佣金中的一定比例退还货主，一般以红笔填写佣金，以示区别。转账凭证中的借方应记货主单位发生额（运费及佣金，后者以红笔填写），贷方记外轮代理公司。

5. 收款凭证

收款凭证是货运公司收到货主单位划归汇款制作的凭证记录。

货运公司与货主之间的运费结算以此为标志。货主收到运费账单审核无误后，制作付款凭证连同运费账单结算联，然后将外币存款金簿存根和运费账单结算联寄货运公司，货运财务据此制作收款凭证。

制作收款凭证时，要清楚地写明货主单位名称，归汇的每笔费用发生时的船名、航次、开航日期等，以便日后查对。

6. 付款凭证

付款凭证是货运公司付款给货主单位或外轮代理公司时制作的记录凭证。

（1）与外代结算。货运公司将从货主处收得的100%运费，扣除佣金中应由货运公司作为业务收入的部分以及应退货主的部分，余下给外轮代理公司。外轮代理公司则在收到上述款项后，留下自己应得佣金（代理佣金一般为运费的0.75%），将95%运费转付给船公司进行结算。

制作付款凭证时，货运公司将应付外轮公司的运费及代理佣金的总金额分门别类进行填写,然后制成付款凭证,附上外代的报账单交给银行,由银行划账并转运单据。外代届时就能知道××船的运费已经收到,以便及时与船公司结账。

(2)与货主结算。与货主结算主要是退给货主的佣金。通常货运公司与货主之间的佣金是每季度结一次,由货主根据所托运的货物,提供应退佣金的清单,写明船名、航次、运费、佣金等。货运公司收到后与有关单据核对无误,即可做付款凭证,将应退货主的佣金由银行划归货主。

7. 订舱运费汇总及收退通知

订舱运费汇总及收退通知是货运公司内部使用的辅助单证。货运公司为了统计与各家货主单位间所发生的费用,以便于公司内各部门间的工作顺利进行,减少差错的发生,通常以整航次为单位,根据提单将各货主单位发生的费用汇总成表,使应收应退的费用余额及项目一目了然。

这项工作通常由业务部门设专人负责,制作的汇总表交财务部门后,由财务部门的经办人员按表中所列货主的应收运费余额及应付佣金数额制作转账凭证。

二、代付

货运代理由于涉及的关系方较多,在业务过程中常有需要替货主垫付费用的情况发生,即代付。在货运公司的账上如果代付的费用作为支出科目,则对应的收入科目为包干费。因此,这里指的是实报实销情况下,货运公司代付的费用。代付费用根据用途主要包括运杂费和港杂费。

(一)运杂费

所谓运杂费,在货物出口情况下,指的是货主托运的货物从发货人所在地,通过陆上运输或水上运输到达港口的货物集中地之前整个过程中发生的费用。进口的情况下,则是货物从港区提出后经仓储、内陆运输送达收货人所在地的过程中发生的费用。根据内陆运输所采用的运输工具不同,运杂费所包括的内容也有所不同。

(1)货物经由陆路运达港口的情况下,运杂费应包括铁路运费、汽车运费、仓储费、装卸起吊费等。以出口为例,发货人在外地将货物装上车皮之后,即将铁路运单寄给货运代理,由货运代理从车站接运到仓库储存,然后在船公司指定的时间里,将货物从仓库运到港区集中,或直送码头岸边。在此过程中发生的运输、堆存、保管和市内或港区的短途搬运费、装卸车费等,均由货运代理支付。

(2)货物经由水路运达港口的情况下,运杂费应包括驳船运输费、起驳费。如果货主自己派车将货物运到港口所在地的货主仓库(如外贸专业公司有自己的仓库),则货运代理应组织车队将货物从货主仓库运到码头岸边。在此期间发生的手续费、市内运费等均由货运公司代付。

运杂费在垫付后,原则上是向货主实报实销的。

(二)港杂费

指的是货物从到达港口作业区的仓库(堆场)直至装船,或从卸船到离开港区的过程中所发生的费用。包括货物报关、检验、货物关税、装箱监管费、堆存、保管、装卸、搬运等各项费用。此外还有港口建设费、技术咨询等港务管理方面的费用。

(1)货物进口的情况下,从货物卸离船舶到离开港区,在此期间所发生的超过协议规定天数(如10天或15天)的码头堆存费、海关手续费、滞报金、货物关税、仓储费、装卸搬运费均由货运代理垫支,开出各项费用账单,加上代理手续费,向货主收取。原则上是以包干费的形式。

进口货物如需中转,则联系船舶、航空或内陆转运的工作。根据货主不同,对外商收取外币,国内收货人则以收人民币为主,只有空运的货物和交付大件汽车运输公司运输的货物,向货主实报实销收取外汇。费率标准一般参照外运公司制定的《进出口货物定额包干费率表》。

联运中转的集装箱货,是以箱为单位收取港杂包干费。不同箱型(20′、40′)包干费有不同标准,市内运费则需另行计算。

(2)货物出口情况下,从货物到达港口作业区到装上船舶,发生的一切与货主有关的费用均由货运代理代为支付。

由于货物的种类不同,而费率本中规定的是包括装箱劳务费在内的总费率,因此货主提供整箱货的情况下,货运公司应将装箱费退回货主,退币使用人民币或根据代理协议规定返回原币。装箱费的标准根据箱型不同在费率本中有规定。

总之,运杂费与港杂费的支付均属代付性质,过去通常由货运代理预先向委托方(货主)收取一定数额的备用金,然后根据实际发生的费用多退少补。随着货代权的放开,货运代理之间的竞争日见激烈,另外,货运代理公司本身也具有相当的资金实力,因此,目前绝大多数货运公司对代付费用实行先垫后收的方法,即先将费用的实际发生支付给有关方,然后再以实报实销或定额包干的方式向货主结算。

(三)索赔费

当发生货损货差时,货主有时找货运公司,由货运公司赔偿给货主。如果无法向实际应承担责任的有关方追讨,则此项费用计入其他业务支出中,实际上应属于营业外支出的范畴。

(四)会计科目

运杂费和港杂费的结算,在会计科目中反映在支出和收入上。

支出包括中转业务支出、出口业务支出、货代业务支出和其他业务支出。其中前三项主要指包干费支出,最后一项则包括仓库费用支出、运输支出和索赔费支出。

收入包括中转业务收入、出口业务收入、货代业务收入、其他业务收入。其中前三项均包括包干费收入、佣金收入、代办费收入，而其他业务收入中则包括关税手续费收入、溢货费收入、内陆运输收入。

对于代付的运杂费或港杂费(不进行包干时)，会计账上，借记"联运及代理往来"(内陆运输公司、港务局等)，贷记"银行存款"。当向货主收回代付费用时，会计账上借记"银行存款"，贷记"联运及代理往来"(内陆运输公司、港务局等对应科目)。

第三节 班轮运费代收

货运代理日常的运费计收工作是在具体的业务部门进行的，分别由出口、进口和中转联运等业务科室计算复核，由财务部门代收代转。

实际工作中主要是运费的复核。由外代将装货单中的运费通知联和分币种的运费账单(在船舶开航后)送来，货运业务人员对每张运费通知联上记载的货主名称、货物名称、计费吨、支付方式和运费总额加以复查核对，然后分货主算出应收运费数额，由财务部门向货主发出运费账单，通过银行托收。

一、运费的结构

班轮运费包括基本运费和附加运费两部分。基本运费是对任何一种托运货物计收的运费；附加运费则是根据货物种类或不同的服务内容，视不同情况而加收的运费，可以说是由于在特殊情况下或者临时发生某些事件的情况下而加收的运费。附加运费可以按每一计费吨(或计费单位)加收，也可按基本运费(或其他规定)的一定比例计收。

(一)基本运费(Basic Freight)

基本运费是指对运输每批货物所应收取的最基本的运费，是整个运费的主要构成部分。它根据基本运价(Basic Freight Rate)和计费吨计算得出。基本运价按航线上基本港之间的运价给出，是计算班轮基本运费的基础。基本运价的确定主要反映了成本定价原则，确定费率的主要因素是各种成本支出，主要包括船舶的折旧或租金、燃油、修理费、港口使用费(如装卸费、吨税和靠泊等费用)、管理费、职工工资等。各种突发因素产生的额外费用通过附加费形式收取。集装箱运输的大量各种后期费用，如空箱的调拨、堆存等费用，也应该包括在基本运价中，但如何量化比较困难，所以基本成本较难准确控制。同时，市场供求关系也是影响费率的一大主要因素。

基本运价有多种形式，如普通货物运价、个别商品运价、等级运价、协议运价、集装箱运价等。而根据货物特性等所确定的特别运价有：军公物资运价、高价货运价、冷藏运价、危险品运价、甲板货运价、小包裹运价等。

（二）附加运费（Surcharge or Additional）

基本运费是构成全程运费中应收运费的主要部分，是根据航线上的各基本港之间进行运输的平均费用水平向普通货物收取的费用。而实际上，经常有一些需要特殊处理的货物、需要加靠非基本港或转船接运的货物（Transit Cargo）需要运输；即使是基本港之间的运输，也因为基本港的自然条件、管理规定、经营方式等情况的不同而导致货物运输成本的差异。这些都会使班轮公司在运营中支付相应的费用。为了使这些增加开支得到一定的补偿，需要在基本运费的基础上，在计算全程运费时计收一定的追加额。这一追加额就是构成班轮运费的另一组成部分——"附加运费"。

同时，航运市场的兴衰始终受到世界经济形势和国际贸易情况的左右；航运市场的竞争会影响承运人的经营状况。为了在特定情况下保持一定水平的收益，应对各种不稳定因素引起的额外成本支出，承运人就需要通过附加费的形式，按照合理分担有关费用的定价原则确定附加运费。

附加运费的种类主要有如下几种。

1. 燃油附加费（Bunker Adjustment Factor，BAF or Bunker Surcharge，BS）

这是由于燃油价格上涨，使船舶的燃油费用支出超过原核定的运输成本中的燃油费用，承运人在不调整原定运价的前提下，为补偿燃油费用的增加而增收的附加费。实践中，英文还称其为 Fuel Adjustment Factor，简称 FAF。

当燃油价格回落后，该项附加费也会调整直至取消。燃料油费用在船公司的经营成本中占有较大比重，燃油价格上涨直接增加了承运人的经营成本。燃油价格的长期上涨所带来的运输成本增加会在一定时期内的基本运价调整中得到反映。所以燃油附加费一般是用来应对短期的燃油价格变动的。

实践中，有的承运人在燃油附加费以外还可能增收应急燃油附加费（Emergency Bunker Surcharge，EBS）。这是在已经增收燃油附加费时，燃油价格又突然上涨，承运人不调整原燃油附加费而增收的附加费。

2. 货币贬值附加费（Currency Adjustment Factor，CAF）

这是由于国际金融市场汇率发生变动，计收运费的货币贬值，使承运人的实际收入减少，为了弥补货币兑换过程中的汇兑损失而加收的附加费。由于国际运输往往涉及多个国家和多种货币，而货币之间的兑换会带来一定的时间上的、手续上的损失，所以承运人会通过增收货币贬值附加费来弥补这一收入损失。

3. 港口附加费（Port Additional）

由于港口装卸效率低，或港口使用费过高，或存在特殊的使用费（如进出港要通过闸门等）都会增加承运人的运输经营成本，承运人为了弥补这方面的损失而加收的附加费称为港口附加费。

4. 港口拥挤附加费(Port Congestion Surcharge)

由于港口拥挤,船舶抵港后需要长时间等泊而产生额外的费用,为补偿船期延误损失而增收的附加费称为港口拥挤附加费。港口拥挤附加费是一种临时性的附加费,其变动性较大,一旦港口拥挤情况得到改善,该项附加费即进行调整或取消。

5. 转船附加费(Transshipment Additional)

运输过程中货物需要在某个港口换装另一船舶运输时,承运人增收的附加费称为转船附加费。运往一些偏僻或较小的非基本港的货物,必须通过转船才能运达;而有时由于转运干线船,也需要换装船舶。转运一次就会产生相应的费用,如换装费、仓储费,以及二程船(接运船舶)的运费等费用,一般这些费用均由负责第一程船运输的承运人承担,并包括在所增收的转船附加费内。不过,转船附加费不一定能全部抵偿上述各项费用的支出,其盈亏由收取转船附加费的第一程船运输的承运人自理。现在的运输服务范围已从海洋跨上陆地,由此产生的额外转运费用有时也称转船附加费。

6. 超长附加费(Length Additional)

由于单件货物的外部尺寸超过规定的标准,运输时需要特别操作,从而产生额外费用,承运人为补偿这一费用所计收的附加费称为超长附加费。货物的长度超过规定后,会增加装卸和运输的难度,如需特别的捆绑、铺垫、增加亏舱等,从而影响船期,增加支出。货主需支付超长附加费。在运价本中,一般长度超过9米的件杂货就可能要有这一附加费。

超长附加费是按长度计收的,而且长度越长其附加费率越高。如果超长货物需要转船时,则每转船一次,加收一次。

7. 超重附加费

超重附加费是指每件商品的毛重超过规定重量时所增收的附加运费。这种商品称为超重货。由于单件货物的重量超过规定标准时,在运输中同样需要特别的捆绑、铺垫以及影响装卸工作等,所以承运人对单件货物重量超过一定标准的货物要加收该附加费。通常承运人规定货物重量超过5吨时就要增收超重附加费。超重附加费是按重量计收的,而且超重重量越大其附加费率越高。如果超重商品需要转船时,则每转船一次,加收一次。如果单件货物既超长又超重,则两者应分别计算附加费,然后按其中收费高的一项收取附加费。

8. 直航附加费

这是托运人要求承运人将其托运的货物从装货港,不经过转船而直接运抵航线上某一非基本港时所增收的附加费。通常,承运人在运价本中会做出规定,当托运人交运的一批货物达到某一数量以上时,就可以同意托运人提出的直航要求,并按规定增收直航附加费。船舶直接加挂某一非基本港口后，会增加港口费用支出，并延长船期。选择直航一般以直航后产生的额外费用小于原来的转运费用为原则。

9. 选港附加费

又称选卸附加费，即选择卸货港所增加的附加费。由于买卖双方贸易需要，有些货物直到装船时仍不能确定最后卸货港，要求在预先指定的两个或两个以上的卸货港中，待船舶开航后再选定。这样就会使整船货物的积载变得困难，甚至会造成舱容的浪费。另外，选择的卸货港所选定的港口必须是该航次挂靠的港口。在集装箱班轮运输中，选择卸货港已很少被船公司接受。

10. 洗舱附加费

船舶装载了污染货物后，或因为有些货物外包装破裂、内容物外泄时，为不再污染以后装载的货物，必须在卸完污染物后对货舱进行清洗，承运人对由此而支出的费用所增收的附加费称为洗舱附加费。清洗费用一般根据污染程度、清洗难度而定。

11. 变更卸货港附加费

由于收货人变更、交货地变更或清关问题等需要，有些货物在装船后需变更卸货港，而货物不在提单上原定的卸货港卸货而增收的附加费称为变更卸货港附加费。

变更卸货港的运费超过原卸货港的运费时，提出变更要求方应补交运费差额，反之，不予退还。同时由于因需要翻舱所引起的额外费用和损失，也由提出变更要求的一方负担。

12. 绕航附加费

是指因某一段正常航线受战争影响、运河关闭或航道阻塞等意外情况的发生迫使船舶绕道航行，延长运输距离而增收的附加运费。

绕航附加费是一种临时性的附加费，一旦意外情况消除，船舶恢复正常航线航行，该项附加费即行取消。

13. 旺季附加费

也称高峰附加费，这是目前在集装箱班轮运输中出现的一种附加费，在每年运输旺季时，承运人根据运输供求关系状况而加收的附加费。

14. 超额责任附加费

这是托运人要求承运人承担超过提单上规定的赔偿责任限额时承运人增收的附加费。超额责任附加费按商品的FOB价格的一定百分比计收，因此，托运人托运时应同时提供货物的FOB价格。

另外，还有一些其他的附加费，如冰冻附加费、苏伊士运河附加费、熏蒸费等。在集装箱班轮运输中，还有一些关于运输费用的概念，如"整体费率上调"，是指通常在每年的5月开始，承运人将所有的费率上调一定幅度；"目的地交货费"这是在北美地区的港口对到港的货物收取的费用;"空箱调运费",也称设备调运费,是收货人没有按约定还空箱时,承运人为调运空箱而收取的费用。还有一些不尽合理的费用,如码头作业(操作)费、原产地接货费等。

二、运费的支付方式

不同船公司在提单中规定的运费支付方式也不尽相同,因此对于运费支付方式的复核是一项重要的内容。

(一) 运费预付(Freight Prepaid, Advance Freight)

通常,在货物装船后,货主取得提单前应付清运费。

实际工作中,为了使货主能尽早获取提单办理结汇,因此通常是先签发提单,然后进行运费的计算复核,要求货主在船舶开航后若干天内付清运费。

预付运费一般是由托运人支付的,因此适用于 CIF 或 C&F 出口货的运输。预付运费支付方式也适用于船公司在目的港没有代理的情况,对于承运人在运输过程中需承担较大风险的货物也多采用预付运费。

(二) 到付运费(Collect Freight, Freight Payable at Destination)

到付运费一般要求收货人必须在目的港提取货物之前交清。如因收货人未及时支付运费而造成货物不能按时提取,由此引起的一切费用均由收货人负担,在支付运费时一并付清。如果是中转货物需在中转港支付运费,则托运人必须在有关单据上注明付款人名称和地址。

到付运费支付方式常适用于 FOB 进口货。为了保证承运人的利益,提单中一般规定,无论船舶或货物是否发生灭失,到付运费也应如数照付。但如发生这种情况,货运代理公司代收运费的实际工作中可能会遇到困难。

为了保证承运人及时如数收取到付运费,提单中还设有留置权条款,对于不按时支付到付运费的货主,承运人可以留置货物,甚至经法院批准实行拍卖,以补偿应收运费。

不论是预付运费还是到付运费,都要规定运费支付的时间、地点和汇率计算依据。这是由于汇率经常波动对运费的实际价值产生影响。提单中一般规定,预付运费按签发提单当天的汇率计算,到付运费则按到达目的港当天的汇率计算。

三、运费计算的标准

对于代收的运费,货运代理应将计费标准作为复核的重要内容,以便作为计算复核运费的依据。不同的船公司使用不同的运价本,因此有不同的规定。一般计算标准有:

(1) 按货物的重量"W"(Weight)计算。以货物毛重 1 吨(1 000 千克)、1 长吨(1 016 千克)或 1 短吨(907.2 千克)为一个计算单位,称作重量吨计算。

(2) 按货物尺码或体积"M"(Measurement)计算。如 1 立方米(约合 35.317 立方英尺)或 40 立方英尺为一个计算单位,称作尺码吨或容积吨。运输木材也有以板尺(Board Foot)和"霍普斯尺"(Hoppus Foot)为计算单位的,12 板尺或 0.785 霍普斯尺等于 1 立方英尺。

(3) 按货物重量或体积吨"W/M"计算,取其高者。

(4) 按货物毛重每一担(112 磅或 50.8 公斤)为计费单位,以"CWT"表示。

(5) 对于从价运费"Ad. val"的计算,则按货物 FOB 价的一定百分比计收。

(6) 按货物重量或尺码或价值"W/M or Ad. val",选择其中较高者为计费单位。

(7) 按货物重量或尺码选择高者,再加上从价运费"W/M plus Ad. val"计算。

(8) 按每件货物为单位,如:车辆以"每辆"(Per Unit)计费,牲畜以"每头"(Per Bead)计费。

(9) 按"每张提单"(Per B/L)计收起码运费,具体根据航线等情况决定。

(10) 临时议定的价格(Open Rate)多用于低价货物,按承托双方临时议定的价格收取运费。

此外,一般运价本中还规定:

不同商品如混装在同一包装内(集装箱除外),则按其中收费等级高的商品计收全部货物的运费。

同一种货物因包装不同而计费标准及等级不同时,如果托运时未申明具体的包装形式和体积、毛重,全部货物应按运价高的包装计收运费。

同一提单列有两种以上不同计价标准的货物时,如托运时未分别列出货名和数量,则计价标准和运价全部按高者计算。

捆扎货物按每捆至两端的全长作为计费标准。

第四节 集装箱运输费用计收

集装箱运输,由于货物交接方式与传统运输有所不同,使承运人负责的区间从海上延伸到内陆。因此,向货主收取的费用不仅包括海上运费,还包括内陆运输和港口有关作业的费用,以及与集装箱的装拆箱、周转使用有关的各项费用。这些费用大部分是通过货运代理代收的,货主常委托货运公司代为办理,如内陆储运、装拆箱服务和港口的装卸作业等,这种情况下,货运公司也要收取相应的费用。

一、集装箱运输费用的构成

按照我国现行的体制和具体业务办法,进出口集装箱的全程运输,须分别按海运、铁路的运费进行计算。此外,内陆水运和汽车运输、港口作业等均要计算运杂费和港杂费。海运承运人(船公司)目前主要负责从装港的集装箱堆场或集装箱货运站,到卸港的集装箱堆场或货运站。与此对应的运输条款有场/场(CY/CY)、站/场(CFS/CY)、站/站(CFS/CFS)三种。

集装箱运输的整个过程,可分为五个区段:发货地内陆运输;装港港区运输和作业;海上运输;卸港港区运输和作业;收货地内陆运输。

因此,对于具体的运输对象,如整箱出口或整箱进口的货物,在实际业务过程中发生的费用,可分为三大部分,即海运运费(Ocean Freight)、内陆运费(Inland Transportation Charge)和装卸港的码头搬运费(Terminal Handling Charge)。而对于拼箱货,则还需加收货运站的装、拆箱费(统称拼箱服务费,LCL service charge)。此外集装箱货物承运人还要收取一定的手续费和服务费(service charge)。

货主应向集装箱承运人支付的费用,因货物交接方式的不同而不同。

(一) 货主在整箱货交接时应支付的费用

(1) 采用门/门交接(Door to Door)时应支付发货地内陆运输费、装船港码头搬运费、海运运费,以及卸船港码头搬运费和收货地内陆运输费。

(2) 采用门/场交接(Door to CY)时应支付发货地内陆运输费、装船港码头搬运费、海运运费、卸船港码头搬运费。

(3) 采用场/门交接(CY to Door)时应支付装船港码头搬运费、海运运费、卸船港码头搬运费、收货地内陆运输费。

(4) 采用场/场交接(CY to CY)时应支付装卸两港的码头搬运费和海运运费。

(二) 货主在拼箱货交整箱货接情况下应支付的费用

(1) 采用站/场交接(CFS to CY)时应支付装港货运站的装箱费、装船港码头搬运费、海运运费、卸港的码头搬运费。

(2) 采用站/门交接(CFS to Door)时应支付装港货运站的装箱费。装船港码头搬运费、海运运费、卸港码头服务费、收货地内地运输费。

(三) 货主在整箱货交拆箱货接情况下应支付的费用

采用门/站交接(Door to CFS)时应支付发货地内陆运输费、装船港码头搬运费、海运运费、卸船港码头服务费、卸港货运站拆箱费。

(四) 货主在拼箱货交拆箱货接情况下应支付的费用

货主在站/站交接(CFS to CFS)时,应支付装港货运站的装箱费、装船港码头搬运费、海运运费、卸港码头搬运费、卸港货运站拆箱费。

在以上各种交接方式中，凡由货主自理装箱，将整箱货直接送到装船港码头堆场，或直接从卸船港将整箱货运走的情况下，货主除仍需支付码头搬运费外，不再向承运人支付内陆运输费。但如将集装箱装上货主接运的车辆，需要使用港区机械，因此要支付卸车费装车费，即通常所指的换装费（Transfer Charge）。

此外，各个船公司对集装箱的费用，规定了不同的收取办法。有按以上费用结构逐项计收的，也有将某几项费用合并计入运费之中的，如将装卸两港码头搬运费包括在海运运费中，甚至出现总包干费率，将各项附加费合计入运费中。

二、集装箱海运运费的计收

与集装箱运费有关的费用计收，包括基本运费、附加费、包干运费、装箱费和滞期费。

（一）基本运费

集装箱基本运费计收采用班轮公司的运价本或船公司运价本。目前，中国远洋运输（集团）总公司按航线货种和箱型，订有集装箱货物运价本。对整箱货采用包箱费率的形式，即对具体航线实行分货种和箱型的包箱或不分货种只按箱型的包箱费率。而对拼箱货，则按货物品种及不同的计费标准计算运费。

1. 拼箱货

拼箱货的运费计收参照传统件杂货班轮运费计收办法，按具体货种等级和计费标准计算基本运费，另加装拆箱费和附加费。对集装箱运输从价货物按 M/W 高者计价，而不以货物的从价费率计。

对拼箱货，船公司也按提单所记货物计收起码运费。

此外对拼箱货运输，不允许有选港或变更目的港的条款。

拼箱货在货运站交货前或收货后的责任、费用均由货主自行负担。

2. 整箱货

整箱货因使用不同箱主的集装箱，所收运费不同。

在使用承运人的集装箱，进行整箱货托运时，货主应按最低运费和最高运费支付海上运费，同时支付因使用箱子而产生的有关费用。

最低运费，是以最低运费吨乘以箱内货物的费率而得的每箱货应收最低运费，所谓最低运费吨是为了使货主装箱时能充分利用箱容而规定的最低重量吨或尺码吨。

箱内所装货物属同一等级时，当实装货物的计费吨不足最低运费吨时，以最低运费吨乘以该货物费率计算基本运费。箱内所装货物不属同一等级或计费标准不同时，实装货物的计费吨以 M/W 高者计，当不足最低计费吨时，以等级高的货物费率与不足计费吨相乘，算出亏箱运费，然后与实装货物应付运费相加得基本运费。当一批货分几只集装箱时，最后不足整箱的部分货物，其运费按低于最低运费吨的标准收，如按实装货物的计费吨计费，或免收若干吨的亏箱货。

最高运费，是为了鼓励货主尽量利用箱容，而规定的对箱内货物收取运费的最高计费标准。当实装货物的尺码吨高于最高运费吨时，以最高计费吨作为货物的费率计算运费。如果箱内所装货物分属同种以上不同货物等级，则按不同货物及所占计费吨计算。超出最高计费吨的部分，以等级最低货物的费率，作为免收运费部分。

3. 特殊货物

集装箱内装载货物，在计算运费时有一些特殊的规定。

(1) 成组货物。符合运价本有关规定并按拼箱货托运的成组货物，运费给予优惠。凡成组货物在计算运费时，均应扣除托盘本身的重量或体积，但如果托盘的重量或体积超过成组货物（包括托盘）的重量或体积的10%，则扣除部分以10%为限。其余按所运货物的费率计收运费。

(2) 家具和行李。对于家具和行李，均按箱子的内容积计收包箱运费，其他费用也按箱计。但组装成箱后再装入集装箱的情况除外。

(3) 服装。服装挂载于集装箱内运输的，一般要求整箱场/场交接。箱内装箱物料由货主提供，运费按集装箱的85%内容积计算。

如果箱内除服装外，还装载其他货物，则后者按实际容积计费，服装仍按85%箱容计费。当两者总计费吨(M)超过100%箱容时，超过部分免收运费。

(4) 返回的货物。因某种原因而要求原船带回装港的货物，在6个月内，回程运费按原运费的85%计收，在卸港滞留期间的一切费用由申请方（发货人或收货人）负担。

(二) 附加费

除基本运费外，集装箱货物也要加收附加费。附加费的标准根据航线、货种不同而有不同的规定。

目前经常发生的附加费有如下几种。

1. 超重、超长、超大件附加费

原则上只对拼箱货收取。如果采用CFS/CY条款，则对超重、超长或超大件的附加费可以减半。

2. 半危、全危、冷藏货附加费

对于承运各类危险品和需使用冷藏箱运输的货物，加收附加费，费率按危险等级和冷藏货具体规定。

3. 选择或变更目的港附加费

装箱的货物如需选择或变更目的港需加收附加费。一般规定供选择的港口必须是基本港,且不超过 3 个。选定的卸港应在船舶到达第一选卸港前 96 小时向船公司宣布。变更卸货港的申请也应早于到达原定目的港前 96 小时提出。

拼箱货不能选港或变更目的港。

4. 转船附加费

集装箱货物需转船运输的情况下,应收转船附加费。转船包括支线运输转主干航线运输或其他原因的中转。

5. 港口附加费和拥挤附加费

对某些航线上某些港口的集装箱货物加收。

6. 其他附加费

对非基本港装卸的集装箱货物,以及装运特殊货物的集装箱,根据情况加一定比例的附加费。此外,运往某些地区的货物也可能加收燃油附加费。各种附加费的规定,根据需要由船公司公布。货运公司在代算代收运费的工作中应及时了解掌握。

(三) 包干运费

在出口中,集装箱需要中转后再运往目的港的情况下,一般订有不同中转港至目的港的包干运价。而由装货港运往中转港的一程运费,仍按具体航线和货物的等级费率计算。全程运费由一程运费、中转包干费与中转港到目的港的包干运费(即二程运费)相加即得。

中转包干费由中转港的各项有关费用和中转港代理的手续费确定。中转包干费与二程运费均由货运公司向货主代收后付中转港代理,由中转港代理结算。

(四) 装箱费

这是指 CFS/CY 运费条件下,实际已由货主自行装箱时应退回的装箱费。

按照惯例,集装箱运费构成中,如拼箱货均应支付拼箱服务费,这在装货港就是装箱费(Crating Charge),但整箱货有时也按 CFS/CY 标准支付运费。则由船公司或其代理人(外轮代理公司)在收到运费后,将装箱费总额算出给货运公司,货运公司再按提单号、航次、货种,分到各个货主,并进行结算。在中远包箱费率表中,各航线列有不同箱型的集装箱应退装箱货的标准。如果箱内货物计费标准不同(如分 M、W 计费),退的装箱费标准也不同。

(五) 滞期费

这是指货主未在规定免费时间内提取货物而向有关方面支付的费用。

1. 整箱货

对于整箱货,免费堆存期从货物到达目的港,卸下船舶时起。在码头堆场堆存的实际天数一旦超出港口规定的期限,就要支付滞期费。未进入滞期时,时间是按不包括星期天和节假日的工作日计算,一旦进入滞期,时间便连续计算,星期天、节假日也不除外。

装有不同货物的集装箱,具体堆存期是不同的。如冷藏箱和散装液体货箱,免费堆存期一般为一至两天,超期则需付滞期费。而装危险品的箱子,通常要求从装卸桥下直接提走,否则要收取较高费用,并承担相应的风险。

超期堆存的集装箱可能进行转场等处理,则货主应对由此产生的费用和风险负责。

2. 拼箱货

对于拼箱货,到达货运站后的一定期间内货主应提取。否则,超出免费期后就应支付滞期费。

三、集装箱的内陆运费及其他

目前,我国集装箱运输的内陆部分,通常由货主自行负责有关手续和费用。货主除了自己办理之外,很多情况下委托货运公司代为办理。

(一)货主自理或委托货运公司办理

货主负责将已装箱货物运到承运人指定的地点或直接运往码头堆场。货主自理装箱和内陆运输所发生的费用,在使用自备箱和使用承运人箱时是不同的。

1. 货主使用自备箱装货

货主使用自备箱装货,在运价上没有优惠。承运人也不支付任何经济补偿。自备箱应符合国际标准化组织(ISO)标准,满足装卸港的规定及其他国际法规。

货主自行装箱,一般由海关监装。装箱的货物在提单上应注明"由货主装箱并计数"(Shipper's Load & Count),此外货主必须向承运人提供箱内所装货物的清单,列明货名、毛重、体积。总的货重不得超过集装箱的有效负荷。货主装箱后,自行铅封或加锁,承运人只在箱子外表状况良好下收交货,其他因货主装箱不容和货物本身原因所致的任何损害,货主要自行负责费用和风险。

货主使用自备箱的情况下,常采用场/场条款,自行送至码头堆场。在堆场将集装箱从车辆卸下的费用由货主支付。

2. 货主使用承运人箱子装货

货主使用承运人的集装箱及其他专用设备是要支付租金的。双方事先要在协议中规定与租用集装箱有关的事项。

此种情况下,货主应在指定场所提取或归还空箱,如集装箱码头堆场或货运站均可办理交还箱。货主应支付交还箱手续费和因此造成的装卸起吊费。归还空箱应清洁完好。如在归还时发现箱子损坏,货主要负担修理费,发生灭失则要承担赔偿责任。

货主自理内陆运输时,如在承运人指定地点之外装、拆箱,还应承担由此引起的费用。另外，使用承运人的集装箱时，码头免费堆存期之外的滞期费仍应由货主负担。

如果集装箱及有关设备未能在租用期内归还承运人，货主应支付超期使用费。

总之，货主使用承运人箱子装货时，自提箱至还箱期间所发生的各项费用均由货主自负。

当货主委托货运公司办理上述有关事项时，货运公司一般按实报实销向货主收取垫付费用。

（二）承运人负责内陆运输

当内陆运输由承运人负责时，费用一般在确定运价时加以考虑，具体按运价本规定向货主收取。

内陆运费包括以下几种费用。

1. 区域运费

承运人按货主要求在指定地点间，为完成空箱或重箱的运输而收取的费用。

2. 无效拖运费

当承运人按货主要求运送空箱，而货主不能发货，要求将空箱运回时，除支付来回程的全额运费外，还要支付由此产生的其他费用，如延迟费等。

3. 装箱延迟费

从司机将空箱交付货主时起算，规定的允许时间（如 2～3 小时）内未能完成装卸者，应对超出时间计收延迟费。装箱允许使用时间不扣除阴雨天及其他不良天气。

如果货主要求变更装箱地点，应支付由此产生的有关费用。

货主归还空箱时未进行清扫，要加付清扫费。

（三）拼箱服务费

当货主提供或接受拼箱货时，应向货运站支付拼箱服务费。拼箱服务费是指为完成以下各项服务而收取的费用：

(1) 货运站内货物的正常搬运及免费期（如 30 天）内的堆存；
(2) 将空箱从堆场运至货运站；
(3) 必要的分票与积载；
(4) 理货、装箱（拆箱）、铅封、标记；
(5) 签发场站收据、装箱单、提供箱内货物积载图；
(6) 将装好的重箱从货运站运至码头堆场，或在目的港将重箱从码头堆场运至货运站。

拼箱服务费一般按运价本的规定办理。

四、集装箱的港杂费

集装箱货物的港口费用除包括港务费、港建费等规费外，还要支付集装箱从码头堆场直至装船,或从卸船到码头堆场实际发生的各项作业费用,如堆存、搬运、装卸等。

港杂费以包干形式计收。其他服务费需额外支付的,由货运公司垫付后向货主实报实销。

港口对于集装箱港口费用的计收,按交通部《国际航线集装箱港口收费办法规定办理》。

（一）堆存费

空、重集装箱以及拆箱后或装箱前的货物,在港内堆存时间超过免费期的,需支付堆存费。集装箱不论空箱、重箱,均以箱型计费,拼箱货在港区仓库的堆存按货物重量计费。各港堆存费的计收标准及免费期的长短按具体情况自定,一般免费期为10天。

（二）搬运费

集装箱在码头内的搬运,除非因港方原因造成,均需支付搬运费。搬运通常发生在以下几种情况：

(1)为翻装集装箱,在船边与堆场之间进行搬运；

(2)为验点、检验、修理、清洗、熏蒸等进行搬运；

(3)超过免费堆存期的集装箱,进行必要的搬运；

(4)因货方原因,要求进行的其他搬运。

在场/场交接的情况下,货方需支付搬运费,费率根据不同的箱型而定。

（三）装卸费

集装箱的装卸费各港口采用包干形式计收。

1. 装卸包干的范围

进口重箱情况下,包括拆除一般加固,从船上卸到堆场,分类堆存和装上货主卡车或运送到货运站。如是租用的箱子,再将空箱从货方卡车卸到堆场或从货运站送回堆场。

出口重箱情况下,包括将空箱从堆场装上货方卡车或送往货运站,再将重箱从货方卡车卸到堆场或从货运站送到堆场,分类堆存,直至装船并进行一般加固。

如果是空箱的进口或出口,则包括堆场到船上的装或卸及进行(或拆除)一般加固。

2. 计费的标准

装卸费按部颁《国际航线集装箱港口收费办法》计收,由于装卸地点和装卸方式不同,计费的规定也是不同的。

在集装箱专用码头进行的装卸,不论使用港机或船机,均按《国际航线集装箱港口装卸包干费率表》计收。但使用铲车等辅助机械要支付机械出租费。如果是滚装作业,则使用船方拖车进行装卸时,可按包干费率的70%计收。

在非集装箱码头进行装卸,也可分为两种情况：

如果是吊装作业,使用船机则按《国际航线集装箱港口装卸费率表》计费。但在使用港机时,要按箱型加收基本费率的15%作为岸机附加费。需用浮吊的,需加付租用浮吊的费用。如果采用滚装作业,使用船方拖车进行装卸时,可按包干费率的70%计收装卸包干费。

以上包干范围只限于在码头的装卸操作。如果在汽车、火车、驳船上发生的集装箱装卸作业,按《汽车、火车、驳船的集装箱装卸费》计收。

此外,如在场/场或门/门条款下,货主需在港口进行装拆箱的,要加付港口的装拆箱包干费。包干范围包括将货物从卡车卸下、箱内积载、加固,联系海关、商检和编制单证等。拆箱与之相反,另加清扫。

船上集装箱需翻装时,也要加付翻装作业费,具体按《船上集装箱翻装费率表》的费率计算。

港杂费除包括上述集装箱的堆存费、搬运费、装卸费,以及因货方原因造成的船上集装箱翻装费和整箱交接情况下应货主要求需在港口装拆箱的费用外,还有集装箱铁路使用费、理货费、清洗费、中转包干费。如对集装箱需进行特殊捆扎、加固者,也要支付相应费用。

货主委托代办装船的港杂包干费,由货运代理公司向货主收取。整箱货实行门到门交接,只结算港杂包干费,其他采用实报实销。

对于内地通过水路运到装港的整箱货,一般由港务局包转,货主按港务局的包干费率支付港杂费,货运公司只收代办服务费。

第五节 航空运价与运费

一、航空运价基础知识

货物的航空运费是指将一票货物自始发地机场运输到目的地机场所应收取的航空运输费用。一般来说,货物的航空运费主要由两个因素组成,即货物适用的运价与货物的计费重量。由于航空运输货物的种类繁多,货物运输的起讫地点所在航空区域不同,每种货物所适用的运价也不同。换言之,运输的货物种类和运输起讫地点的IATA区域使航空货物运价乃至运费计算分门别类。同时,由于飞机业务载运能力受飞机最大起飞全重和货舱本身体积的限制,货物的计费重量需要同时考虑其体积重量和实际重量两个因素。又因为航空货物运价的"递远递减"的原则,产生了一系列重量等级运价,而重量等级运价的起码重量也影响着货物运费的计算。由此可见,货物航空运费的计算受多种因素影响。运价使用参数见表11—1。

表 11-1　　　　　　　　　　　　运价使用参数表

运价种类	货物种类		从中国至			备注 NOTE
			TC1	TC2	TC3	
指定商品运价	指定商品货物	运价	SCR	SCR	SCR	1. 优先使用 SCR
		最低运费	M	M	M	2. 优先使用确指 SCR
等级货物运价	贵重物品	运价	200%N SN200			1 000KG 以上经北太平洋至 TC1 为 150%N
		最低运费	200%M SM200 但不得低于 USD50.00			
	活体动物运价	所有活动物（以下除外）	CANADA 150%GCR	U.S.A 110%GCR	OTHER N	TC2 N	TC3 N	☆冷血动物最低运费为: M 运马匹的最低运费为 1 000KG×110%GCR 冷血动物:鱼、蛙、蜥蜴、两栖动物、蠕虫等
		出生小于72H	150%GCR	110%GCR	NQ45	NQ45	NQ45	
		猴子和灵长类	150%GCR	110%GCR	GCR	N	N	
		冷血动物	125%GCR	GCR	N	N	N	
		最低运费	150%M	110%M☆	200%M	200%M	200%M	
	尸体骨灰运价	尸体	100% SN100 SN100			最低运费不小于: USD65.00
		骨灰	100%GCR SN100 SQ100			
		最低运费	100%M SM100			
	U-BAG 运价	运价	GCR(无等级商品运价)	50%N RN50		DEST.在 TC1 所属国时按普货发运
		最低运费	M	M(不少于 10KG×RN50)		
	书报杂志运价	运价	50%N RN50			适用:报纸、杂志、期刊、书籍、目录、盲人打字设备及盲人读物
		最低运费	M			
	车辆运价		4 000KG×Q(最高重量等级)			
			1 800KG×Q(最高重量等级)			
普通货物运价	普通货物	运价	GCR			
		最低运费	M			

（一）运价（Rate）

运价，又称费率，是指承运人对所运输的每一重量单位货物（千克或磅）（kg or lb）所收取的自始发地机场至目的地机场的航空费用。

1. 航空货物运价所使用的货币

用以公布航空货物运价的货币称为运输始发地货币。

货物的航空运价一般以运输始发地的本国货币公布，有的国家以美元代替其本国币公布。以美元公布货物运价的国家视美元为当地货币。运输始发地销售的航空货运单的任何运价、运费值均应为运输始发地货币，即当地货币。以美元公布货物运价的国家的当地货币为美元。

2. 货物运价的有效期

销售航空货运单所使用的运价应为填制货运单之日的有效运价。即在航空货物运价有效期内适用的运价。

（二）航空运费

货物的航空运费（Weight Charge）是指航空公司将一票货物自始发地机场运至目的地机场所应收取的航空运输费用。该费用根据每票货物所适用的运价和货物的计费重量计算而得。

每票货物是指使用同一份航空货运单的货物。

由于货物的运价是指货物运输起讫地点间的航空运价,航空运费就是指运输始发地机场至目的地机场间的运输货物的航空费用,不包括其他费用。

（三）其他费用

其他费用(Other Charges)是指由承运人、代理人或其他部门收取的与航空货物运输有关的费用。

在组织一票货物自始发地至目的地运输的全过程中,除了航空运输外,还包括地面运输、仓储、制单、国际货物的清关等环节,提供这些服务的部门所收取的费用即为其他费用。

（四）计费重量

计费重量(Chargeable Weight)是指用以计算货物航空运费的重量。货物的计费重量或者是货物的实际毛重,或者是货物的体积重量,或者是较高重量分界点的重量。

1. 实际毛重(Actual Gross Weight)

包括货物包装在内的货物重量,称为货物的实际毛重。

由于飞机最大起飞全重及货舱可用业载的限制,一般情况下,对于高密度货物(High Density Cargo),应考虑其货物实际毛重可能会成为计费重量。

2. 体积重量(Volume Weight)

按照国际航协规则,将货物的体积按一定的比例折合成的重量,称为体积重量。由于货舱空间体积的限制,一般对于低密度的货物(Low Density Cargo),即轻泡货物,考虑其体积重量可能会成为计费重量。

不论货物的形状是否为规则的长方体或正方体,计算货物体积时,均应以最长、最宽、最高的三边的厘米长度计算。长、宽、高的小数部分按四舍五入取整,体积重量的折算,换算标准为每6 000立方厘米折合1千克。

$$体积重量(千克,\text{kgs}) = \frac{货物体积}{6\ 000\text{cm}^3/\text{kg}}$$

3. 计费重量(Chargeable Weight)

一般而言,采用货物的实际毛重与货物的体积重量两者比较取高者;但当货物按较高重量分界点的较低运价计算的航空运费较低时,则此较高重量分界点的货物起始重量作为货物的计费重量。

国际航协规定,国际货物的计费重量以0.5千克为最小单位,重量尾数不足0.5千克的,按0.5千克计算;0.5千克以上不足1千克的,按1千克计算。例如：

103.001千克→103.5千克

103.501千克→104.0千克

当使用同一份运单,收运两件或两件以上可以采用同样种类运价计算运费的货物时,其计费重量规定如下:

计费重量为货物总的实际毛重与总的体积重量两者较高者。同上所述,较高重量分界点重量也可能成为货物的计费重量。

(五)最低运费

最低运费(Minimum Charge)是指一票货物自始发地机场至目的地机场航空运费的最低限额。货物按其适用的航空运价与其计费重量计算所得的航空运费,应与货物最低运费相比,取高者。

(六)货物航空运价、运费的货币进整

货物航空运价及运费的货币进整,因货币的币种不同而不同。TACT将各国货币的进整单位的规则公布在TACT Rules中。详细规则可参考TACT Rules 5.7.1中"Currency Table"。

运费进整时,需将航空运价或运费计算到进整单位的下一位,然后按半数进位法进位,计算所得的航空运价或运费,达到进位单位一半则入,否则舍去。

对于以"0.1""0.01""1""10"等为进位单位的货币,其货币进位就是常说的四舍五入。

我国货币人民币(CNY)的进位规定为:最低航空运费进位单位为"5",除此之外的运价及航空运费等的进位单位均为"0.01"。

对于以"0.05""0.5""5"等为进整单位的货币,计算中应特别注意其进整问题。由于世界很多国家采用此类进位单位,在实际运输工作中,在处理境外运至我国的到付货物时,对航空货运单的审核及费用的收取,需注意此项规则。

采用进整单位的规定,主要用于填制航空货运单(AWB)。销售AWB时,所使用的运输始发地货币,按照进整单位的规定计算航空运价及运费。

二、航空运价的种类

目前国际航空货物运价按制定的途径划分,主要分为协议运价和国际航协运价。国际航协运价是指IATA在TACT运价资料上公布的运价。国际货物运价使用IATA的运价手册(TACT Rates Book),结合并遵守国际货物运输规则(TACT Rules)共同使用。按照IATA货物运价公布的形式划分,国际货物运价可分为公布直达运价和非公布直达运价。公布直达运价包括普通货物运价(General Cargo Rate)、指定商品运价(Specific Commodity Rate)、等级货物运价(Commodity Classification Rate)、集装货物运价(Unit Load Device Rate)。非公布直达运价包括比例运价和分段相加运价。

(一) 协议运价和国际航协运价

1. 协议运价

协议运价是指航空公司与托运人签订协议，托运人保证每年向航空公司交运一定数量的货物，航空公司则向托运人提供一定数量的运价折扣。

目前航空公司使用的运价大多是协议运价，但在协议运价中又根据不同的协议方式进行细分，如表11-2所示。

表11-2　　　　　　　　　航空国际货物运价构成表

协议定价		包板(舱)	死包板(舱)
			软包板(舱)
长期协议	短期协议	返还	销售量返还
			销售额返还
自由销售			

长期协议：通常航空公司同代理人签订的协议是一年的期限。

短期协议：通常航空公司同代理人签订的协议是半年或半年以下的期限。

包板(舱)：指托运人在一定航线上包用承运人的全部或部分的舱位或集装器来运送货物。

死包板(舱)：托运人在承运人的航线上通过包板(舱)的方式运输时，托运人无论向承运人是否交付货物，都必须付协议上规定的运费。

软包板(舱)：托运人在承运人的航线上通过包板(舱)的方式运输时，托运人在航班起飞前72小时如果没有确定舱位，承运人则可以自由销售舱位，但承运人对代理人的包板(舱)的总量有一个控制。

销售量返还：如果代理人在规定期限内完成了一定的货量，航空公司则可以按一定的比例返还运费。

销售额返还：如果代理人在规定期限内完成了一定的销售额，航空公司则可以按一定的比例返还运费。

自由销售：也称议价货物或是一票一价，是指除了订过协议的货物，都是一票货物一个定价。

2. 国际航协运价

国际航协运价是指IATA在TACT运价资料上公布的运价。国际货物运价使用IATA的运价手册(TACT Rates Book)，结合并遵守国际货物运输规则(TACT Rules)共同使用。按照IATA货物运价公布的形式划分，国际货物运价可分为公布直达运价和非公布直达运价，如表11-3所示。

表 11-3　　　　　　　　　　　　　IATA 运价体系

IATA 运价	公布直达运价 (Published Through Rates)	普通货物运价 (General Cargo Rate)
		指定商品运价 (Specific Commodity Rate)
		等级货物运价 (Commodity Classification Rate)
		集装货物运价 (Unit Load Device Rate)
	非公布直达运价 (UN-Published Through Rates)	比例运价 (Construction Rate)
		分段相加运价 (Combination of Rates and Charges)

国际航协运价是国际航协通过运价手册向全世界公布的，主要目的是协调各国的货物运价，但从实际操作来看，各国从竞争角度考虑，很少有航空公司完全遵照国际航协运价，大多进行了一定的折扣，但不能说明这种运价没有实际价值。首先，它把世界上各个城市之间的运价通过手册公布出来，每个航空公司都能找到一种参照运价，所以每个航空公司在制定本公司运价时，都是按照国际航协这个标准运价进行的；其次，国际航协对特种货物运价进行了分类，航空公司在运输这种货物时一般都用国际航协标准运价；最后，这种国际航协运价在全世界制定了一种标准运价，使得国际航空货物运输的价格有了统一的基准，使得这个市场得到了规范。

(二) 我国国内航空运价体系

(1) 最低运费(运价代号 M)。

(2) 普通货物运价(运价代号 N 或 Q)。普通货物运价包括基础运价和重量分界点运价。基础运价为 45 千克以下普通货物运价，费率按照中国民航局规定的统一费率执行。重量分界点运价为 45 千克以上运价，由中国民航局统一规定，按标准运价的 80% 执行。

(3) 等级货物运价(运价代号 S)。

(4) 指定商品运价(运价代号 C)。

三、普通货物运价的计算

普通货物运价(General Cargo Rate, GCR)是指除了等级货物运价和指定商品运价以外的适合于普通货物运输的运价。该运价公布在 TACT Rates Books Section 4 中。一般来说，普通货物运价根据货物重量不同，分为若干个重量等级分界点运价。例如，"N"表示标准普通货物运价(Normal General Cargo Rate)，指的是 45 千克以下的普通货物运价(如无 45 千克以下运价时，N 表示 100 千克以下普通货物运价)。同时，普通货物运价还公布有"Q45""Q100""Q300"等不同重量等级分界点的运价。这里"Q45"表示 45 千克以上(包括 45 千克)普通货物的运价，依此类推。对于 45 千克以上的不同重量分界点的普通货物运价均用"Q"表示。

用货物的计费重量和其适用的普通货物运价计算而得的航空运费不得低于运价

资料上公布的航空运费的最低收费标准(M)。这里,代号"N""Q""M"在 AWB 的销售工作中,主要用于填制货运单运费计算栏中"RATE CLASS"一栏。

普通货物运价的计算用到的术语包括:Volume(体积)、Volume Weight(体积重量)、Chargeable Weight(计费重量)、Applicable Rate(适用运价)、Weight Charge(航空运费)。普通货物运价的计算步骤如下:

第一步:计算出航空货物的体积(Volume)及体积重量(Volume Weight)。体积重量的折算,换算标准为每 6 000 立方厘米折合 1 千克。即:体积重量(千克):6 000cm^3/kg。

第二步:计算货物的总重量(Gross Weight)。总重量:单个商品重量×商品总数。

第三步:比较体积重量与总重量,取大者为计费重量(Chargeable Weight)。根据国际航协规定,国际货物的计费重量以 0.5 千克为最小单位,重量尾数不足 0.5 千克的,按 0.5 千克计算;0.5 千克以上不足 1 千克的,按 1 千克计算。

第四步:根据公布运价,找出适合计费重量的适用运价(Applicable Rate)。

(1)计费重量小于 45 千克时,适用运价为 GCRN 的运价(GCR 为普通货物运价,N 运价表示重量在 45 千克以下的运价)。

(2)计费重量大于 45 千克时,适用运价为 GCRQ45、GCRQ100、GCRQ300 等与不同重量等级分界点相对应的运价(航空货运对于 45 千克以上的不同重量分界点的普通货物运价均用"Q"表示)。

第五步:计算航空运费(Weight Charge)。航空运费:计费重量×适用运价。

第六步:若采用较高重量分界点的较低运价计算出的运费比第五步计算出的航空运费较低时,取低者。

第七步:比较第六步计算出的航空运费与最低运费 M,取高者。

航空货运单运费计算栏的填制内容包括:

(1)No. of Pieces RCP:填写货物的数量。

(2)Gross Weight:货物的总重量。

(3)Kg Lb:以千克为单位用代号"K",以磅为单位用代号"L"。

(4)Rate Class:若计费重量小于 45 千克,填写 N;若计费重量大于 45 千克,填写 Q;若航空运费为最低运费,则填写 M。

(5)Commodity Item No.:普通货物此栏不填。

(6)Chargeable Weight:填写计费重量。

(7)Rate/Charge:填写适用运价。

(8)Total:填写航空运费。

(9)Nature and Quantity of Goods (Incl dimensions or Volume):填写商品品名

及商品的尺寸。

例1. Routing：Beijing,CHINA(BJS)
to TOKYO,JAPAN(TYO)
Commodity：Sample
Gross Weight：25.2Kgs
Dimensions：82×48×32CM

计算该票货物的航空运费.

公布运价如下：

BEIJING	CN		BJS
Y. RENMINBI	CNY		KGS
TOKYO	JP	M	230.00
		N	37.51
		45	28.13

［解］

Volume：	$82×48×32CM = 125\ 952cm^3$
Volume Weight：	$125\ 952cm^3 \div 6\ 000cm^3/kg = 20.99kgs = 21.0kgs$
Gross Weight：	25.2kgs
Chargeable Weight：	25.5 kgs
Applicable Rate：	GCR N 37.51 CNY/KG
Weight charge：	$25.5×37.51 = CNY956.51$

航空货运单运费计算栏填制如下：

No. Of Pieces RCP	Gross Weight	Kg Lb	Rate Class Commodity Item No	Chargeable Weight	Rate/ Charge	Total	Nature and Quantity of Goods (Incl dimensions or Volume)
1	25.2	K	N	25.5	37.51	956.51	SAMPLE DIMS：82×48×32 CM

四、指定商品运价的计算

指定商品运价（Specific Commodity Rate,SCR）是指适用于自规定的始发地至规定的目的地运输特定品名货物的运价。通常情况下,指定商品运价低于相应的普通货物运价。就其性质而言,该运价是一种优惠性质的运价。鉴于此,指定商品运价在使用时,对于货物的起讫地点、运价使用期限、货物运价的最低重量起点等均有特定的条件。

指定商品运价的原因可归纳为以下两方面：其一,在某特定航线上,一些较为稳定的货主经常的或者是定期的托运特定品名的货物,托运人要求承运人提供一个较低的优惠运价；其二,航空公司为了有效地利用其运力,争取货源并保证飞机有较高的载运率，向市场推出一个较具竞争力的优惠运价。有些指定商品运价也公布了不同的重量等级分界点，旨在鼓励货主托运大宗货物，并意识到选择空运的经济性及可行性。

（一）指定商品运价传统的分组和编号

在 TACT Rates Books 的 SECTION 2 中，根据货物的性质、属性以及特点等对货物进行分类，共分为十大组，每一组又分为十个小组。同时，对其分组形式用四位阿拉伯数字进行编号。该编号即为指定商品货物的品名编号。

指定商品货物的分组及品名编号如下：

0001～0999 Edible animal and vegetable products

可食用的动植物产品

1000～1999 Live animals and inedible animal and vegetable products

活动物及非食用的动植物产品

2000～2999 Textiles, fibres and manufactures

纺织品、纤维及其制品

3000～3999 Metals and manufactures, excluding machinery, vehicles and electrical equipment

金属及其制品，不包括机器、汽车和电器设备

4000～4999 Machinery, vehicles and electrical equipment

机器、汽车和电器设备

5000～5999 Non-metallic minerals and manufactures

非金属材料及其制品

6000～6999 Chemicals and related products

化工材料及其相关产品

7000～7999 Paper, reed, rubber and wood manufactures

纸张、芦苇、橡胶和木材制品

8000～8999 Scientific, professional and precision instrument, apparatus and supplies

科学仪器、专业仪器、精密仪器、器械及配件

9000～9999 Miscellaneous

其他

9700～9799 系列指定商品运价的品名编号。

为了减少常规的指定商品品名的分组编号，IATA 还推出了试验性的指定商品运价，该运价用 9700～9799 内的数字编出。主要特点是一个代号包括了传统指定商品运价中分别属于不同指定商品代号的众多商品品名，如 9735 这个指定商品代号就包

括了属于 20 多个传统指定商品运价代号的指定商品。

此种编号适用于某些城市之间有多种指定商品,虽品名不同,但运价相同。为公布运价方便所用。

对比传统编号与 9700～9799 系列编号可见,除 9700～9799 编号外,传统编号中的每一品名代号一般只代表单一种类的指定商品运价。

从中国始发的常用指定商品代码:

从整个国际航协来看,指定商品代码非常多,但我们主要了解从北京始发的货物的指定商品代码,记住常用的指定商品代码。

0007 Fruit,Vegetables

水果,蔬菜

0008 Fruit,Vegetables-fresh

新鲜的水果,蔬菜

0300 Fish(Edible sea food)

鱼(可食用的),海鲜、海产品

1093 Worms

沙蚕

2195A:Yarn,Thread,Fibres,Cloth-not further processed or manufactured: Exclusively in bales,bolts,pieces

成包、成卷、成块未进一步加工或制造的纱、线、纤维、布

B:Wearing apparel,Textile manufactures 服装、纺织品

2199A:Yarn,thread,fibres,textiles 纱、线、纤维、纺织原料

B:textile manufactures 纺织品

C:wearing apparel 服装(包括鞋、袜)

2211 yarn,thread,fibres-not further processed or manufactured: exclusively in bales,bolts,pieces- wearing apparel,textile manufactures

成包、成卷、成块未进一步加工或制造的纱、线、纤维;服装、纺织品

7481 rubber tyres,rubber tubes

橡胶轮胎、橡胶管

(二)指定商品运价的使用规则

在使用指定商品运价时,只要所运输的货物满足下述三个条件,则运输始发地和运输目的地就可以直接使用指定商品运价:(1)运输始发地至目的地之间有公布的指定商品运价;(2)托运人所交运的货物,其品名与有关指定商品运价的货物品名相吻合;(3)货物的计费重量满足指定商品运价使用时的最低重量要求。

使用指定商品运价计算航空运费的货物,其航空货运单的"Rate Class"一栏,用字母"C"表示。

（三）指定商品运价计算步骤

第一步:先查询运价表,如运输始发地至目的地之间有公布的指定商品运价,则考虑使用指定商品运价。

第二步:查找TACT Rates Book的品名表,找出与运输货物品名相对应的指定商品代号。

第三步:计算计费重量。此步骤与普通货物的计算步骤相同。

第四步:找出适用运价,然后计算出航空运价。此时需要比较计费重量与指定商品运价的最低重量:

（1）如果货物的计费重量超过指定商品运价的最低重量,则优先使用指定商品运价作为商品的适用运价,此时,航空运价＝计费重量×适用运价。

（2）如果货物的计费重量没有达到指定商品运价的最低重量,则需要比较计算:

①按普通货物计算,适用运价为GCRN或GCRQ的运价,航空运价＝计费重量×适用运价;

②按指定商品运价计算,适用运价为SCR的运价,航空运价＝计费重量×适用运价;

③比较①和②计算出的航空运价,取低者。

第五步:比较第四步计算出的航空运费与最低运费M,取高者。

例2. Routing:Beijing,CHINA(BJS)

TO NAGOVA,JAPAN(NGO)

Commodity:FRESH ORANGE

Gross Weight:EACH 47.8Kgs,TOTAL 6 PIECES

Dimensions:128×42×36CM×6

计算航空运费。

公布运价如下:

BEIJING	CN		BJS
Y. RENMINBI	CNY		KGS
NAGOVA	JP	M	230
		N	37.51
	45	28.13	
	0008	300	18.80
	0300	500	20.61
	1093	100	18.43
	2195	500	18.80

按普通运价使用规则计算：

Volume：$128\times42\times36cm\times6 = 1\ 161\ 216cm^3$

Volume Weight：$1\ 161\ 216cm^3\div6\ 000cm^3/kgs = 193.536=194.0kgs$

Gross Weight：$47.8\times6= 286.8\ kgs$

Chargeable Weight：287.0kgs

分析：由于计费重量没有满足指定商品代码0008的最低重量要求300千克，因此只能先用普货来算。

Applicable Rate：GCR /Q45 28.13CNY/kg

Weight charge：$287.0\ kgs\times28.13 = CNY8\ 073.31$

按指定商品运价使用规则计算：

Actual gross weight：286.8kgs

Chargeable Weight：300.0kgs

Applicable Rate：SCR 0008/Q300 18.80CNY/kg

Weight charge：$300.0\ kgs\times18.80 = CNY5\ 640.00$

对比(1)与(2)，取运费较低者。

Weight charge：CNY5 640.00

航空货运单运费计算栏填制如下：

No. Of Pieces RCP	Gross Weight	Kg Lb	Rate Class Commodity Item No	Chargeable Weight	Rate/ Charge	Total	Nature and Quantity of Goods (Incl dimensions or Volume)
6	286.8	K	C 0008	300.0	18.80	5 640.00	FRESH ORANGE $128\times42\times36CM\times6$

注：在使用指定商品运价计算运费时，如果其指定商品运价直接使用的条件不能完全满足（例如，货物的计费重量没有达到指定商品运价使用的最低重量要求），使得按指定商品运价计得的运费高于按普通货物运价计得的运费时，则按低者收取航空运费。

（四）指定商品运价的使用顺序

对于相同的航程，如果一种货物可同时按确指品名（More Specific Description）运价和泛指品名（Less Specific Description）运价计算运费时，如果货物的重量满足确指品名运价，则优先使用确指品名运价；如果货物的重量没有满足确指品名运价，则先用较低重量点的泛指品名运价，再与较高重量点的确指品名运价比较，比较取其低者。

五、等级货物运价的计算

等级货物运价（Class Rate）是指在规定的业务区内或业务区之间运输特别指定的等级货物的运价。

IATA 规定,等级货物包括下列各种货物:

——活动物;

——贵重货物;

——书报杂志类货物;

——作为货物运输的行李;

——尸体、骨灰;

——汽车等。

等级货物运价是在普通货物运价基础上附加或附减一定百分比的形式构成,附加或附减规则公布在 TACT Rules 中,运价的使用须结合 TACT Rates Books 一同使用。

通常附加或不附加也不附减的等级货物用代号(S)表示(S —— Surcharged Class Rate)。

附减的等级货物用代号(R)表示(R —— Reduced Class Rate)。

IATA 规定,对于等级货物运输,如果属于国际联运,并且参加联运的某一承运人对其承运的航段有特殊的等级货物百分比,即使运输起讫地点间有公布的直达运价,也不可以直接使用。此时,应采用分段相加的办法计算运输始发地至运输目的地的航空运费。此项规则在此将不详细说明。

以下所述的各种等级货物运价均为运输始发地至运输目的地之间有公布的直达运价,并且可以直接使用情况下的运价计算。

六、运价的使用顺序

如果有协议运价,则优先使用协议运价。

在相同运价种类、相同航程、相同承运人条件下,公布直达运价应按下列顺序使用:

(1)优先使用指定商品运价。如果指定商品运价条件不完全满足,则可以使用等级货物运价和普通货物运价。

(2)其次使用等级货物运价。等级货物运价优先于普通货物运价使用:

——如果货物可以按指定商品运价计费,但如果因其重量没满足指定商品运价的最低重量要求,则用指定商品运价计费可以与采用普通货物运价计费结果相比较,取低者。如果该指定商品同时又属于附加的等级货物,则只允许采用附加的等级货物运价和指定商品运价的计费结果比较,取低者,不能与普通货物运价比较。

——如果货物属于附减的等级货物,即书报杂志类、作为货物运输的行李,其等级货物计费则可以与普通货物运价计算的运费比较,取低者。

(3)如果当运输两点间无公布直达运价,则应使用非公布直达运价:
——优先使用比例运价构成全程直达运价;
——当两点间无比例运价时,使用分段相加办法组成全程最低运价。
(4)混运货物运价
混运货物指使用同一份货运单运输的货物中,包含有不同运价、不同运输条件的货物。

混运货物中不得包括下列物品:
——TACT Rules 3.7.6 中规定的任何贵重货物;
——活动物;
——尸体、骨灰;
——外交信袋;
——作为货物运送的行李;
——机动车辆(电力自动车辆除外)。

混运货物的申报方式与计算规则:
(1)申报整批货物的总重量(或体积):
计算规则:混运的货物被视为一种货物,将其总重量确定为一个计费重量,运价采用适用的普通货物运价。
(2)分别申报每一种类货物的件数、重量、体积及货物品名:
计算规则:按不同种类货物适用的运价与其相应的计费重量分别计算运费。
注:如果混运货物使用一个外包装将所有货物合并运输,则该包装物的运费按混运货物中运价最高的货物的运价计收。
声明价值:混运货物只能按整票(整批)货物办理声明价值,不得办理部分货物的声明价值,或办理两种以上的声明价值。所以混运货物声明价值费的计算应按整票货物总的毛重。
最低运费:混运货物的最低运费,按整票货物计收,即无论是分别申报或不分别申报的混运货物,按其运费计算方法计得的运费与起止地点间的最低收费标准比较,取高者。

七、国际货物运输的其他费用

国际航空货物运输中,航空运费是指自运输始发地至运输目的地之间的航空运输费用。在实际工作中,对于航空公司或其代理人将收运的货物自始发地(或从托运人手中)运至目的地(或提取货物后交给提货人)整个运输组织过程,除发生航空运费外,在运输始发站、中转站、目的站经常发生与航空运输有关的其他费用。

(一) 货运单费

货运单费（Documentation Charges）又称为航空货运单工本费，此项费用为填制航空货运单之费用。航空公司或其代理人销售或填制货运单时，该费用包括逐项逐笔填制货运单的成本。对于航空货运单工本费，各国的收费水平不尽相同。依 TACT Rules 4.4 及各航空公司的具体规定来操作。货运单费应填制在货运单的"其他费用"一栏中，用两字代码"AW"表示（AW-Air Waybill Fee）。按国际航协规定：

——航空货运单若由航空公司来销售或填制，则表示为 AWC，表示此项费用归出票航空公司（Issuing Carrier）所有；

——如果货运单由航空公司的代理人销售或填制，则表示为 AWA，表示此项费用归销售代理人所有。

中国民航各航空公司一般规定：无论货运单是航空公司销售还是由代理人销售，填制 AWB 时，货运单中"OTHER CHARGES"一栏中用 AWC 表示，意为此项费用归出票航空公司所有。

例如，某航空公司销售货运单，如果货运单收费标准为 CNY50.00，则货运单其他费用栏填制如下：

```
OTRER CHARGES
        AWC 50.00
```

(二) 垫付款和垫付费

1. 垫付款（Disbursements）

(1) 垫付款是指在始发地机场运输一票货物时发生的部分其他费用。这部分费用仅限于货物地面运输费、清关处理费和货运单工本费。

此项费用需按不同其他费用的种类代号、费用归属代号（A 或 C）及费用金额一并填入货运单的"其他费用"一栏。例如：

——"AWA"表示代理人填制的货运单；

——"CHA"表示代理人代替办理始发地清关业务；

——"SUA"表示代理人将货物运输到始发地机场的地面运输费。

(2) 限制条件：

——垫付款仅适用于货物费用及其他费用到付"charges collect"，且按 TACT rules 7.2 规定，目的地国家可接收的货物。

——垫付款业务在有些国家不办理，操作时应严格按照 TACT rules 4.2 规定。

——垫付款由最后一个承运人（Last Carrier）向提货人收取。按国际货物运费到付结算规则，通过出票航空公司开账结算，付给支付垫付款的代理人或出票航空公司。

2. 垫付款数额(Disbursement Amounts)

——在任何情况下,垫付款数额不能超过货运单上全部航空运费总额。

——但当货运单的航空运费总额低于100美元时,垫付款金额可允许达到100美元标准。

3. 垫付费(Disbursements Fees)

垫付费是对于垫付款的数额而确定的费用。垫付费的费用代码为"DB",按TACT Rules规定,该费用归出票航空公司所有。在货运单的其他费用栏中,此项费用应表示为"DBC"。

4. 垫付费的计算公式:

垫付费=垫付款×10%,但每一票货物的垫付费不得低于20USD或等值货币。

TACT规则中规定,对于一些固定美元值的货币换算,某些国家公布有固定的货币换算值,如在瑞士,20USD=CHF45.00,对于TACT Rules中没有公布货币固定换算值的国家,其货币换算采用"Construction Exchange Rate"。

(三)危险品处理费(Charges for Shipments of Dangerous Goods-handling)

国际航空货物运输中,对于收运的危险品货物,除按危险品规则收运并收取航空运费外,还应收取危险货物收运手续费,该费用必须填制在货运单"其他费用"栏内,用"RA"表示费用种类,TACT RULES规定,危险品处理费归出票航空公司所有。在货运单中,危险品处理费表示为"RAC"。

自中国至IATA业务一区、二区、三区,每票货物的最低收费标准均为400元人民币。

(四)运费到付货物手续费(Charges Collect Fee,又称CC Fee)

国际货物运输中,当货物的航空运费及其他费用到付时,在目的地的收货人,除支付货物的航空运费和其他费用外,还应支付到付货物手续费。此项费用由最后一个承运航空公司收取,并归其所有。一般CC Fee的收取,采用目的站开具专门发票,但也可以使用货运单(此种情况在交付航空公司无专门发票,并将AWB作为发票使用时使用)。

对于运至中国的运费到付货物,到付运费手续费的计算公式及标准如下:

到付运费手续费=(货物的航空运费+声明价值附加费)×2%。

各个国家CC Fee的收费标准不同。在中国,CC Fee最低收费标准为CNY100。

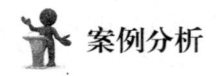

案例分析

货运代理人求偿垫付费用的纠纷

原告:青岛崴鸿国际物流有限公司成都分公司

被告:绵阳志海进出口贸易有限公司

2012年4月，被告先后委托原告办理两票货物的代理出运事宜。被告负责将货物运至原告指定堆场，由原告负责完成在装港的装箱、出口报关、订舱等事宜及在卸港的进口报关、仓储、陆运至指定地点等事宜。原告接受委托后，向承运人崴航（天津）物流服务有限公司（简称"天津崴航"）订舱以安排货物出运。同年5月4日，就涉案第一票货物，原告向被告开具货代发票，载明金额为人民币2 650元。同年5月7日，原告又按被告指示开具付款人为四川建设发展股份有限公司金特尔钢构厂（简称"钢构厂"）的三份货代发票，载明金额共计人民币135 484.75元。上述发票载明金额总计人民币138 134.75元。同年5月9日，就涉案第二票货物，原告向被告开具两份货代发票，载明金额共计人民币98 900元。同年6月19日，被告出具运费付款说明，确认涉案两票货物代理出运的相关费用分别为人民币138 134.75元和人民币98 900元，以及雅加达港口的堆存费和实报实销费用（暂未开票）；被告确认上述费用均未支付，并同意原告暂时扣留货物，待支付全部费用后放货，还承诺"尽量安排在2012年6月30日前付款"；被告同意承担堆存费和实报实销费用，并确认该费用与原告无关。此后，原告向被告出具了费用确认单，列明了已产生的目的港实报实销费用金额。原告在费用确认单中强调，"滞港费、堆存费、修箱费等一些码头产生的费用，现在无法拿到准确的金额，要等货提走，空箱还到码头后才有具体的费用产生"，"因此此费用现在为预估的"。

2012年9月17日，PTKF公司在宣誓证词中称，其系承运人天津崴航的目的港货运代理人，其参与了涉案货物在目的港的整个业务操作，并说明了涉案两票货物的放货情况以及产生的目的港费用金额及构成。同年11月20日，承运人天津崴航出具收款确认书，确认原告已为被告向其垫付涉案两票货物的相关费用。

原告诉称，上述两票货物代理出运共产生费用人民币237 034.75元及46 145.22美元，而被告及钢构厂未予支付。为此，原告请求判令被告支付上述费用及其利息损失。

被告辩称，原告所提出的诉请并无事实依据，为此请求驳回原告诉请。

思考：
海事审判实践中，货运代理人向委托人追讨垫付费用的纠纷相当常见，是海上货运代理合同纠纷案件的主要纠纷类型之一。请思考本案例中，被告是否应该偿还原告已通过承运人天津崴航对外实际垫付的相关费用。

练习题

（一）名词解释

海运运费　航空运费

(二)填空

1. 班轮运费包括_____和_____两部分。
2. 海运运费的支付方式主要有两种方式：_____和_____。

(三)单项选择

1.（　　）指运费的支付在货物运输尚未完成甚至尚未发生之前预先进行。
   A. 预付运费　　　　B. 到付运费　　　　C. 基本运费　　　　D. 附加运费

2.（　　）是货运代理为办理委托代理协议，或按委托出口协议书所决定的有关业务而收取的报酬。
   A. 手续费　　　　　B. 运费　　　　　　C. 基本运费　　　　D. 附加运费

3.（　　）是根据货物种类或不同的服务内容，视不同情况而加收的运费，可以说是由于在特殊情况下或者临时发生某些事件的情况下而加收的运费。
   A. 预付运费　　　　B. 到付运费　　　　C. 基本运费　　　　D. 附加运费

4.（　　）是由于国际金融市场汇率发生变动，计收运费的货币贬值，使承运人的实际收入减少，为了弥补货币兑换过程中的汇兑损失而加收的附加费。
   A. 燃油附加费　　　B. 港口附加费　　　C. 货币贬值附加费　D. 港口拥挤附加费

5.（　　）是托运人要求承运人将其托运的货物从装货港，不经过转船而直接运抵航线上某一非基本港时所增收的附加费。
   A. 直航附加费　　　B. 选港附加费　　　C. 货币贬值附加费　D. 港口拥挤附加费

6.（　　）是指因某一段正常航线受战争影响、运河关闭或航道阻塞等意外情况的发生迫使船舶绕道航行，延长运输距离而增收的附加费。
   A. 直航附加费　　　B. 绕航附加费　　　C. 货币贬值附加费　D. 港口拥挤附加费

7.（　　）是托运人要求承运人承担超过提单上规定的赔偿责任限额时承运人增收的附加费。
   A. 空箱调运费　　　B. 绕航附加费　　　C. 货币贬值附加费　D. 超额责任附加费

8.（　　）是指航空公司与托运人签订协议，托运人保证每年向航空公司交运一定数量的货物，航空公司则向托运人提供一定数量的运价折扣。
   A. 协议运价　　　　B. 国际航协运价　　C. 指定商品运价　　D. 等级货物运价

9.（　　）是指适用于自规定的始发地至规定的目的地运特定品名货物的运价。
   A. 普通货物运价　　B. 集装货物运价　　C. 指定商品运价　　D. 等级货物运价

10.（　　）指在规定的业务区内或业务区之间运输特别指定的等级货物的运价。
    A. 普通货物运价　　B. 集装货物运价　　C. 指定商品运价　　D. 等级货物运价

(四)多项选择

1. 货主应向集装箱承运人支付的费用，因货物交接方式的不同而不同，以下关于货主在整箱货交、接时应支付的费用说法正确的是（　　）。
   A. 采用门/门交接(Door to Door)时应支付发货地内陆运输费、装船港码头搬运费、海运费、以及卸船港码头搬运费和收货地内陆运输费
   B. 采用门/场交接(Door to CY)时应支付发货地内陆运输费、装船港码头搬运费、海运费、卸船港码头搬运费。
   C. 采用场/门交接(CY to Door)时应支付装船港码头搬运费、海运费、卸船港码头搬运费、收

货地内陆运输费

D. 采用门/站交接(Door to CFS)时应支付发货地内陆运输费、装船港码头搬运费、海运运费、卸船港码头服务费、卸港货运站的拆箱费

E. 货主在站/站交接(CFS to CFS)时,应支付装港货运站的装箱费、装船港码头搬运费、海运运费、卸港码头搬运费、卸港货运站拆箱费

2. 关于航空运价的使用顺序,以下说法正确的是:( )。

A. 如果有协议运价,则优先使用协议运价

B. 在相同运价种类、相同航程、相同承运人条件下,公布直达运价应优先使用指定商品运价

C. 如果当运输两点间无公布直达运价,则应使用非公布直达运价,优先使用比例运价构成全程直达运价

D. 如果当运输两点间无公布直达运价,则应使用非公布直达运价,当两点间无比例运价时,使用分段相加办法组成全程最低运价

E. 如果混运货物使用一个外包装将所有货物合并运输,则该包装物的运费按混运货物中运价最低的货物的运价计收

3. 航空货物运输中,混运货物指使用同一份货运单运输的货物中,包含有不同运价、不同运输条件的货物。混运货物中不得包括下列物品:( )。

A. TACT Rules3.7.6 中规定的任何贵重货物

B. 活动物

C. 外交信袋

D. 作为货物运送的行李

E. 机动车辆(电力自动车辆除外)

4. IATA 规定,等级货物包括下列各种货物:( )。

A. 活动物　　　　　　　　　　B. 贵重货物

C. 书报杂志类货物　　　　　　D. 作为货物运输的行李

E. 汽车

5. 航空运价中,公布直达运价包括( )。

A. 分段相加运价　　　　　　　B. 比例运价

C. 普通货物运价　　　　　　　D. 指定商品运价

E. 等级货物运价

(五)简答

1. 简述班轮运费的结构。

2. 简述普通货物运价的计算步骤。

3. 简述混运货物的申报方式与计算规则。

第十二章　国际货运代理货损事故处理

学习目的

了解货损发生后，提出索赔的条件
理解海运货损事故如何确定
熟悉海运货损发生后提出索赔的程序
了解铁路货损事故的处理
了解公路货损事故的处理
了解航空货损索赔的地点和时限
熟悉货运保险理赔

基本概念

保险合同

第一节　国际海运代理货损事故处理

一、提出索赔的条件

货物的索赔和理赔是一项政策性较强、涉及面较广、情况复杂，并具有一定法律原则的涉外工作。因此，在实际工作中，应坚持实事求是，有根有据，合情合理，区别对待，讲究实效。

实事求是，就是应根据所发生事故的实际情况，分析造成事故的原因，确定损失程度和金额。也就是说该索赔的，必须坚持原则行使索赔权利。

有根有据,是处理货物索赔的基础,在向承运人或其他有关当事人提出索赔时,应掌握造成货损事故的有力证据,并依据合同有关条款、国际惯例提出索赔。

合情合理,就是从所发生的事故中合理确定责任方应承担的责任和赔偿金额,必要时也可做出一些让步,其目的主要能使货损事故合理地、尽早地得以处理。

区别对待,就是应根据我国的对外政策,对方的态度和有关业务往来,根据不同对象,有理、有利、有节,采取不同方式区别处理。

讲究实效,是指在货损事故索赔中注重实际效果,充分注意保护自身的经济利益、政治利益,以及对外影响和业务发展。

国际贸易、运输中货物索赔的提出一般有这样几种情况:货物数量或件数的缺少或货物残损、灭失;货物的质变或货物实际状况与合同规定的要求不符;承运人在货物运输途中没有适当地保管和照料货物;货物的灭失、损害属保险人承保的责任范围内等。因此,根据货物发生灭失或损害的不同原因,受损方提出索赔的对象也是不同的。

如果货物是由于下列原因造成灭失或损坏:(1)原装货物数量不足;(2)货物的品质与合同规定不符;(3)包装不牢致使货物受损;(4)未在合同规定的装运期内交货等;(5)唛头不清。

收货人凭有关部门、机构出具的鉴定证书向发货人(卖方)提出索赔。

如果货物是由于下列原因造成灭失或损坏:

(1)在卸货港交付的货物数量少于提单中所记载的货物数量;

(2)收货人持有正本清洁提单提取货物时,货物发生残损、缺少,系承运人的过失;

(3)货物的灭失或损害是由于承运人免责范围以外的责任所致等。

上述情况则由收货人或其他有权提出索赔的人凭有关部门、机构出具的鉴定证书向承运人提出索赔。

如果货物的灭失或损害属下列范围:

(1)承保责任范围内,保险人应予赔偿的损失;

(2)承保责任范围内,由于自然灾害或意外原因等事故使货物遭受损害;

(3)在保险人责任期限内。

上述情况则由受损方凭有关证书、文件向保险公司提出索赔。

不论是哪一种原因发生的索赔案,也不管是向谁提出索赔,一项合理的索赔必须具备下列原则:

1. 提赔人要有正当提赔权

提出货物索赔的人原则上是货物所有人,或提单上记载的收货人或合法的提单持有人。此外,还可能是货运代理人或其他有关当事人。

2. 责任方必须负有实际赔偿责任

事实上，索赔方提出索赔并非都能得到赔偿，如属于承运人免责范围之内的，或属保险人承保责任外的货损，在很大程度上是不能得到赔偿的。

确定或证明责任方负有实际赔偿责任的文件通常有：(1)卸货记录；(2)检验报告；(3)交货记录；(4)残损记录；(5)合同责任条款等。

3．索赔时应具备的单证

(1)索赔申请书。索赔申请书系表明受损方向责任方提出赔偿要求，主要内容包括：①索赔人的名称和地址；②船名、抵港日期、装船港及接货地点名称；③货物有关情况；④短缺或残损情况；⑤索赔日期、索赔金额、索赔理由。

(2)提单。提单是划分责任方与受损方责任的主要依据，在提出索赔时，索赔人应出具提单正本或其影印本。

(3)货物残损检验证书。该证书是受损方针对所发生的货损原因不明或不易区别时，向检验机构申请对货物进行检验证书。

(4)货物残损单。该单是对货物运输、装卸过程中货物残损所做的实际记录，受损方依据经责任方签署的货物残损单提出索赔。

(5)索赔清单。索赔清单主要列明货损事故所涉及的金额，通常按货物的到岸价计算。

另外，提出索赔时应出具的单证还有商业发票、短损单、修理单等。

4．赔偿的金额必须是合理的

合理的赔偿金额是以货损实际程度为基础。

但是，在实际中责任方则往往受赔偿责任限额的保护，如：承运人的赔偿可享受提单中的赔偿责任限额，保险人的赔偿以保险金额为基础。

5．在规定的期限内提出索赔

一项有效的索赔必须在规定的期限内提出，这就是通常所说的"索赔时效"。否则，货物的损害即使确由责任方的过失所致，索赔人提出的索赔在时效过后很难得到赔偿。

二、海运货损事故的确定

由于海上风险的存在和货物运输过程中涉及很多环节的作业的特点，海上货物运输事故的发生实属难免。虽然可根据有关合同条款、法律、公约等规定，对所发生的货损事故进行处理。但是，在实际处理过程中，受损方与责任方之间往往会发生争议。一般而言，海运货损事故虽有可能发生于各个环节，但很大程度上是在最终目的地收货人收货时或收货后才被发现。

当收货人提货时，如发现所提取的货物数量不足，外表状况或货物的品质与提单上记载的情况不符，则应根据提单条款的规定，将货物短缺或损坏的事实，以书面的形式通知承运人或承运人在卸港的代理人,以此表明提出索赔的要求。如果货物的短缺或残损不明显,也必须是在提取货物后规定时间内,向承运人或其代理人提出索赔通知。

在海运货损事故索赔或理赔中,提单、收货单、过驳清单、卸货报告、货物溢短单、货物残损单、装箱单、积载图等货运单证均可作为货损事故处理和明确责任方的依据,对海上承运人来说,为保护自己的利益和划清责任,应该妥善处理这些单证。

通常,货运单证的批注是区分或确定货运事故责任方的原始依据,特别是在装货或卸货时,单证上的批注除确定承运人对货物负责的程度外,有时还直接影响到货主的利益,如能否持提单结汇、能否提出索赔等。

由于海上风险多变,因而也是造成货运事故的主要原因之一。凡船舶在海上遭遇恶劣气候的情况下,为明确货损原因和程度,应核实航海日志、船方的海事声明或海事报告等有关资料和单证。

货运事故发生后,收货人与承运人之间未能通过协商对事故的性质和程度取得一致意见时,则应在共同同意的基础上,指定检验人对所有应检验的项目进行检验,检验人签发的检验报告是确定货损责任的依据。

三、提出索赔的程序

海上货运公约,如《海牙规则》《维斯比规则》、业已生效的《汉堡规则》,以及各船公司的提单条款,一般都规定货损事故发生后,根据运输合同或根据提单有权提货的人可向承运人或其代理人提出书面通知,声明保留索赔权,否则承运人或其代理人将免除责任。

无论是根据《海牙规则》还是航运习惯,一般都将交付货物时是否提出书面货损通知看作表明按提单记载事项将货物交付给收货人的推定证据。也就是说,即使收货人在接受货物时未提出书面通知,以后也可根据货运单证上的批注,或检验人的检验证书,作为相反的证据提出索赔。而且,即使收货人在收货时提出了书面通知,但在提出具体索赔时,也必须出具原始凭证,证明其所收到的货物不是清洁提单上所记载的在外表良好状况下接收装船的货物。因而,索赔方在提出书面索赔通知后,应尽快地备妥各种有关单证,然后向承运人或其代理人提出货损索赔要求。

货物一旦发生灭失或损坏,通常由收货人向承运人或其代理人提出索赔。但是,当收货人根据货物保险条款从承保货物的保险人那里得到了赔偿后,保险人可代位(指代替收货人)向承运人或其代理人进行追偿。

四、索赔单证

作为举证的手段,索赔方出具的索赔单证不仅可证明货损的原因、种类、程度,还可确定最终责任方。海运中使用的主要货损索赔单证有以下几种。

1. 索赔申请书或索赔清单

索赔方一旦正式向承运人递交索赔申请书或索赔清单,则意味着索赔方正式提出了索赔要求。因此,如果索赔方仅仅提出货损通知,而没有出具作为举证手段的货运单证和向承运人递交索赔申请书、索赔清单,事实上可解释为索赔方并没有提出正式索赔要求。

2. 提单

提单既是货物收据、交货凭证,又是确定承运人与收货人之间责任的最终证明,是收货人提出索赔依据的主要单证。

3. 过驳清单或卸货报告、货物残损单和货物溢短单

4. 重理单

重理单是对货物件数或其他有疑问时,承运人要求复查而做的单证,是复查结果的证明文件。

提出索赔时使用的其他单证还有:货物发票、修理单、装箱单、拆箱单等。

五、权益转让

货物在海上运输过程中一旦发生灭失或损害,此项货物灭失或损害系由承运人的过失造成时,通常由收货人向承运人提出索赔,但也有收货人根据提货单或保险合同直接向保险人提出赔偿。当收货人从保险人那里得到赔偿后,则通过签署一份权益转让证书,将向承运人提出的索赔权利转让给保险人,保险人凭以向承运人进行索赔。该份权益转让书的主要内容为:我们(收货人)将对该货物的权利和利益转让给你们(保险人),我们授权给你们并以我们的名义向有关政府、企业、公司或个人提出你们认为合适的赔偿要求或法律上的诉讼;有关这方面你们所需要的文件,我们可随时提供。

六、担保与扣船

如货损由承运人的过失所造成,责任已明确,证据也充分,且损害金额较大,作为受损方除做好一般正常的索赔工作所需要的各种手续外,为保证索赔得以顺利了结,可在船舶离港前采取保全措施,要求船方提供担保。这种担保分现金担保、银行担保、担保函三种方式。

现金担保由承运人或船东保赔协会汇给索赔人一定数额的现金作担保,以后的索赔款项可在保证金内支付。

银行担保和担保函都是书面担保形式,前者由银行出具,后者一般由船东保赔协会出具。

如受损方认为通过正常途径不能取得担保,则可采取扣船措施,即在责任方(承运人)未提供担保前,向法院或有关当局申请扣押船舶,不准船舶离港。但采取扣船措施时,必须慎重,以防因扣船措施不当而产生不良的影响及不必要的纠纷和经济损失。

七、索赔的受理与审核

索赔的受理与审核系承运人的一项理赔工作,是海上货物运输全过程中一个很重要的组成部分。这是因为货物运输质量的好坏直接关系到理赔工作。在运输质量好的情况下,索赔案件就会较少发生。

一般来说,国外提赔人往往是通过国外代理提出索赔,由运输货物的承运人受理,承运人在国外的代理无权处理,除非经承运人委托或授权。

(一)分清责任

承运人在处理索赔时,首先应分清发生货损的原因和应承担的责任范围。当受损方向承运人提出某项具体索赔时,承运人可根据提单中有关承运人的免责条款解除责任。因此,在索赔和理赔过程中,往往会发生举证和反举证。原则上,受损方要想获得赔偿,必须予以举证,而责任方企图免除或减少责任,则必须予以反举证和举证,反举证是分清货损责任的重要手段,有时在一个票件中会多次进行,直到最终确定责任。

(二)审核

审核是处理货损事故仔细且重要的工作,在从事理赔工作时主要审核的内容有:
(1)索赔的提出是否在规定的期限内,如果期限已过,提赔人是否已要求展期;
(2)提出索赔所出具的单证是否齐全;
(3)单证之间有关内容是否相符,如船名、航次、提单号、货号、品种、检验日期等;
(4)货损是否发生在承运人的责任期限内;
(5)船方有无海事声明或海事报告;
(6)船方是否已在有关单证上签字确认;
(7)装卸港的理货数量是否准确。

(三)承运人免责或减少责任应出具的主要单证

承运人对所发生的货损欲解除责任,或意图证明自己并无过失行为,则应出具有关单证对所发生的货损不承担或少承担责任。除前述的收货单、理货计数单、货物溢短单、货物残损单、过驳清单等货运单证外,承运人还应提供:(1)积载检验报告;(2)舱口检验报告;(3)海事声明或海事报告;(4)卸货事故报告。

(四)索赔金的支付

通过举证与反举证,虽然已明确了责任,但在赔偿金额上未取得一致意见时,则应根据法院判决或决议支付一定的索赔金。关于确定损失金额的标准,《海牙规则》并没有做出规定,但在实际业务中大多以货物的 CIF 价作为确定赔偿金额的标准。

八、索赔的法律依据

为正确审理海上货运代理纠纷案件,依法保护当事人合法权益,根据《中华人民共和国民法通则》《中华人民共和国合同法》《中华人民共和国海商法》《中华人民共和国民事诉讼法》和《中华人民共和国海事诉讼特别程序法》等有关法律规定,结合审判实践,最高人民法院制定了《最高人民法院关于审理海上货运代理纠纷案件若干问题的规定》,该规定已于 2012 年 1 月 9 日由最高人民法院审判委员会通过,自 2012 年 5 月 1 日起施行。该规定的条款如下:

第一条　本规定适用于货运代理企业接受委托人委托处理与海上货物运输有关的货运代理事务时发生的下列纠纷:

（一）因提供订舱、报关、报检、报验、保险服务所发生的纠纷;

（二）因提供货物的包装、监装、监卸、集装箱装拆箱、分拨、中转服务所发生的纠纷;

（三）因缮制、交付有关单证、费用结算所发生的纠纷;

（四）因提供仓储、陆路运输服务所发生的纠纷;

（五）因处理其他海上货运代理事务所发生的纠纷。

第二条　人民法院审理海上货运代理纠纷案件,认定货运代理企业因处理海上货运代理事务与委托人之间形成代理、运输、仓储等不同法律关系的,应分别适用相关的法律规定。

第三条　人民法院应根据书面合同约定的权利义务的性质,并综合考虑货运代理企业取得报酬的名义和方式、开具发票的种类和收费项目、当事人之间的交易习惯以及合同实际履行的其他情况,认定海上货运代理合同关系是否成立。

第四条　货运代理企业在处理海上货运代理事务过程中以自己的名义签发提单、海运单或者其他运输单证,委托人据此主张货运代理企业承担承运人责任的,人民法院应予支持。

货运代理企业以承运人代理人名义签发提单、海运单或者其他运输单证,但不能证明取得承运人授权,委托人据此主张货运代理企业承担承运人责任的,人民法院应予支持。

第五条　委托人与货运代理企业约定了转委托权限,当事人就权限范围内的海上货运代理事务主张委托人同意转委托的,人民法院应予支持。

没有约定转委托权限,货运代理企业或第三人以委托人知道货运代理企业将海上货运代理事务转委托或部分转委托第三人处理而未表示反对为由,主张委托人同意转委托的,人民法院不予支持,但委托人的行为明确表明其接受转委托的除外。

第六条　一方当事人根据双方的交易习惯,有理由相信行为人有权代表对方当事人订立海上货运代理合同,该方当事人依据合同法第四十九条的规定主张合同成立的,人民法院应予支持。

第七条　海上货运代理合同约定货运代理企业交付处理海上货运代理事务取得的单证以委托人支付相关费用为条件,货运代理企业以委托人未支付相关费用为由拒绝交付单证的,人民法院应予支持。

合同未约定或约定不明确,货运代理企业以委托人未支付相关费用为由拒绝交付单证的,人民法院应予支持,但提单、海运单或者其他运输单证除外。

第八条　货运代理企业接受契约托运人的委托办理订舱事务,同时接受实际托运人的委托向承运人交付货物,实际托运人请求货运代理企业交付其取得的提单、海运单或者其他运输单证的,人民法院应予支持。

契约托运人是指本人或者委托他人以本人名义或者委托他人为本人与承运人订立海上货物运输合同的人。

实际托运人是指本人或者委托他人以本人名义或者委托他人为本人将货物交给与海上货物运输合同有关的承运人的人。

第九条　货运代理企业按照概括委托权限完成海上货运代理事务,请求委托人支付相关合理费用的,人民法院应予支持。

第十条　委托人以货运代理企业处理海上货运代理事务给委托人造成损失为由,主张由货运代理企业承担相应赔偿责任的,人民法院应予支持,但货运代理企业证明其没有过错的除外。

第十一条　货运代理企业未尽谨慎义务,与未在我国交通主管部门办理提单登记的无船承运业务经营者订立海上货物运输合同,造成委托人损失的,应承担相应的赔偿责任。

第十二条　货运代理企业接受未在我国交通主管部门办理提单登记的无船承运业务经营者的委托签发提单,当事人主张由货运代理企业和无船承运业务经营者对提单项下的损失承担连带责任的,人民法院应予支持。

货运代理企业承担赔偿责任后,有权向无船承运业务经营者追偿。

第十三条　因本规定第一条所列纠纷提起的诉讼,由海事法院管辖。

第十四条　人民法院在案件审理过程中,发现不具有无船承运业务经营资格的货运代理企业违反《中华人民共和国国际海运条例》的规定,以自己的名义签发提单、海运单或者其他运输单证的,应当向有关交通主管部门发出司法建议,建议交通主管部门予以处罚。

第十五条　本规定不适用于与沿海、内河货物运输有关的货运代理纠纷案件。

第十六条　本规定施行前本院作出的有关司法解释与本规定相抵触的,以本规定为准。

本规定施行后,案件尚在一审或者二审阶段的,适用本规定;本规定施行前已经终审的案件,本规定施行后当事人申请再审或者按照审判监督程序决定再审的案件,不适用本规定。

第二节　国际陆运代理货损事故处理

一、铁路货损事故处理

在铁路货物运输中,凡涉及铁路与发货人、收货人之间,或参加运送铁路间、铁路内部各单位间发生货物损害时。应在事故发生当日编制记录,作为分析事故原因、确定责任的原始证明和处理赔偿的依据。

（一）货损事故记录编制

货运事故记录分商务记录、普通记录、技术记录三种。

1. 商务记录

商务记录在货物运送过程中对发生的货损、货差或其他不正常情况的如实记载,是具体分析事故原因、责任和请求赔偿的基本文件。在商务记录中,应确切地记载货物的实际情况和运送当时发现的不良状况,以及发生货物损坏的原因。记录中应列举事实,而不应包括关于责任问题和发生损失原因的任何判断。同时,对商务记录各栏内容应逐项填记。

遇有下列情况之一,应编制商务记录：

(1)发现货物的名称、重量、件数等同运单和运行报单中所记载的事项不符；

(2)货物发生全部或部分灭失或损害,或包装破损；

(3)有货无票或有票无货；

(4)由国境站开启装有危险货物的车辆时。

商务记录必须在发现事故的当日编制,并按每票货物分别编制。如果运送同一发货人和同一收货人的同一种类的货物时,准许在到达站对数批货物编制一份商务记录。

接受商务记录的铁路部门,如对记录有异议,则应从收到记录之日起 45 天内,将异议通知编制商务记录的人。超过这一期限则被认为记录业已接受。

2. 普通记录与技术记录

货物运送过程中，如发现上述属商务情况以外的情况时，如有需要，车站应编制普通记录，普通记录不作为赔偿的依据。

当查明货损原因系车辆状况不良所致，除编制商务记录外，还应按该货损情况编制有关车辆状态的技术记录，并附于商务记录内。

(二) 确定事故的赔偿

1. 赔偿请求的提出与受理

发货人、收货人均有权根据运输合同提出赔偿要求。发货人必须以书面形式向发送站提出赔偿要求时，该代理必须出示发货人或收货人的委托书，以证明这种赔偿请求权是合法的。委托书应该根据赔偿请求按铁路的法令和规章办理。

自赔偿请求提出之日(凭发信邮局戳记或铁路在收到提出的赔偿请求书出具的收据为凭)起，铁路必须在 180 天内审查此项请求，并对赔偿请求人给予答复。

2. 索赔的依据及有关文件

索赔人在向铁路部门提出赔偿要求时，必须同时出具下列文件：

(1) 一旦货物发生全部灭失，由发货人提出赔偿时，发货人应出具运单副本，如由收货人提出赔偿时，则应同时出具运单副本或运单。

(2) 货物发生部分灭失或质变、毁损时，收货人、发货人均可提出索赔，同时应出具运单以及铁路到达站给收货人的商务记录。

(3) 货物发生运输延误时，应由收货人提出赔偿，并提交运单。

(4) 对于承运人多收运送费用的情况，发货人可按其已付的款额向承运人追回多收部分的费用，但同时应出具运单副本或铁路规定的其他有关文件。如由收货人提出追回多收费用的要求，则应根据其支付的运费为基础，同时还需出具运单。

在提出索赔的赔偿请求书上，除应附有运单或运单副本外，在适当情况下还需附商务记录，以及能证明货物灭失、损坏和货物价值的文件。

3. 索赔请求时效

凡根据运输合同向铁路部门提出的索赔，以及铁路对发货人、收货人关于支付运费、罚款的赔偿要求应在 9 个月内提出，有关货物运输延误的赔偿，则应在 2 个月内提出。上述时效的计算方法是：

(1) 关于货物损坏或部分灭失以及运输延误的赔偿，自货物交付之日或应交付之日起计算。

(2) 关于货物全部灭失的赔偿，自货物按期运到后 30 天内。

(3) 关于补充支付运费、杂费、罚款的要求，或关于退还此项款额的赔偿要求，则应自付款之日起计算。如未付款时，从货物交付之日起计算。

(4) 关于支付变卖货物的货款要求，则自变卖货物之日起计算。

二、公路货运事故处理

(一) 货损事故责任的确定

公路承运人对自货物承运时起至交付货物期间内所发生的货物灭失、损害系由于装卸、运输、保管以及交接过程中发生运输延误、灭失、损坏、错运等负赔偿责任。

1. 责任范围

(1) 货损。货损是指货物磨损、破裂、湿损、变形、污损、腐烂等。

(2) 货差。货差是指货物发生短少、失落、错装、错卸、交接差错等。

(3) 有货无票。货物存在而运单及其他票据未能随货同行，或已遗失。

(4) 运输过失。因误装、误卸、办理承运手续过程中的过失，或漏装、过失等。

(5) 运输延误。已接受承运的货物由于始发站未及时运出，或中途发生变故等原因，致使货物未能如期到达。

造成货损差的其他原因，还有破包、散捆、票据编制过失等。

对下列原因造成的货损事故，公路承运人不承担赔偿责任：

(1) 由于自然灾害发生的货物遗失或损坏；

(2) 包装完整，但内容业已短少；

(3) 由于货物的自然特性所致；

(4) 因根据卫生机关、公安、税务机关有关规定处理的货物；

(5) 由托运人自行保管、照料所引起的货物损害；

(6) 货物未过磅发生数量短少；

(7) 承托双方订有协议，并对货损有特别规定者。

(二) 货损事故记录的编制

货损货差商务事故记录的编制过程，一般根据下列要求进行：

(1) 事故发生后，由发现事故的运送站或就近站前往现场编制商务记录，如系重大事故，在有条件时还应通知货主一起前往现场调查，分析责任原因；

(2) 如发现货物被盗，应尽可能保持现场，并由负责记录的业务人员或司机根据发现的情况会同有关人员做好现场记录；

(3) 对于在运输途中发生的货运事故，司机或押运人应将事故发生的实际情况如实报告车站，并会同当地有关人员提供足够的证明，由车站编制一式三份的商务事故记录；

(4) 如货损事故发生于货物到达站，则应根据当时情况，会同司机、业务人员、装卸人员编制商务记录。

(三) 货损事故的赔偿

受损方在提出赔偿要求时，首先应做好赔偿处理手续，具体做法如下：

（1）向货物的发站或到站提出赔偿申请书；

（2）提出赔偿申请的人必须持有有关票据，如：行李票、运单、货票、提货联等；

（3）在得到责任方给予赔偿的签章后，赔偿申请人还应填写"赔偿要求书"，连同有关货物的价格票证，如发票、保单、货物清单等，送交责任方。

在计算货损货差的金额时，主要有三种情况：

（1）发货前的损失，应按到达地当天同一品类货物的计划价或出厂价计算，已收取的运费也应予以退还；

（2）到达后损失，应按货物运到当天同一品类货物的调拨价计算赔偿；

（3）对价值较高的货物，则应按一般商品调拨价计算赔偿。

第三节　国际空运代理货损事故处理

一、航空货物索赔的含义

货物索赔是托运人、收货人或其代理人对承运人在货物运输组织的全过程中，所造成的货物毁灭、破损、遗失、变质、污染、延误、内容短缺等，向承运人提出赔偿。

二、索赔人

有权提出索赔的人主要有：

1. 货运单上列明的托运人或收货人

托运人、收货人是指主运单上填写的托运人或收货人。向航空公司提出索赔的应是主运单上填写的托运人或收货人。客户或分运单上的托运人、收货人或其他代理应向主运单上填写的托运人或收货人提出索赔。

2. 持有货运单上托运人或收货人签署的权益转让书的人员

（1）承保货物的保险公司；

（2）索赔人委托的律师；

（3）有关的其他单位；

（4）集运货物的主托运人和主收货人。

如果收货人在到达站已将货物提取，则托运人将无权索赔。如托运人要求索赔的话，应该有收货人出具的权益转让书。

三、索赔的地点和时限

(一)索赔的地点

托运人、收货人或其代理在货物的始发站、目的站或损失事故发生的中间站,可以书面的形式向承运人(第一承运人或最后承运人或当事承运人)或其代理人提出索赔要求。

(二)索赔的时限

(1)货物损坏(包括短缺)属于明显可见的赔偿要求,应从发现时起立即提出并最迟延至收到货物之日起14天内提出。

(2)货物运输延误的赔偿要求,在货物由收货人支配之日起21天内提出。

(3)货物毁灭或遗失要求,应自填开货运单的之日起120天之内提出。

任何异议,均按上述规定期限,向承运人以书面形式提出。除承运人有欺诈行为外,有权提取货物的人如果在规定时限内没有提出异议,将丧失对承运人诉讼的权利。

(4)对于提出索赔的货物,货运单的法律有效期为两年。

四、索赔所需的文件

(1)正式索赔函2份(收货人/发货人向代理公司、代理公司向航空公司);

(2)货运单正本或副本;

(3)货物商业发票、装箱清单和其他必要资料;

(4)货物舱单(航空公司复印);

(5)货物运输事故记录(货物损失的详细情况和索赔金额);

(6)商检证明(货物损害后由商检等中介机构所做的鉴定报告);

(7)运输事故记录;

(8)来往电传。

五、赔偿规定

货物没有办理声明价值,承运人按照实际损失的价值进行赔偿,赔偿的最高限额为毛重每千克20美元。已向承运人办理货物声明价值,并声明价值附加费,按声明价值赔偿。

内损货物的责任:货物的内损指货物的外包装完好,但货物本身破损了,对于此类货物的破损,如无确实的证据证明是由于承运人的过错造成的,则不应当负责。但对于外包装破损或有盗窃痕迹,则应负责赔偿。

如货物的一部分或者货物中任何物件发生遗失、损坏或者延误,用以决定承运人责任限额的重量,仅为该件或者件数的总重量。如货物的一部分或者货物中任何物件发生遗失、损坏或者延误,以致影响同一份货运单所列的另一包装件或者其他包装件的价值时,在确定责任限额时,另一包装件的总重量也应当考虑在内。

第四节 国际货运代理保险理赔

一、保险合同下的保险索赔

保险人与被保险人之间的保险合同形式习惯上是以保单来体现的。保单具有法律效力,对双方当事人均有约束。一份有效的保单必须载明这样一些基本内容:(1)当事人的名称和地址;(2)保险标的;(3)保险风险和事故的种类;(4)保险金额;(5)保险费;(6)保险责任开始的日期、时间和保险期限;(7)订立合同的日期。

除上述事项外,其他事项可由保险人和被保险人协商后加注在保险单上。

在海运进出口贸易中,如果货物的灭失或损害系发生在保单规定的责任范围内,被保险人可向保险人提出补偿要求。被保险人在提出保险索赔时,应做好下列一些工作。

1. 损失通知

被保险人得知保险的货物业已发生损害,应立即通知保险人。保险人在接到损害通知后,应采取相应的措施,例如:对货物损害的程度进行检验;提出施救办法;确定保险责任;追查第三方责任等。检验完毕后应取得检验报告,作为保险人日后进行追偿的重要凭证。

2. 向承运人等有关方提出索赔

被保险人或其代理人在提货时发现货物受损,除向保险人报损外,还应立即通知承运人、海关、港务当局等有关方,并索取有关货损的证明。在所规定的期限内,及时向责任方提出索赔,同时保留追偿权利,必要时申请延长索赔时效。

3. 采取合理的施救措施

被保险的货物一旦发生货损事故,被保险人应对货物采取必要的施救措施,以防止损失进一步扩大。因抢救、阻止、或为减少货损的措施而支付的合理费用,可由保险人负责,但以不超过该批被救货物的保险金额为限。

4. 备妥必要的索赔单证

被保险的货物经过检验,并办妥承运人等第三方的赔偿手续后,应立即向保险人或其代理人提出赔偿要求,在提出索赔时,通常提供下列单证:(1)保险单或保险凭证正本;(2)运输合同,包括海运提单或陆路运单;(3)货物的商业发票;(4)检验报告、海事报告记录;(5)有关货损、货差的证明;(6)索赔清单等。

总之,在保险理赔处理中,审核索赔方提出的索赔内容是一项很仔细且重要的工作,归纳起来,审核如下主要内容:

一是索赔单证、证书、文件是否齐全;

二是单证上的内容记载是否相符;

三是货损是否发生在承保责任范围内;

四是提单上有无批注;

五是有无海事声明、海事报告、检验报告、残损单等。

二、保险损害赔偿原则的确定

保险合同是保险人对承保责任范围内的保险标的发生损害时负责赔偿的合同。根据保险合同确定损害赔偿的基本原则是:

(1)被保险人对保险标的必须具有保险权益,否则不能依据保险合同提出赔偿;

(2)保险合同的标的必须具有损害发生的事实,而且所发生的损害与运输风险有关;

(3)赔偿不是保险标的归还,而是在经济上给予补偿;

(4)同一标的不能向两家以上不同的保险公司投保,否则属重复保险,保单无效。如果投保人在不了解具体做法的情况下,同时在两家以上保险公司投保,则应在从其中一家得到赔偿后做出声明,否则会构成欺骗行为。

在保险理赔中,很多货损事故索赔均涉及第三者的责任,此种索赔应遵循以下原则。

(1)凡属发货人的过失所致,如货物残损、数量短缺、包装不牢等,则由收货人直接申请检验出证,并及时将商检证书和有关单证备妥,在规定的期限内向发货人提出索赔;

(2)如货物的损害是由于承运人过失所致,收货人根据承运人的签证,申请检验出证,连同有关货运单证交卸货口岸的保险公司或船公司代理;

(3)涉及国内装卸和运输部门责任的货损事故,收货人应立即向有关责任方取得货运记录,直接向其提出索赔,或向保险人提出索赔;

(4)因在国内负责中转由于运输安排过失造成的货损货差事故,收货人应向责任方提出索赔,保险人不负责任。

三、损害赔偿保险责任范围

货物赔偿责任范围主要根据保险人与被保险人订立的保险合同中的条款来确定,一般有三种情况。

（一）平安险的责任范围

(1)被保险的货物在运输途中因恶劣气候、雷电、海啸、地震、洪水等自然灾害造成货物全部损失或推定全损；

(2)由于运输工具遭受搁浅、触礁、沉没、碰撞、火灾、爆炸等意外事故造成货物全部或部分损失；

(3)在货物装卸或转运时由于一件或数件货物落海造成的全部或部分损失；

(4)被保险人对承保责任内的货物遭受危险时采取抢救，或为防止或减少货损的措施而支付的合理费用，但以不超过该批货物的保险金额为限；

(5)运输工具遇难后，在避难港由于卸货所引起的损失，以及在中途港、避难港由于卸货、储存、运送所产生的特殊费用；

(6)共同海损分摊和救助费用；

(7)运输合同或提单上订有"船舶互碰责任"条款，根据该条款应由货方偿还船方的损失。

（二）水渍险的责任范围

除包括上述平安险的各项责任外，还负责被保险货物由于恶劣气候、雷电、海啸、地震、洪水等自然灾害造成的部分损失。

（三）一切险的责任范围

除包括上述平安险、水渍险的各项责任外，还负责被保险货物在运输途中由于外来原因所致的全部或部分损失。

对由于下列原因造成的货损，保险人不予赔偿：

(1)被保险人的故意行为或过失造成的货损；

(2)属于发货人的过失责任；

(3)在保险责任开始前，被保险货物业已存在品质不良或货物数量短缺；

(4)被保险货物的自然损耗、自然特性、内在缺陷、市价跌落、运输延误等引起的损失或费用；

(5)附加险条款规定的责任范围和除外责任。

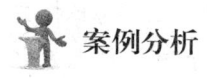

案例分析

货运代理企业是否有权对间接占有的债务人的动产行使留置权

原告：上海通富国际物流有限责任公司

被告：上海迅磊网络科技有限公司

2014年10月14日，原告与被告签订《费用结算协议》，约定原告接受被告委托代办订舱、拖车、报关、报检等货运代理事项，为被告代缴相关费用，并就费用结算、留置权利进行约定：被告未依约对结算清单予以确认，或确认后未依约支付款项的，原告有权留置被告委托办理之任何业务的相关单证和货物至实际支付之日止。在此情况下若被告仍不积极履行付款义务，原告有权变卖、处理已留置单据或货物以折抵费用，由此给被告造成的损失由其自行承担。

2015年3月，原告接受被告委托，为单证号为MY10512278和MY10514567的两票进口货物提供了进口报关、内陆运输等货运代理服务。被告盖章确认2票业务费用总计人民币25 938.53元。此外，被告盖章确认以往业务中另有人民币54 437元和860美元的未付款项。

2015年5月，被告向原告出具《付款保函》，确认自2014年11月1日起至2015年3月31日止有9票业务费用尚未支付，累计欠付原告海运费及其他港杂费用等共计222 445.79美元及人民币25 938.53元（包含涉案2票业务费用），并保证在2015年5月25日前全额支付，否则将按每日千分之五的标准向原告支付违约金。

2015年8月，原告再次接受被告委托，为提单号AO10251983项下的进口"安哥拉黑色花岗岩荒料"提供货运代理服务。该批次货物进口时间为2015年8月8日，装载于60个20英尺标准集装箱内，涉案提单载明的收货人以及报关单载明的经营单位和收货单位都是被告，报关单记载的货物总价为159 796美元。因被告欠付原告之前业务的货运代理费，原告要求被告支付拖欠费用后才安排提货及送货，但被告未予理会。2015年9月13日，原告提取该批货物后，将货物存放于案外人薪鑫货代的仓库中。2015年10月20日，原告向被告发出"律师函"，催讨相关欠款，并通知被告其留置了提单号AO10251983项下货物。被告于次日签收该邮件。截至2015年12月，原告陆续为该批货物支付了换单费、报关费、超期费、港杂费等共计人民币624 142元。此外，截至2016年1月13日，原告共计向薪鑫货代支付该批货物堆存费人民币90 000元，其中首月2015年9月13日至10月12日为人民币18 000元，其余3个月每月费用均为人民币24 000元。其后，堆存费仍在持续发生。

此外，原告就被告在2015年1月和2月委托其办理的出口货代业务所欠费用另案起诉。2016年8月8日，该案做出一审判决，查明被告截至2015年4月15日拖欠原告货运代理费用109 794美元和人民币428 273元，并判决被告应于该判决生效之日起10日内向原告支付货运代理费用109 794美元和人民币428 273元及逾期付款违约金。

原告诉请判令被告：(1)支付货运代理业务产生的费用860美元和人民币704 717.53元及其违约金；(2)支付至实际提货时累计的堆存费损失；(3)确认原告有

权留置提单号 AO10251983 项下的货物,并有权依法变卖该提单项下货物优先用于偿还被告欠付原告的费用;(4)本案案件受理费和诉讼保全申请费由被告承担。

被告辩称:因相关经办人员已经离职,被告对事实不清楚,同时认为目前提单号 AO10251983 项下的货物并非在原告处,因此原告没有留置权。

思考:

海上货运代理属于商事代理行为,货运代理企业以从事代理业务并收取报酬为主要经营活动。货运代理合同,是指委托人和受托人约定,由受托人为委托人处理货物运输及相关业务的合同。当委托人拖欠货运代理人费用时,货运代理人是否可以采取留置委托人货物的救济手段,在海事审判实践中向来争议不断。请思考本案中,原告是否有权留置提单号 AO10251983 项下货物。

练习题

(一)名词解释

保险合同

(二)填空

1. 银行担保和担保函都是书面担保形式,前者由银行出具,后者一般由_____出具。
2. 空运货损事故处理中,货物没有办理声明价值,承运人按照实际损失的价值进行赔偿,赔偿的最高限额为毛重每千克_____。

(三)单项选择

1. 空运货物损坏(包括短缺)属于明显可见的赔偿要求,应从发现时起立即提出并最迟延至收到货物之日起( )内提出。
   A. 7 天　　　　　B. 14 天　　　　　C. 21 天　　　　　D. 28 天
2. 空运货物运输延误的赔偿要求,在货物由收货人支配之日起( )内提出。
   A. 7 天　　　　　B. 14 天　　　　　C. 21 天　　　　　D. 28 天
3. 空运货物毁灭或遗失要求,应自填开货运单的之日起( )之内提出。
   A. 30 天　　　　B. 60 天　　　　　C. 120 天　　　　D. 360 天
4. 铁路货损赔偿时,自赔偿请求提出之日(凭发信邮局戳记或铁路在收到提出的赔偿请求书出具的收据为凭)起,铁路必须在( )内审查此项请求,并对赔偿请求人给予答复。
   A. 120 天　　　　B. 180 天　　　　C. 270 天　　　　D. 360 天
5. 铁路运输中,凡根据运输合同向铁路部门提出的索赔,以及铁路对发货人、收货人关于支付运费、罚款的赔偿要求应在( )内提出
   A. 3 个月　　　　B. 6 个月　　　　C. 9 个月　　　　D. 12 个月
6. 铁路运输中,凡根据运输合同向铁路部门提出的索赔,有关货物运输延误的赔偿,则应在( )内提出。
   A. 1 个月　　　　B. 2 个月　　　　C. 5 个月　　　　D. 9 个月
7. ( )是受损方针对所发生的货损原因不明或不易区别时,向检验机构申请对货物进行检

验证书。

  A. 货物残损检验证书 B. 货物残损单 C. 卸货记录 D. 检验报告

8.（ ）是对货物运输、装卸过程中货物残损所做的实际记录,受损方依据责任方签署的货物残损单提出索赔。

  A. 货物残损检验证书 B. 货物溢短单 C. 过驳清单 D. 货物残损单

9.（ ）既是货物收据、交货凭证,又是确定承运人与收货人之间责任的最终证明,是收货人提出索赔依据的主要单证。

  A. 提单   B. 装箱单   C. 提货单   D. 场站收据

10.（ ）是对货物件数或其他有疑问时,承运人要求复查而做的单证,是复查结果的证明文件。

  A. 检验报告   B. 卸货记录   C. 残损记录   D. 重理单

（四）多项选择

1. 货损货差中,确定或证明责任方负有实际赔偿责任的文件通常有:( )。

  A. 提货单   B. 检验报告
  C. 交货记录   D. 场站收据
  E. 合同责任条款

2. 海运承运人对所发生的货损欲解除责任,或意图证明自己并无过失行为,则应出具有关单证对所发生的货损不承担或少承担责任,除收货单、理货计数单、货物溢短单、货物残损单、过驳清单等货运单证外,承运人还应提供:( )。

  A. 积载检验报告   B. 舱口检验报告
  C. 海事声明或海事报告   D. 卸货事故报告
  E. 大幅收据

3. 在保险理赔处理中,审核索赔方提出的索赔内容是一项很仔细且重要的工作,归纳起来,审核如下主要内容:( )。

  A. 索赔单证、证书、文件是否齐全
  B. 单证上的内容记载是否相符
  C. 货损是否发生在承保责任范围内
  D. 提单上有无批注
  E. 有无海事声明、海事报告、检验报告、残损单等

4. 保险合同是保险人对承保责任范围内的保险标的发生损害时负责赔偿的合同。根据保险合同确定损害赔偿的基本原则是:( )。

  A. 被保险人对保险标的必须具有保险权益,否则不能依据保险合同提出赔偿
  B. 保险合同的标的必须具有损害发生的事实,而且,所发生的损害与运输风险有关
  C. 赔偿不是保险标的的归还,而是在经济上给予补偿
  D. 同一标的不能向两家以上不同的保险公司投保,否则属重复保险,保单无效
  E. 如果投保人同时在两家以上保险公司投保,则可以同时获得两份保险赔款

5. 在保险理赔中,很多货损事故索赔均涉及第三者的责任,此种索赔的原则应遵循:( )。

  A. 凡属发货人的过失所致,如:货物残损、数量短缺、包装不牢等,则由收货人直接申请检验出证,并及时将商检证书和有关单证备妥,在规定的期限内向发货人提出索赔

B. 如货物的损害是由于承运人过失所致,收货人根据承运人的签证,申请检验出证,连同有关货运单证交卸货口岸的保险公司或船公司代理
C. 涉及国内装卸和运输部门责任的货损事故,收货人应立即向有关责任方取得货运记录,直接向其提出索赔,或向保险人提出索赔
D. 因在国内负责中转由于运输安排过失造成的货损货差事故,收货人应向责任方提出索赔,保险人不负责任
E. 被保险的货物一旦发生货损事故,被保险人应对货物采取必要的施救措施,以防止损失进一步扩大

(五)简答
1. 简述合理索赔的原则。
2. 简述处理货损事故时审核的内容。
3. 简述索赔人在向铁路部门提出赔偿时必须出具的文件。

部分参考答案

第一章 国际货运代理概论

（二）填空

1. 租船经纪人

2. 显名代理 隐名代理 不公开本人的代理

（三）单项选择

1. A   2. C   3. B   4. D   5. C   6. B
7. D   8. A   9. A   10. D

（四）多项选择

1. ACE   2. ABDE   3. ABCD   4. ABCDE   5. ABE

第二章 国际货运代理企业

（二）填空

1. 满足顾客需求 为顾客解决问题的能力 提高顾客满意度和企业美誉度能力

2. 具备充分的用户价值 具有独特性 突出表现企业整体竞争力 具备一定的延展性

（三）单项选择

1. D   2. C   3. B   4. A   5. B   6. A
7. C   8. C   9. B   10. B

（四）多项选择

1. ABCD   2. BCD   3. ACDE   4. ABD   5. ABCDE

第三章 国际货运代理营销

（二）填空

1. 国际贸易 国际运输

2. 派生性 派生关系

（三）单项选择

1. A   2. C   3. A   4. C   5. D   6. C
7. D   8. B   9. A   10. B

（四）多项选择

1. ACDE   2. ABCD   3. ABDE   4. ABCDE   5. ABCDE

第四章　国际货运代理法律法规

(二) 填空

1. FIATA "菲亚塔"
2. 被代理人　代理人　相对人　委托人　受托人

(三) 单项选择

1. C　　2. D　　3. C　　4. D　　5. B　　6. A
7. A　　8. B　　9. C　　10. D

(四) 多项选择

1. ABDE　　2. ACD　　3. BCD　　4. ACDE　　5. ACE

第五章　国际货运代理法律地位

(二) 填空

1. 主体　客体　内容
2. 合同条款

(三) 单项选择

1. A　　2. B　　3. C　　4. B　　5. A　　6. C
7. B　　8. D　　9. A　　10. D

(四) 多项选择

1. ABCD　　2. ABE　　3. ABCD　　4. DE　　5. AB

第六章　国际货运代理责任及责任保险

(二) 填空

1. 损害赔偿责任
2. 契约自由　保险利益　诚实信用

(三) 单项选择

1. C　　2. A　　3. B　　4. D　　5. D　　6. B
7. A　　8. C　　9. A　　10. C

(四) 多项选择

1. BCE　　2. BCDE　　3. ACDE　　4. ABC　　5. ABCDE

第七章　国际海运代理实务

(二) 填空

1. 门到门　内装　自送
2. 场站收据

(三) 单项选择

1. A 2. B 3. C 4. D 5. D 6. C
7. C 8. A 9. B 10. D

(四)多项选择
1. ACE 2. BCDE 3. ABCE 4. ABCDE 5. ABCDE

第八章　国际陆运代理实务

(二)填空
1. 联合运输　相继运输
2. 短途　长途　去程　回程

(三)单项选择
1. A 2. B 3. C 4. D 5. B 6. C
7. D 8. A 9. C 10. D

(四)多项选择
1. ABCDE 2. ABE 3. ABCDE 4. ABCD 5. ABCD

第九章　国际空运代理实务

(二)填空
1. 航空定期运输市场　航空不定期运输市场　航空快捷运输市场
2. 航空国内运输市场　航空国际运输市场　航空地区运输市场

(三)单项选择
1. A 2. B 3. C 4. A 5. B 6. D
7. C 8. A 9. B 10. D

(四)多项选择
1. ABCD 2. ABCD 3. ABCDE 4. ABCE 5. ACE

第十章　国际多式联运实务

(二)填空
1. 合同条款　货运代理人的行为　费用的支付方式　先前交易的性质
2. 可转让提单　不可转让提单

(三)单项选择
1. D 2. B 3. C 4. D 5. D 6. A
7. C 8. A 9. B

(四)多项选择
1. ABCDE 2. ABCDE 3. ABC 4. ACD 5. ABCDE

第十一章　国际货运代理财务与费收

(二)填空

1. 基本运费　附加运费
2. 预付运费　到付运费

（三）单项选择

1. A 　　2. B 　　3. D 　　4. C 　　5. A 　　6. B
7. D 　　8. A 　　9. C 　　10. D

（四）多项选择

1. ABC 　　2. ABCD 　　3. ABCDE 　　4. ABCDE 　　5. CDE

第十二章　国际货运代理货损事故处理

（二）填空

1. 船东保赔协会
2. 20 美元

（三）单项选择

1. B 　　2. C 　　3. C 　　4. B 　　5. C 　　6. B
7. A 　　8. D 　　9. A 　　10. D

（四）多项选择

1. BCE 　　2. ABCD 　　3. ABCDE 　　4. ABCD 　　5. ABCD

参考文献

1. 唐·E.舒尔茨.整合行销传播.中国物价出版社,2002.
2. 王学成,国际营销学,天津人民出版社,2000.
3. 杨涛,刘海兵.空运方式下的信用证风险.世界机电经贸信息,2005年第3期.
4. 张军.空运、海运提单的不同法律属性.中国经贸,2004年第9期.
5. 黄由衡,陈治亚.空运代理对铁路运输推行代理制的启示.铁路经济研究,200年第1期.
6. 黄力华.空运单法律问题研究.西南民族大学学报(哲学社会科学版),2000年10月.
7. 郑世亮.货运代理有关问题的研究.西南交通大学硕士论文,2002年6月.
8. 董娜.货运代理企业发展第三方物流的经营战略研究.武汉理工大学硕士论文,2002年3月.
9. 王毓敏.货运代理公司发展之前景分析.天津大学管理学院硕士论文,2004年1月.
10. 孙蕊.中国国际货运代理业的营销问题研究.天津财经大学硕士论文,2005年5月.
11. 孟丽梅,周岢.试论国际贸易出口空运违规操作的民事责任.广西政法管理干部学院学报,2003年1月.
12. 黄晖.国际货物多式联运经营人责任制度研究.大连海事大学硕士论文,2003年3月.
13. 张松柏.对省级邮政物流经营"货运代理"业务的探讨.现代邮政,2005年第8期.
14. 杨鹏强.物流业中的重要角色——报关代理与货运代理.物流世界,2004年3期.
15. 宫国顺.利用信息化手段促进铁路货运营销改革.铁道运输与经济,2004年第7期.
16. 赵铁军.新一代集中式货运处理系统在澳门航空的应用.空运商务,2005年第35期.
17. 苑晓峰.关系与营销.经济论坛,2000年第10期.
18. 中国国际海运集装箱(集团)公司联合课题组课题负责人李善同.现代公路货运发展的特点和影响我国公路货运发展的宏观因素.国研网.http://www.drcnet.com.cn/.
19. 非洲石油"管道"是怎样通向美国的.中国石油网.
20. 张颢,靳光辉.对我国管道联网后天然气行业运行方式的探讨.国际石油经济,2004年第11期.
21. 郑朝霞.国内外管道运输情况综述.物流技术,2003年第2期.
22. 董常凌.美国西南航空持续31年赢利的秘密.中国经济周刊,2005年第8期.
23. 航空物流业:迅速成长的经济蛋糕.慧聪网.
24. 王丽杰.国际巨头角逐中国航空物流市场.中国民航报,2005年4月18日.
25. 我国航空运输总周转量跃居世界第三位.中新网.
26. 张世良.论国际航空运输管理体制的历史径路及其新发展.四川大学学报(哲学社会科学版),2004年增刊.

27. 于汝民. 中国经济发展与沿海港口散货运输. 港口经济,2005 年第 1 期.

28. 贾大山. 我国沿海运输需求结构变化及预测分析. 中国水运,2000 年第 3 期.

29. 海运散货出口单证操作. 中国航贸网.

30. 顾伟红,郏丙贵. 我国国际班轮运价管理方式的探讨. 中国第三方物流网.

31. 论国际班轮运输变革新趋势. 中国远洋航务公告,2003 年第 6 期.

32. 吴志红. 航次租船实务操作技巧. 国航网. http://www.guohang.org/shownews.asp.

33. 张光远,张冬生,王伟. 市场供求关系与运价管理改革. 综合运输,2004 年第 2 期.

34. 颜军林,颜秀玲,张萍. 运输产业组织特点对运输企业成本的影响. 铁道经济研究,2004 年第 4 期.

35. 金波. 铁路运输成本三题. 铁道经济研究,2004 年第 1 期.

36. 张怀玺. 成本管理在中美企业间的差别. 理财杂志,2005 年 4 月 25 日.

37. 罗仁坚. 现代综合运输体系的发展思路. 宏观经济管理,2004 年第 2 期.

38. 佚名. 如何发挥长江在我国综合运输体系中的作用. 水路运输文摘,2004 年第 5 期.

39. 屈平,胡思继. 综合运输体系发展回顾及促进措施. 交通与运输,2004 年第 6 期.

40. 张国强. 市场竞争:交通协调发展的制度机制. 综合运输,2004 年第 3 期.

41. 陈荫三,杨铭. 高速公路联网后的综合运输格局. 综合运输,2005 年第 4 期.

42. 谢晰清. 确立内河航运的基础性地位构筑江河流域综合运输体系. 长江航运杂志.

43. 罗仁坚. 论铁路在综合运输体系中的地位与作用. 综合运输,2004 年第 7 期.

44. 邓成华,栾新. 企业信息管理体系规划. 国研网. http://www.drcnet.com.cn.

45. 胡长清. 中国民法总论. 中国政法大学出版社,1997.

46. 梁慧星. 民商法论丛(第 46 卷). 法律出版社,2010.

47. 陆坡. 国际货运代理法律问题研究. 上海海运学院硕士学位论文,2003 年 12 月.

48. 上海海事法院. 表见代理的认定与法律适用. http://shhsfy.gov.cn/hsinfoplat/platformData/infoplat/pub/hsfyintel_32/docs/200708/d_199572.html.

49. 中国外运长航集团有限公司的集团概括和经营领域. http://www.sinotrans.com/portal/wps/portal.

50. 常宏哲. 国际货运代理法律问题研究. 吉林大学硕士学位论文,2007 年 4 月.

51. 茅迪群. 国际货运代理法律责任问题研究. 复旦大学硕士学位,2008 年 4 月.

52. 温晓雨. 国际货运代理相关法律问题研究. 东北财经大学硕士学位论文,2005 年 12 月.

53. 张保良. 委托合同理论研究. 华中师范大学硕士学位论文,2001 年 4 月.

54. 隋美娜. 中国与国际货运代理法律制度对接的研究. 哈尔滨工程大学,2005 年 1 月.

55. 蔡颖华. 我国国际货运代理的法律关系研究. 华东政法学院硕士学位论文,2006 年 11 月.

56. 杨运涛,丁丁. 国际货运代理法律指南. 人民交通出版社,2002.

57. 李玉如. 国际货运代理与业务. 人民交通出版社,2001.

58. 杨志刚. 国际货运代理实务、法规与案例. 化学工业出版社,2003.

59. 孟于群,陈震英. 国际货运代理法律及案例评析. 对外经济贸易大学出版社,2000.

60. 刘文. 国际货运代理及其责任保险的法律问题. 华东政法学院硕士学位论文,2002年6月.

61. 杜文. 货运代理有关问题的研究. 西南交通大学硕士学位论文,2002年6月.

62. 梁小军. 提示铁路货物运输代理企业核心竞争力的研究. 中南大学硕士学位论文,2007年5月.

63. 中华人民共和国商务部. 国际货运代理企业信息管理. http://gjhy.mofcom.gov.cn/zhinan.shtml.

64. 杨婵. 货运代理企业有权对间接占有的债务人的动产行使留置权. 2017年7月5日. http://shhsfy.gov.cn/hsfyytwx/hsfyytwx/spdy1358/jpal1435/2017/07/05/2c9380995cf7ef56015d125d09651f65.html.

65. 佚名. 货运代理人求偿垫付费用纠纷的审理思路——青岛崴鸿国际物流有限公司成都分公司诉绵阳志海进出口贸易有限公司海上货运代理合同纠纷案. 2014年9月10日. http://shhsfy.gov.cn/hsfyytwx/hsfyytwx/spdy1358/jpal1435/2014/09/10/d_284022.html.

66. 中华人民共和国最高人民法院. 最高人民法院关于审理海上货运代理纠纷案件若干问题的规定. 2012年3月20日. http://www.court.gov.cn/fabu-xiangqing-3807.html.

67. 佚名. 实际托运人向货运代理人的费用支付义务分析——青岛天虎国际货运代理有限公司诉海远集团有限公司等海上货运代理合同纠纷案. 2014年9月3日. http://shhsfy.gov.cn/hsfyytwx/hsfyytwx/spdy1358/jpal1435/2014/09/03/d_283532.html.

68. 杨巍. 航空货运代理合同与航空货物运输合同的区分. 2012年3月12日. http://shfy.chinacourt.org/article/detail/2012/10/id/672034.shtml.

69. 王菲. 面向"一带一路"的国际铁路通道布局研究[J]. 铁道运输与经济,2018(04):13—17.

70. 孙义军. "一带一路"国际合作中的铁路货物运输研究[J]. 理论学习与探索,2018(01):46—47+61.

71. 推进"一带一路"建设工作领导小组办公室. 中欧班列建设发展规划(2016—2020年). 2016年10月17日. http://www.ndrc.gov.cn/gzdt/201610/P020161017544178660107.pdf.

72. 吴焰,张晓东. 中吉乌国际公路货运正式运行,中亚再拓"一带一路"通道. 人民日报,2018年2月27日.

73. 佚名. 是否实际控制货物流向与交付应作为综合识别无船承运人的标准之一——扬州天华光电科技有限公司诉上海泷特国际物流有限公司海上货物运输合同纠纷案. 2014年8月27日. http://shhsfy.gov.cn/hsfyytwx/hsfyytwx/spdy1358/jpal1435/2014/08/27/d_283503.html.

74. 杨婵. FOB合同中实际托运人的认定. 2012年12月4日. http://shhsfy.gov.cn/hsfyytwx/hsfyytwx/spdy1358/jpal1435/2012/12/04/d_264021.html.

75. 王彦君,傅晓强.《关于审理海上货运代理纠纷案件若干问题的规定》的理解与适用. 2012年12月27日. http://www.court.gov.cn/shenpan-xiangqing-4894.html.

76. 张颉. 上海林登国际货物运输代理有限公司诉天津隆生物流有限公司海上货物运输合同纠纷案. 2016年5月15日. http://tjhsfy.chinacourt.org/article/detail/2016/12/id/2392693.shtml

77. 宋文杰. 代理人抑或承运人:海事审判中货代公司的身份辨识. 2014年6月23日. http://tjhsfy.chinacourt.org/article/detail/2014/06/id/1322407.shtml.